Prognostik 02: Zeichendeutung

Christof Niederwieser

Prognostik 02: Zeichendeutung

Erstausgabe 2016

Prognostik 02:
Zeichendeutung

Erstausgabe
ISBN 978-3-9464-9506-2

Zukunftsverlag, Trossingen

Die Deutsche Nationalbibliothek verzeichnet diese Publikation
in der Deutschen Nationalbibliografie

Druck: BoD – Books on Demand, Norderstedt

ZUKUNFTSVERLAG
www.prognostik.com

Inhalt

04. Die Lehren von den drei Typen

05. Die Körperdeutung der Moderne

Zusammenfassung

II. KULTIVIERTE ZEICHEN

01. Orakel und Ordale in Afrika

02. Knochenorakel und Eingeweideschau

03. Weitere Divinationsmethoden mit kultivierten Zeichen

III. KÜNSTLICHE ZEICHEN

06. Big Data und Smart Data

Zusammenfassung

Anhang

Vorwort

Der Blick in die Zukunft hat eine lange Geschichte. Seit Urzeiten verspürt der Mensch die Sehnsucht, mehr über das Kommende zu wissen und so der Willkür des Schicksals, seiner Geworfenheit ins Unwägbare beizukommen. Ein großer Teil menschlicher Handlungen und Entscheidungen basiert auf Annahmen über die Zukunft. Das weite Feld der Vorhersage reicht in zahlreiche Lebensbereiche hinein. Dennoch gibt es bislang kaum wissenschaftliche Arbeiten, welche das Thema Prognostik in all seiner Vielschichtigkeit erfassen. Vielmehr werden in der Literatur meist nur fragmentarische Ausschnitte der Zukunftsschau behandelt:

Ein Teil der Veröffentlichungen beschäftigt sich lediglich mit jenen Wahrsagemethoden, welche dem modernen Menschen gemeinhin als magisch oder abergläubisch gelten. Dazu zählen anthropologische und historische Publikationen über Naturvölker und vergangene Kulturen ebenso wie jene aus Esoterik, Religion oder Parapsychologie. Andere Publikationen stellen die zahlreichen Ansätze der Moderne vor: Konjunkturprognostik, Börsenprognostik, Wahlprognostik, Klima- und Umweltprognostik, Futurologie, Zukunftsforschung oder Technikfolgenabschätzung, Methoden wie Delphi-Befragung, Szenariotechnik, Modellsimulationen, Kondratieff-Zyklen oder Elliott-Waves sind nur einige Beispiele dafür.
Weitere Arbeiten beschäftigen sich mit den weltanschaulichen Grundlagen der Zukunftsschau. Emanation, Kausalität, Finalität, Schicksal oder Zufall sind wichtige Konzepte zum Verständnis der Hintergründe von Prognosemethoden. Doch ihre Darstellung beschränkt sich hauptsächlich auf philosophische Werke. Und schließlich gibt es Forschungsarbeiten aus Bereichen wie Psychologie, Neurobiologie oder Gehirnforschung, welche die psychologisch-medizinischen Hintergründe von Schicksalsglauben, Mustersehen, Wahrnehmungsirrtümern und Denkfallen erläutern, die oftmals für prognostische Praktiken verantwortlich sind.

Die Prognostik-Reihe ist der Versuch einer großen Zusammenschau all dieser Facetten. Sie ist nicht bloß eine umfassende Monographie und Enzyklopädie der Prognostik, sondern auch eine Reise in die Tiefen der menschlichen Geistesgeschichte. In diesen Tiefen liegen uralte Sehnsüchte, Weltsichten und Wahrnehmungsmuster verborgen, welche seit Jahrtausenden die Versuche der Zukunftsschau prägen. Nur die Oberflächen, die Spekulationsumhüllungen, die Modemasken ändern sich, wechseln ihre Begrifflichkeiten, Werkzeuge und Stilistiken. Jede neue Moderne verdrängt die alten Modernen ins Kuriositätenkabinett des Aberglaubens. Und so zeigt die Geschichte der Prognostik die Relativität scheinbarer Objektivitäten. Welche unserer zeitgenössischen „harten wissenschaftlichen Theorien und Disziplinen" werden für kommende Generationen in hundert, fünfhundert oder tausend Jahren noch Gültigkeit haben? Die Geschichte zeigt: die allerwenigsten. Das liegt selten daran, dass sie im Rahmen unseres aktuellen Paradigmensystems falsifiziert worden wären. Vielmehr werden künftige Paradigmensysteme in der Bewertung eine vollkommen andere Art von Logik zugrunde legen, welche mit unserer aktuellen Logikblase nicht mehr kompatibel sein wird. Im kulturhistorischen Vergleich wird dieses Maskenspiel der Zeitgeister offensichtlich. Und so findet sich nicht selten Modernes in den magischen Methoden und Magisches in den Modellen unserer Zeit.

Der erste Band „Zukunftsvisionen" widmete sich der visionären Prognostik, jenen Vorhersagemethoden, welche auf Inspiration und Intuition gründen. Der vorliegende zweite Band „Zeichendeutung" stellt jene Ansätze vor, die aus den Signaturen der Erscheinungswelt die Zukunft lesen: Omen und Orakel in Afrika, Leberschau in Babylon, römischen Auspizien, Physiognomik und Typenlehren in Indien oder I-Ging in China bis hin zu den Wahlprognosen, Wirtschafts- und Börsenanalysen, Gentests, NLP Patterns und Smart Data Forecastings von heute.
Wie bereits der erste Band, spannt auch dieses Buch einen großen Bogen. Es verknüpft teils in kurzer Abfolge verschiedenste Fachgebiete, Kulturen und geschichtliche Epochen, vergleicht und verbindet unterschiedlichste Denkstile und Vorstellungswelten. Das mag für manchen Leser eine gewisse Herausforderung darstellen. Wahrscheinlich werden auch Sie Themen finden, welche Ihnen enorm spannend erscheinen und andere, die Sie gar nicht interessieren. Darum möchte ich Sie ermuntern, dass man die Prognostik-Reihe gar nicht seriell von vorne nach hinten lesen muss. Vielmehr habe ich die Kapitel so aufgebaut, dass Sie diese auch durch spontanes Herumspringen erkunden oder als Nachschlagewerk verwenden können. Folgen Sie einfach dem Rhizom Ihres Instinkts, um Ihren eigenen Weg durch die Fülle des Materials zu finden.

Die Mammutaufgabe eines solch umfassenden Werks ist kaum alleine zu bewältigen. Deshalb gilt mein herzlicher Dank all jenen, die meinen wissenschaftlichen Weg begleitet haben:

Prof. Dr. Richard Weiskopf für die vielen Reisen in die Postmoderne und die freigeistige Betreuung meines Erstlingswerks „Über die magischen Praktiken des Managements", sowie Prof. Dr. Oswald Neuberger für seine motivierenden Worte und die Veröffentlichung meines ersten Buches in seiner Schriftreihe „Organisation & Personal", welche mich erst zum Verfassen der Prognostik-Bände ermutigt hat.

Prof. DDr. Ekkehard Kappler für die lebendige und inspirierende Betreuung der vorliegenden Arbeit, sowie Prof. Dr. Alan Scott und Prof Dr. Stephan Laske für die wohlwollende Begutachtung; allen für das weltoffene, kreative Klima, welches in der zweckdominierten Betriebswirtschaftslehre nicht selbstverständlich ist und in dem eine solche Arbeit überhaupt erst gedeihen konnte.

Dr. Johannes Lugger und Dr. Renaud Tschirner für Jahrzehnte der Freundschaft und viele bereichernde Diskussionen, Bernd Grünwald für die fruchtvollen Jahre gemeinsamer Online-Experimente und die Hilfe beim Aufbau von Prognostik.com, meinen Eltern und Schwiegereltern für die großzügige Unterstützung dieses brotlosen Unterfangens, insbesondere meinem Vater DDr. Erwin Niederwieser für die unermüdlichen Stunden des Lektorats und nicht zuletzt meiner Frau Katja und meinen Kindern Vinzent und Annabell.

Christof Niederwieser, Juni 2016

Einleitung

Seit das menschliche Bewusstsein die Gegenwart von Vergangenheit und Zukunft unterscheiden kann, sucht der Mensch nach Antworten, was das Kommende ihm bringen mag. Und so hat er sich im Lauf der Jahrtausende eine Vielzahl von Methoden einfallen lassen, um ein Fernrohr in die Zukunft zu bauen als Leitbanner für seine Handlungen der Gegenwart.
Im ersten Prognostik-Band „Zukunftsvisionen" haben wir jene Ansätze kennengelernt, die auf Intuition und Inspiration gründen: Trance und Besessenheit, visionäre Rauschmittel und Totenbeschwörung, Wahrträume, Propheten und religiöse Zukunftsmythen in archaischen Kulturen, Präkognition in der Parapsychologie, Utopien, Gesellschaftsvisionen und Science Fiction in der Moderne bis hin zu den qualitativen Methoden der aktuellen Trend- und Zukunftsforschung. Die visionäre Prognostik ist die unmittelbarste Möglichkeit, in die Zukunft zu blicken. Ihre Erkenntnisquelle ist die Eingebung. Ihr Medium ist der Mensch. Ihre Methoden sind lediglich Hilfsmittel der Inspiration, Steigrohre der Intuition.
Doch irgendwann wollte der Mensch sich nicht mehr mit seinem eigenen Subjektivismus begnügen und begann, die Zeichen der Zukunft in der Außenwelt zu suchen. So wurde als zweite Art der Prognostik die Zeichendeutung geboren.

Von der Vision zum Zeichen

Bei der Zeichendeutung offenbart sich die Zukunft dem Menschen nicht mehr direkt als Vision. Vielmehr verbirgt sie sich in den weltlichen Erscheinungen und muss erst entschlüsselt werden. Die Erkenntnisquelle der Prognostik ist nicht mehr die Eingebung, sondern die Anschauung. Medium der Zukunftsbotschaft ist nicht mehr der Mensch selbst, sondern das äußerliche Zeichen. Durch dieses tun die Schicksalsgötter all jenen ihre Botschaft kund, die in ihr Regelwerk eingeweiht sind, die das Buch der Natur zu lesen verstehen.
Zwar gibt es bereits bei manchen visionären Methoden gewisse Regeln. Es gibt Traumdeutungsregeln, formalisierte Beschwörungsriten oder 1.-2.-3.-Handlungsanweisungen, welche helfen, mit Visionen effektiver umzugehen. Auch Traumdeuter, Nekromanten oder visionäre Futurologen, selbst manche Utopisten oder Science-Fiction-Autoren haben ihre Sys-

tematik. Diese sind jedoch vor allem Hilfsmittel der Vision. Nur selten finden Vergesetzlichungen statt wie im Fall mancher Traumdeutungsbücher. Viele Vertreter der visionären Prognostik kommen auch ohne jegliche Formalisierung aus.

Diese Situation ändert sich bei der zeichendeutenden Prognostik. Aus den Hilfsmitteln und Projektionsflächen der Vision werden eigenständige Werkzeuge. Der Anblick dieser Werkzeuge wird nicht mehr intuitiv gedeutet, sondern er wird nach Regeln ausgelegt. Der technische Aufwand ist erheblich höher als bei den visionären Methoden. Die Regeln müssen erst aufgestellt werden durch Beobachtungen (induktiv) oder durch Ableitung von allgemeinen Gesetzmäßigkeiten (deduktiv).
Dabei ist es irrelevant, ob diese Beobachtungen auf unkritischen Wahrnehmungsirrtümern beruhen oder diese allgemeinen Gesetzmäßigkeiten nur mystische Spekulation sind. Relevant ist nur, dass die Regeln von der Allgemeinheit geglaubt werden. Die Menschheitsgeschichte zeigt zahlreiche Kulturen, deren Organisation über Jahrhunderte stabil funktioniert hat, obwohl ihre tradierten Regeln uns falsch, abergläubisch oder absurd erscheinen mögen. Ähnlich wird es kommenden Generationen mit unseren Gesetzen, Konventionen und Denkvorstellungen gehen. Und so offenbart sich in der Analyse vergangener Deutungspraktiken das Kultische moderner Vorhersagetechniken.

Wie und wann hat nun der Übergang von der visionären zur zeichendeutenden Prognostik stattgefunden? Da beide Arten der Vorhersage bereits vor Beginn der schriftlichen Überlieferung existierten, kann man nur Vermutungen anstellen, indem man die Nahtstelle zwischen beiden Bereichen genauer untersucht. Die typischen Hilfsmittel der Vision geben hier interessante Hinweise.
In vielen Gegenden der Welt wird ein Spiegel als Projektionsfläche für Visionen benutzt, etwa bei den Schamanen in Südkirgisien und Ostturkestan[1] oder bei verschiedenen Völkern Nordafrikas und Arabiens.[2] Auch das Funkeln von Kristallen und Diamanten wird oft zur Erlangung von Visionen eingesetzt und das nicht erst, seit kostümierte Wahrsager medienträchtig in Kristallkugeln schauen. Eine der populärsten Projektionsflächen für Visionen sind Wasseroberflächen. Diese Wahrsagung ist bereits bei den Babyloniern überliefert. Bei der einfachen Form wird eine Schüssel mit Wasser verwendet (Lekanomantie). Georg Pictorius von Villingen

(ca. 1500 – 1569), ein Arzt aus der Renaissancezeit, beschreibt sie folgendermaßen:

> „Man gießt mittels Zauberliedern exorzisirtes Wasser in ein Becken, wähnend dadurch einen Dämon unterzutauchen, der bald auf dem Grund sich aufhält, bald herauf kommt, um sich zu zeigen. (...) Seine Antwort auf die vorgelegten Fragen besteht aber in einem so leisen Lispeln, dass die Anwesenden es kaum verstehen."[3]

Ähnliches lässt sich bewerkstelligen mit dem Flackern von Feuer (Pyromantie), dem Treiben von Rauchschwaden (Kapnomantie)[4] oder dem meditativen Betrachten von Wolken (Nephomantie). Letzteres war eine der gebräuchlichsten Wahrsagemethoden der Kelten und wurde von diesen Neladoracht genannt.[5] All diese Praktiken waren ursprünglich vor allem Hilfsmittel zur Erlangung von Visionen. Das hypnotische Spiel von Licht, Wasser, Feuer, Rauch oder Wolken diente der Anregung von veränderten Bewusstseinszuständen.[6]

Doch irgendwann begann man, in diesen visionären Hilfsmitteln wiederkehrende Muster zu erkennen und diesen Mustern Bedeutungen zuzuschreiben. Den Kringeln und Kreisen auf der Wasseroberfläche wurden bestimmte Sinnhaftigkeiten zugeordnet. Selbiges geschah mit Farbe, Form und Bewegung von Feuer, Rauch oder Wolken. Agrippa von Nettesheim (1486 – 1535), der Magier-Philosoph aus der Renaissance, gibt eindrückliche Beispiele für derartige Deutungsregeln:

> Die Hydromantie liefert ihre Orakel durch die Eindrücke des Wassers, durch Hin- und Herfließen desselben, sein Wachstum und seine Abnahme, seine Aufgeregtheit, seine Farbe und ähnliches. (...)
>
> Die Pyromantie endlich weissagt durch die Eindrücke des Feuers, durch die Schwanzsterne, die feurigen Farben, die Erscheinungen und Bilder im Feuer. So sagte Ciceros Gattin voraus, dass ihr Gemahl im folgenden Jahre Konsul sein werde, weil, da sie nach vollbrachtem Opfer in die Asche sehen wollte, plötzlich eine Flamme heraussprang. Plinius sagt, dass blasses und mit murmelndem Geräusche brennendes Feuer anzeige, dass sich das Wetter ändern werde; Regen wird angedeutet, wenn an den Lampen sich Schnuppen befinden; Wind, wenn die Flamme unruhig hin und her flackert. (...)
>
> Zu diesen Wahrsagekünsten wird auch noch die Kapnomantie gezählt, die ihren Namen vom Rauche hat, weil sie die Flammen und den Rauch und ihre Farben, Töne und Bewegungen erforscht, indem sie darauf achtet, ob dieselben gerade aufsteigen oder eine schiefe Richtung haben, oder sich im Kreise drehen."[7]

So erfolgte eine Verzeichenung visionärer Projektionsflächen. Die Berge und Täler der Wasseroberfläche wurden zu den Bergen und Tälern des Lebens. Das Flackern des Feuers wurde zum Flackern menschlicher Geschicke. Die Richtungen der Rauchschwaden, die Bahnen der Wolken wurden zu den Bahnen der Zukunft. Die einstigen Hilfsmittel der Vision wurden verzeichent,[8] ihre Eigenschaften abstrahiert, benannt, kartographiert, zu Sinnbildern stilisiert. Es spricht vieles dafür, dass sich die Zeichendeutung auf diese Weise aus der visionären Prognostik herausentwickelt hat.

Pyromantie, Hydromantie, Haruspizien und Nekromantie
Hans Burgkmair, ca. 1515

Es muss allerdings nicht zwangsläufig so gewesen sein. So könnten bereits die frühen Urmenschen auf die Idee gekommen sein, einfache Prognoseregeln aufzustellen, noch lange bevor ekstatische Schamanen um das Feuer getanzt sind oder besonders intensive Träume als Omina betrachtet wurden. Etwa Beobachtungen wie „Wenn die Blätter gelb werden und von den Bäumen fallen, dann ist die Zeit des Schnees nicht mehr weit." könnten bereits seit den Anfangstagen des menschlichen Bewusstseins bekannt sein. Einfache Orakel wie das blinde Werfen eines Stockes, um die Himmelsrichtung für das beste Jagdglück zu bestimmen, könnten sich ebenfalls bereits sehr früh entwickelt haben, möglicherweise bereits vor Geburt der Sprache. Denn seit der Mensch erste kausale Hebel erkannt hat und abstrahieren kann, ist er grundsätzlich zur zeichendeutenden Prognostik fähig. Seit er in der Lage ist, Faustkeile zu hauen, kann er beispielsweise die einfache Prognose abgeben, dass ein Stein zersplittern wird, wenn er mit einem anderen Stein draufhaut. Doch ist eine derartige Erkenntnis bereits eine Prognose oder bloß eine Diagnose? Die Grenzen zwischen beiden Bereichen sind fließend. So bleibt es am Ende eine Definitionsfrage, wo man die zeichendeutende Prognostik beginnen lässt und in welchem zeitlichen Verhältnis sie zur visionären Prognostik steht.

Prognostik und Diagnostik

Zeichendeutende Prognostik hat also immer einen engen Bezug zur Diagnostik. Um Prognoseregeln aufstellen zu können, müssen zuerst Kausalbeziehungen identifiziert werden. Um Prognosen zu machen, müssen zuerst die entsprechenden Zeichen diagnostiziert werden. Insofern sind viele zeichendeutende Prognosemethoden gleichzeitig Diagnoseinstrumente. Etwa bei der Chirologie oder bei der Physiognomik hängen Prognosen des Schicksals untrennbar zusammen mit der Diagnose von Anlagen und Charakter eines Menschen. Die Zeichen der Handlinien und Körperformen offenbaren nicht nur die Zukunft einer Person, sondern auch ihr Wesen.

Insofern besteht auch eine große Ähnlichkeit zwischen Orakeln und Ordalen. Beide werden von den Menschen befragt, um die Wahrheit der Götter zu erfahren. Das Orakel offenbart, welche Zukunft die Götter für die Menschen bestimmt haben. Das Ordal hingegen ist das Gottesurteil, welches bei Rechtsfragen eingeholt wird. Manche Rituale werden für beide Funktionen gleichzeitig herangezogen, beispielsweise das Giftorakel Benge bei den Zande im nördlichen Zentralafrika. Bei diesem wird Gift an kleine Haushühner verabreicht. Meistens sind heftige Krämpfe die Folge. Manchmal ist die Dosis tödlich, doch genauso häufig erholen sich die Hühner wieder davon. Das Verhalten der Hühner während des Todeskampfes gibt Antwort auf die vorgelegte Frage. Im Falle einer Verwendung als Ordal entscheidet vor allem Tod oder Überleben des Huhns über Schuld oder Unschuld des Verdächtigen. Bis ins 20. Jahrhundert kam diesem Entscheid Gesetzeskraft zu. Hexerei und Ehebruch waren die häufigsten Anlässe. In früheren Zeiten war es sogar üblich, dass die Angeklagten selbst das Gift trinken mussten. Starben sie, so galt dies als Zeichen ihrer Schuld. In wichtigen Fällen, welche den Prinzen betrafen, wurde das Gift jungen Gefangenen verabreicht.

Benge wird gleichzeitig auch als Orakel verwendet, etwa vor langen Reisen, Hochzeiten, Jagden, Kriegen, beruflichen Entscheidungen und ähnlichen Zukunftsfragen. Dabei soll das Orakel vor allem die Entscheidung abnehmen: „Soll ich oder soll ich nicht?" Während des Todeskampfes wird das Gift beschworen, die Antwort zu geben: „Ist das der Fall, Giftorakel, so töte das Huhn!" oder „Ist das der Fall, Giftorakel, so schone das Huhn!"[9]

Entscheidungsmaschinen

Das Giftorakel der Zande ist ein klassisches Beispiel für eine Methode, welche Diagnose und Prognose, Ordal und Orakel in sich vereint. Obwohl manchmal auch das Verhalten des Huhns im Todeskampf divinatorisch gedeutet wird, dreht sich zumeist alles um die Entscheidung Tod oder Überleben. Das beantwortet Fragen wie „Schuld oder Nicht-Schuld?", „Soll ich oder soll ich nicht?", „Ist es gut oder schlecht, gut oder böse?", „Wird es oder wird es nicht sein?" Dies ist typisch für zeichendeutende Methoden. Häufig lassen sie sich auf die grundlegende Frage des Menschen reduzieren: „Ja oder nein?"
Von allen Prognosemethoden sind die zeichendeutenden jene, welche am häufigsten als Antwortmaschinen herangezogen werden. Die Last der Entscheidung wird einfachen Mechanismen übertragen. Während die visionäre Prognostik in der Regel eine besinnliche, meditative oder ekstatische Stimmung erfordert, einen Rückzug aus der Alltagswelt, kommen die meisten Entscheidungsmaschinen mit deutlich weniger Aufwand aus. Entscheidungsmaschinen wie das Werfen einer Münze können äußerst komfortabel und nahezu in sämtlichen Lebenslagen konsultiert werden. Sie lassen sich viel leichter instrumentalisieren und mechanisieren als Inspiration und Vision. Sie sind praktisch und können ohne viel Aufwand

für Alltagszwecke verwendet werden. Einfache Orakel brauchen auch keine Experten, keine Wahrsager oder Medien. Jedermann kann sie schnell befragen. So stellt die Zeichendeutung eine Rationalisierung bis hin zur Trivialisierung der Prognostik dar. Ist die visionäre Prognostik noch das Kunsthandwerk, bei welchem jede Vorhersage ein schöpferisches Unikat ist, so setzt mit der Zeichendeutung die Industrialisierung, die Fließbandproduktion von Vorhersagen ein.

Zeichen als Steigrohre des Visionären

Es eignen sich jedoch nicht alle zeichendeutenden Methoden als Entscheidungsmaschinen. Je größer die Komplexität der Deutungsregeln ist, desto mehr spielen Erfahrung und Intuition wieder eine Rolle. Je vielschichtiger die Interpretationsmöglichkeiten der Zeichen sind, je mehr Faktoren in die Gesamtdeutung einbezogen werden, desto wichtiger wird wieder das visionäre Element. Mit zunehmender Komplexität der Zeichendeutung wird diese wieder zum Steigrohr von Visionen.
Dies lässt sich gut am Beispiel von oberafrikanischen Wurforakeln ersehen. Die einfachste Form besteht aus zwei Kolanuss-Hälften. Je nachdem, ob die Hälften nach dem Wurf auf der flachen Innenseite oder auf dem abgerundeten Buckel zu liegen kommen, ist die Antwort positiv oder negativ. Wir haben hier die einfachste Form einer Entscheidungsmaschine mit zwei möglichen Antworten. Jedermann kann sie bedienen. Etwas komplexer verhält es sich bereits beim Werfen von Kaurischnecken, welches beispielsweise bei den Guro an der Elfenbeinküste verbreitet ist. Hier wird gleich eine ganze Handvoll Muscheln geworfen. Diese werden sowohl nach Seitenlage als auch nach ihrer Ausbreitung gedeutet. Dazu ist bereits deutlich mehr Erfahrung nötig.

Noch aufwendiger gestaltet sich das Interpretieren von Korborakeln. Ihre berühmtesten Vertreter finden sich im südlichen Kongo-Gebiet und in Nord-Angola. Dazu wird ein Korb voll mit Gegenständen verwendet. Neben verschiedenen Miniaturfiguren aus Holz befinden sich darin Dinge aus der Natur wie Schneckengehäuse oder Tierkrallen ebenso wie Objekte aus dem Alltag, beispielsweise Eisennägel, Spiegelglas oder Patronenhülsen. Fünfzig Gegenstände und mehr sind dabei keine Seltenheit. Der Wahrsager schüttelt den Korb und betrachtet dann die Lage der Gegenstände und wie sie sich durch das Schütteln verändert hat. Insbesondere die Gegenstände, welche durch das Schütteln nach oben befördert werden, spielen dabei eine große Rolle. Aus den Positionen der Gegenstände und ihrer Lage zueinander deutet der Wahrsager die Antwort auf die Orakelfrage.[10] Die Zeichendeutung ist hier bereits derart komplex, dass man nicht mehr von einer Entscheidungsmaschine sprechen kann. Vielmehr ist die endlose Vielfalt an Möglichkeiten nur mehr durch viel Erfahrung und Intuition zu bewältigen. Die Deutung der Zeichen ist nur auf Grundlage der visionären Prognostik möglich.

Archetypen und Analogien

Dies gilt umso mehr, als die Bedeutung der Zeichen selten eindeutig ist. Das Zeichen selbst ist meist nur Symbol, Analogie, Sinnbild, Substrat einer übergeordneten abstrakten Wesenheit, welche sich einer exakten Definition entzieht, deren Grenzen verschwommen sind. Das Zeichen symbolisiert, zeigt an, verweist, signalisiert, ist sichtbarer Ausdruck unsichtbarer Zusammenhänge. Der Schweizer Psychologe Carl Gustav Jung (1875 – 1961) hat hierfür den Begriff des Archetypus[11] (griechisch „Urbild") geprägt:

> „Der Archetypus (...) ist ein mnemischer Niederschlag, ein Engramm (Semon) das durch Verdichtung unzähliger, einander ähnlicher Vorgänge entstanden ist. Das urtümliche Bild ist Vorstufe der Idee, es ist ihr Mutterboden. (1921)
> (Archetypen sind) die nicht quantitativ, sondern nur qualitativ zu bestimmenden Wirkungseinheiten des Unbewussten (1954)"[12]
> So wie der menschliche Körper ein ganzes Museum von Organen mit einer langen Evolutionsgeschichte im Hintergrund repräsentiert, so muss man auch vom Geist erwarten, dass er ähnlich organisiert ist. (...) Wo immer das geschulte Auge des Morphologen hinschaut, erkennt es die Spuren des Urmusters; ebenso kann auch der erfahrene Geistesforscher nicht umhin, die unbewussten Analogien zwischen den Traumbildern und den Produkten des primitiven Geistes, dessen „représentations collectives" und mythologischen Motive zu sehen."[13]

Archetypen sind numinose Ballungspunkte, um welche sich unzählige einander ähnliche Dinge verdichten. Wie die Platonischen Ideen im Höhlengleichnis bleibt der Archetyp selbst stets verborgen. Wahrgenommen werden können nur seine fahlen Schatten an der Höhlenmauer. Archety-

pen sind die Urbilder, von denen alle Dinge dieser Welt nur Abziehbilder sind: die Urvase, welche allen Vasen der Welt als Vorlage dient, aber auch psychologische Themenkomplexe, die aus menschlichen Urerfahrungen und aus dem kollektiven Unbewusstsein gespeist werden: der Vater, die Mutter, das Kind, der Held, der alte Weise, Animus und Anima, der Narr sind hierfür einige Beispiele.[14]
Archetypen sind aus Urerfahrungen des menschlichen Bewusstseins entstanden und bilden in der Bewusstseinstektonik die ältesten und untersten Schichten. Sie sind so grundlegend und universell, dass sie zumeist unbewusst und deshalb umso machtvoller sind. Jede Kultur findet neue Mythen, Namen und Symbole, um sie zu beschreiben.

Ein Beispiel für solche Archetypen sind die Planeten der Astrologie. Jeder steht für eine Vielfalt von Entsprechungen. Erscheint etwa der Planet Jupiter als Zeichen am Himmel, so sind die Möglichkeiten der Deutung mannigfaltig: Fülle, Ausdehnung, Behagen, Glück, Würde, Wohlgesinntheit, Gerechtigkeit, Genuss, Luxus, Weitherzigkeit, Milde, Weltanschauung, Reisen, Geistigkeit, der Geldmann, Priester, Richter, Philosoph, Wissenschaftler, Erzieher, Regent, Überfluss, Fruchtbarkeit, Ansehen, Aufstieg; unter schlechter Bestrahlung: Scheinheiligkeit, Materialismus, Heuchelei, Arroganz, Verlust, Prozesse, Völlerei, Maßlosigkeit, Genusssucht.[15]
All diese Begriffe haben zweifelsohne eine qualitative Ähnlichkeit miteinander. Sie stoßen in dieselbe Richtung. Doch egal, mit wie vielen Worten man das Wesen Jupiters auch zu umreißen versucht, es bleibt am Ende immer etwas, was jenseits all dieser Beschreibungen liegt. Der Archetyp vereinigt all diese Merkmale in sich ohne am Ende an einem davon definitiv festgemacht werden zu können. Ein Geflecht von Analogien umgibt ihn. Und so sind auch die Möglichkeiten seiner divinatorischen Deutung schier endlos, insbesondere wenn auch noch all die anderen Himmelszeichen mit einbezogen werden.
Aus diesem Grund sind die Methoden komplexer Zeichendeutung letzten Endes Steigrohre des Visionären und erfordern ein hohes Ausmaß an Erfahrung und Intuition. Die Handwerkzeuge der Zeichendeutung, ihre Regelwerke und Techniken, sind die Grundlage der Prognose. Doch ihre Lösung ist Ergebnis visionärer Zusammenschau. So werden die Methoden zeichendeutender Prognostik mit zunehmender Komplexität wieder zu den Hilfsmitteln der Vision, aus welchen sie entsprungen sind.

So abergläubisch uns eine solche Weltsicht heute auch scheinen mag, so wenig ist uns bewusst, dass auch die Moderne weitreichend mit derartigen abstrakten Konstrukten operiert. Auch „Macht“, „Intelligenz“, „Arbeit“ oder „der Markt“ bleiben am Ende numinose Wesenheiten, die nur indirekt über Indikatoren erfahrbar gemacht werden können. Künftigen Generationen werden diese möglicherweise ebenso magisch erscheinen wie uns der Archetypus des Jupiter.

Makrokosmos und Mikrokosmos

Die Welt der Zeichen ist Spiegel der Archetypenwelt. Was im Himmel geschieht, das geschieht auch auf Erden. Die magische Zeichendeutung gründet auf dem Prinzip der Entsprechung von Makrokosmos und Mikrokosmos. Alle Ebenen des Daseins sind miteinander verwoben, sind verschiedene Spiegel ein und desselben kosmischen Willens. Umberto Eco (1932 – 2016) schreibt über diese magische Weltsicht:

> „Es gibt ein Sympathieverhältnis zwischen dem Makrokosmos des Universums und dem Menschen als Mikrokosmos. (...) Jedes Geschöpf des Universums ist gleichsam ein Abbild, ein Spiegel unseres irdischen und übernatürlichen Schicksals.“[16]

Durch Analogien werden die Zeichen und Signaturen der verschiedenen Erscheinungsebenen miteinander verknüpft. Dadurch wird es möglich, etwas über den Verlauf eines Systems zu erfahren, indem man in den Spiegel eines analogen Systems blickt. Michel Foucault (1926 – 1984) widmet dieser magischen Verzeichenung der Welt die ersten Kapitel seines Buches über „Die Ordnung der Dinge“:

> „Die Ähnlichkeiten in ihrer Verborgenheit müssen an der Oberfläche der Dinge signalisiert werden. Ein sichtbares Zeichen muss die unsichtbare Analogie verkünden. Jede Ähnlichkeit ist doch gleichzeitig das Manifesteste und Verborgenste. (...) Die Ähnlichkeit war die unsichtbare Form dessen, was aus der Tiefe der Welt die Dinge sichtbar machte. Damit aber jene Form ihrerseits bis zum Licht kommt, muss eine sichtbare Gestalt sie aus ihrer tiefen Unsichtbarkeit zerren. Deshalb ist das Gesicht der Welt mit Wappen, Charakteren, Chiffren, dunklen Worten oder, wie Turner sagte, mit Hieroglyphen überdeckt. Der Raum der unmittelbaren Ähnlichkeiten wird zu einem großen, offenen Buch. Es starrt vor Schriftzeichen.“[17]

Der Makrokosmos des Himmels spiegelt sich im Mikrokosmos des Menschen
Robert Fludd, 1617[18]

Die Verzeichenung der Welt

Die Verzeichenung der Welt begann nach Prinzipien, welche uns heute magisch oder abergläubisch anmuten. Die gesamte Erscheinungswelt ist übersät mit Signaturen. Überall offenbart sich der Willen der Götter, zeigen sich die Bahnen des Schicksals. Sämtliche Regungen der Welt sind Zeichen. Als solche lassen sie sich entschlüsseln und über die Zukunft befragen. So ist auch die Liste zeichendeutender Prognosemethoden schier endlos. Aus jeder erdenklichen Erscheinungsform wurde gelesen, aus Eingeweiden, Knochen, Mehl, Wachs, Gerstengraupen, Blättern, Lorbeer, Eiern oder Steinen, aus dem Flug von Pfeilen oder Vögeln, aus den Regungen der Elemente, aus den Formen des Körpers, den Linien der Hände und so fort. Folgende Aufstellung enthält eine Auswahl der gebräuchlichsten Methoden magischer Zeichendeutung:

Aeromantia	aus den Luftströmungen	**Haruspicina**	Opferschau
Alectryomantia	mit einem Hahn	**Hieromantia**	aus geweihten Gegenständen
Aleuromantia	mit Mehl	**Hydromantia**	mit Wasser
Alphitomantia	mit Gerstengraupen	**Ichthyomantia**	mit Fischen
Ambulomantia	aus dem Gang	**Kritomantia**	mit Gerste
Amniomantia	aus der Fruchtblase	**Lampadomantia**	mit Lampen, Kerzen
Anthropomantia	aus menschlichen Eingeweiden	**Lecanomantia**	aus Schüsseln
Ariolatio	Orakel	**Libanomantia**	mit Weihrauch
Arithmantia	aus Zahlen	**Lithomantia**	mit Steinen
Astragalomantia	aus Knöchelchen	**Metoposcopia**	aus der Schädelform
Astromantia	aus den Gestirnen	**Manganeia**	mit Betrug
Auguria	Beobachtung Vogelflug	**Nephromantia**	aus dem Nierenbereich
Auspicia	Beobachtung der Vögel	**Odontomantia**	aus den Zähnen
Axinomantia	mit einer Axt	**Oinomantia**	mit Wein
Belomantia	mit Pfeilen, Geschossen	**Oionomantia**	mit Vögeln
Bibliomantia	mit Büchern (Bibel, Aeneis)	**Omphalomantia**	aus der Nabelschnur
Botanomantia	mit Blättern	**Onomatomantia**	aus dem Namen
Capnomantia	aus Rauch	**Onychomantia**	mit Öl auf Fingernägeln
Catoptromantia	mit einem Spiegel	**Oomantia**	mit Eiern
Cephaleomantia	mit einem Eselskopf	**Pagomantia**	aus einer Quelle
Ceromantia	mit Wachs	**Palomantia**	mit Losen
Chiromantia	aus der Hand	**Pettimantia**	mit Spielsteinen
Choeromantia	mit Schweinen	**Pharmakeia**	mit Tränken, Giften
Cleidomantia	mit Schlüsseln	**Physiognomia**	aus der Körperform
Cleromantia	mit Losen	**Podomantia**	aus den Füßen
Coscinomantia	mit einem Sieb	**Pyromantia**	mit Feuer
Cristallomantia	mit einem Kristall	**Rhabdomantia**	mit Ruten
Cubomantia	mit Würfeln	**Spodonomantia**	= Tephramantia
Dactyliomantia	mit pendelnden Ringen	**Stichomantia**	mit Versen
Dafnomantia	mit Lorbeer	**Stoicheiomantia**	mit Buchstaben
Extispicina	aus Eingeweiden, bes. der Leber (Hepatoskopie)	**Sycomantia**	mit Feigenblättern
Furor	Verzückung	**Tephramantia**	mit Asche
Gastromantia	aus dem Bauch, mit bauchigen Gefäßen	**Theomantia**	Befragung Gottes, der Götter
Geomantia	aus der Erde, Sand, Punktierkunst	**Tyromantia**	mit Käse
Goeteia	mit Gaukelei	**Xylomantia**	mit Holz
Gyromantia	mit Reifen	**Vaticinia**	Orakelsprüche

einige magische Methoden der Zeichendeutung[19]

Die drei Arten der Zeichendeutung

So vielfältig all diese verschiedenen Ansätze auf den ersten Blick auch scheinen mögen, lassen sie sich doch auf verschiedene Weisen zusammenfassen. Von alters her ist beispielsweise eine Einteilung der Zeichen nach ihrer Zugehörigkeit zu Elementarwelt (Luftströmungen, Rauch, Feuer, Wasser, Erde...), Tierwelt, Pflanzenwelt und Menschenwelt gebräuchlich. Nach einer Analyse von mehr als tausend Vorhersagemethoden aus Magie und Moderne habe ich eine Kategorisierung entwickelt, welche den entwicklungsgeschichtlichen Ansatz fortführt und sich am Grad der Zeichenkultivierung orientiert:

Die erste Stufe bilden die natürlichen Zeichen. Diese entspringen der unbeeinflussten Natur. Sie basieren ausschließlich auf Beobachtung. Der Mensch greift hier weder ein, noch versucht er, ein Zeichen zu provozieren. Er blickt nur in die Welt hinaus und betrachtet ihre Erscheinungen.
Die zweite Stufe sind die kultivierten Zeichen. Hier werden natürliche Erscheinungen und Abläufe bereits willentlich hervorgerufen und technischen Anordnungen unterworfen. Der Natur wird systematisch ein Zeichen abgerungen. Sie wird zum Motor von Befragungsapparaten.
Die dritte Stufe sind schließlich die künstlichen Zeichen. Hierunter fallen all jene Techniken, welche durch ein in sich geschlossenes System gefertigter Zeichen versuchen, den Makrokosmos als Mikrokosmos nachzubauen. Hier wird die Natur nur insofern einbezogen, als dass Schicksal oder Zufall die Wahl treffen zwischen verschiedenen Karten, Würfelflächen, Linien, Buchstaben oder Symbolen, welche ihrerseits für bestimmte Prozesse in der Welt stehen. Man ist hier nicht mehr darauf angewiesen, dass die Zeichen sich ereignen, sondern das Orakel ist jederzeit befragbar.

ZEICHEN	**ERKENNTNISQUELLE**	**MEDIUM**	
Natürlich	Beobachtung	Natur	**konkret**
Kultiviert	Messung, Abstrahierung	prozessierte Natur	↓
Künstlich	geistiges Substrat	Modell, Theorie	**abstrakt**

Die drei Arten der Zeichendeutung als Stufen der Zeichenkultivierung

Diese drei Stufen bilden ein Kontinuum zwischen der Welt des natürlich Gewachsenen und der Welt des künstlich Gefertigten. Mit jeder Stufe nimmt die Einflussnahme des menschlichen Willens zu. Dabei stellen die kultivierten Zeichen eine Hybridstellung zwischen natürlichen und künstlichen Zeichen dar und bilden einen fließenden Übergang dazwischen.

I.
NATÜRLICHE ZEICHEN

01. Omen und Wunderzeichen

Der Begriff „natürliche Zeichen" benennt all jene Erscheinungen der Natur, welche vom Menschen weder produziert noch provoziert werden. Vielmehr ist er nur Betrachter und Beobachter all der natürlich gewachsenen Phänomene, die ihn umgeben. Von den natürlichen Zeichen offenbaren sich die Omina dem Menschen am unmittelbarsten. Er sucht nicht absichtlich nach ihnen. Vielmehr kommen sie ungefragt auf ihn zu. Das Wort „Omen" kommt aus dem Lateinischen und bedeutet Vorzeichen. Meist verbindet man damit schlechte Vorzeichen. Das muss aber nicht zwangsläufig so sein. Omen sind spontan auftretende Zeichen, welche als Vorboten außerordentlicher Geschicke gedeutet werden. Davon zeugen zahlreiche Mythen und Legenden in aller Welt.

Herrscherzeichen und Himmelserscheinungen

So verkündeten bei der Geburt von Siddhartha Gautama (um 560 v. Chr.) die zweiunddreißig großen Male (Mahavyanjana) und zahlreichen Nebenmale (Anuvyanjana) an seinem Leib, dass er der Buddha sein wird. Zu diesen Zeichen zählten unter anderem flaumartige Körperbehaarung, mächtige Ohrmuscheln, tiefblaue Augen oder ein löwenartiges Kinn. Entsprechend den zweiunddreißig Malen wurden zweiunddreißig glücksverheißende Omina vom Himmel geschickt.[20]

In China gab es zahlreiche Zeichen dafür, ob die Herrschaft eines neuen Kaisers glücklich sein würde. Der Ursprung dieser Theorie wird dem Gelehrten Zou Yan (etwa 350 – 270 v. Chr.) zugeschrieben. Oft handelte es sich bei diesen Zeichen um Fabelwesen, denn nur Wunder konnten der außerordentlichen Güte des künftigen Herrschers gerecht werden. Die Omina-Kataloge umfassen Einhörner, Drachen, Phönixe und Bestien mit Hörnern oder sechs Beinen. Auch sehr seltene Tiere wie weiße oder rote Elefanten, Hirsche, Füchse, Tiger, Wölfe, Hasen, Spatzen oder Krähen wurden oft erwähnt. Da sich alle einen weisen und gerechten Herrscher mit langer Regierungszeit wünschten, waren die meisten Omen glücksverheißend. Und so finden sich bei jedem Regierungsantritt auch immer die obligatorischen Berichte aus entlegenen Teilen des Reichs, dass diese fabelhaften, positiven Wunderzeichen auch tatsächlich gesichtet worden wären. Nur selten wurden Unglückszeichen identifiziert. In der Regel geschah dies erst, wenn der Kaiser bereits lange tot war. So wurde ein Blitzeinschlag in den heiligen Tempel 698 v. Chr. erst Jahrhunderte später als Unglücksomen für Faulheit und unzüchtiges Verhalten der Herrschaft beschrieben.[21]

Omina sind seltene Erscheinungen, die sich deutlich von den Zeichen des Alltags unterscheiden. Dies gilt vor allem dann, wenn sie große Ereignisse ankündigen. Je größer ein Ereignis, desto außergewöhnlicher das Omen. Zahlreich sind beispielsweise die Berichte von seltenen Himmelserscheinungen. So kündigte der Legende nach der Stern von Bethlehem die Geburt von Jesu Christi an. Der Stern wird traditionell als Komet mit Schweif dargestellt. Viele Forscher gehen aber davon aus, dass der Stern von Bethlehem eher eine besondere Planetenkonstellation bezeichnet, welche die Sterndeuter aus dem Morgenland astrologisch geleitet hat. Meist wird eine Konjunktion von Jupiter und Saturn in den Fischen vermutet. Eine neuere Theorie des Schweizer Forschers Dieter Koch deutet den Stern als heliakischen Aufgang des Morgensterns Venus.[22]

Aztekenherrscher Montezuma II beobachtet den unheilbringenden Kometen
Codex Duran, 1581

Aus den letzten Jahren des alten Aztekenreichs wird ebenfalls von zahlreichen Kometenerscheinungen berichtet. Diese wurden als Zeichen der nahenden Rückkehr der weißen Götter interpretiert. Als ausgerechnet zu dieser Zeit die spanischen Eroberer auftauchten, sah man die Prophezeiung erfüllt, was sich alsbald als fataler Irrtum herausstellen sollte.[23] Etwa zeitgleich berichteten viele europäische Druckschriften von Kometen und Meteoren als Zeichen. So wurde ein Kometeneinschlag bei Ensisheim 1492 als Omen betrachtet, dass Kaiser Maximilian I. Frankreich angreifen solle. Zwei Monate später errangen die Habsburger den entscheidenden Sieg gegen die Herrschaften von Salins.[24]

Auch Sonnenfinsternisse und Mondfinsternisse stehen seit jeher in Verdacht, große Ereignisse zu verkünden. Da bei diesen seltenen Erscheinungen Sonne oder Mond verschwinden, werden derartige Finsternisse zumeist als böse Omina betrachtet. Bereits im Alten Babylon (etwa 2000 – 1600 v. Chr.), der Wiege der modernen Astronomie, maß man den Mondfinsternissen überragende divinatorische Bedeutung bei:

> „Eine Finsternis am Abend steht für Seuchen. Eine Finsternis um Mitternacht steht für wirtschaftlichen Abschwung. Eine Finsternis am Morgen steht für die Heilung von Krankheiten. (...) Eine Finsternis begann im Süden und klärte sich: Niedergang von Subar-Tu und Akkadien. Eine Finsternis im Westen: Niedergang der Amoriter. (...) Der Mond ging verdunkelt auf und klärte sich: Omen der Zerstörung von Elam und Gutium"[25]

Noch heute sind Finsternisse bei vielen Völkern gefürchtete Omina. Beispielsweise in den Wariga-Wahrsageschriften auf Bali und Java (Indonesien) findet sich folgende Beschreibung:

> „Trifft eine Sonnenfinsternis ein am Sonntag, sind Kupfer und Eisen rar; Montag, ist der Reis knapp; Dienstag, nehmen die Bösen überhand; Mittwoch, werden alle Arten von Tieren krank; Donnerstag, hat der Fürst Sorgen; Freitag, gibt es viele heftige Seuchen für Pflanze, Tier und Mensch; Samstag, wird das Salz knapp, fällt Regen ohne Unterlass".[26]

Erdbeben werden auf ähnliche Weise divinatorisch gedeutet:

> „Gibt es im 1. Monat ein Erdbeben, verrichtet die Göttin der Erde Yoga; gut und schön steht die Welt, das geht daraus hervor; es soll begleitet werden von hingebungsvoller Verehrung und auch von Fasten. Gibt es im 2. Monat ein Erdbeben, verrichtet die Göttin Ganga Yoga; beständig ist die Welt, das geht

daraus hervor. (...) Gibt es im 6. Monat ein Erdbeben, dann sind zahlreich die Krankheiten auf den Feldern, Seuchen breiten sich aus, das geht daraus hervor. Gibt es im 7. Monat ein Erdbeben, sind die Fürsten schwach, die Welt ist im Aufruhr, das geht daraus hervor..."[27]

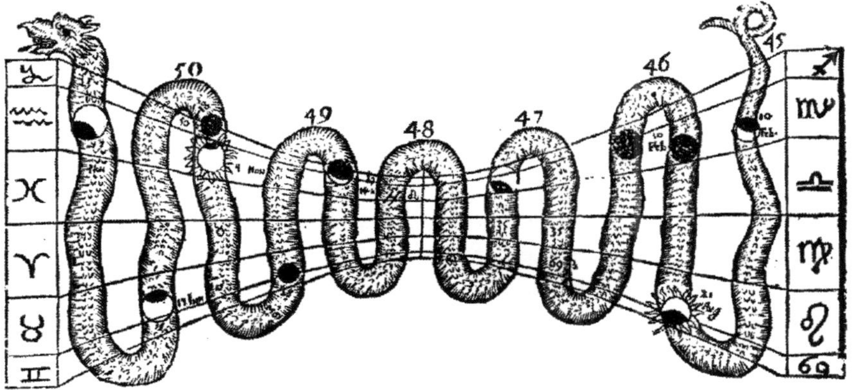

Tafel zur Berechnung von Sonnen- und Mondfinsternissen
Athanasius Kircher, 1671[28]

Tier-Omina

Auch die Stimmen von Tieren werden auf Bali und Java als Utpata, als Omen betrachtet. Ist beispielsweise der Schrei der Hauseidechse tagsüber aus dem Osten zu vernehmen, so bedeutet dies, dass eine Arbeit vollendet wird. Aus dem Südosten oder Südwesten kündigt er Tod an, aus dem Süden ein Treffen mit Freunden, aus dem Norden kommende Gaben und Geschenke und so weiter. Ertönt der Ruf bei Nacht, so ändern sich die Bedeutungen für die verschiedenen Himmelsrichtungen. Ähnliche Deutungsregeln gibt es für das grundlose Bellen von Hunden, das Krächzen von Krähen, das Singen bestimmter Vogelarten oder das Erscheinen von Bienenschwärmen oder weißen Nachtfaltern auf dem Grundstück.[29]

Bei den Rungus-Dusun auf Malaysia gilt es als äußerst schlechtes Omen, wenn man während der Feldbestellung eine Pythonschlange sieht. Die Bauern legen dann sofort ihre Arbeit nieder und suchen sich lieber ein neues Stück Land. Ist es bereits zu spät, ein neues Feld zu roden, so hungern sie lieber ein Jahr lang, denn das Feld mit der Python gilt fortan als unglücksbringend, sogar als lebensgefährlich.[30]

Wenn man in Thailand beginnt, ein Haus zu bauen, dann achtet man auf Geier, Turteltauben, Ibise, Reiher, Schlangen oder Bienen. Kommt eines dieser Tiere aus der Himmelsrichtung Westen bis Nordosten, so ist dies ein gutes, anderenfalls ein schlechtes Zeichen. Wenn man sein Haus verlässt, achtet man ebenfalls auf Omina. Hört man beispielsweise den Ruf einer Gecko-Echse von vorne oder links, so wird das Vorhaben gelingen. Ertönt der Ruf von hinten, rechts oder oben, dann nicht. Wenn Tiere den Weg von links nach rechts kreuzen, vorangehen oder einem folgen, dann bedeutet das Glück, alle anderen Bewegungen Unglück. Wenn man irgendwo sitzt und von oben ein Tier auf einen fällt, beispielsweise ein Insekt oder ein kleiner Vogel, dann ist dies ebenfalls ein Zeichen. Fällt es auf die linke Hand, so verkündet dies den Tod eines Verwandten, auf den linken Arm Streit, auf den rechten Arm oder Hand kommendes Geld, auf die linke Brust einer Frau einen Ehemann, auf die rechte Brust eines Mannes eine Ehefrau.[31] In einer thailändischen Schrift aus dem Jahr 1825 werden auch Tier-Omina für den Ausgang einer Schlacht aufgelistet:

> „Wenn die marschierenden Männer einen Vogel zu ihrer Linken rufen hören und dieser dann losfliegt und sich auf einem Baum zu ihrer Rechten niederlässt, dann wird große Beute gemacht werden. Es ist jedoch höchst unglücksverheißend, wenn er sich auf einem Baumstumpf oder zerfallenen Stamm niederlässt. Wenn der Vogel aus Südost vorbeifliegt und laut ausschreit, während er über dem Heer ist, dann ist Unglück in seiner Stimme, denn er sagt damit: Der Feind wird über Euch sein noch bevor der Tag endet! Wenn der Vogel vor unseren marschierenden Kräften fliegt und dann in der Ferne verschwindet, dann führt er uns voran."[32]

Bei den mittlerweile ausgestorbenen Selk'nam-Indianern auf Feuerland galt es als Todesurteil, wenn sich ein Guanaco auf den Hinterbeinen schreitend auf eine Person zubewegte. Hörte man klagende Laute dieses lamaartigen Tieres, so erwartete man aus derselben Richtung einen Boten mit der Nachricht vom Tod eines Familienangehörigen. Ebenfalls als Unglücksbotin galt die Fledermaus. Stieß man bei Tage auf eine schlafende oder tote Fledermaus, so musste ein Angehöriger sterben. Auch wenn des Nachts eine Fledermaus für längere Zeit das Haus umflatterte, galt dies als Omen für Tod oder Krankheit. Ebenfalls als Todesbote angesehen wurde die sehr seltene Eidechse. Für einen Knaben bedeutete sie, dass seine Schwester sterben wird, für ein Mädchen den Tod des Bruders. Bei den ebenfalls mittlerweile ausgestorbenen Yamana glaubte man, dass

Hunde den Tod riechen können und in diesem Fall ein klagendes Geheul anstimmen. Daneben galten vor allem Vögel, insbesondere die Eule als Sendboten der Zukunft. Sie kündigten das Wetter und den Wechsel der Jahreszeiten an.[33]

In den indischen Veden deutete man die Begegnung mit ominösen Tieren wie Eulen, Tauben, Bienen, Ameisen oder Schakalen als unglücksbringend. Man war aber der Ansicht, dass die negativen Ereignisse verhindert werden können, indem man ihre Vorzeichen zerstört.[34] Ähnliche Überzeugungen gibt es bis heute in Afrika. So glaubt man bei den Ndonga in Südwestafrika, dass der Tod des Häuptlings bevorsteht, wenn eine Kuh mit dem Schwanz auf den Mist schlägt. In diesem Fall wird die Kuh möglichst bald geschlachtet, um das Zeichen zu neutralisieren. Selbiges gilt für Hunde, welche auf das Dach einer Hütte klettern und dadurch Unheil bringen. Auch sie werden sofort getötet, um die negativen Geschicke abzuwenden.[35]

Bei vielen Naturvölkern sind die Tiere nicht nur Vorboten der Ereignisse. Vielmehr glaubt man in animistischer Manier, sie würden diese bewirken im Sinne eines magischen Kausalismus. Das Omen-Tier ist ein verwandelter Geist, Ahne oder Hexer, der das Unglück oder Glück direkt bewirkt. Dadurch ist es möglich, negative Ereignisse zu verhindern, indem man die Tiere umbringt. Hierin besteht ein grundlegender Unterschied zu den Omina der meisten Hochkulturen, wo die Tiere lediglich als Boten der Götter interpretiert werden. Anstelle des magischen Kausalismus tritt hier das Analogieprinzip. Das Omen bewirkt nicht mehr die Zukunft, sondern es verkündet sie lediglich.

Auch in der europäischen Kultur gibt es eine Vielzahl von Tier-Omina. Manche sind bis heute im Volksmund verankert, etwa dass die Begegnung mit schwarzen Katzen Unglück bringt, insbesondere wenn diese an einem Freitag, dem 13., stattfindet. Agrippa von Nettesheim hat in „De Occulta Philosophia" eine Fülle derartiger Zeichen aus Antike und Mittelalter zusammengetragen. Seine Beschreibungen veranschaulichen sehr gut das Analogieprinzip hinter den Omina. Folgende Deutungen entlehnte er vor allem römischen Überlieferungen:

Begegnet einem Fliehenden eine Fledermaus, so bedeutet dies, dass er entkommen werde, denn obgleich sie keine Federn hat, fliegt sie doch davon. Bienen sind ein gutes Omen für Könige, weil sie ein gehorsames

Volk anzeigen. Mücken hingegen bedeuten Frechheit und Unverschämtheit. Die Begegnung eines Wiesels ist gefahrdrohend, ebenso die mit einem Hasen, denn beide laufen schnell davon. Ein Maultier zeigt Unfruchtbarkeit an, ein Pferd Streit und Kampf. Ein Löwe ist ein gutes Zeichen, weil er das stärkste aller Tiere ist und allen übrigen Schrecken einflößt. Weitere gute Omina sind Schafe, Ziegen, pflügende Ochsen und Hunde. Eine Spinne, die von oben herab ihre Fäden zieht, verkündet ankommendes Geld. Ameisen stehen für Sicherheit und Reichtum. Zu den bösen Vorzeichen gehören Eidechsen. Biber zeigen an, dass jemand sich selbst Schaden zufügen werde, weil dieses Tier sich auf der Flucht die eigenen Hoden abbeißt und für die Jäger liegen lässt. Mäuse stehen für Schäden. Die Schlange bedeutet Verleumdungen des Feindes, denn dieses Tier vermag mit keinem anderen Gliede etwas als mit dem Munde. Die Viper steht für schlechte Weiber und lasterhafte Söhne. Der Aal bezeichnet einen Menschenfeind, denn er lebt abgesondert und zurückgezogen.[36]

Tierisches Geburtsomen: die wundersame Sau von Landser – Albrecht Dürer, 1496

Geburts-Omina

Neben Himmelserscheinungen, seltenen Naturereignissen und Tieren als Vorzeichen haben auch Geburtsomina große Bedeutung. Immer dann, wenn es zu außergewöhnlichen Geburten kommt, dann geht man davon aus, dass die Zukunft außerordentliche Ereignisse bringen wird. Ein derartiges Wunderzeichen war die Geburt der wunderbaren Sau von Landser. Am 1. März 1496 wurde im elsässischen Landser eine achtbeinige Sau mit einem Kopf geboren. Sebastian Brant, der Verfasser des Narrenschiffs, deutete dieses Zeichen in einem Flugblatt als Symbol der drohenden Türkengefahr.[37]

Außergewöhnlichen Geburten schenkte man bereits im alten Mesopotamien große Beachtung. Der umfangreiche Kanon Summa Izbu („Wenn eine Missgeburt"), dessen Wurzeln etwa 1800 – 1600 v. Chr. beginnen, umfasst mehr als 2.000 Beschreibungen von sonderbaren Geburten bei Mensch und Tier. Von Kopf bis Fuß werden darin verschiedene körperliche Besonderheiten und deren divinatorische Bedeutung erläutert:

> „Vorzeichen vom Kleinvieh: Wenn das Muttertier als Zeichen einen Fleischklumpen wie einen Stein gebiert, dann wird eine Vielzahl der Bewohner im Land fallen. Wenn dazu noch eine Schlange folgt, dann werden die Jungen seines Viehs kraftlos sein. (...) Wenn des Fötus Leib offen ist, dann wird Hunger im Land herrschen. Wenn der Fötus weder Nase noch Nasenlöcher hat, dann wird das Land zugrunde gehen. (...) Wenn die Elle seines linken Vorderlaufs nicht da ist, dann wird der König das Vieh seines Feindes vernichten. (...) Wenn das Innere des Fötus aus seinem Maul heraustritt, dann wird der Feind das Land verzehren."[38]

Ein großer Teil der Summa Izbu umfasst menschliche Geburtsomina:

> „Wenn eine Missgeburt zwei Köpfe hat und der zweite Kopf sich auf dem Rücken befindet und seine Augen in verschiedene Richtungen blicken, dann wird die Herrschaft des Königs im Exil enden. Wenn eine Missgeburt zwei Köpfe hat und der zweite Kopf sich auf dem Rücken befindet und in Richtung seines Hinterteils blickt, dann wird der Kronprinz in Feindschaft mit seinem Vater geraten. Wenn eine Missgeburt zwei Köpfe hat und der zweite Kopf sich über seiner rechten Schulter befindet: Pestilenz im Land, Revolte gegen den König. Wenn eine Missgeburt zwei Köpfe hat und der zweite Kopf sich über seiner linken Schulter befindet: Pestilenz im Land des Feindes, der Prinz wird dort reiche Beute machen."[39]

Missgeburten werden in den meisten Kulturen als Unglückszeichen interpretiert. Dasselbe gilt für die Geburt von Zwillingen. Im Indien zur Zeit der Veden wurde in diesem Fall ein Gutmachungsopfer dargebracht. Das galt nicht nur für Zwillingsgeburten bei Menschen, sondern auch bei Kühen.[40] Ebenso zeigt die Geburt von Zwillingen in den meisten Teilen Afrikas kommendes Unglück an und verlangt nach umfassenden Reinigungs- und Schutzmaßnahmen. Nur in wenigen Regionen werden Zwillinge als Glückszeichen betrachtet, etwa in Bamenda im Nordwesten Kameruns. Dort glaubt man, dass Zwillinge ebenso wie Albinos aus der anderen Welt, aus dem Geisterreich kommen. Deshalb kommt ihnen besondere Ehrerbietung zu.[41]

Moderne Tier-Omina für Wetter und Erdbeben

Die Vorzeichen der Alten wurden meist aufgrund magischer Überlegungen konstruiert. Es sind jedoch nicht zwangsläufig alle Deutungen abergläubisch. Insbesondere die in vielen Kulturen verbreitete Ansicht, dass Vögel das kommende Wetter ankündigen, ist nicht ohne faktischen Hintergrund. Die Feuerland-Indianer kannten beispielsweise keinen Kalender. Deshalb mussten sie sich an den Zugvögeln orientieren, um das baldige Kommen des Winters zu erkennen. Auch die alte Regel, wonach mit schönem Wetter zu rechnen ist, wenn die Schwalben hoch fliegen, hat einen wahren Kern. Bei sonnigen Hochdruckwetterlagen steigt warme Luft nach oben und nimmt Insekten mit sich empor. Deshalb müssen auch die Schwalben höher fliegen, um an ihre Nahrung zu kommen. So deutet ihre Flughöhe tatsächlich das bevorstehende Wetter an.

Schließlich ist immer noch nicht geklärt, inwieweit Tiere drohende Katastrophen vorherfühlen können. Lange Zeit galt diese Ansicht trotz zahlreicher Augenzeugenberichte als reiner Aberglaube. Heute wird wieder ernsthaft daran geforscht, ob Tiere Erdbeben oder Lawinen bereits Stunden im Vorhinein spüren können. So sammelt die chinesische Regierung seit den 1970er Jahren Hinweise auf ungewöhnliches Verhalten von Tieren vor Erdbeben. Auch der britische Biologe Rupert Sheldrake (*1942) hat zahlreiche Fälle von auffälligem Tierverhalten vor Naturkatastrophen zusammengetragen, um seine Theorie der morphogenetischen Felder zu untermauern. So wird häufig bereits Stunden vor einem Erdbeben eine auffällige nervöse Anspannung unter Tieren beobachtet. Katzen laufen aus den Häusern. Hunde werden unruhig und beginnen laut zu heulen oder panisch zu bellen. Pferde versuchen aus den Ställen zu entkommen und springen gegen die Tore. Vögel flattern aufgeregt herum. Sheldrake berichtet vom Lawinenunglück im Tiroler Ort Galtür 1999, bei dem dutzende Menschen starben. Bereits am Tag vor dem Unglück wurde beobachtet, dass zahlreiche Gämsen von den Bergen herunter ins Tal kamen, ein äußerst ungewöhnliches Verhalten für dieses scheue Tier. Derartige Berichte gibt es zahlreiche aus den Alpen. Zumeist sind es Gämsen oder Steinböcke, welche vor Lawinenabgängen ein auffälliges Verhalten an den Tag legen. Auch Hunde scheinen einen solchen siebten Sinn zu haben.[42]

Natürlich gibt es bei derartigen Berichten immer das Problem, dass sie selektiv sind. Gerade nach traumatischen Ereignissen wie Naturkatastrophen wird man immer jemanden finden, der sagt, dass er oder sein Haustier es bereits davor gespürt hätte. Eine große systematische Untersuchung dieses Phänomens steht noch aus. Dennoch zieht der Glaube an schicksalsverheißende Omina den Menschen bis heute in seinen Bann.

Omen aus der Nürnberger Chronik, 1493

02. Deutungssysteme natürlicher Zeichen

Omen ereignen sich unerwartet, ungefragt. Der Mensch ruft nicht nach ihnen, sondern sie rufen ihn. Es ist nicht sein Wille, ein Zeichen zu empfangen, sondern es ist der Wille des Zeichens, sich ihm zu offenbaren. Insofern ist das Omen das unwillentlichste aller Zeichen. Doch der Mensch ist manchmal ungeduldig. Er will sich nicht damit begnügen, auf ein Zeichen zu warten. Er will die Zukunft dann erfahren, wenn er will und nicht nur wenn das Omen will. So hat er sich Methoden der Zeichendeutung ausgedacht, welche er immer konsultieren kann, wenn ihm nach Wissen über die Zukunft ist. Er geht in die Welt hinaus und beginnt zu beobachten. Er sieht die Gestirne am Himmel, die Wolken, die Winde, die Blitze und die Donner. Er sieht das Wasser der Flüsse, Seen und Meere, das Flackern des Feuers. Er sieht die Vögel am Himmel. Und er sieht schließlich die anderen Menschen, ihre Gesichter und Körperformen, ihre Muttermale und Falten, ihre Gebärden und ihr Verhalten.
In all dem beginnt er, wiederkehrende Muster zu entdecken. Er erkennt Gemeinsamkeiten und Unterschiede. Und irgendwann beginnt er, Zusammenhänge aufzustellen zwischen dem, was er sieht und dem, was sich ereignet. Systeme der Zeichendeutung entwickeln sich. Die willentliche Deutung der waltenden Welt ist geboren. Wann immer der Mensch etwas über die Zukunft erfahren will, geht er hinaus und betrachtet die Zeichen.

Zeichensysteme am Himmel

Zuerst blickt er nach oben. Seit jeher wird der Himmel als die Sphäre der Götter betrachtet. Sonne, Mond und die fünf sichtbaren Planeten sind nicht nur Botschaften der Götter, sie sind die Götter selbst. Ihre Bahnen lenken die Bahnen der Welt. Zuerst betrachtet der Mensch nur ihre Farben, ihre Größe, ihr Flackern. Er beobachtet, ob die Sonnenscheibe strahlend oder trübe ist, ob der Mond neu, halb oder voll, ob er nah oder fern ist, ob er einen Vorhof hat oder scharf abgegrenzt vom Nachthimmel leuchtet. All diese Phänomene nutzt er zur Zeichendeutung. Und irgendwann beginnt er, die Bahnen der Himmelskörper aufzuzeichnen und zu berechnen. Auf dieser Grundlage entstehen schließlich die ersten Kalender. So entwickelt sich aus der Deutung von Himmelszeichen die zeitendeutende Prognostik.

Der Mensch blickt nach oben und betrachtet auch die Wolken, wie sie über das Himmelszelt ziehen in endlosen Variationen, Formen und Gestalten. Ihr ewig wandelnder Fluss ist wie der Fluss des weltlichen Treibens. Wie eine lebendige Landkarte spannt er sich über das Firmament. Ursprünglich diente das Gewölk vermutlich nur als Projektionsfläche für Visionen. Doch irgendwann begann man, es zu kartographieren und seinen Mustern systematisch Geschicke zuzuordnen. Ein ausgefeiltes System der Wolkendeutung findet sich bereits im neuassyrischen Reich. Enuma Anu Enlil, eine umfassende Zusammenstellung von Himmelszeichen, wurde im 7. vorchristlichen Jahrhundert niedergeschrieben. Neben der Deutung der Gestirne und der Sonne nehmen darin auch die Wolken einen großen Platz ein:

> „Wenn eine Wolkenbank von Ost nach West zieht: die Götter werden sich alle in den Himmel erheben und sich in schlechter Weise über das Land beratschlagen. Wenn diese Wolkenbank rot ist: Adad wird die Ernte des Landes niederschlagen. Wenn diese Wolkenbank gelb ist: Unglück wird über das Land kommen, Geschäfte werden zurückgehen, es wird eine Seuche geben. (...) Wenn sich eine Wolkenbank vom Zenit zum Horizont krümmt: Adad wird wüten und die Ernte niederschlagen. Heuschrecken werden im Frühling angreifen und die Ernte verschlingen. Wenn sich eine weiße Wolkenbank vom Zenit zum Horizont krümmt: gute Einnahmen, Ernte im Überfluss. Wenn sich eine rote Wolkenbank vom Zenit zum Horizont krümmt: die Götter werden sich wohlwollend über das Land beratschlagen und gute Entscheidungen treffen."[43]

Ähnliche Deutungsregeln gibt es auch heute noch in Thailand. Wenn an einem gewissen Lostag sehr dunkle Wolken aufkommen, dann erwartet man ausgiebigen Regen und Reis im Überfluss für die kommende Saison. Sieht man an diesem Tag hingegen rote Wolken sowohl im Norden, als auch im Süden aufziehen, dann befürchtet man wenig Wasser und Krankheiten. Bis ins 19. Jahrhundert orientierte man sich auch in der Kriegsführung nach den Wolken. Dabei symbolisierten die Himmelsrichtungen die jeweiligen Nachbarländer. Wolken aus dem Norden standen für Laos, aus dem Westen für Burma, aus Süden und Osten für das eigene Land. Zogen nun am Tag einer Schlacht Wolken von Nord nach Süd oder von West nach Ost ohne die Sonne zu bedecken, galt dies als günstiges Zeichen für Siam (Thailand). Die feindlichen Kräfte würden es nicht schaffen, das Land zu belagern. Unglücksverheißend war es jedoch, wenn diese Wolkenzüge die Sonne bedeckten, denn dann würden auch die Gegner Siam verschlingen wie die Wolken die Sonne.[44]

Schließlich wurden auch Blitz und Donner divinatorisch gedeutet. Diese Zeichensysteme waren insbesondere bei den Etruskern und später bei den Römern sehr beliebt. Dazu teilten sie den Himmel in sechzehn Gegenden. Es gab elf verschiedene Arten von Blitzen und neun verschiedene Götter, welche diese schleuderten.[45] Man beachtete, aus welcher Gegend ein Blitz kam und in welche Richtung er schlug. Autoren wie Plinius der Ältere, Seneca der Jüngere oder Servius unterteilen die Blitze zudem in die verschiedenen Schadensarten, welche sie anrichten können. Sie nannten unter anderem Blitze, die durchbohren, solche die zerschmettern, solche, die brennen und solche, die Schaden durch Rauch anrichten. Aus der Kombination all dieser Faktoren ergab sich ein breites Spektrum an Deutungsmöglichkeiten. Über die genauen Deutungsregeln ist leider nur wenig bekannt, denn sie wurden von den Wahrsagern geheim gehalten. Fest steht jedoch, dass Blitze fast ausnahmslos negative Ereignisse angekündigt haben. Je größer der angerichtete Schaden war, desto schlimmer waren die Zukunftserwartungen.[46]

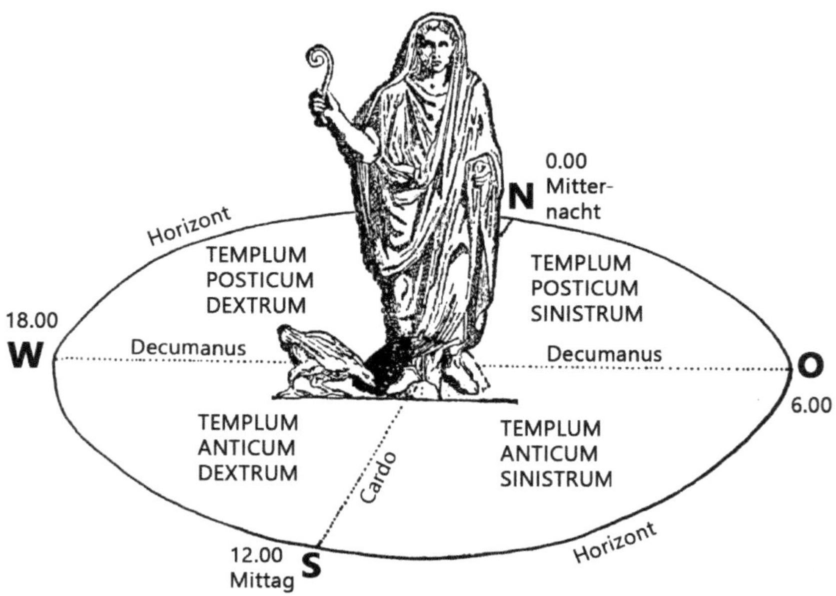

Augur mit dem typischen Stab und Schema seines Templum im Alten Rom[47]

Daneben gab es die Brontoskopie, welche die Donner deutete. Brontoskopische Kalender, beispielsweise vom römischen Gelehrten Nigidius Figulus (ca. 98 – 45 v. Chr.), erläuterten die Bedeutung von Donnern für bestimmte Tage oder Monate. So wurden Donner im Zeichen der Jungfrau als Hinweis auf die bevorstehende Versklavung Minderjähriger gedeutet. Versklavung von ganzen Städten drohte, wenn während eines Donners der Mond im Zeichen des Schützen stand. Donner im siebten Mondabschnitt des Januars warnten vor Sklavenkriegen.[48] Wie bei den Blitzen wurden keine Einzelschicksale gedeutet, sondern vor allem die Geschicke des Staates und seiner Führer.

Auspizien im Alten Rom

Die letzte große Gruppe natürlicher Himmelszeichen sind die Vögel. Von allen Lebewesen sind sie den Göttern am nächsten. So werden sie auch in den meisten Kulturen als Boten der Götter angesehen, als Gesandte des Himmels. Vögel werden in verschiedensten Kulturen gerne als Omina gedeutet, wie das vorige Kapitel gezeigt hat. Manche Völker haben ihre Omenlehren zu komplexen Deutungssystemen ausgebaut, welche es erlauben, den Willen der Götter nahezu jederzeit anhand des Vogelfluges abzulesen. So teilten die Römer den Himmel in vier Regionen („Templa") und ordneten diesen verschiedene Bedeutungen zu. Relevant waren nicht nur die Bewegungsrichtungen der Vögel durch diese Regionen, sondern auch Anzahl, Formation oder Flughöhe der Tiere. Die genauen Deutungsregeln gehörten zum Geheimwissen der Auguren.

Im alten Rom kam den Auspizien sogar eine staatstragende Rolle zu. Mehr noch als die Sibyllinischen Bücher[49] prägte die Vogelschau die Entscheidungen der Regierung. Es wurde keine Handlung unternommen ohne vorherige Konsultation der staatlichen Auguren. Ob Feldzüge, Konsulwahlen oder Gesetzeserlässe, kein Beschluss war rechtskräftig ohne Bestätigung durch die Auspizien. Selbst die Beamtenschaft war verpflichtet, vor sämtlichen öffentlichen Angelegenheiten eine einfache Form der Auspizien durchzuführen. Zwar war es theoretisch möglich, den Zeichen der Vögel zuwiderzuhandeln, doch konnten derartige Entscheidungen jederzeit rechtlich angefochten werden.

Auch viele Privatleute unternahmen nichts, ohne zuvor die Zeichen der Vögel einzuholen. So waren die Auguren gefragte und sehr einflussreiche Männer. Denn nur sie kannten die genauen Regeln, nach denen der Vogelflug gedeutet wurde. Für schwierige Fälle gab es sogar ein Archiv mit den Resultaten der bisherigen Auspizien. Dieses wurde als Entscheidungshilfe herangezogen, wenn das Urteil besonders schwer zu fällen war.[50] Für alltägliche Fragen wurde die sehr aufwendige Deutung des Vogelflugs meist durch ein Hühner-Orakel ersetzt. Dieses war wesentlich einfacher zu praktizieren und konnte auch ohne einen Auguren befragt werden. Dabei wurden den heiligen Hühnern aus Mehl und Wasser geformte Kügelchen zugeworfen. Fraßen die Hühner diese so gierig, dass ihnen dabei etwas aus dem Schnabel fiel, so galt dies als günstiges Zeichen. Verschmähten sie die Bissen oder aßen sie so gemächlich, dass ihnen nichts vom Maul fiel, so war das Zeichen ungünstig. Bereits Cicero beschwerte sich darüber, dass den Hühnern notwendigerweise etwas aus dem Schnabel fallen müsse, vor allem dann, wenn man sie vor der Befragung besonders lange hungern ließ oder ihnen beliebte Spezialmischungen zuwarf. Derartige Praktiken waren gängig, um möglichst sicher ein gutes Omen zu erhalten.[51] Die Befragung der heiligen Hühner wird meist auch als Auspizium bezeichnet, obwohl sie mit der ursprünglichen Deutung des Vogelfluges kaum mehr was zu tun hat. Sie zählt bereits zu den kultivierten Zeichen, denn die Tiere werden willentlich einer Versuchsanordnung unterworfen. Ihr Verhalten ist der Motor eines jederzeit verfügbaren Entscheidungsapparates.

Auspizien wurden zwar häufig zu prognostischen Zwecken herangezogen, waren im Grunde aber vor allem Ja/Nein-Entscheidungsmaschinen. Vornehmlich sollten sie sagen, ob die Zeit günstig oder ungünstig war für eine Tat, ob diese den Göttern genehm war oder nicht. Aus diesem Grund unterlagen sie auch in hohem Ausmaß einem fortschreitenden Instrumentalisierungsprozess. Waren es anfangs nur drei Auguren gewesen, welche in den wichtigsten Angelegenheiten die Meinung der Götter einholten, so waren es zur Zeit Caesars bereits sechzehn Auguren, welche ohne Unterlass den Vogelflug deuteten. Auch der schrittweise Übergang von natürlichen Zeichen hin zu den kultivierten Zeichen ist typisch für eine derartige Omen-Mechanisierung. Die Deutung des Vogelfluges war eine sehr aufwendige Angelegenheit und erforderte Expertenwissen und die passenden Beobachtungsbedingungen. Es sollte jedoch irgendwann jede noch so kleine Entscheidung dem Willen der Götter entsprechen. Das kultivierte Zeichen der heiligen Hühner mit seinen zwei einfach zu erkennenden Antwortmöglichkeiten war für diesen Zweck viel besser geeignet als die komplexe Vogelschau. So gesehen ist der Prozess der Zeichenkultivierung gleichzeitig auch ein Prozess der Deutungsvulgarisierung. Der einstmals in sakraler Ehrfürchtigkeit empfangene Wille der Götter wird zur alltäglichen Fließbandarbeit.

Der divinatorische Gehalt der Vogelschau war bereits im alten Rom sehr umstritten. Cicero, selbst ein großer Skeptiker aller Wahrsagekünste, hatte insbesondere für die Befragung der heiligen Hühner nur Spott übrig. Dennoch stellte er die Auspizien als staatliche Institution nicht in Frage. Vielmehr war er im Jahr 53 v. Chr. selbst Augur gewesen und hat auch eine Schrift über die Vogelschau veröffentlicht. Für ihn waren die Auspizien vor allen Dingen ein wesentlicher Stabilisator der römischen Gesellschaft und als solcher unentbehrlich:

> „Es wird aber wegen des Volksglaubens und zum großen Nutzen des Staates noch die Sitte, die Religion, die Wissenschaft, das Recht der Auguren und das Ansehen ihres Kollegiums beibehalten."[52]

Elementdeutung und Feng Shui

Wasser und Feuer als Projektionsflächen für Visionen haben wir bereits kennengelernt. ebenso eine Reihe antiker Deutungsansätze, welche Agrippa von Nettesheim zusammengetragen hat. Beispiele für hydromantische Praktiken finden sich auch beim Magierabt Johannes Trithemius (1462 – 1516). Er erzählt von den Einwohnern Messinas und Neapels, welche das Hin- und Herfluten des Meeres prognostisch deuteten. In Ägypten wurde die Zu- und Abnahme des Wassers im Nil betrachtet, um die Fruchtbarkeit des kommenden Jahres zu prophezeien. Er berichtet auch davon, wie Seeleute aus der Beschaffenheit des Meeres und seinen verschiedenen Erscheinungen auf bevorstehende Stürme schlossen.[53]

Das wohl komplexeste System der Elementdeutung findet sich im chinesischen Feng Shui („Wind und Wasser"). Nach dieser Lehre wohnt allen Dingen die Urenergie Qi inne. In der Erscheinungswelt offenbart sich diese in den zwei Polaritäten Yin und Yang, sowie in den fünf Elementen

Feuer, Wasser, Erde, Metall und Holz. Feng Shui strebt nach dem Gleichgewicht zwischen diesen Elementen, denn das Überwiegen oder Fehlen eines oder mehrerer Elemente bringt Disharmonie, Krankheiten und Probleme. Feng Shui wird traditionell zum Auffinden guter Standorte für Häuser und Grabstätten verwendet. Es ist somit vor allem Diagnoseinstrument, eignet sich aber auch zur Prognose. Sind nämlich die Elemente nicht in Harmonie, so kann man davon ausgehen, dass sich an diesem Ort unglückliche Geschicke ereignen werden.

Feng Shui Experten mit Lo Pan Scheibe, traditionelle chinesische Darstellung

Der Qi-Fluss wird vor allem in den Bewegungen der Winde und des Wassers sichtbar. Sowohl ein Mangel an Energiebewegung, als auch ein Zuviel ist auf Dauer schlecht für das Wohlbefinden des Menschen. So sind starke Winde unvorteilhaft, vor allem wenn sie aus dem Norden kommen. Auch das Wasser sollte nicht in allzu stürmischer Bewegung sein. Zu wenig Luftbewegung, stehende Gewässer oder sumpfiger Boden sind ebenfalls schlecht, denn sie bewirken Stagnation. Wasseradern sollen nicht direkt unter einer Grabstätte oder Behausung hindurchfließen. Derartige Regeln gibt es unzählige. Eine Besonderheit des Feng Shui ist, dass das Gleichgewicht der Elemente auch im symbolischen Sinne angestrebt wird. Die gesamte Erscheinungswelt wird den einzelnen fünf Elementen zugeordnet. Etwa in der Jiangxi-Schule werden weiche, wellenförmige Landschaftsformen dem Wasser zugeordnet, scharfe, pointierte Formen dem Feuer, freundlich gerundete Formen dem Metall, länglich gezogene, stammartige Formen dem Holz und eckige Formen der Erde. So lässt sich die Harmonielehre der fünf Elemente auch auf Landstriche übertragen.[54]
Das chinesische Feng Shui ist sicherlich eine der vielschichtigsten Methoden, elementare Zeichen der Natur zu deuten. Die fünf Elemente sind bereits vergeistigte Prinzipien, mit welchen auch abstrakt operiert werden kann. In ihrer abstrakten Form werden sie uns wiederbegegnen bei der Deutung künstlicher Zeichen (I-Ging)[55] und bei der zeitendeutenden Prognostik (chinesischer Tierkreis). Sie sind Grundlage des magischen Weltbilds Fernasiens und als solche Bestandteil vieler mantischen Praktiken.

Auch im magischen Denken Europas und Indiens hat die Elementlehre einen ähnlich wichtigen Status. Hier sind es jedoch nur vier Elemente, welche durch ihr Wechselspiel die gesamte Welt formen. Die Lehre von Feuer, Wasser, Erde und Luft wurde bei den Griechen im 5. vorchristlichen Jahrhundert bekannt gemacht durch Empedokles (483 – 424 v. Chr.) und kam gleichzeitig auch in der indischen Philosophie auf.[56] Wie die chinesischen Elemente sind sie nicht nur Naturerscheinungen, sondern vor allem abstrakte Urkräfte. Das Feuer ist nicht nur das Feuer im Ofen, sondern symbolisiert alle hitzigen, brennenden, energievollen, kraftvoll verzehrenden Vorgänge, einen aufbrausenden Choleriker ebenso wie ein angriffslustiges Raubtier oder eine Brennnessel. Die Erde ist nicht nur die Erde auf dem Boden, sondern bezeichnet alle trägen, nach unten ziehenden, schweren, drückenden, beharrlichen, geduldigen, bodenständigen, in sich ruhenden Dinge, vom schwermütigen Melancholiker über die langsame Schildkröte bis hin zum schweren Blei.[57] Auch die Lehre von den vier Elementen ist Grundlage zahlreicher divinatorischer Praktiken, etwa der Astrologie oder der Tarotkarten. Zudem bestehen diese vier Typen bis heute fort in zahlreichen Persönlichkeitsmodellen der modernen Management-Diagnostik. Diese Bereiche werden wir in späteren Kapiteln näher kennen lernen.[58]

Vom Omen zum Zeichensystem

Die Natur ist voll von schicksalsschwangeren Zeichen. Bei den Omina werden punktuelle Naturregungen gedeutet. Sie treten meist nur sehr unregelmäßig auf, weshalb sie sich einer gezielten Prognostik entziehen. Die Deutungssysteme natürlicher Zeichen können hingegen willentlich eingesetzt werden. Sie versuchen, die verschiedenen möglichen Zustände eines beobachteten Systems vollständig zu kartographieren und jedem dieser Zustände eine spezielle Bedeutung zuzuordnen. Jeder mögliche Zustand ist Zeichen. Deshalb können diese Deutungssysteme auch nahezu jederzeit über die Zukunft Auskunft geben. Die Gestirnszeichen können jede Nacht beobachtet werden, sofern der Himmel nicht bedeckt ist. Die Wolken können jeden Tag gedeutet werden, denn selbst Wolkenlosigkeit ist ein Zeichen. Der Flug der Vögel ist nahezu immer beobachtbar, es sei denn, man lebt in Regionen mit derart rauem Klima, dass es im Winter keine Vögel gibt. Auch das Spiel der Elemente steht jederzeit für divinatorische Zwecke zur Verfügung. Nur wenige Deutungssysteme für natürliche Zeichen bauen auf Erscheinungen auf, die eher selten beobachtbar sind, wie beispielsweise Blitze und Donner.

Moderne Bioindikatoren

Dem modernen Menschen mag es seltsam anmuten, dass unsere Vorfahren versucht haben, die Zukunft aus derartigen Erscheinungen zu lesen. Doch dieser Ansatz ist heute aktueller denn je. Als Früherkennungs- und Frühwarnsysteme spielen in der modernen Ökologie Bioindikatoren eine große Rolle. Darunter versteht man Lebensformen, welche auf Veränderungen der Umwelt äußerst sensibel reagieren. Sie zeigen sichtbare Veränderungen ihres Aussehens oder Verhaltens noch lange bevor der

Mensch diese Umweltveränderungen mit freiem Auge wahrnehmen kann. Dadurch können sie als Vorboten kommender Geschicke herangezogen werden. Dieses Prinzip hat man sich früher beispielsweise in Bergwerken zunutze gemacht. Häufig kam es vor, dass in den Stollen zu viel Kohlenmonoxid in der Luft war. Für die Bergleute war dies sehr gefährlich. Es konnte zu Ohnmacht und Tod führen. Vögel reagieren auf schlechte Luft viel empfindlicher als der Mensch. So nahm man Vögel in Käfigen mit in die Grube. Wenn diese plötzlich schlapp machten, so wussten die Bergleute, dass sie möglichst schnell den Stollen verlassen mussten, bevor sie selbst Opfer des "matten Wetters" wurden.

Heute kennt man zahlreiche Tiere und Pflanzen, welche auf Umweltveränderungen höchst empfindlich reagieren und so zur gezielten Diagnose und Prognose eingesetzt werden können. So werden physiologische Veränderungen bei Fischen zur Bestimmung der Wasserverschmutzung herangezogen. Geschwulste an der Leber oder der Mundschleimhaut werden mit polyzyklischen aromatischen Kohlenwasserstoffen in Verbindung gebracht. Hermaphroditismus oder Feminisierung männlicher Fische gelten als Indikator für Chemikalien wie 17ß-Estradiol oder Östrogene (Nonylphenol, Pentylphenol).[59] Im Fluss Periyar in Südindien werden Gerbereiabwässer am Verhalten des Süßwasserfisches Labeo Porcellus gemessen. Starke Verschmutzung zeigt dieser Fisch an durch Hypererregbarkeit, sprunghafte, zuckende Schwimmbewegungen und beschleunigte Bewegung der Kiemenknochen. Zudem setzt eine massive Schleimproduktion an den Kiemen und an der Körperoberfläche ein.[60]
Als Indikator für Luftverschmutzung dient unter anderem der "Industriemelanismus" verschiedener Insekten. Darunter versteht man eine dunkle Verfärbung des Körpers, welche in Industriegebieten gehäuft auftritt. Erstmals beobachtet wurde dieses Phänomen am Birkenspanner. Dieser Schmetterling hat normalerweise helle Flügel mit dunklen Einlagerungen. Im Jahr 1848 wurde im Industriegebiet von Manchester jedoch erstmals eine Form mit durchgehend schwarzen Flügeln beobachtet. 50 Jahre später betrug der Anteil der dunklen Form an der Gesamtpopulation des Birkenspanners bereits 99 Prozent. Diese Mutation wurde auch in vielen anderen Industriegebieten nachgewiesen. Interessanterweise ging mit einer Verbesserung der Luftqualität in der zweiten Hälfte des 20. Jahrhunderts auch der Anteil der dunklen Form in diesen Gegenden wieder stark zu-

rück. Die dunkle Verfärbung der Insekten zeigt somit den Grad der Luftverschmutzung an.[61]

Viele Bioindikatoren können mit freiem Auge in der freien Natur beobachtet werden und sind somit typische Vertreter natürlicher Zeichen. Andere Bioindikatoren zählen bereits zu den kultivierten Zeichen, weil entweder das Kriterium des freien Auges oder das Kriterium der freien Natur nicht gegeben ist. Das Kriterium des freien Auges ist überall dort nicht erfüllt, wo der Indikator erst bearbeitet, gezählt oder gemessen werden muss. So liegt bereits ein leichter Grad von Zeichenkultivierung vor, wenn etwa zur Untersuchung der inneren Organe ein Tier aufgeschnitten werden muss. Selbiges gilt für Bioindikatoren, bei welchen quantitative Zählungen vorgenommen werden, beispielsweise um die Prozentzahl von Insekten mit Industriemelanismus zu bestimmen. Andere Bioindikatoren bedürfen bereits starker Zeichenkultivierung, etwa jene, welche durch aufwendige genetische oder histochemische Analysen gewonnen werden.
Die zweite Art kultivierter Bioindikatoren sind jene, bei welchen die freie Natur durch Laborbedingungen ersetzt wird. So wird die Tabaksorte „Bel W3" gezielt zum Ozon-Monitoring angepflanzt. Schon bei schwacher Ozoneinwirkung bilden sich auf den Blättern dichte silberne Fleckennekrosen. In ähnlicher Weise wird Gartenkresse als Indikator für Bodenverunreinigungen herangezogen. Dabei wird eine normierte Anzahl von Samen auf dem zu untersuchenden Boden zur Keimung gebracht. Anhand einer herabgesetzten Keimrate oder Gesamtsprosslänge lässt sich auf Schadstoffe schließen.[62]

Ob als natürliche oder als kultivierte Zeichen, es gibt zahlreiche Bioindikatoren, welche eine Prognose von Umweltveränderungen erlauben noch lange bevor der Mensch diese direkt wahrnehmen kann. Wie in magischen Zeiten zeigen Tiere und Pflanzen die Zukunft an. Heute sind sie jedoch nicht mehr Boten der Götter, sondern sensible Frühwarner und Frühanzeiger von erklärbaren Prozessen. Sie haben im Vergleich zum Menschen einen Reaktionsvorsprung und können dadurch seine Wahrnehmung erweitern. Folgende Tabelle liefert weitere Beispiele für die moderne Zukunftsdeutung aus Zeichen der Umwelt. Es handelt sich dabei um Tiere und Pflanzen, welche auf bestimmte Luftschadstoffe besonders empfindlich reagieren.

Immissions-komponente	**Bioindikator**	**Symptome**
Fluorwasserstoff	Gladiole, Tulpe, Schwertlilie, Schnittpetersilie	Blattspitzen- und Blattrand-Nekrosen, Akkumulation von Fluor in Trockensubstanz
	Honigbiene	Krankheit und Tod
Ozon	Tabak	Sprenkel-Nekrosen auf der Blattoberseite
	Spinat, Sojabohne	Nekrosen auf der Blattoberseite
Peroxyacetylnitrat	Kleine Brennnessel	Bandförmige Nekrosen der Blattunterseite
	Einjähriges Wiesen-Rispengras	Bandförmige Blattnekrosen
Schwefeldioxid	Luzerne, Buchweizen, Großer Wegerich, Erbse	Interkostale Nekrosen und Chlorosen
	Inkarnatklee	Änderung des energy charge, Abnahme von ATP und Zunahme von AMP
	Blattlaus	Abnahme der Malatdehydrogenase
	Larven der Schmeißfliege	Zunahme der Sterblichkeit der Larven, Epidermisveränderungen
Stickstoffdioxid	Spinat, Bauerntabak, Sellerie	Interkostalnekrosen
	Ratte	Peroxidierung der Lipide im Lungengewebe
Chlor	Larven der Schmeißfliege	Zunahme der Sterblichkeit bei Larven
	Spinat, Bohnen, Salat	Bleicherscheinungen an Blättern, Deformation der Chloroplasten
Ethen	Petunie	Blütenknospenabfall, kleine Blüten
	Salat, Tomate	Einrollen der Blattränder, Erhöhen der Peroxidaseaktivität
Radionuklide	Rentierflechte, Isländisches Moos	Akkumulation in Trockensubstanz
Fluorid und Metall-Ionen (Pb, Zn, Cd, Mn, Cu)	Welsches Weidegras, Weißes und Rotes Straußgras	Akkumulation in Trockensubstanz
	Maus	Veränderung im Verhältnis der T- und B-Öymphozyten, Verminderung der B-lymphozytären Reaktion
	Honigbiene	Akkumulation im Honig
	Weißer Senf, Grünkohl, Roßkastanie, Torfmoos, Schlafmoos, Pohlmoos, Rotstengelmoos	Akkumulation in Trockensubstanz
Komplexe Luftschadstoffe	Brutkörper von Brunnenlebermoos	Abnahme des Zellzuwachses
	Laub- und Strauchflechten	Abnahme des Chlorophyll-a- und -b-

		Gehalts, Abnahme des Gehalts an lebenden Algenzellen
	Tanne, Fichte, Waldkiefer	Abnahme des Chlorophyll-a- und -b-Gehalts, Abnahme des Nadelalters und der Wuchsleistung
Schwermetalle	Strauchflechten, Torfmoose	Akkumulation in Trockensubstanz

Bioindikatoren für Luftschadstoffe nach Schubert[63]

03. Geschichte der Physiognomik

Vom Kollektivmenschen zum Individuum

Auf die Verzeichenung der Natur folgte die Verzeichenung des Menschen. Erstaunlicherweise wurde der Mensch erst relativ spät als Landkarte des Schicksals entdeckt. Während die systematische Deutung von Naturzeichen bereits seit Beginn der Verschriftlichung überliefert ist, können sich systematische Verzeichenungen des Menschen erst im letzten vorchristlichen Jahrtausend etablieren. Dafür mag es mehrere Gründe geben. Die historischen Quellen legen nahe, dass das Individuum für die Prognostik lange Zeit irrelevant war. Die alten Aufzeichnungen berichten ausschließlich über Vorhersagen und Omina für Kollektive, für Städte, Länder und Völker. Einzelpersonen wurden nur dann einbezogen, wenn es sich um Herrscher handelte. Die Person des Herrschers war allerdings nur insofern von Belang, als sein Schicksal mit dem Schicksal seines Landes identifiziert wurde. Die Vermutung liegt nahe, dass der Mensch in früheren Zeiten vor allem Kollektivwesen war und sich eine Kultur des Individuellen erst relativ spät herausgebildet hat. Und da das Schicksal des Einzelnen keine große Rolle spielte, taten es auch die Zeichen auf seinem Körper nicht.

Es ist allerdings auch durchaus möglich, dass es bereits viel früher Divinationen für Individuen gegeben hat, aber man diese als zu unwichtig für eine Verschriftlichung erachtet hat. Vielleicht hat man einfach keinen Grund gesehen, Prognosen, die nicht für alle von Belang waren, auf teuren Papyrusrollen oder Tontafeln festzuhalten. Es ist auch denkbar, dass man individuelle Schicksale lange Zeit nur mit visionären Methoden, Omina oder Orakeln erkundet und schlichtweg nicht daran gedacht hat, dass auch das Äußere des Menschen über seine Zukunft Auskunft geben könnte. Vielleicht entstand die Verzeichenung des Menschen erst durch den Experimentiertrieb, die bereits gebräuchliche Deutung von Zeichen der Umwelt in einer neuen Form anzuwenden. Etwa im Fall der Astrologie ist dies nachweislich so geschehen. So reichen die ersten schriftlichen Belege für Mundanprognosen durch Gestirnsschau bis 2500 v. Chr. zurück. Das älteste bekannte Horoskop für ein Individuum hingegen stammt erst aus dem Jahr 410 v. Chr.[64] Über 2.000 Jahre hat es gedauert von der

Sterndeutung für Kollektive zur Sterndeutung für Individuen. Ähnlich könnte sich der Weg von den Zeichensystemen des Himmels und der Erde zu den Zeichensystemen des menschlichen Körpers zugetragen haben.

Körperdeutung bei den Ägyptern und Babyloniern

Die ersten prognostisch-diagnostischen Verzeichenungen des Menschen entstanden im Bereich der Heilkunde. Eine der ersten medizinischen Schriften Ägyptens war der Papyrus Ebers, welcher im 16. Jahrhundert v. Chr. niedergeschrieben wurde. Hauptsächlich enthält er Rezepturen für Heilmittel. Es findet sich aber auch eine kurze Passage darüber, wie man anhand der Regungen eines Neugeborenen seine Lebensfähigkeit prognostiziert.[65] Auch in Mesopotamien finden sich erste Textzeugnisse medizinischer Omina bereits vereinzelt im 2. vorchristlichen Jahrtausend. Eine umfassende Sammlung medizinischer Zeichen wurde jedoch erst unter der Herrschaft von König Adad-apla-iddina (1067 – 1046 v. Chr.) angelegt.[66] Zumeist werden dabei körperliche Symptome von Kranken beschrieben und diesen Prognosen über Genesung oder Tod zugeordnet. Beispielsweise eine Schrift aus der Hethiter-Hauptstadt Hattusa enthält folgende medizinische Omina:

> „Seine Füße sind heiß, seine Hände sind kalt: Lösen der Krankheit. (...) Seine Augen sind mit Blut gefüllt: Er wird sterben. Seine Augen sind mit rotem Schlamm (mirihas) gefüllt: Er wird sterben. Seine Augen weiten sich ständig: Er wird sterben."[67]

Doch erst im 7. Jahrhundert v. Chr. entstanden die ersten Zeichensysteme der Physiognomik. Die babylonische Keilschriftsammlung Summa Alamdimmû, zu Deutsch „Wenn die Form", enthält auf 27 Tafeln ausführliche Zeichendeutungen für sämtliche Körperteile des Menschen. Neben Kopf, Haar, Augen, Mund, Gesicht, Hals, Rumpf und Extremitäten werden darin auch Zunge, Zähne, Fingernägel, Füße, der Nierenbereich und der Bauchnabel morphologisch gedeutet. Im Abschnitt Summa Kataduggû („Wenn der Ausspruch") werden Benehmen, Verhalten und Ausdruck, sowie der Gang des Menschen behandelt. Die Tafeln Summa Liptu („Wenn das Hautmal") widmen sich schließlich der schicksalhaften Bedeutung von Muttermalen.[68] Von Kopf bis Fuß werden sämtliche Körperstellen abgehandelt:

> „Wenn sich auf der Teillinie seiner Stirn ein Muttermal befindet: Er wird unentrinnbar von harten Zeiten umklammert sein. Wenn sich ein Muttermal rechts von seiner Augenbraue befindet: Er wird nicht erreichen, was er sich vornimmt. Wenn sich ein Muttermal links von seiner Augenbraue befindet: Er wird erreichen, was er sich vornimmt. (...) Wenn sich ein Muttermal unter seinem linken Auge befindet: Sein Sohn wird viel Glück haben. Wenn sich ein Muttermal auf seiner Nase befindet: üble Nachrede wird ihn permanent verfolgen."[69]

Physiognomik bei den Griechen

Von da an nahm die Verzeichenung des Menschen einen rasanten Aufschwung. In Griechenland war vermutlich Pythagoras von Samos (etwa 570 – 500 v. Chr.) der erste, der sich systematisch mit Physiognomik beschäftigt hat. Getreu seinem Wahlspruch „Alles ist Zahl" leitete er seine Körper-Seele-Zusammenhänge von Zahlenharmonien ab. Leider ist ein Großteil seiner Schriften verlorengegangen, sodass sich seine Lehre nur sehr unvollständig nachvollziehen lässt.[70]

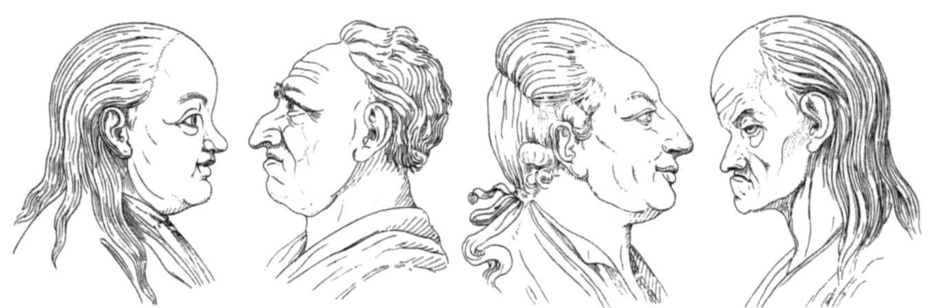

Die Physiognomie der vier Temperamente nach Lavater, 1778:
Phlegmatiker, Choleriker, Sanguiniker und Melancholiker

Hippokrates (etwa 460 – 370 v. Chr.) entwickelte die Elementlehre von Empedokles zur Humoralpathologie weiter. Er setzte die vier Elemente mit den vier Körpersäften in Analogie, die Luft mit dem Blut, das Wasser mit dem Schleim, die Erde mit der schwarzen Galle und das Feuer mit der gelben Galle. Je nachdem, welcher Körpersaft bei einem Menschen über-

wog, war er für unterschiedliche Krankheiten disponiert. Erd- und Lufttypen wurden beispielsweise Brennfieber oder die Ruhr zugeschrieben oder den Wassertypen Hartleibigkeit. Die vier Typen unterschieden sich auch im Charakter, im Verhalten und im Aussehen. So war es mittels Temperamentlehre möglich, vom Äußeren auf Verhalten und Krankheitsveranlagungen zu schließen. Die Humoralpathologie prägte fortan die antike Medizin und Charakterkunde. Der griechischen Arzt Claudius Galenus (etwa 129 – 200 n. Chr.) fasste sie schließlich zur Lehre von den vier Temperamenten Choleriker, Sanguiniker, Phlegmatiker und Melancholiker zusammen. Diese prägte bis ins 18. Jahrhundert die europäische Medizin und hat auch heute noch ihre Anhänger.[71] Selbst viele der aktuellen Persönlichkeitsmodelle der Management-Diagnostik basieren auf diesen vier Typen, wie wir später noch sehen werden.[72]
Untrennbar mit den Ursprüngen der abendländischen Physiognomik verbunden ist der Name Aristoteles (384 – 322 v. Chr.). In seinen Werken finden sich zahlreiche Anspielungen auf die psychologische Bedeutung verschiedener Körperformen. Die „Physiognomika", das vermutlich älteste Buch, welches sich ausschließlich der Verzeichenung des Menschen widmet, war viele Jahrhunderte das Standardwerk der Menschendeutung. Mittlerweile geht man aber davon aus, dass diese Schrift gar nicht von Aristoteles stammt, sondern erst im 2. Jahrhundert n. Chr. verfasst worden ist. Eine Hauptmethode der „Physiognomika" ist die Analogiebildung zwischen Mensch und Tier. Menschen, die Löwen ähnlich sehen, sind mutig, solche die Eseln ähnlich sehen, sind störrisch und so fort. Daneben spielt die Ausdruckslehre eine wichtige Rolle. Diese erklärt, wie sich Gemütsregungen und Gedanken in Mimik und Gebärden ausdrücken.[73]

Die indische Tridosha-Lehre

Große Ähnlichkeit mit der griechischen Temperamentlehre hat die indische Tridosha-Lehre. Sie hat ihre Ursprünge bereits im Zeitalter der Veden. Auch hier werden die vier Elemente Erde (Prithvi), Feuer (Teja), Wasser (Apa) und Luft (Vayu) den körperlichen Prozessen zugeordnet. Im Gegensatz zum System von Galen und Hippokrates wird zudem der Äther (Akasa) als fünftes Element mit einbezogen. Die einzelnen Konstitutionstypen entsprechen hier nicht jeweils einem der Elemente, sondern bilden sich aus deren Kombination. So entstehen die drei körperlichen Kräfte

Vata, Pitta und Kapha. Vata entspricht der Kombination von Luft und Äther und steht für die Bewegung. Pitta kombiniert die Elemente Feuer und Wasser und steht für den Stoffwechsel. Astrologisch wird es manchmal mit der Sonne in Verbindung gebracht. Kapha schließlich entsteht aus Erde und Wasser und steht für die Körperstruktur. Seine astrologische Entsprechung ist der Mond. In der indischen Medizin Ayurveda ist man nun, ähnlich wie in der griechischen Humoralpathologie, bestrebt, diese drei Kräfte im Gleichgewicht zu halten. Durch gezielte Lebensführung, Ernährung und Leibesübungen sollen überschüssige Doshas gezähmt und mangelnde Doshas gefördert werden. Anderenfalls führt das Ungleichgewicht zu körperlichen Beschwerden und Krankheiten.

Jeder Mensch wird mit einer individuellen Kombination der drei Doshas geboren. Selten sind alle drei im Gleichgewicht. Zumeist überwiegt eines oder zwei. Der reine Vata-Typus (Äther/Luft) ist sehr schlank, feingliedrig und hat nur wenige Muskeln. Er denkt viel, ist ein wacher, unruhiger Geist, neigt aber auch zum Grübeln. Er ist anfällig für Reizüberflutung, Stress und unstete Lebensführung. Der reine Pitta-Typus (Feuer/Wasser) ist mittelgroß und muskulös. Er verfügt über einen guten Stoffwechsel und Ausdauer, neigt aber zum Raubbau am eigenen Körper durch Arbeit und Überanstrengung. Er kann dann aufbrausend, aggressiv und rücksichtslos werden. Der reine Kapha-Typus hat einen schweren Körperbau und neigt zu Übergewicht. Er ist träge und langsam, dabei aber ausgeglichen und umgänglich. Bei mangelnder Bewegung und zu viel Schlaf kann er in Lethargie abgleiten und ist anfällig für Depressionen.[74]

Physiognomik in China

Auch China kann auf eine lange physiognomische Tradition zurückblicken. Nach der Eroberung der westlichen Zhou-Dynastie durch Barbaren im Jahr 770 v. Chr. und dem Zusammenbruch des alten Feudalsystems erlangten neue Divinationstechniken wie Astrologie (Zhanxing), Geomantie (Xingfa) und Physiognomik (Xiangren) rasch enorme Popularität. In der „Zeit der Streitenden Reiche" (453 – 221 v. Chr.) standen Chaos und Unsicherheit an der Tagesordnung. Der Wunsch nach Wissen über die Zukunft war enorm, und so wurden die neuen mantischen Methoden endgültig in die chinesische Kultur etabliert und integriert.[75]

Die chinesische Physiognomik ist den Ansätzen der europäischen Antike recht ähnlich. Auch hier gibt es die Einteilung der Körpertypen in Tier-Kategorien und Physiognomien der fünf Elemente. Die Metall-Person wird beschrieben als geradlinig, ausdauernd und anständig. Die Holz-Person ist groß und dünn mit kräftigen Knochen und steht für Menschlichkeit und Wohlstand. Die Wasser-Person hat eine schwere, runde Ausstrahlung und spiegelt Wissen und Weisheit. Die Feuer-Person ist unten breit und oben scharf und spitz. Sie ist mutig und anpassungsfähig. Die Erd-Person ist dick, geradlinig und schwer und steht für Verlässlichkeit und Treue. Ähnlich wie in der westlichen Temperamentlehre liegen bei den meisten Menschen verschiedene Mischungsverhältnisse dieser fünf Elemente vor. Derartige Beschreibungen des Aussehens finden sich auch für die zwölf chinesischen Sternzeichen. Die im Zeichen des Drachens Geborenen haben große, klare Augen. Dies steht für Reichtum, Ehre und Talent. Tiger-Augen sind ebenfalls groß und haben einen goldenen Schimmer in der Iris. Schlangen-Augen sind rund und rot. Sie verkünden Verrat und unglückliches Familienleben. Schaf-Augen, schwarz-gelb und wolkig, zeigen Armut im späteren Leben an und so fort.

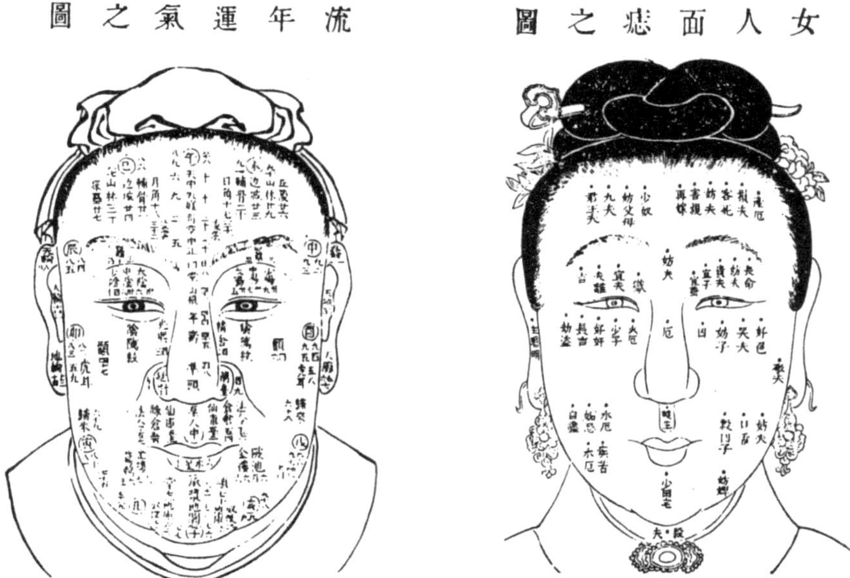

Chinesische Antlitzdeutung: (links) „Jährliches Glück" (rechts) Muttermale der Frau aus der Enzyklopädie "Qinding gujin tushu jicheng" von Jiang Tingxi, China 1726

Besondere Aufmerksamkeit widmen die chinesischen Physiognomen dem Gesicht. Allein die Jiangxi-Formenlehre unterscheidet zwischen vierzig verschiedenen Augenarten, dreißig Arten von Augenbrauen und vierundzwanzig verschiedenen Nasenformen. Daneben gibt es eine Vielzahl anderer Systeme der Antlitzdeutung. Die meisten teilen das Gesicht in symbolische Bereiche auf, beispielsweise „Die sechs Lagerhäuser, drei Mächte und drei Haltestellen", „Die fünf Planeten, sechs Gestirne, fünf Berge und vier Flüsse" oder „Die zwölf Paläste und fünf Beamten". Zwei andere Gesichtsdeutungssysteme nennen sich „Die dreizehn Teile des Gesichts" und „Jährliches Glück" (Liunian Yunqi). Während die meisten Systeme vornehmlich der Charakterdiagnose dienen, steht bei „Jährliches Glück" der Prognoseaspekt im Vordergrund. Durch das Gesicht wird eine Art Lebensweg mit der Dauer von 99 Jahren gelegt, beginnend nahe der Spitze des linken Ohrs und endend auf der linken Wange. Wer ein wohlgeformtes, ebenmäßiges Gesicht hat, dem ist sein Leben lang Glück beschieden. Hat jedoch jemand auffällige Deformierungen oder Narben im Gesicht, so sind für das der Gesichtsregion entsprechende Alter unglückliche Ereignisse angezeigt.
Neben der Gestalt der verschiedenen Gesichtsregionen spielen auch die Positionen von Muttermalen und Falten, insbesondere auf der Stirn, eine große Rolle. Dieser Ansatz findet sich auch bei der europäischen Physiognomik. Zusätzlich achtet man auf den Teint der Haut, auf den Geruch des Körpers, auf Gesichts- und Körperausdruck und manchmal sogar auf den Puls. Aus letzterem glaubte man, bevorstehendes Glück oder Unglück ablesen zu können.[76]

Vermutlich ebenfalls aus China stammt die Chiromantie, das Lesen der Zukunft aus der Hand. Dabei werden Form, Größe, Farbe und Festigkeit der Hand, Finger und Fingernägel gedeutet, sowie die Höcker und Linien der Handinnenfläche. Ähnlich wie bei der Antlitzdeutung wird die Hand in verschiedene Regionen unterteilt. Dafür werden symbolische Namen wie Hallen, Hügel, Berge, Säle, Pforten oder Paläste vergeben und diese bestimmten Lebensbereichen zugeteilt. Auch die Zuordnung der Handregionen zu den Planeten ist gebräuchlich. Vornehmlich wird das Handlesen zur Persönlichkeitsdiagnostik herangezogen (Chirologie). Doch auch für die Zukunftsdeutung bedient man sich ihrer (Chiromantie). In folgendem Textauszug aus dem 14. Jahrhundert n. Chr. werden die acht Koas (Paläste) prognostisch gedeutet:

„1. Palast des Windes (oder der Unterwerfung) siuann kong (...) Seine Bedeutung gilt besonders bis zu 25 Jahren. (...) 2. Palast der Trennung, li kong, (...) lässt offizielle Stellungen, Reisen oder Trennung erkennen. Dies gilt vor allem in der Zeit zwischen 25 und 50 Jahren. Ist er stark erhöht, sind voraussichtlich offizielle Stellungen und Vorteile gegeben. (...) Palast der Erde, kroun kong, entspricht der Kraft der Erde, der Fruchtbarkeit, der Fortpflanzung. (...) Wenn er entwickelt ist stellt er die Schönheit dar, das Angenehme und Erfreuliche. Glück durch Frauen und dies vor allem zwischen 50 und 65 Jahren..."[77]

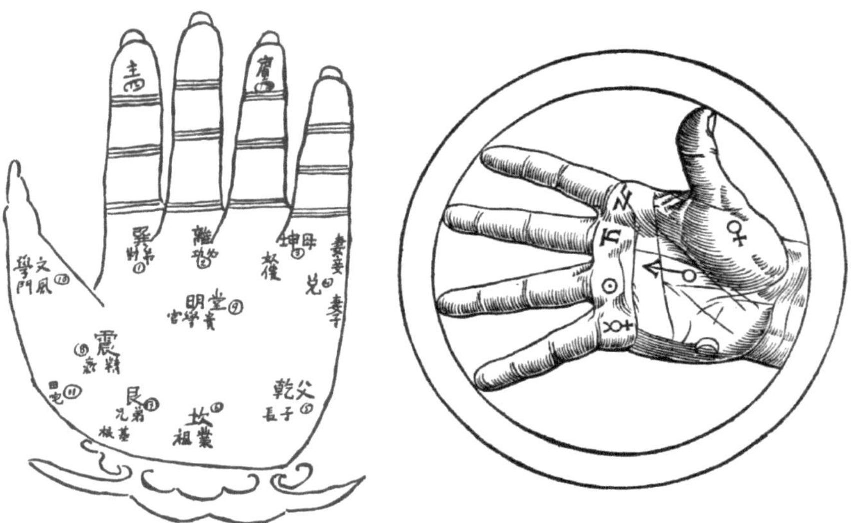

Handlesekunst in China und Europa:
(links) Die Paläste der chinesischen Chiromantik nach Koé Kou tsé, 4. Jh. v. Chr.
(rechts) Die Planetenregionen in der Hand nach Agrippa von Nettesheim, 1510

Chiromantie und Metoposkopie in der Renaissance

Nach dem Dornröschenschlaf des abendländischen Mittelalters wurden in der Renaissance auch die alten physiognomischen Künste wieder ausgegraben. In Europa erlebte das Menschenlesen einen zweiten Frühling. Erstmals seit Hippokrates, Aristoteles und Galen wurde die Verzeichenung des Menschen wieder vorangetrieben. Zwar bestanden wesentliche Teile der antiken Physiognomik wie etwa die Temperamentlehre fort, doch wurden sie wesentlich erweitert. Mehr denn je zuvor war man bemüht, den menschlichen Körper in ein universales Gesamtsystem einzugliedern. Dieses Gesamtsystem war die Astrologie. Planeten und Tierkreiszeichen wurden den verschiedenen Teilen des menschlichen Körpers zugeordnet. In groben Zügen hat es diesen Ansatz schon in der Antike gegeben. Beim römischen Astronomen Manilius findet sich bereits um die Zeitenwende die klassische Zuordnung vom Kopf zum Widder, vom Hals zum Stier, von den Armen zu den Zwillingen und so fort.[78] In der Renaissance ging man nun so weit, dass man auch die verschiedenen Regionen des Gesichtes und der Hand den astrologischen Faktoren zuordnete. Der italienische Arzt, Mathematiker und Astrologe Hieronymus Cardanus (1501 – 1576), nebenbei auch ein Pionier der Wahrscheinlichkeitsrechnung und der komplexen Zahlen, schreibt in seiner „Metoposcopia":

> „Ebenso wie wir am Firmament gewisse Figuren durch die Sterne und Sternbilder gebildet sehen, um uns verborgene Dinge und tiefe Geheimnisse zu künden, ebenso gibt es auf der Haut gewisse Figuren und Zeichen, die gleichsam die Sterne und Sternbilder unseres Körpers sind. All diese Formen haben einen verborgenen Sinn für die Weisen, die in dem Antlitz des Menschen zu lesen wissen."[79]

Einer der ersten Renaissance-Gelehrten, welcher die Planetenbedeutungen der Hand beschrieb, war der deutsche Geistliche und Astrologe Ioannis ab Indagine (1467 – 1537). Beispielsweise über den Saturn-Finger und seinen Hügel schreibt er folgendes:

> „Wenn in einer Frauenhand viel Striemlinien der Länge nach zwischen Mittel- und Goldfinger stehen, sowie auch zwischen dem Ohr- und Goldfinger, so besagt es, dass diese Frau viele Knaben gebären wird. (...) So behaupten auch einige, dass wenn im ersten Glied des Mittelfingers einer Frauenhand ein Kreuz oder Sternlein erscheint, dieselbe unfruchtbar sei. Und zusammengefasst: Wo der Hügel des Mittelfingers eines Menschen von vielen Linien durchfurcht ist, mehr als die Hügel der anderen Finger, so ist er sicherlich von saturnischer Art und Eigenschaft: (...) Diese Menschen sind von Natur aus blass und bleich, mit unangenehmem Gesichtsausdruck, niedergeschlagenen Augen, mager und buckelig, mit langsamem Gang, unsittlichen Gebärden, denn ihr Planet Saturnus macht einen Betrüger aus ihnen. Diese Menschen halten sich von anderen fern, leben zurückgezogen und einsam. (...) Sie leiden unter traurigen und furchtsamen Vorstellungen, leben meist in der Nähe von Pfützen und Weihern, verachtet, unsauber und wortkarg. (...) Ihre täglichen Gedanken beschäftigen sich mit Ackerbau und langwieriger Arbeit."[80]

Ähnliche Charakter- und Schicksalsdeutungen nimmt er für die restlichen Finger vor. So zeigen kleine Linien im obersten Teil des Jupiter-Fingers bei Frauen Erbschaften durch den Tod von Freunden oder Verwandten an. Die Anzahl der Linien am Merkurhügel steht für ebenso viele Heiraten. Wenn am Mondhügel ein kleiner Kreis sichtbar ist, so wird der Mensch ein Auge verlieren, bei zwei Kreisen beide Augen. Hat jemand vier kleine Linien im Mars-Triangel, so besteht Gefahr, durch den Strang ums Leben zu kommen.[81] Ist ein Teil der Hand stark ausgeprägt, so dominiert auch der entsprechende Planet die Physiognomie und das Schicksal des Menschen. Zu den charakteristischen Körpermerkmalen der vier Temperamente gesellen sich die Physiognomien der Planeten und Tierkreiszeichen.

Die Metoposcopia von Hieronymus Cardanus, 1558:
(links) Zuordnung der Muttermale zu den Tierkreiszeichen
(rechts) Zuordnung der Stirnfalten zu den Planeten

Einer der großen Klassiker der Renaissance-Physiognomik ist die „Metoposcopia" (1558) von Hieronymus Cardanus. Er erläutert darin anhand von 800 Gesichtszeichnungen seine Lehre von der Stirnfalten-Deutung. Er teilt die Stirn in sieben Bereiche, welche von Mond bis Saturn den sieben Planeten entsprechen. Je nachdem, auf welcher Höhe der Stirn sich Falten befinden, ergeben sich die zu den Planeten analogen Konsequenzen für Charakter und Schicksal. Ähnlich geht er bei den Muttermalen vor. Er

weist den verschiedenen Bereichen des Gesichtes die Tierkreiszeichen und Planeten zu. Befindet sich beispielsweise im Nacken ein Leberfleck, so verheißt dies saturnisches Unglück, eventuell durch Enthauptung.[82]
Ebenfalls weite Verbreitung fand „De Humana Physiognomonia" (1586) von Giambattista Della Porta (1535 – 1615). Im Gegensatz zu Cardanus liefert er weniger eine eigenständige Ausarbeitung der menschlichen Gestaltlehre, sondern legt vor allem eine Sammlung des physiognomischen Wissens seiner Zeit vor. Er beruft sich dabei auf die antiken Lehren von Aristoteles und Platon und auf mittelalterliche Gelehrte wie Albertus Magnus. „De Humana Physiognomonia" ist die erste systematische Zusammenfassung des bisherigen physiognomischen Wissens. Bekannt ist das Werk auch für seine zahlreichen Holzschnitte, welche in aristotelischer Tradition Tierköpfe mit Menschenköpfen gegenüberstellen. Porta sieht die Physiognomik vor allem als Mittel zur Charakterdeutung. An die Möglichkeit von Zukunftsprognosen aus der Form des menschlichen Körpers glaubt er nicht.[83]

Die physiognomischen Fragmente von Lavater

Das 17. Jahrhundert bringt für Physiognomie und Chirologie nur wenig Neues. Schriften wie „Ludicrum Chiromanticum" (1661) von Johann Heinrich Praetorius oder „Institutiones Chiromanticae" (1673) von Johann Höping erfreuen sich zwar nach wie vor einer gewissen Beliebtheit. Im Zuge der Aufklärung wird aber mehr und mehr ihr wissenschaftlicher Gehalt in Frage gestellt. Die Physiognomik driftet zunehmend in den Ruf des Aberglaubens ab. Insbesondere ihre Verquickung mit Astrologie und Schicksalsdeutung lässt sie vielen zunehmend als unseriös erscheinen. Nach und nach verschwindet sie von den Universitäten.
Dies ändert sich schlagartig, als mitten in der Zeit des Sturm und Drang die physiognomischen Werke des Schweizer Geistlichen Johann Caspar Lavater (1741 – 1801) erscheinen. Die vier Bände von „Physiognomische Fragmente zur Beförderung der Menschenkenntnis und Menschenliebe" werden zwischen 1775 und 1778 veröffentlicht und lösen in den feinen Kreisen eine regelrechte Modewelle des Physiognomierens aus. Große Köpfe wie Johann Gottfried Herder oder Goethe lassen es sich nicht nehmen, an den Bänden mitzuarbeiten. Lavaters Zürcher Domizil wird zur Pilgerstätte der intellektuellen Elite Europas. Jeder will an dieser neuen

Universallehre der menschlichen Gestalt mitbauen. Georg Christoph Lichtenberg, Experimentalphysiker und einer der schärfsten Kritiker Lavaters, beschreibt die „physiognomische Raserei" dieser Zeit folgendermaßen:

> „Fast wäre es so weit gekommen, dass niemand unmaskiert aus seinem Haus hätte gehen können: so allgemein und zudringlich war der Drang jedes kleinen Geistes, der etwas von Lavaters Physiognomik gehört oder gelesen hatte, sogleich jegliches Gesicht, das ihm vorkam, zu deuteln."[84]

Lavaters Physiognomik trifft genau den Nerv seiner Zeit. Das Bürgertum ist erstarkt und sucht nach Möglichkeiten, sein neu gewonnenes Selbstbewusstsein zum Ausdruck zu bringen. Portraitmalerei und Bildnisminiaturen erfreuen sich großer Beliebtheit. Das freie Individuum und das Original-Genie werden zum Leitbild der neuen Generation. Die Menschen wollen sich nicht mehr aus ihrer Tradition oder sozialen Stellung heraus definieren, sondern durch ihre ureigene Persönlichkeit. Dieser Zeitgeist kommt Lavater in mehrfacher Hinsicht entgegen. Zum einen definiert er seine Physiognomik als die Kunst, das ureigene, individuelle Wesen einer Person zu erfassen. Für ihn gibt es „bey aller Analogie und Gleichförmigkeit der unzähligen menschlichen Gestalten" keine zwei Menschen, die sich nicht merkbar unterscheiden.[85] Damit hebt er sich deutlich von den stereotypen Deutungen bisheriger Physiognomen ab. Auch seine Suche nach körperlichen Indikatoren für das Genialische liegt voll im Zeitgeist des Sturm und Drang. Schließlich wird er aufgrund seiner ausgeprägten Menschenkenntnis und Beobachtungsgabe, seines Kommunikationstalents und seines Gespürs für mitreißende Predigten bald selbst zum Idealbild des Genies hochstilisiert. Zum anderen erlauben die qualitativen und quantitativen Fortschritte in der Portraitmalerei, das physiognomische Auge nicht nur am lebenden Subjekt, sondern auch am Papier zu schulen. Die Verzeichenung des Menschen wird zunehmend eine Deutung kultivierter und künstlicher Zeichen.

Als komfortables und kostengünstiges Hilfsmittel der Verzeichenung führt Lavater den Schattenriss in die Physiognomik ein. Im Gegensatz zu Portraits oder Gemälden ist dieser leicht zu erstellen, erfordert nur in geringem Maß kunsthandwerkliches Geschick und ist nicht der subjektiven Wahrnehmung des Malers unterworfen. Zudem begrenzt er die endlose Vielfalt optischer Faktoren auf ein Minimum, wodurch auch die Deutung wesentlich vereinfacht wird. Der Schattenriss enthält die Gestalt des Menschen in komprimierter Form, macht sie zum leicht reproduzierbaren und abstrahierten Zeichen. Diese Reduzierung auf das Wesentlichste sieht Lavater als großen Vorteil:

> „Das Schattenbild von einem Menschen, oder einem menschlichen Gesichte, ist das (...) wahrhafteste und getreueste Bild, das man von einem Menschen geben kann; (...) weil es ein unmittelbarer Abdruck der Natur ist, wie keiner, auch der geschickteste Zeichner, einen nach der Natur von freyer Hand zu machen im Stande ist. (...) Im Schattenrisse ist nur Eine Linie; keine Bewegung, kein Licht, keine Farbe, keine Höhe und Tiefe."[86]

„noch verständiger zeigt der Schatten als das Gesicht dich – sitzendes Mädchen; Dir fehlt die Grazie zwar in dem Munde; Dennoch bist du gut, und zu duldsamem Frieden geschaffen."

Die Verzeichenung des Menschen bei Lavater:
(links) Der Silhouettierstuhl, Pinselzeichnung von Johann Rudolf Schellenberg, 1783
(rechts) Schattenriss von Lavater: „Leichtfassender Verstand, Edelsinn"

Er teilt die Schattenprofile mit Vermessungslinien in verschiedene Segmente und ordnet diesen die menschlichen Gemütsbereiche zu. Der Abstand zwischen Stirn und Augenbraue steht für Verstand, Leidens- oder „Würkungsart" des Menschen, die Nase für den Geschmack, die Empfindsamkeit und das Gefühl, die Lippen für „Sanftmuth oder Zornmuth", Liebe und Hass, das Kinn für die Sinnlichkeit.[87] Bei Lavater finden sich auch die ersten Ansätze der Schädelvermessung. Denn für ihn ist nichts mehr Ausdruck des angeborenen Charakters als das Skelett. Während die beweglichen Teile des menschlichen Körpers von den Leidenschaften geprägt und geformt werden (Pathognomik), offenbart der Schädel die unverrückbaren Anlagen des Menschen. Dieser Ansatz findet sich später in der Phrenologie wieder.

Lavater will mit seiner Lehre eine neue Wissenschaft des Menschen etablieren. „Die Physiognomik ist keine eingebildete, sondern eine würkliche Wissenschaft" verkündet er bereits als Titel des zweiten Abschnitts seines Buches „Von der Physiognomik".[88] Zu diesem Zweck legt er ein gewaltiges „Physiognomisches Kabinett" mit über 22.000 Zeichnungen, Skizzen, Kupferstichen, Radierungen, Holzschnitten, Umrisszeichnungen und Gemälden von menschlichen Gesichtern und Körpern an, welche er mit handschriftlichen Kommentaren versieht. Diese unglaubliche Fülle an Material soll die wissenschaftliche Fundierung der Physiognomik vorantreiben. Dennoch bleibt seine Deutungslehre bis zum Schluss bruchstückhaft, ungeordnet, chaotisch. Die über tausend Seiten seiner „Physiognomischen Fragmente", ursprünglich als schöpferischer Anfang einer neuen Wissenschaft gedacht, bleiben fragmentarisch. Die „Hundert physiognomischen Regeln" aus seinem Erstwerk bleiben zusammenhangslose Leitsätze ohne systematischen Überbau. Folgende Beispiele entstammen seinem Buch „Von der Physiognomik":[89]

> X. *Stirn:* Stark vorgebogne, oben sehr zurückliegende Stirnen, mit bogigen Nasen, und länglichtem Untertheile des Gesichtes - schwindeln immer an der Narrheit Abgrunde.
>
> XVII. *Stirnfalten:* Stirnen, deren obere Hälfte mit merklichen, besonders zirkelbogigen Falten durchfurcht, deren untere Hälfte flach und faltenlos ist, sind ganz zuverläßig dumm, und aller Abstraktionen beynahe unfähig.
>
> XXV. *Augen:* Augen mit langen, spitzen, besonders horizontalen Winkeln - das ist, solchen, die nicht abwärts gehen - mit dickhautigen Deckeln, welche den Augapfel halb zu bedecken scheinen, sind sanguinisch genialisch.
>
> LXXXVII. *Wollüstling:* Ein lang hervorstehendes, nadelartiges, oder stark krauses, wildes, rohes, auf einem braunen Flecken gewurzeltes Haar am Kinn oder Halse, spricht sehr entscheidend für großmächtige Voluptuosität, die selten ohne großmächtigen Leichtsinn ist.

Die Menschenliebe besteht für Lavater darin, das Augenmerk auf die guten Anlagen eines Menschen zu lenken, auch wenn seine Physiognomie derartige Schwächen und Laster verkündet. Als Pfarrer glaubt er, dass Gott den Menschen nach seinem Ebenbild geschaffen habe und insofern auch noch im schlechtesten Menschen etwas Gutes steckt. Zudem geht er davon aus, dass sich Menschen mit hässlicher Physiognomie zum Guten emporarbeiten können ebenso wie solche mit guten Anlagen stürzen können. Die menschliche Gestalt und ihre Gesetze machen geneigt, sie zwingen aber nicht. Lavaters Lehre bringt somit nicht nur eine Abkehr von der bislang üblichen Schicksalsdeutung, sie ersetzt auch in der Charakterologie den bisherigen Determinismus durch ein großes Stück Freiheit. Mit dem Tod Lavaters 1801 verebbt auch die Begeisterung für sein Werk sehr schnell. Einmal mehr steht und fällt die Popularität einer geistigen Strömung mit seiner charismatischen Galionsfigur. Und schon bald landet die Erinnerung an ihn im Kuriositätenkabinett der Geistesgeschichte.[90]

Die Phrenologie von Gall

Im Laufe des 19. Jahrhunderts hielt auch in der Physiognomik die allgemeine Tendenz zur Vermessung endgültig Einzug. Nach und nach wurden die mystischen, spirituellen Elemente der Körperdeutung eliminiert und in eine materialistische Psycho-Physik umgewandelt. Da man im Gehirn den Sitz des menschlichen Geistes vermutete, glaubte man, dass sich aus einer Topographie des Schädels eine Topographie des Geistes entwickeln ließe. Aus der Kranioskopie, der Schädelschau, ging schließlich die Phrenologie des deutschen Arztes Franz Joseph Gall (1758 – 1828) hervor. 1798 legte er die Grundsätze seiner Schädellehre erstmals schriftlich dar. Gall ging davon aus, dass Charakter, Fähigkeiten und Leidenschaften des Menschen angeboren sind und ihren Sitz im Gehirn haben. Dabei stehen verschiedene Segmente des Gehirns für verschiedene Eigenschaften. Je größer ein Hirnsegment ist, desto ausgeprägter ist die dort angesiedelte Eigenschaft des Menschen. Da sich der Schädel im Laufe des frühkindlichen Verknöcherungsprozess an die Form des Gehirns anpasst, lassen sich die Form des Gehirns und somit auch die Eigenschaften des Menschen am Schädelbau ablesen. Anhand ausgiebiger kranioskopischer Studien identifizierte er insgesamt 27 verschiedene „Gehirnorgane“. Sein

Schüler Gustav Scheve erweiterte die phrenologische Topographie des Schädels schließlich auf 35. Neben Formensinn, Raumsinn oder Farbensinn gab es auch einen Verheimlichungssinn (Secretal), einen Hoffnungssinn (Speratal), einen Sinn für Wunderbares (Miraculital), für Scherz (Comicatal) oder auch einen Verehrungssinn (Veneratal).[91]

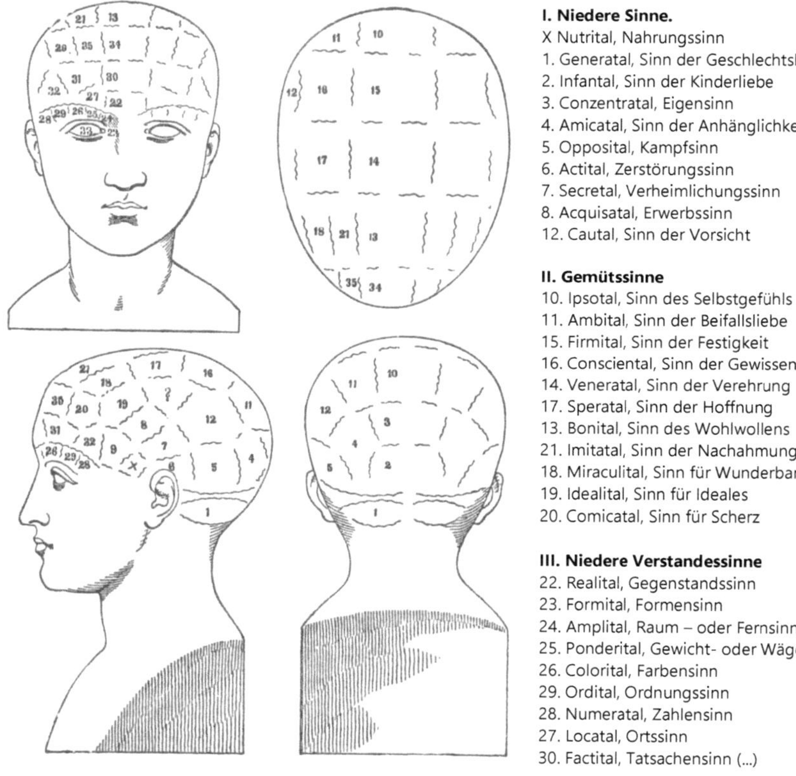

I. Niedere Sinne.
X Nutrital, Nahrungssinn
1. Generatal, Sinn der Geschlechtsliebe
2. Infantal, Sinn der Kinderliebe
3. Conzentratal, Eigensinn
4. Amicatal, Sinn der Anhänglichkeit
5. Oppositai, Kampfsinn
6. Actital, Zerstörungssinn
7. Secretal, Verheimlichungssinn
8. Acquisatal, Erwerbssinn
12. Cautal, Sinn der Vorsicht

II. Gemütssinne
10. Ipsotal, Sinn des Selbstgefühls
11. Ambital, Sinn der Beifallsliebe
15. Firmital, Sinn der Festigkeit
16. Conscientai, Sinn der Gewissenhaftigkeit
14. Veneratal, Sinn der Verehrung
17. Speratal, Sinn der Hoffnung
13. Bonital, Sinn des Wohlwollens
21. Imitatal, Sinn der Nachahmung
18. Miraculital, Sinn für Wunderbares
19. Idealital, Sinn für Ideales
20. Comicatal, Sinn für Scherz

III. Niedere Verstandessinne
22. Realital, Gegenstandssinn
23. Formital, Formensinn
24. Amplital, Raum – oder Fernsinn
25. Ponderital, Gewicht- oder Wägesinn
26. Colorital, Farbensinn
29. Ordital, Ordnungssinn
28. Numeratal, Zahlensinn
27. Locatal, Ortssinn
30. Factital, Tatsachensinn (...)

Der Phrenologische Kopf aus „Phrenologische Bilder" von Gustav Scheve, 1855
Die 27 Gehirnorgane von Gall wurden durch Scheve auf 35 erweitert

Galls Lehre löste in Europa ähnliche Begeisterung aus wie zwanzig Jahre zuvor das Schaffen Lavaters. Er begab sich auf eine mehrjährige Vortragsreise und demonstrierte sein Können vor Gelehrten, Ministern und Königen. Der „kranioskopische Handgriff", das Abtasten des Schädels zur Diagnose seiner Form wurde ebenso beliebt wie das Anfertigen von Schattenrissen zu Zeiten Lavaters. Sein Schüler Johann Spurzheim machte die

Phrenologie sogar in den USA bekannt. Zwar merkten Kritiker schon bald an, dass die Form des Schädels in den meisten Fällen gar nicht mit der Form des Gehirns identisch ist. Dennoch hatte Galls Lehre bis Ende des 19. Jahrhunderts zahlreiche Anhänger. Phrenologen diagnostizierten die Begabungen von Kindern und legten somit deren künftige Ausbildung und Beruf fest. In Gerichtsverfahren wurden sie herangezogen, um Gutachten über die Schädel von Verdächtigen und Verbrechern abzugeben. Trotz der fragwürdigen wissenschaftlichen Fundierung war es verlockend, den Schädel als Orakel und Ordal zu befragen.[92]

Gehirnvermessungen

Als sich schließlich immer mehr die Erkenntnis durchsetzte, dass die Größe des Schädels keine zuverlässigen Schlussfolgerungen auf die Größe des Gehirns zulässt, ging man dazu über, das Gehirn selbst zu untersuchen. Je größer die Denkleistung, desto größer müsse das Gehirn sein. So begann man, die Gehirne großer Denker zu konservieren und mit jenen von Schwachsinnigen und Verbrechern zu vergleichen. Unter Kraniologen wurde es Brauch, einander gegenseitig die Gehirne zum Sezieren zu vererben. Als sich jedoch in den Hirnsammlungen immer mehr große Geister mit kleinen und immer mehr Verbrecher mit großen Hirnen ansammelten, mussten neue Theorien her. Man begann, nicht Größe und Gewicht, sondern die Anzahl der Gehirnwindungen und Furchen zu zählen. Der französische Arzt Paul Pierre Broca (1824 – 1880), nach dem bis heute das Sprachzentrum im Hirn benannt ist, suchte nach allerlei Immunisierungsstrategien. Die kleinen Hirne von Genies erklärte er mit Altersschrumpfung, schlechter Erhaltung der Präparate oder kleinem Körperbau des Genies. Die großen Hirne von Kriminellen wurden dadurch erklärt, dass auch manche Verbrechen ein hohes Maß an Intelligenz erfordern. Schlussendlich wurde jedoch die These eines Zusammenhangs zwischen Gehirngröße und geistigen Fähigkeiten fallengelassen.[93]
Wenngleich Phrenologie und Kraniologie heute zu den Pseudowissenschaften gezählt werden, war ihr Grundgedanke nicht so abwegig. Auch die heutigen Neurowissenschaften und die Gehirnforschung versuchen, materielle Formen und Prozesse im Gehirn mit gewissen menschlichen Fähigkeiten in Verbindung zu bringen. Sicherlich tun sie dies mit einem weitaus diffizileren Instrumentarium als die Schädelvermesser. Dennoch

bleibt abzuwarten, ob man in einigen hundert Jahren ebenso lächelnd auf sie zurückblicken wird wie der moderne Mensch auf die Phrenologie.

Wie in das Werk Lavaters hatte man auch in die Schädellehre einige Zeit lang große Hoffnungen gesetzt. Doch der verheißene Erfolg blieb am Ende aus. Die vielen Fehlurteile und die mangelnde Zuverlässigkeit bisheriger physiognomischer Ansätze führten zur ernüchternden Erkenntnis, dass die Anlagen eines Menschen wohl doch nicht so eindeutig in seinem Körper eingraviert sind. Kritische Stimmen, dass grundsätzlich keine fixen, gesetzmäßigen Zusammenhänge zwischen dem Äußeren und dem Inneren des Menschen bestehen, hatte es schon immer gegeben. Diese fühlten sich durch das fortwährende Scheitern physiognomischer Bestrebungen bestätigt. Andere glaubten nach wie vor, dass sich in der physischen Erscheinung des Menschen lesen lasse. Nur die bisherigen Ansätze der Entschlüsselung waren mangelhaft gewesen, die Instrumente noch zu primitiv, die Theorien zu spekulativ. Und so ging das Maskenspiel der Zeitgeister auch im Falle der Physiognomik mit neuen Mitteln und Theorien in eine neue Runde.

Composite-Photographie und Psycho-Physik

Die zweite Hälfte des 19. Jahrhunderts lieferte für die Verzeichenung des Menschen einige wesentliche Neuerungen. Die erste betraf ihr Instrumentarium. Mit der Photographie erhielt sie ein mächtiges neues Werkzeug. Endlich war man nicht mehr auf direkte Beobachtung, gutes Erinnerungsvermögen oder Zerrbilder in Form von Zeichnungen, Portraits oder Schattenrissen angewiesen. Nun konnte man maschinell ein exaktes Abbild der menschlichen Erscheinung in all ihrer Vielschichtigkeit produzieren und reproduzieren. Die Photographie ist (scheinbar) frei von der Subjektivität des Verzeichners. Sie lässt sich schnell und einfach in Massen anfertigen und vervielfältigen. Sie ermöglicht es, den Menschen zu einem kultivierten Zeichen von bisher ungekannter Exaktheit, Flexibilität und Verbreitbarkeit zu machen. Die „Composite-Photographie" von Sir Francis Galton (1822 – 1911) erlaubte es sogar, durch Mehrfachbelichtung die Portraits verschiedener Menschen übereinanderzulegen und dadurch ihr gemeinsames Ur-Gesicht einzufangen.[94] Indem Galton beispielsweise die Portraits von zwölf bekannten Mathematikern übereinanderlegte, glaubte er, das Ideal-Gesicht des Mathematiker-Typus an sich einfangen zu können. Selbiges tat er mit Soldaten, Kriminellen, Tuberkulosekranken und anderen Personengruppen. Damit bekam die Physiognomik endlich das Werkzeug, auf das sie schon immer gewartet hatte.

Composite-Photographie nach Francis Galton: Durch Überlagerung der Fotos von zwölf Soldaten entsteht das Portrait des „Ur-Soldaten" (Mitte)[95]

Die zweite Neuerung betraf ihre Theorien, welche sie fortlaufend an die aktuellen Wissenschaften anpasste. Einerseits hielt in der zweiten Hälfe des 19. Jahrhunderts die Darwinsche Evolutionstheorie Einzug. Andererseits etablierten sich Psychiatrie und Psychologie als eigenständige akademische Wissenschaften. Das hatte gehörigen Einfluss auf die Physiognomik. So verwundert es nicht, dass die meisten Methoden der Körperdeutung nun von Psychiatern und Anthropologen kamen. Dadurch verlagerte sich der Schwerpunkt der Physiognomik vom Normalmenschen hin zum Extremmenschen. Der Grundgedanke war, dass Charaktertypen dort am sichtbarsten hervortreten, wo sie sich in ihrem Extremzustand befinden, also entweder beim Genie oder beim Wahnsinnigen. Da das Genie so selten vorkommt und sich meist nicht gerne untersuchen lässt, nahm man vor allem die Irrenanstalten und Zuchthäuser unter die Lupe. Das Wesen des Gesunden lässt sich am besten durch Untersuchung des Kranken erfahren, lautete das neue Credo. Der Normalmensch hat die Willensfreiheit, sich über seine körperlichen Anlagen zu erheben. Die angeborenen psycho-physischen Zusammenhänge werden dadurch aufgeweicht und vom Willen überwunden. Der Kranke hingegen, der Extremmensch, hat nicht mehr die Entscheidungsgewalt über seine Prädispositionen. Er wird von seinen Anlagen getrieben und geht ihnen hemmungslos nach. Er lebt sie auf direktem, unmittelbarem, unverfälschtem Wege aus. Dadurch, so hoffte man, ließe sich das Wesen des Menschen am vorzüglichsten am Kranken fassen.

Lombrosos verbrecherischer Mensch

Plötzlich waren physiognomische Tier-Mensch-Vergleiche, wie sie Giambattista della Porta bereits 300 Jahre zuvor angestellt hatte, wieder in Diskussion. Der wohl einflussreichste Vertreter dieser Richtung war der italienische Psychiater Cesare Lombroso (1836 – 1909). An einem düsteren Dezembermorgen des Jahres 1870 war er gerade mit der Untersuchung des Schädels eines berühmten Mörders beschäftigt, als ihn plötzlich eine blitzartige Erleuchtung traf. Er erkannte Formen unserer affenartigen Urahnen wieder:

> „Beim Anblick dieses Schädels schien es mir, als sähe ich plötzlich, wie eine weite Ebene erhellt von einem flammenden Himmel, das Problem der Natur des Verbrechers vor mir liegen – eines atavistischen Wesens, das in seiner Per-

> son die wilden Instinkte der primitiven Menschen und der niederen Tiere reproduziert. So erklärten sich anatomisch die riesigen Kiefer, die vorstehenden Wangenknochen, die Knochenwülste der Augenbrauen, die vereinzelten Handlinien, die Übergröße der Augenhöhlen, die henkelförmigen Ohren, wie sie bei Verbrechern, Wilden und Affen zu finden sind, die Schmerzunempfindlichkeit, die extreme Sehschärfe, die Tätowierungen, der übertriebene Müßiggang, die Vorliebe für Orgien und die verantwortungslose Sucht nach dem Bösen um des Bösen willen, der Wunsch, nicht nur das Leben des Opfers auszulöschen, sondern auch die Leiche zu verstümmeln, ihr Fleisch zu essen, und ihr Blut zu trinken."[96]

Der verbrecherische Mensch war also ein Rückfall der Evolution in archaische Entwicklungsstadien unserer Vergangenheit. 1876 präsentierte er diese heftig umstrittene Theorie in seinem Werk „L'Uomo delinquente" („Der verbrecherische Mensch"). Der Typus des geborenen Verbrechers war geboren. Der geborene Verbrecher ist ein Mensch, in dem Wesenzüge unserer prähistorischen und tierischen Vorfahren wieder zum Leben erwachen. Dieser Rückfall in frühere Entwicklungsstadien betrifft nicht nur seine Triebstruktur, sondern auch seine Anatomie. Lombroso nennt zahlreiche „Stigmata" für einen derartigen Atavismus, unter anderem größere Dicke der Schädelknochen, Einfachheit der Nähte, gewaltige Entwicklung der Kiefer und Jochbögen, relativ lange Arme, fliehende Stirn, große Ohren, dichtes, krauses Haar, dunklere Haut oder fehlende Gefäßreaktion (Erröten).[97] Doch nicht nur körperliche Merkmale aus der Zeit unserer affenähnlichen Vorfahren kennzeichnen den geborenen Verbrecher. Lombroso geht in der Evolution so weit zurück, bis er schließlich bei den Tieren landet und beispielsweise die Gesichts-Asymmetrien mancher Verbrecher mit Plattfischen vergleicht.

„L'Uomo delinquente" war bald in aller Munde. Schnell wurden Stimmen laut, welche nach präventiver Verhaftung oder gar Liquidierung aller Menschen verlangten, welche die Stigmata des verbrecherischen Menschen tragen. Derartige Vorschläge scheiterten jedoch am Unwillen der Jurisprudenz, ihre Urteilsmacht an die Medizin abzutreten. Dennoch wurde Lombroso in zahlreichen Gerichtsverhandlungen als Sachverständiger herangezogen. So schreibt er über einen Fall, bei dem sich die Frage stellte, welcher von zwei Stiefsöhnen eine Frau umgebracht hat:

> „Es war wirklich der vollkommenste Typ des geborenen Verbrechers: Kinnladen, Augenbrauenbogen und Jochbeine waren enorm, die Oberlippe dünn,

die Schneidezähne riesig, der Kopf außergewöhnlich groß (1620 cbcm), die Sensibilität herabgesetzt (4,0 rechts; 2,0 links, Mancinismus sensorialis). Er wurde verurteilt"[98]

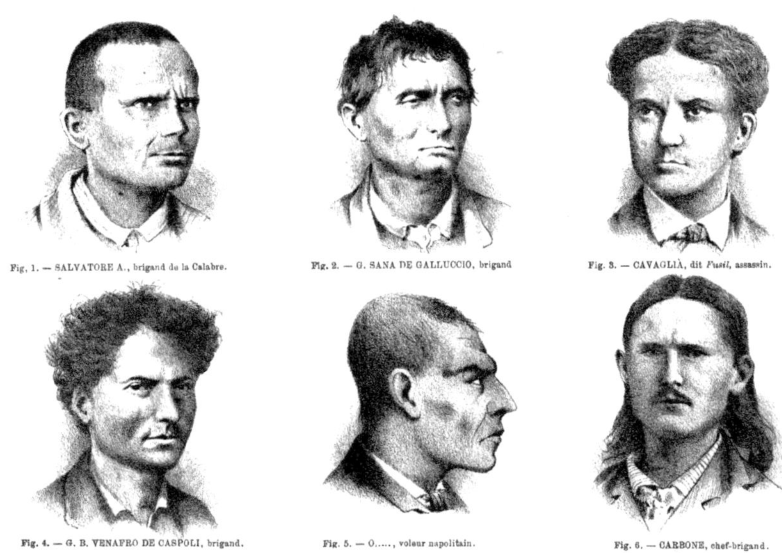

Kriminelle mit Verbrecher-Stigmata aus Lombrosos Lehrbuch

Wie viele Menschen durch derartige Gutachten unschuldig ums Leben kamen ist ungewiss. Fest steht, dass Lombrosos Theorien ein Irrtum waren. Beim Großteil seiner „Stigmata" handelt es sich weder um Atavismen, noch um pathologische Erscheinungen, sondern lediglich um körperliche Extremwerte der Normalverteilungskurve. Zwar hat beispielsweise ein Affe durchschnittlich längere Arme als ein Mensch. Doch ist die Streuung der Einzelindividuen um diesen Durchschnittswert erheblich. Menschen mit langen Armen genetische Affenähnlichkeit zu unterstellen, ist daher ein Trugschluss.[99] Zudem ist es reine Spekulation, dass das Auftreten eines Atavismus zwangsläufig mit gesteigerter Gewaltbereitschaft und Aggression einhergeht. Dies wurde bereits früh erkannt. Doch der Mythos vom geborenen Verbrecher blieb zu verführerisch. So dienten die Arbeiten Lombrosos noch Jahrzehnte nach ihrer Widerlegung den Nationalsozialisten als Grundlage ihrer eugenischen Massenvernichtungen. Und immer dann, wenn ein Haftentlassener eine grausame Mordtat begeht, geistert selbst im 21. Jahrhundert noch das populistische Märchen vom geborenen Verbrecher durch die Medien.

04. Die Lehren von den drei Typen

Auch die Physiognomik des 20. Jahrhunderts wurde vornehmlich von Psychiatern und Medizinern geprägt. Nachdem die verschiedenen Versuche der vorigen Jahrhunderte keine bleibenden Ergebnisse gebracht hatten, erfolgte nun eine bewusste Reduzierung auf einfache Typologien. Anstatt unzählige Krümmungen und Hebungen des Schädels zu topografieren, die schier endlose Vielfalt von Gesichtern oder Handlinien in komplizierte Systeme zu fassen, begnügte man sich nun mit einer kleinen Anzahl von Konstitutionstypen. Einer der Hauptgründe dafür lag in der angestrebten Verwissenschaftlichung. Je mehr Elemente ein Deutungssystem enthält, desto mehr Daten braucht man für statistisch signifikante Ergebnisse. So bedürfte es Versuchsgruppen von Millionen Menschen, um beispielsweise das komplexe Regelwerk der Chiromantie statistisch zu beweisen. Enthält das Deutungssystem jedoch nur drei oder vier verschiedene Typen, so reichen dafür bereits einige tausend Versuchspersonen aus. So erfolgte im Namen der Wissenschaftlichkeit eine deutliche Entkomplizierung der Physiognomik.
Am populärsten war die Dreiteilung in einen gemütlichen Dicken, einen empfindsamen Dünnen und einen geradlinigen Muskulösen. Die bekanntesten Konstitutionstypologien des 20. Jahrhunderts lassen sich auf dieses Trio reduzieren: die Lehren von Huter, Kretschmer und Sheldon. Dabei ist es interessant, dass sich diese Typen zu weiten Teilen mit der jahrtausendealten indischen Lehre von den drei Doshas decken.

Die drei Naturelle von Huter

Carl Huter (1861 – 1912) war der erste, der dieser Typologie zu größerer Verbreitung verholfen hat. Im Gegensatz zu Kretschmer und Sheldon war Huter aus finanziellen Gründen eine akademische Ausbildung versagt geblieben. So musste er seine Lehren privat entwickeln und außerhalb der Hochschulen und Universitäten verbreiten. Seine „Psycho-Physiognomik" besteht nicht nur aus den drei Naturellen, sondern ist der Versuch einer allumfassenden Gestaltlehre der Natur. Sie enthält Antlitzdeutung, Phrenologie, Chirologie und Astrologie ebenso wie eine eigene Strahlungs- und Kräftelehre der Materie. Im Zentrum steht die Helioda, eine „alles durchdringende Lebenslichtstrahlkraft", welche das geistigschöpferische Formbildungselement darstellt.[100] Huter versuchte, das Substrat magisch-mystischer Theorien vergangener Jahrhunderte in die Moderne zu integrieren und mit wissenschaftlichen Mitteln zu untermauern. Er ist somit einer der letzten großen Physiognomiker der alten Tradition und wird als solcher eher der Esoterik als der Wissenschaftsgeschichte zugerechnet. Dies hinderte ihn jedoch nicht daran, sein 1904 – 1906 in fünf Bänden erschienenes Hauptwerk „Menschenkenntnis durch Körperformen- und Gesichtsausdruckskunde auf neuen wissenschaftlichen Grundlagen" zu nennen.

Ein elementarer Baustein seiner Psycho-Physiognomik sind die drei Naturelle. Diese hat Huter laut eigenen Angaben bereits in seinem sechsten Lebensjahr bei den Menschen und Tieren entdeckt und etwas später auch bei Pflanzen und Kristallen:

> „Ich unterschied: 1. Rumpf- und Ernährungsmenschen, 2. Glieder- oder mechanische Arbeitsmaschinenmenschen und 3. Kopf- oder Empfindungs- und gedankenreiche Geistesmenschen. Das Naturell ist ein ganz neu von mir nachgewiesener Grundtypus in der Natur, es ist die Kennzeichnung der physischen, psychischen, anatomisch-physiologischen und rein materiell-chemischen Seite einer Wesensart. Es tritt nicht allein beim Menschen, sondern bei allen gewachsenen oder beseelten Naturformen in Erscheinung."[101]

Das Naturell ist für Huter angeboren, denn es entsteht bereits kurz nach der Befruchtung im Mutterleib durch die Ausdifferenzierung der Keimblase in die drei Keimblätter. Aus dem inneren Keimblatt (Endoderm) entwickelt sich das Ernährungs- und Verdauungssystem, aus dem mittleren Keimblatt (Mesoderm) die Muskeln und das Bewegungssystem und aus dem äußeren Keimblatt (Ektoderm) Haut, Nervensystem und Sinnesorgane. Je nachdem, welches der Keimblätter sich im Vergleich zu den anderen am stärksten entwickelt, tritt beim späteren Menschen das entsprechende Naturell in den Vordergrund:[102]

> Das **Ernährungs-Naturell** entwickelt sich aus dem Endoderm. Es ist von mittelgroßem Körperbau und wächst in die Breite. Der Rumpf herrscht vor. Die Formen sind rundlich-korpulent. Es ruht, isst und trinkt gerne, ist locker, fidel und zufrieden. Es ist praktisch veranlagt und verfügt über ökonomisches Talent. Sein Betätigungsfeld ist vor allem das Erwerbs- und Wirtschaftsleben.

Das **Bewegungs-Naturell** entwickelt sich aus dem Mesoderm. Es ist von großem, schlankem, muskulösem Körperbau. Die Gliedmaßen herrschen vor. Die Formen sind kräftig, derbknochig, markant, straff. Es ist energisch, bestimmt, selbstbewusst. Es liebt Bewegung, Sport und körperliche Arbeit und verfügt über handwerkliches Geschick.

Das **Empfindungs-Naturell** entwickelt sich aus dem Ektoderm. Der Körperbau ist klein bis mittelgroß. Das Nervensystem und die Sinnesorgane herrschen vor. Die Formen sind schlank, zierlich, verfeinert und zart, die Bewegungen leicht, flink und graziös. Ideale sind wichtiger als materielle Werte. Es bevorzugt wissenschaftliche und künstlerische Tätigkeiten.

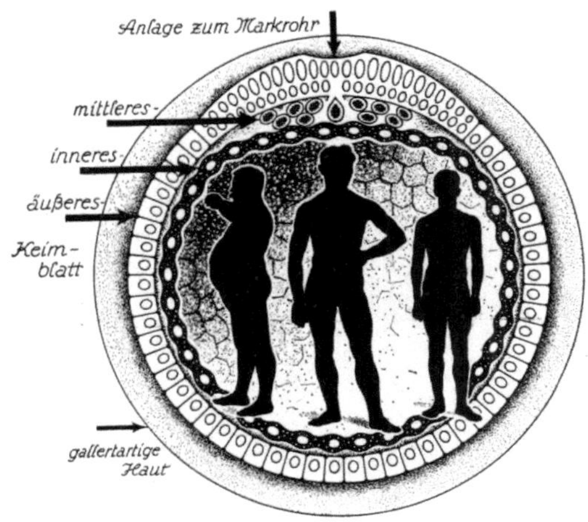

Diese drei primären Naturelle sind der Kern der Huterschen Psycho-Physiognomik. Daneben gibt es noch drei sekundäre Naturelle, welche durch Mischung der Grundtypen entstehen, sowie das harmonische und das disharmonische Naturell. Beim harmonischen Naturell geht die Lebensrichtung aufwärts, beim disharmonischen abwärts. So entstehen insgesamt acht Naturelle, welche sich klar und kontrastreich voneinander abheben. Huters Lehre kennt aber auch Menschen, bei denen die Differenzierung der inneren Systemanlagen deutlich geringer ausfällt, bei denen das Naturell verschwommen, nebelhaft ist. Diese indifferenten „Durchschnittsmenschen" mit geringer Innenspannung nennt er tertiäre Naturelle. Im Gegensatz zu den primären und sekundären Typen treten keine besonderen Anlagen hervor. Ihr Leben verläuft ohne Höhepunkte. Die Tertiärtypen tendieren lediglich in die Richtung eines der acht

Grundnaturelle. Schließlich gibt es noch die neutralen Naturelle, bei denen nicht einmal mehr charakterliche Tendenzen feststellbar sind. Sie sind die vollkommen passiven und beeinflussbaren „Massemenschen", welche von den Versuchungen des Bösen beschützt werden müssen. Sie lassen sich lediglich unterscheiden in warmgrau, kaltgrau, hellgrau und dunkelgrau. Den letzten Typus vollkommener Typenlosigkeit beschreibt er schließlich als absolut neutrales Grau.

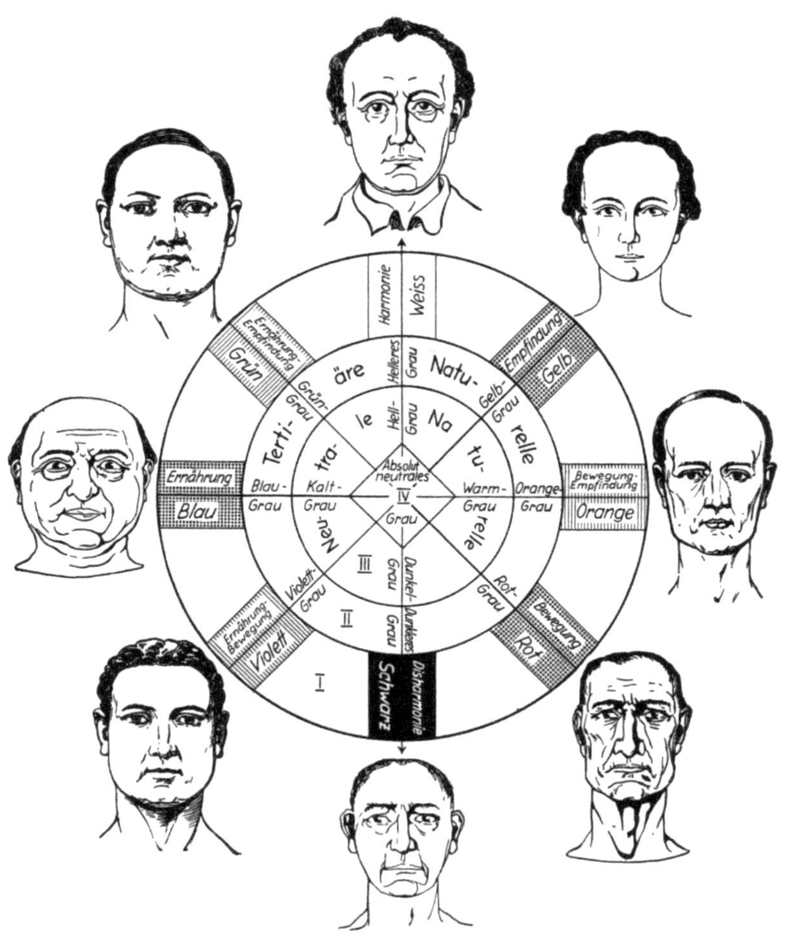

Das Naturellschema nach Carl Huter:
im Außenkreis die drei primären, die drei sekundären und die zwei polaren Naturelle

So entstehen insgesamt 21 verschiedene Naturelle, welche Huter noch verfeinert, indem er sie mit den vier klassischen Temperamenten und der Stärke oder Schwäche des Impulses kombiniert. Zudem kennt er noch verschiedene Abstufungen der Naturelle zum Bösen wie zum Guten. Das disharmonische Naturell kann weiter nach unten fallen in Form des unentwickelten, des degenerierten, des gemeinen und des Verbrecher-Naturells. Als Sonderform dieses Abstiegs nennt Huter zudem das raffinierte, intrigante Mephisto-Naturell, welche die überaus seltene geistige Überlegenheit im Bösen, die Teufelsklugheit zeigt. Genauso kann sich das harmonische Naturell weiter nach oben entwickeln zum genialen und im besten Fall sogar zum idealen Naturell.[103]

Obwohl für Huter all diese Naturelle angeboren sind, glaubt er, dass sich die Naturellanlage im Verlauf eines Menschenlebens zu etwa drei Vierteln umbauen lässt, dass man von der Natur einen großen Spielraum erhält zur willentlichen Entwicklung der eigenen Persönlichkeit. Dort wo sich Wille und Charakter dauerhaft ändern, da tut dies schließlich auch der Körperbau.[104] Trotzdem sieht er die Psycho-Physiognomik als ideale Lehre zur Prognostik und Planung der Gesellschaft. So entwirft er bereits hehre Zukunftsutopien von Staaten- und Völkergemeinschaften, welche nach physiognomischen Grundsätzen organisiert und geleitet werden. Kriege, Not, Armut und Verbrechen würden dann der Vergangenheit angehören. In einer Gesellschaft, welche der Huterschen Rangordnung der Geister entspricht, ist jeder Mensch glücklich. Wie in Platons Politeia, Campanellas Sonnenreich oder Charles Fouriers Phalansterium[105] lebt jeder an seinem angestammten Platz und erfüllt dort zufrieden seine Funktion. Die Psycho-Physiognomik erkennt zudem sofort die disharmonischen Naturen, welche der Allgemeinheit nur Schaden zufügen, und weist sie streng in ihre Schranken.

> „Unter Werktätigen sollte der disharmonische Mensch nicht einmal Vorarbeiter werden, von vorneherein muss ihm die Möglichkeit genommen sein, Einfluss zu bekommen, der nur in den Händen befähigter Menschen liegen darf. (...) Denn er ist stets auf der Lauer, sich Rechte zu nehmen, die ihm nicht zukommen. (...) Bessert sich der disharmonische Mensch, so veredelt er auch sein Äußeres, er hat dann das Verdienst, sich selbst überwunden zu haben."[106]

Im Huterschen Utopia hat jeder die Möglichkeit, sich zum Besseren zu wenden. Die Gilde der Physiognomen erkennt solche Menschen und befördert sie in der geistigen Rangordnung nach oben. An der Spitze stehen die hochwertigen, die empfindenden, harmonischen, genialen und idealen Naturelle als herrschende und führende Leitmenschen. Die mittelwertigen Persönlichkeiten leben als Freie und Stimmende. Die minderwertigen Tertiär- und Graunaturelle schließlich stellen den dienenden Stand dar. Wie der Nähr-Stand in Platons Politeia fügen sie sich zufrieden und gleichgültig in ihr angestammtes Schicksal.

Schließlich entwirft Huter auf Basis der Darwinschen Evolutionsbiologie den „Idealen Zukunftsmenschen". Er beschreibt ihn als vollkommen harmonischen, weisen und gerechten Menschen mit riesigen Augen und gewaltiger Stirn, mit feinsten Sinnen und enormer Beobachtungsgabe. Eine optische Ähnlichkeit mit Huter selbst ist unverkennbar. So würden die künftigen Herrscher und Könige des psycho-physiognomischen Utopia aussehen.[107] Auch der Durchschnittsmensch würde sich nach und nach zum besseren entwickeln, sodass die Anzahl der primären Naturelle gegenüber den sekundären und tertiären enorm zunehmen würde.[108] So könnte die Physiognomik die evolutionäre Selektion tatkräftig unterstützen.

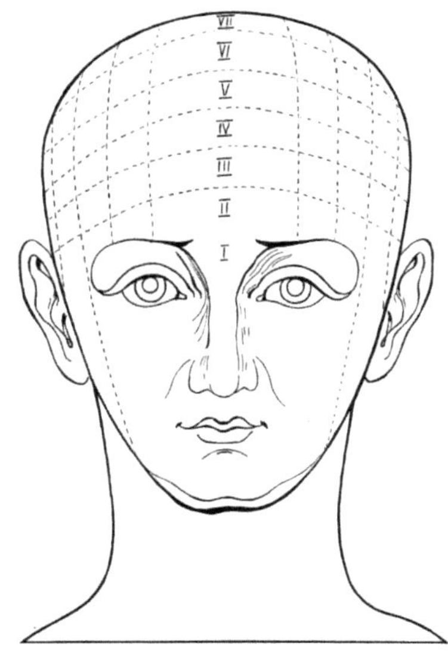

„Man denke ihn sich mit kraftvollem, wohlgebildetem Körper, starkem Kopf, der oben harmonisch gewölbt ist, mit langem Scheitel und besonders oben plastisch ausgebautem Seitenkopf, ferner mit kraftvollen, aber verfeinerten Gesichtsorganen, starkem und mittellangem Hals und Nacken, mehr anliegenden Ohren und hoher, oben breiter Stirn. Aus der mittleren Stirn ist physiognomisch etwa folgendes zu ersehen:

I. Konzentrierung aller Welterfahrung
II. Umfassende Erkenntnis der wunderbaren Zweckmäßigkeit in der Natur
III. Die beste durch Menschen mögliche Verwertung der Materie und Naturkräfte
IV. Höchste menschliche praktische Vernunft, durch welche die Welt zum Paradies gestaltet wird.
V. Tiefste menschliche Wahrheitserkenntnis der sichtbaren und unsichtbaren Welt
VI. und VII. Höchste Weisheit, Ethik und Ideale"

Der Ideale Zukunftsmensch nach Carl Huter[109]

Huter ist einer der ersten Väter der Typologie vom Ruh-, Tat- und Denknaturell. Zwar fand sein Werk insbesondere im deutschsprachigen Raum durchaus große Verbreitung. Auch bekannte Köpfe wie der Philosoph Theodor Lessing waren eingehend mit Huters Lehren vertraut. Doch sein Schaffen war stets zu sehr vom Hauch des Okkulten und Esoterischen umwoben, als dass es offiziell in akademischen Lehren hätte zitiert werden können. So wurden der gemütliche Dicke, der geradlinige Muskulöse und der feinsinnige Dünne von der wissenschaftlichen Psychologie erst Jahrzehnte später „wiederentdeckt".

Die drei Konstitutionstypen von Kretschmer

Als offizieller Vater der drei Konstitutionstypen wird meist der deutsche Psychiater Ernst Kretschmer (1888 – 1964) genannt. Die Ähnlichkeit zu Huters Naturellen ist unverkennbar. Auch ist es sehr wahrscheinlich, dass Kretschmer die Lehren Huters bereits zu Beginn seiner eigenen Forschungen zumindest bekannt waren. Eine Bezugnahme auf Huter in seinem Standardwerk „Körperbau und Charakter" (1921) fehlt jedoch vollständig.[110] Stattdessen nennt er sieben andere Forscher aus dem akademischen Bereich (Hallé, de Troisfèvre, Rostan, Carus, de Giovanni, Viola, Sigaud), welche bereits vor ihm mit drei oder vier nach Organsystemen geordneten Persönlichkeitstypen experimentiert haben.[111]
Von seinen Vorgängern hebt Kretschmer sich durch die Methode der Typenbildung ab. Er geht nicht von allgemeinen Beobachtungen der menschlichen Gestalt aus, sondern von den zwei großen Psychosekreisen Schizophrenie und manisch-depressive Erkrankungen. In seiner klinischen Arbeit war Kretschmer bereits früh aufgefallen, dass „kleinere, untersetzte, dicke Patienten mit großen Glatzen" meist an „zirkulären Störungen" (manisch-depressiv) litten, während die schlanken und kräftigen Gestalten hauptsächlich Schizophrene oder Epileptiker waren. So beschloss er, diesen Zusammenhang systematisch-empirisch zu erforschen. Er bildete für beide Psychosekreise Versuchsgruppen und führte detaillierte Vermessungen des Körpers durch. Nach einem standardisierten Schema erfasste er mehr als hundert Einzelheiten der Physiognomie jedes Patienten. Zuerst formte Kretschmer, den zwei Psychosegruppen entsprechend, zwei polare Konstitutionstypen. Bald erweiterte er diese in dialektischer

Manier um einen dritten. So entstanden sein pyknischer, leptosomer und athletischer Typus.[112]

> Der **Pykniker** (gr. pyknós „gedrungen") ist von mittelgroßer, gedrungener Gestalt und hat ein weites, breites Gesicht. Ein stattlicher Fettbauch wölbt sich unter dem unten sich verbreiternden tiefen, runden Brustkorb hervor. Die Gliedmaßen sind weich, rundlich, mit wenig Muskel- und Knochenrelief geformt. Das Haupthaar ist nur zart mit Tendenz zur Glatze, die Körperbehaarung mittel bis stark.
>
> Der **Leptosome** (gr. leptós „dünn") ist schmal und von hohem Wuchs. Er hat ein schmales Gesicht und eine scharfer Nase. Ihn kennzeichnet ein geringes Dickenwachstum bei relativ großem Längenwachstum. Der Brustkorb ist lang, flach und schmal, sodass man darauf die Rippen zählen kann. Bei extremer Magerkeit spricht Kretschmer vom Astheniker.
>
> Der **Athletiker** schließlich ist von mittel- bis hochgewachsener Statur mit besonders breiten, ausladenden Schultern, stattlichem Brustkorb und straffem Bauch. Arme und Beine sind kräftig. Die Muskulatur ist stark ausgeprägt. Der Knochenbau ist grob und vor allem an den Schlüsselbeinen und den Gelenken gut sichtbar. Der derbe, hohe Kopf wird auf hohem Hals aufrecht getragen. Beim Gesicht dominiert die steile Eiform.

Bei der Beschreibung seiner drei Typen beschränkte Kretschmer sich nicht auf den allgemeinen Körperbau, sondern bezog noch eine Vielzahl von peripheren Körpermerkmalen mit ein. Detailliert analysierte er Kopf- und Gesichtsbau, Gebiss, Handform, Behaarung, Haut und Durchblutung der drei Typen. Dann untersuchte er, wie schizophrene und manisch-depressive Erkrankungen auf die drei Typen verteilt waren. Das Ergebnis war eindeutig. Der überwiegende Teil der Manisch-Depressiven war von pyknischem Körperbau. Ebenso fand sich der überwiegende Teil der Schizophrenen unter den dünnen Leptosomen. Umgekehrt war der Anteil der pyknischen Schizophrenen verschwindend gering. Auch fanden sich kaum Leptosome oder Athletiker unter den Manisch-Depressiven. Kretschmers erste Versuchsreihe basierte auf etwa 400 pathologischen Fällen. Im Laufe weiteren Testreihen und Replikationen durch andere Forscher wuchs diese Zahl bis in die 1970er Jahre auf über 8.000. Dabei wurde die Untersuchung um den dysplastischen Typus als Sammelbegriff für verschiedene Formstörungen erweitert und zudem bei den Erkrankungen auch die Epilepsie mit einbezogen. So konnte auch der Athletiker einem Krankheitskreis zugeordnet werden, wenngleich auch in deutlich schwächerer Form. Das zusammengefasste Ergebnis aller Testreihen sieht folgendermaßen aus:[113]

	Manisch-Depressive (1.361 Fälle)	Schizophrene (5.233 Fälle)	Epileptiker (1.505 Fälle)
pyknisch	**64,6**	13,7	5,5
leptosom	19,2	**50,3**	25,1
athletisch	6,7	16,9	**28,9**
dysplastisch	1,1	10,5	29,5
atypisch	8,4	8,6	11

Dann untersuchte Kretschmer, welche Gemeinsamkeiten zwischen akuten Psychosen und psychopathischen Charakteren vor und nach einer Krankheit bestehen. In einem dritten Schritt bestimmte er den Charakter gesunder Vertreter der drei Körperbautypen. Und schließlich verglich er die normalen mit den psychotischen Personen.[114] So arbeitete er die psychologischen Persönlichkeitsmerkmale der drei Konstitutionstypen heraus.

Das Gemüt des Pyknikers beschreibt er als zyklothym. Seine Stimmung pendelt zwischen gehoben-heiter und gesenkt-traurig. Seine Bewegungen sind natürlich, weich und locker. Als verschiedene Arten der **Zyklothymen** nennt er die geschwätzig Heiteren, die ruhigen Humoristen, die stillen Gemütsmenschen, die bequemen Genießer und die tatkräftigen Praktiker.

Die Persönlichkeit des Leptosomen nennt er schizothym. Er pendelt zwischen sensibel und kühl-stumpf. Seine Bewegungen sind stilisiert, leicht und flink. Der **Schizothyme** neigt „zum Abstrakten, Spekulativen, Idealistischen und zur schroff alternativen Willenshaltung." Kretschmer beschreibt die Schattierungen des Schizothymen als vornehm Feinsinnige, weltfremde Idealisten, kühne Herrennaturen und Egoisten, sowie Trockene und Lahme.

Der **Barykinetiker** ist schließlich der letzte psychologische Typ, den Kretschmer konstruiert. Er bezeichnet das Temperament des Athletikers. Er pendelt zwischen stetig-phlegmatisch und abrupt-explosiv. Meist ist er ruhig, langsam, bedächtig und wortkarg, neigt im Sport zur Schwerathletik, im Handwerk zum Kräftigen und Wuchtigen. Zwischendurch tendiert er allerdings zu „explosiver Zornmütigkeit". Dann können Rücksichtslosigkeit, Freude am Lärm, Rauflust und Aggressivität unerwartet hervorbrechen, etwa unter Alkoholeinfluss.

Auch in den psychologischen Beschreibungen der drei Konstitutionstypen finden sich somit frappierende Ähnlichkeiten zu Huters Naturellen.

Der zyklothyme Pykniker, der schizothyme Leptosome und der barykinetische Athletiker entsprechen weitgehend dem Ernährungsnaturell, dem Empfindungsnaturell und dem Bewegungsnaturell. Die Inhalte bleiben die alten. Nur der Jargon ist exklusiver, szientifesker geworden. Kretschmer kommt auf seine Typen durch strenge Empirik. Sein Buch „Körperbau und Charakter" strotzt von Zahlentabellen, Diagrammen und Verteilungskurven. Dabei geizt er nicht mit medizinischen Fachbegriffen. Seine Grafiken vergleichen Blutzuckerbelastung, Sympatolbelastung, Adrenalinbelastung, Blutdruckamplitude, Insulintoleranz, Titrationswerte, Leukozytenkurve, Lymphozyten und Segmentkerne bei 50 mg Percorten oder Kreislaufwerte der drei Konstitutionstypen.[115] So sind er und seine zahlreichen Nachfolger schließlich sogar in der Lage, typische Prädispositionen nicht nur für geistige, sondern auch für körperliche Krankheiten ausfindig zu machen. Der dicke Pykniker neigt beispielsweise überdurchschnittlich zu chronischem Rheumatismus, Athereosklerose, Diabetes, Gallenblasenentzündung oder krankhaftem Bluthochdruck. Der dünne Leptosom erkrankt auffallend häufig an Lungentuberkulose, Gastritis und Magengeschwüren. Der muskulöse Athletiker hat erhöhte Disposition für chronische Emphyseme, Pulmonalsklerose oder Nebennierenrindenadenome.[116]

Kretschmers Version vom gemütlichen Dicken, feinsinnigen Dünnen und geradlinigen Muskelmann ist sicherlich der bekannteste und einflussreichste Vertreter der Physiognomik im 20. Jahrhundert. Dies liegt vor allem daran, dass er die antike Theorie eines Zusammenhangs zwischen Körperbau und Charakter, beziehungsweise Krankheitsneigungen, in ein zeitgemäßes Gewand verpackt hat. Er hat ihre mystische Maske gegen eine medizinisch-psychiatrische Maske getauscht. Seine Spekulationsumhüllungen,[117] die Worte und Begriffe, mit denen er seine Theorie formuliert, entstammen der akademischen Rhetorik seiner Zeit. Er beruft sich auf umfassendes Datenmaterial und legt seine Versuchsanordnungen und Experimente offen. Dadurch macht er seine Theorie für die Allgemeinheit nachvollziehbar und nachprüfbar. Wie kaum eine physiognomische Theorie zuvor schafften es die Kretschmerschen Konstitutionen, in weiten Kreisen der akademischen Welt rege Diskussionen und zahlreiche ergänzende Forschungen anzuregen bis weit in die 1970er Jahre hinein. Selbst heute sind sie in manchen Psychologiebüchern noch vertreten.

Dennoch gilt auch die Lehre Kretschmers heute als überholt. Viele seiner Korrelationen wurden von späteren Forschungen widerlegt, beziehungsweise als Zirkelkonstrukte entlarvt. Vor allem die drei Prämissen seiner Arbeit[118] sind heute umstritten. Erstens geht Kretschmer von der Ganzheit des Organismus aus. Der Körper darf nicht getrennt vom Psychischen untersucht werden. Leib und Seele bilden eine organische Einheit, weshalb sie sich gegenseitig ineinander widerspiegeln. Es stellt sich allerdings die Frage, inwieweit die von Kretschmer aufgestellten Typen und Korrelationen nicht willkürlich sind. In seiner Arbeit ergibt sich gleich ein doppeltes Zuordnungsproblem. Einerseits ist die Zuordnung der einzelnen Individuen zu den drei Körpertypen fragwürdig. Schließlich gibt Kretschmer selbst zu, dass nur etwa 10 % der Bevölkerung als reine Typen klassifiziert werden können. Den Rest bezeichnet er als „Mischtypen".[119]

> „Wir dürfen nun nicht glauben, dass wir nur hinzusehen brauchten, um einen solchen Typus massenhaft und ohne langwierige Vorübung des Auges in unserem Material zu entdecken. Vielmehr finden wir im Einzelfall den Typus oft durch heterogene, individuelle Züge verschleiert. Es ist so wie in der klinischen Medizin oder zuweilen in Botanik und Zoologie. Die klassischen Fälle, die fast beimischungsfreien und mit allen Hauptsymptomen wohlausgestatteten Vertreter eines Krankheitsbildes sind beinahe Glücksfunde, die wir nicht alle Tage im Kolleg vorstellen können."[120]

Die Zuordnung des überwiegenden Teils der Versuchspersonen zu den Körpertypen erfolgt also nicht nach objektiven Messdaten, sondern nach dem Gutdünken des Versuchsleiters. Dieser sortiert sie durch die Brille seiner Theorie, sodass der ganze Untersuchungsvorgang zum Selbstbestätigungsprozess wird.

Andererseits ist die Zuordnung der Versuchsindividuen zu den Krankheitsgruppen fragwürdig. Die Schlagbegriffe „Schizophrenie" und „Manische Depression" sind Konstrukte, unter deren Maske bunte Heterogenitäten von individuellen Krankheitsbildern subsummiert werden. Zudem stellt sich die Frage, worin sich Normalsein und Irresein genau unterscheiden und ob diese Begriffe am Ende nicht kulturell konstruiert werden. So zeigte ein Experiment des Psychologen David L. Rosenhan aus dem Jahr 1973, dass gesunde Scheinpatienten, welche unter der Pseudo-Diagnose „Schizophrenie" in Nervenheilanstalten eingeschleust wurden, dort nicht als gesund erkannt wurden. Vielmehr wurde ihr normales Verhalten als Bestätigung der Diagnose interpretiert. In einer Fortführung des Experiments kündigte er bei der Psychiatrie an, dass er abermals gesunde Scheinpatienten einweisen lassen würde. Die Ärzte sollten herausfinden, wer diese waren. So stellten sie eine Liste mit dutzenden Patienten zusammen, welche ihrer Ansicht nach solche vollkommen gesunden Scheinpatienten sein könnten. Rosenhans Auflösung war abermals frappierend. Er hatte diesmal gar niemanden hingeschickt.[121] Dieses Experiment zeigt anschaulich, wie willkürlich das Etikett „geisteskrank" verteilt wird. Sowohl Körperbau, als auch Charakter sind waghalsige Konstrukte und stehen auf tönernen Beinen.

Auch die zweite Prämisse Kretschmers ist umstritten. Er glaubt an das Primat der Seele. Die Seele gibt dem Leib die Form, nicht umgekehrt. Abgesehen vom bereits erwähnten Zweifel, ob es überhaupt eindeutige Leib-Seele-Korrelationen gibt, legen die moderne Genetik und Gehirnforschung nahe, dass die Psyche zu einem gewichtigen Teil von materiellen Faktoren wie den Erbanlagen oder biochemischen Prozessen im Körper determiniert ist. Allerdings spielen sich diese auf derart mikroskopischer Ebene ab, dass man nicht mehr von „Körperbau" sprechen kann. Ein Primat der Seele wird deshalb von weiten Teilen der modernen Medizin als unwissenschaftlich abgelehnt.

Seine dritte Prämisse ist die Determination der Typen durch ihre Verneinung in der Krankheit.[122] Wie Lombroso gewinnt er seine Typologie durch Erforschung des Abnormen, Pathologischen, Geistesgestörten. Kretschmer war der Ansicht, dass die Untersuchung des Extremmenschen die beste Möglichkeit wäre, das Wesen des Normalmenschen in überzeichneter Form zu erfassen. Er sah das Kranke als verzerrtes Vergrößerungsglas des Gesunden.

> „Wir werden nicht mehr bestimmte Persönlichkeitstypen als psychopathische Rudimente bestimmter Psychosen, sondern umgekehrt bestimmte Psychosen als Karikatur bestimmter normaler Persönlichkeitstypen betrachten. Die Psychosen stellen dann nur mehr seltene Zuspitzungen allverbreiteter großer Konstitutionen der Gesunden dar."[123]

Gerade dieser Punkt wurde bereits sehr früh an Kretschmer kritisiert. Ist es nicht verwegen, den normalen Durchschnittsmenschen anhand von Typen aus der Psychiatrie zu klassifizieren, das Gesunde über das Kranke zu definieren?

Die drei Körperbau-Komponenten von Sheldon

Bei diesem Kritikpunkt setzte der amerikanische Psychologe William Sheldon (1898 – 1977) an. Ausgehend von Kretschmers Forschung führte er in den 1940er Jahren eigenständige Untersuchungen an 4.000 Studenten durch. Er ging also nicht von Kranken aus, sondern von Normalindividuen. Jeder Student wurde in standardisierter Weise nackt fotografiert, einmal von vorne, einmal von der Seite und einmal von hinten. Aus den 12.000 Fotos wählte Sheldon jene Studenten aus, deren Körperbau am extremsten vom Durchschnitt abwich. So konstruierte er drei „Komponenten" des Körperbaus:[124]

> Die **Endomorphie** ist gekennzeichnet durch die Dominanz der Verdauungsorgane. Der Körperbau ist rundlich mit relativ kurzen Gliedern.
>
> Die **Mesomorphie** bezeichnet kräftige Knochen und Muskeln. Der Körperbau ist eckig und schwer.
>
> Die **Ektomorphie** weist eine starke Entwicklung des Nervensystems und der Sinnesorgane auf. Der Körperbau ist lang, schlank und flach.

Diese Dreiteilung entspricht im Wesentlichen den Typen Huters und Kretschmers. Wie die Terminologie bereits zeigt, geht auch Sheldon von einer Entwicklung der drei Komponenten aus den drei Keimblättern aus. Seine Keimblatt-Theorie wurde in Amerika begeistert aufgenommen. Er erhielt dafür zahlreiche akademische Ehrentitel und den Rockefeller-Preis. Doch auch bei Sheldon fehlt jeglicher Hinweis auf Carl Huter, der bereits 50 Jahre zuvor diesen Ansatz gelehrt hat. Lange war man bei Sheldon davon ausgegangen, dass er seine Keimblatt-Theorie unabhängig von Huter entwickelt hat.[125] Mittlerweile weiß man aber, dass er 1934-36 einen Studienaufenthalt in Zürich zugebracht hat und in diesem Rahmen auch mit der Huterschen Lehre in Kontakt gekommen ist.[126] Wie bei Kretschmer liegt also auch bei Sheldon Plagiarismus unter Verschweigung des Originals vor.

Im Unterschied zu Kretschmers Typologie geht Sheldons Ansatz davon aus, dass jeder Mensch aus allen drei Komponenten besteht, jedoch in verschiedenen Mischungsverhältnissen. Das jeweilige Mischungsverhältnis bestimmt er durch eine 7-Punkte-Skala, wobei 1 für die schwächste Ausprägung steht und 7 für die stärkste. Ein extrem endomorpher

Mensch wird bei Sheldon als „711" klassifiziert, ein extrem mesomorpher als „171" und ein extrem ektomorpher als „117". Dazwischen sind theoretisch alle Mischungsverhältnisse von „111" bis „777" möglich, sodass im Grunde 343 verschiedene Mischtypen entstehen. Dieser Gedanke, dass jeder Mensch eine individuelle Mischung von mehreren verschiedenen Grundtypen ist, findet sich bereits bei den antiken vier oder fünf Temperamenten in Europa und China, sowie bei den drei indischen Doshas. So steht bereits in einem iatromathematischen Hausbuch aus dem Jahr 1465, dass die vier Temperamente, hier genannt die vier Komplexionen, niemals rein vorkommen, sondern es „nympt ayne vberhand, das ist die, di der Mensch aller mayst hat, vnd kain mensch hat allein eine."[127]

Schließlich konstruiert auch Sheldon drei „Temperaments-Komponenten", für welche er ebenfalls 7-Punkte-Skalen verwendet. In seinem Buch „The Varieties of Temperament" (1942) präsentiert er eine Liste von jeweils zwanzig Charakterzügen, welche seiner Meinung nach diese „Temperaments-Komponenten" genau beschreiben.[128]
Es mag wenig überraschen, dass Sheldon schließlich einen engen Zusammenhang herausgefunden hat zwischen seinen drei Körperbau- und seinen drei Temperament-Komponenten. Der dicke Endomorphe hat in der Regel eine hohe Kennzahl beim viscerotonen Temperament, der muskulöse Mesomorphe punktet beim somatotonen Temperament und der dünne Ektomorphe erzielt hohe Werte beim cerebrotonen Temperament. Was hingegen überraschen mag ist die Tatsache, dass Sheldon zur Erforschung dieses Zusammenhangs fünf Jahre lang akribische psychologische Untersuchungen an 200 der 4.000 Studenten durchgeführt hat. Dennoch unterscheiden sich seine Charakterdarstellungen nur unwesentlich von den vornehmlich durch Intuition und langjährige Beobachtung entstandenen Naturellen Huters.
Wie die Typen Kretschmers werden auch Sheldons Komponenten in der heutigen Psychologie nicht mehr als zeitgemäß angesehen. Denn auch bei Sheldons Methode ergibt sich das doppelte Zuordnungsproblem der Körper- und der Charakter-Komponenten zu den Individuen. Trotz 7-Punkte-Skala liegt die Zuordnung am Ende im Ermessen des Versuchsleiters. Sheldon berichtet zwar davon, dass er und sein Team sehr häufig aus der dreistelligen Kennzahl des Körperbaus die richtige Kennzahl für das Temperament hatten prognostizieren können. Doch gibt er zu, dass es auch in vielen Fällen zu krassen Widersprüchen gekommen ist.[129]

Viscerotonie	Somatotonie	Cerebrotonie
1. Schlaffe Körperhaltung, schlaffe Bewegung	1. Stramme Körperhaltung, bestimmte Bewegungen	1. Scheue Haltung, gehemmt
2. Hang zur Bequemlichkeit	2. Sportliche Abenteuerlust	2. Physiologische Überansprechbarkeit
3. Langsame Reaktionen	3. Energiegeladen	3. Überschnelle Reaktion
4. Freude am Essen	4. Bedürfnis nach körperlichen Übungen	4. Verlangen nach Zurückgezogenheit
5. Hat gern Tischgenossen	5. Herrschsucht, Machttrieb	5. Geistig überwach, eifrig
6. Freude am Verdauen	6. Freude am Risiko und Zufall	6. Verbergen der Gefühle, emotionale Zurückhaltung
7. Gefallen an gesellschaftlichen Formen	7. Ungeniertheit im Benehmen	7. Unfreie, selbstreflektierte Mimik und Augenbewegungen
8. Soziophilie	8. Rauflust	8. Schizophobie
9. Freundlichkeit gegen jedermann	9. Freude am Konkurrenzkampf	9. gehemmtes Benehmen in Gesellschaft
10. Verlangen nach Zuneigung und Anerkennung	10. Seelische Robustheit	10. Erwirbt sich schwer Gewohnheiten und Routine
11. Ausrichtung nach der Umgebung	11. Klaustrophobie	11. Agoraphobie
12. Ebenmäßiger Gefühlsablauf	12. Rücksichtslosigkeit, nicht zimperlich	12. Unberechenbarkeit
13. Toleranz	13. Spartanische Gleichgültigkeit gegen Schmerz	13. Dämpfung der Stimme, Abneigung gegen alles Laute
14. Selbstgefälligkeit	14. Freude am Lärm jeder Art	14. Überempfindlichkeit
15. Tiefer Schlaf	15. Laute Stimme	15. Schlechter Schlaf, chronische Müdigkeit
16. Mangel an „Temperament"	16. Reiferes Aussehen als dem Lebensalter entspricht	16. Jugendlich eifriges Benehmen und Aussehen
17. Glatter Gefühlskontakt, viscerotone Extraversion	17. Horizontale seelische Spaltung, somatotone Extraversion	17. Vertikale seelische Spaltung, Introversion
18. Entspannung und Soziophilie unter Alkoholeinfluss	18. Rechthaberisch	18. Weitgehende Alkoholfestigkeit
19. Bei Kummer Verlangen nach Gesellschaft	19. Bei Kummer Verlangen nach Tätigkeit	19. Bei Kummer Verlangen nach Einsamkeit
20. Leitbild: Kindheit und Familienbeziehungen	20. Leitbild: Ziele und Treiben des Jugendalters	20. Leitbild: Das spätere Lebensalter

Die Blendwerkzeuge der Verwissenschaftlichung

Der gemütliche Dicke, der empfindsame Dünne und der geradlinige Muskelprotz prägten die Physiognomik des 20. Jahrhunderts. Sie sind im indischen Ayurveda bereits seit Jahrtausenden gebräuchlich als die drei Doshas: Vayu, Pitta und Kapha. Auch wenn es in der psychologischen und medizinischen Ausdeutung gewisse Unterschiede gibt, bestehen weitgehende Parallelen zu den Dreiertypologien der Moderne. Diese entsprangen der mystischen Naturphilosophie Carl Huters und wurden plagiatorisch der Wissenschaft einverleibt. Der Inhalt der Theorien bleibt im Wesentlichen identisch. Nur die Sprache, die Spekulationsumhüllung wendet sich ab vom Anschaulich-Verständlichen hin zum Szientifesk-Abstrakten. Ist der Begriff des „Ernährungsnaturells" leicht intuitiv zu fassen, so braucht man bereits ein Lexikon, um die Begriffe „zyklothymer Pykniker" oder „endomorpher Viscerotoner" zu verstehen. Die Verwissenschaftlichung besteht hier einerseits im Totschlagen des Anschaulichen durch alltagsfremdes Jargonisieren, andererseits im Schein-Neutralisieren des Subjektiven durch Zahlen und Messwerte. Die „Wissenschaftlichkeit" von Kretschmer und Sheldon gründete sich darin, dass sie im weißen Mantel der Autorität vor den nackten Probanden saßen und ihren subjektiven Eindruck in selbstgewählte Kategorien und Zahlen sortierten. Die Versuchsanordnungen wurden so zur Selbstbestätigung ihrer subjektiven Einschätzung. Diese szientifeske Abstraktifizierung macht die Bücher von Kretschmer und Sheldon weitaus mühsamer zu lesen als die unmittelbaren, direkten Beschreibungen von Huter oder ayurvedischer Schriften. Sie macht sie aber auch exklusiver, elitärer, denn nicht mehr jeder ist in der Lage, sie zu verstehen. Das szientifeske Jargonisieren bildet eine Eintrittsbarriere. Hohe Bildung und akademisches Wissen sind die Eintrittskarten. Alle anderen müssen draußen bleiben. Dies sind ihre Blendwerkzeuge der Verwissenschaftlichung.[130] Ansonsten haben aber sowohl Kretschmer als auch Sheldon im Vergleich zu Huter nicht viel Neues zu sagen.

Sehr anschaulich zeigt dies die folgende Gegenüberstellung der Lehrbuch-Bilder. Die entsprechenden Typen der indischen Tridosha-Theorie sind ebenfalls angeführt. Die psycho-physiognomischen Korrespondenzen decken sich weitgehend mit den modernen Lehren. Es gibt aber auch eine Reihe von Unterschieden. So wird dem dünnen Vayu-Dosha die Bewegung zugeordnet, dem muskulösen Pitta-Dosha der Stoffwechsel und dem dicken Kapha-Dosha die festen Körperteile wie Knochen. Bei der Keimblatt-Theorie von Huter und Sheldon hingegen entsteht der Dicke aus dem Ernährungssystem und der Muskulöse aus dem Bewegungssystem samt Skelett. Auch wird der dünne Vayu-Typus meist als kommunikativ und begeisterungsfähig beschrieben, während ihn die modernen Lehren eher als introvertiert und verschlossen charakterisieren. Die Aufnahme großer Nahrungsmengen wird in der Tridosha-Theorie eher dem muskulösen Pitta und weniger dem dicken Kapha zugeordnet. Letzterem wird eher nachgesagt, dass er einfach auch schon bei geringen Mengen viel zunimmt. Derartige Unterschiede zeigen anschaulich, dass viele der psycho-physischen Zusammenhänge einerseits konstruiert, andererseits kulturell geprägt sind.

Carl Huters Naturelle **Ernst Kretschmers Konstitutionen**

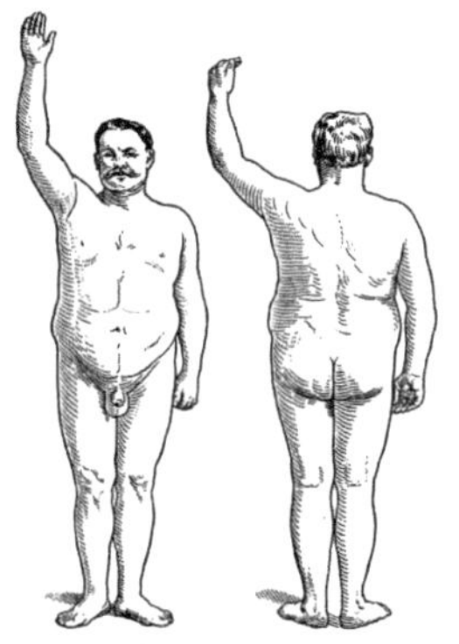

Ernährungsnaturell

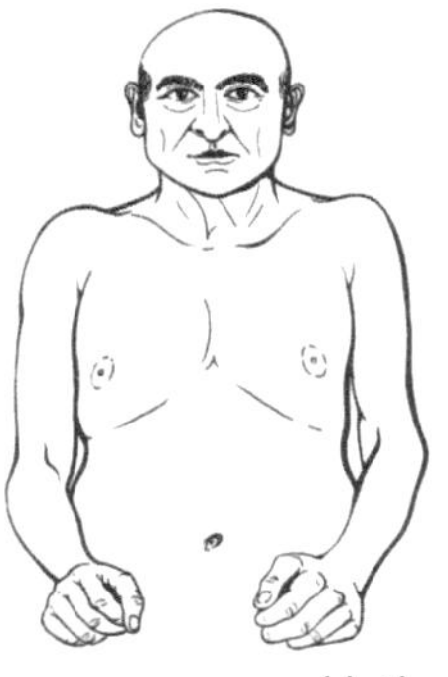

zyklothymer Pykniker

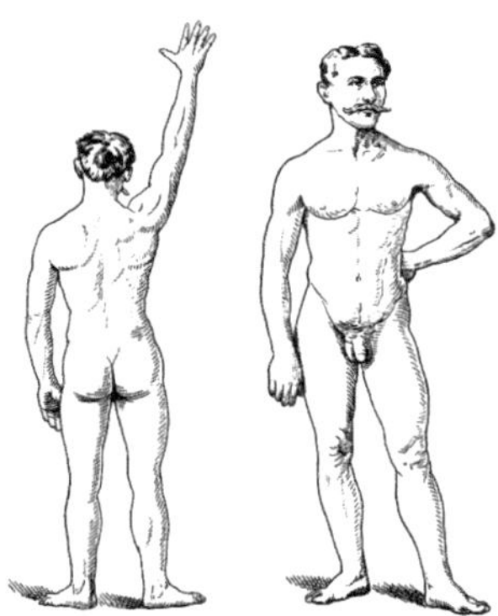

Bewegungsnaturell

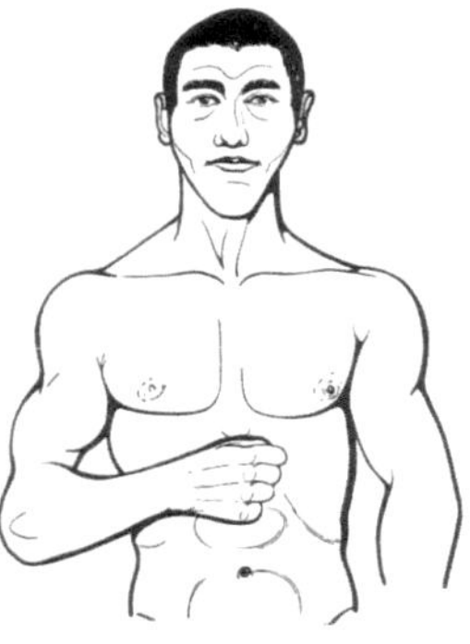

barykinetischer Athletiker

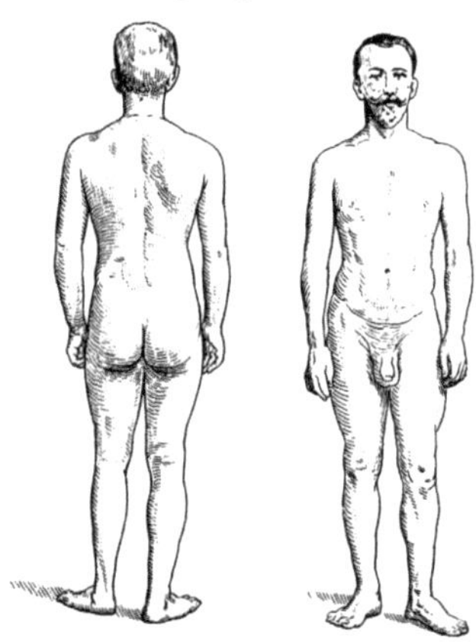

Empfindungsnaturell

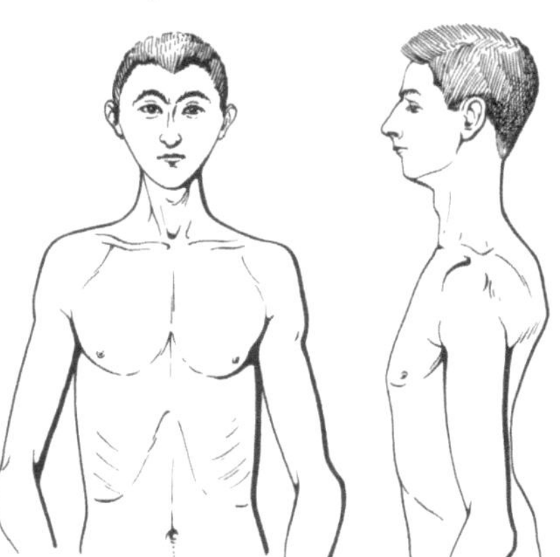

schizothymer Leptosom

William Sheldons Komponenten **Indische Dosha-Lehre**

DER GEMÜTLICHE DICKE

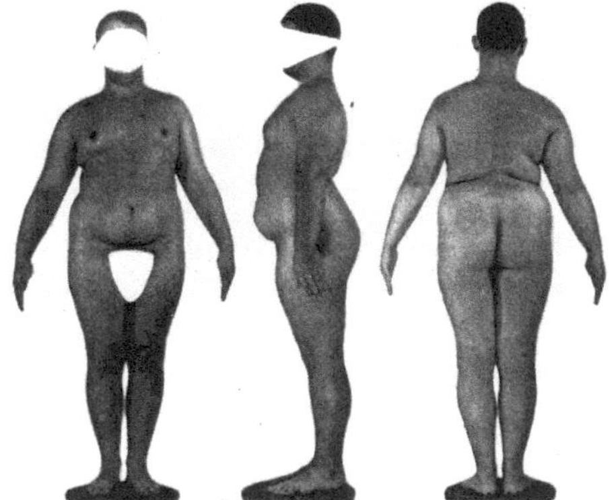
viscerotoner Endomorpher (711)

Kapha (Erde/Wasser, Mond)

DER GERADLINIGE MUSKULÖSE

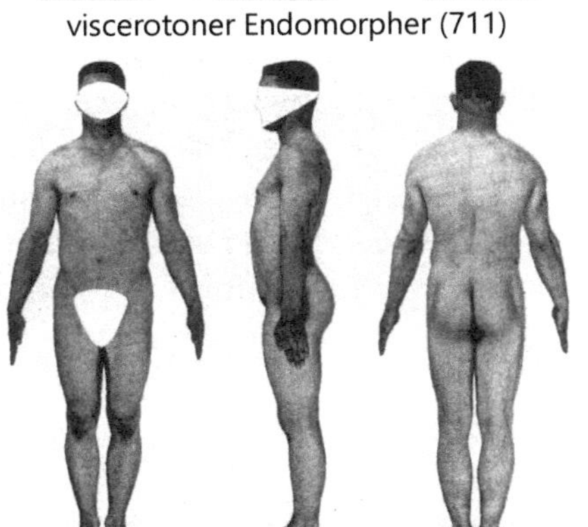
somatotoner Mesomorpher (171)

Pitta (Feuer/Wasser, Sonne)

DER EMPFINDSAME DÜNNE

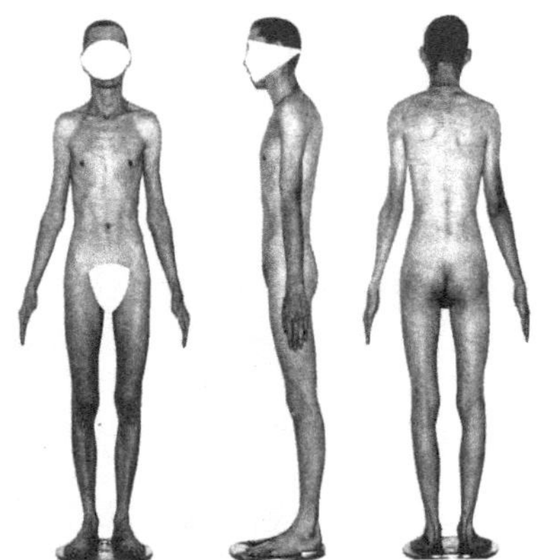
cerebrotoner Ektomorpher (117)

Vayu (Luft/Äther)

05. Die Körperdeutung der Moderne

Die Verzeichenung des menschlichen Körpers zu prognostischen und diagnostischen Zwecken hat eine lange Tradition. Bis ins 18. Jahrhundert hinein war die Physiognomik eng mit Magie und Mystik, mit Elementlehre und Astrologie verknüpft. Der Körper gab nicht nur Auskunft über den Charakter, sondern auch über das Schicksal des Menschen. Handlinien, Gesicht oder Muttermale waren Zeichen der Zukunft und als solche prognostisch deutbar. Mit Lavater erfolgte Ende des 18. Jahrhunderts die Abkehr von der physiognomischen Zukunftsdeutung. Der individuelle Charakter der Menschen rückte in den Vordergrund. Von da an bezog sich die physiognomische Prognostik nur mehr auf Persönlichkeit und Verhaltensweisen, jedoch nicht mehr auf konkrete Lebensereignisse. Sie wurde zunehmend zur Diagnostik. Im 19. Jahrhundert begann schließlich die systematische Vermessung des Körpers auf materialistischer Basis. Die Individualität wurde durch Typen ersetzt. „Der verbrecherische Mensch" von Lombroso oder die drei Konstitutionstypen von Kretschmer und Sheldon versuchten, das Individuelle als Sonderform allgemeiner Schubladen zu klassifizieren. Die Vermessung führte zur Vermassung des Menschen.
Einen entscheidenden Einschnitt erfuhr die Physiognomik schließlich durch den Rassenwahn des Dritten Reichs. Die Nationalsozialisten missbrauchten physiognomische Lehren, um die „Säuberung der arischen Rasse von minderwertigen Subjekten" zu begründen. „Niedrige Rassen", Geisteskranke und „typische Verbrechernaturelle" wurden deportiert und vernichtet. Die Physiognomik diente als pseudowissenschaftliche Legitimation der Eugenik. Von diesem Schock hat sich die Physiognomik lange nicht mehr erholt. Sie ist seither in akademischen Kreisen tabu und hat den Beigeschmack des Bizarren, Menschenverachtenden.

Überhaupt fällt bei den meisten physiognomischen Werken eine starke Tendenz zur Bildung von Rangordnungen auf, zur Einteilung in gute und schlechte Menschen. Zwar wird meist betont, dass der Physiognom nicht werten dürfe und dass alle Anlagen gleichermaßen ihre Berechtigung hätten, doch wie man die Begabungen eines Menschen diagnostizieren kann ohne gleichzeitig seine Schwächen zu sehen und wertend zu sein, bleibt ein Rätsel. Schon bei den antiken Temperamentlehren wird zumeist der Melancholiker äußerst negativ beschrieben.[131] Selbiges gilt für den Saturn in astrophysiognomischen Schriften des Mittelalters und der Renaissance. Bei Lavater finden sich trotz aller „Menschenliebe" unzählige Beschreibungen mieser und fieser Zeitgenossen. Gall und Lombroso beschreiben körperliche Merkmale geborener Verbrecher. Huter sah seine Psycho-Physiognomik als ideales Werkzeug, um die Guten von den Bösen zu scheiden:

> „Das Ungeziefer in Tier- und Menschengestalt fort und den Guten und Großen hochbringen, das ist die etwas gesündere Moral der Lebenswirklichkeit, welche die Hutersche Psychophysiognomik lehrt."[132]

Auch bei Kretschmer finden sich Abhandlungen über „Psychopathen und Verbrecher" auf der einen und „Hochbegabte und Geniale" auf der anderen Seite.[133] So ist es auch nicht verwunderlich, dass Physiognomik seit jeher zur Menschenselektion prädestiniert war und auch dazu missbraucht wurde. Dies mag auch der Grund sein, warum sich der Zeitgeist periodisch von der Physiognomik abgestoßen fühlt, um einige Jahrzehnte später wieder fasziniert seinen Blick darauf zu richten. Gänzlich auf die Körperschau mag der Mensch auf Dauer offenbar doch nicht verzichten.
Selbst heutzutage gibt es noch zahlreiche Physiognomen nach Huter, welche ihr Tun als wertvolles Instrument der medizinischen Diagnostik, der Mitarbeiterführung und Personalselektion oder gar der Sicherung des Weltfriedens verkaufen.[134] Sheldons Körpertypen werden immer noch angewandt, beispielsweise in der Sportmedizin, wo je nach Typus eigene Trainings- und Diätprogramme erstellt werden.[135] Auch die Konstitutionslehre von Kretschmer hat insbesondere im deutschsprachigen Raum nach wie vor zahlreiche Anhänger. Obwohl sie als überholt gilt, kommt es immer wieder vor, dass sie in Gerichtsgutachten herangezogen wird.[136]

Chromosomenanomalien und das Verbrecher-Gen

Sogar der Mythos vom „geborenen Verbrecher" erhielt Mitte der 1960er Jahre durch die Genetik eine Neuauflage. Aufgrund der Untersuchung von Chromosomenanomalien bei Kriminellen glaubte man, ein „Verbrecher-Gen" gefunden zu haben. Eine Untersuchung von Haftinsassen zeigte, dass unter diesen der Prozentsatz von Männern mit XYY-

Chromosomensatz um ein vielfaches höher war als in der Normalbevölkerung. Das schien perfekt ins Bild vom aggressiven Mann zu passen:

> „Das Y-Chromosom ist das Chromosom, das die Männlichkeit bestimmt; daher dürfte es nicht überraschen, dass ein zusätzliches Y-Chromosom ein Individuum mit verstärkter Männlichkeit hervorbringen kann, die durch Merkmale wie ungewöhnliche Körpergröße, erhöhte Fruchtbarkeit (...) und starke aggressive Neigungen belegt wird."[137]

Dabei wurde nicht erwähnt, dass die Testgruppe lediglich zwei Kriminelle mit XYY-Chromosomen enthielt. Die Basis der Statistik war somit ausgesprochen waghalsig. Nachfolgende Untersuchungen brachten zahlreiche Methodenfehler dieser Studie ans Licht und zeigten zudem, dass die Häufigkeit von „Supermales" in gewöhnlichen Gefängnissen keinesfalls erhöht, sondern durchschnittlich war. Lediglich in Anstalten für kriminelle Geisteskranke kamen sie überproportional vor. Von einem „Verbrecher-Gen" lässt sich trotzdem nicht sprechen. Denn 96 Prozent aller XXY-Männer führen ein normales Leben ohne jemals mit dem Gesetz in Konflikt zu kommen.[138] Dennoch widmet man dieser Chromosomenanomalie selbst heute noch eine gewisse Beachtung in der forensischen Psychiatrie.[139]

Die 2D:4D-Theorie

Genetik und Biochemie sind die aktuellen Paradigmen, unter deren Deckmantel die Physiognomik im beginnenden 21. Jahrhundert wiederaufersteht. Dabei beschränken sich die neuen Ansätze nicht auf die prognostisch-diagnostische Verzeichenung des Gen-Codes, sondern widmen sich wieder eingehend der Körperschau, insbesondere der Handlesekunst. So ließ ein Forscherteam der Universität Berkeley im Jahr 2000 mit einer neo-chirologischen Forschungsarbeit aufhorchen. In der Zeitschrift „Nature" veröffentlichte die Gruppe um den Psychologen Marc Breedlove ihre Resultate, wonach die Fingerlänge Auskunft über die sexuellen Neigungen von Menschen gibt. Die Untersuchung von 720 Freiwilligen ergab, dass bei heterosexuellen Frauen der Zeigefinger der rechten Hand länger ist als der Ringfinger, während er bei Lesben im Durchschnitt kürzer ist. Auch bei homosexuellen Männern fand sich dieser Effekt, wenngleich auch weniger stark ausgeprägt und nur dann, wenn sie mehrere ältere Brüder hatten. Erklärt wurde dieser Zusammenhang mit einem Überschuss an männlichen Hormonen im Mutterleib, mit einer erhöhten Konzentration von Androgenen im Fruchtwasser, welche die relative Länge der Finger bestimmt. Sowohl Lesben, als auch Schwule wären somit im Schnitt „männlicher" als Heterosexuelle. Breedlove räumt jedoch ein, dass dieser Zusammenhang lediglich ein statistischer ist und nicht für jedes Individuum gelten würde.[140]

Mittlerweile sind die Ringfinger-Mantie und die Fruchtwasserhormonspiegel-Theorie unter dem Schlagwort „2nd to 4th digit ratio", kurz 2D:4D, in aller Munde. Ist der Ringfinger deutlich länger als der Zeigefinger, so ist der Handeigner besonders „männlich" und alles, was dazugehört. Der Entwicklungsbiologe John Manning von der University of Central Lancashire entdeckte 1998, dass Männer mit relativ langen Ringfingern besonders zeugungsfähig sind und deutlich mehr Spermien produzieren als Männer, deren Ringfinger gleich lang wie der Zeigefinger ist. Bei Frauen verhielt es sich genau umgekehrt. Kurze Ringfinger zeugten von besonderer Fruchtbarkeit.[141] Seither wurden zahlreiche Studien über derartige Zusammenhänge erstellt. So sollen Frauen mit dominantem Ringfinger über eine höhere Durchsetzungskraft verfügen und seltener zu Neurosen neigen, aber auch nicht besonders kommunikativ sein. Männer mit dominantem Ringfinger sollen nicht nur besonders potent sein, sondern auch besonders talentiert für Sport. Auch ihnen attestiert Manning mangelnde Begabung für Kommunikation und Sprache. Die mangelnden kommunikativen Fähigkeiten von „Testosteronikern" werden damit erklärt, dass der Hormonspiegel bereits im Mutterleib Einfluss auf die Entwicklung der beiden Gehirnhälften hat. Zuviel Testosteron könne zudem mit Migräne, Autismus, Stottern, Schizophrenie und Depressionen in Zusammenhang gebracht werden. So stellte Manning 2001 in einem Artikel fest, dass autistische Kinder häufig abnorm lange Ringfinger hätten.[142] Zudem wird das „2nd to 4th digit ratio" mittlerweile auch mit erhöhtem Herzinfarkt- und Brustkrebsrisiko in Verbindung gebracht, sowie mit Rechtschreibschwäche und Linkshändigkeit. Eine im Jahr 2006 veröffentlichte Studie will sogar einen Zusammenhang zwischen 2D:4D und der Anzahl von Sexpartnern herausgefunden haben. So soll der dominante Ringfinger der rechten Hand bei Männern von einem erhöhten „NSP" („Number of Sexual Partners") zeugen.[143]

Überhaupt scheint die „Digitoskopie", die mantische Fingerschau, momentan zu boomen. Im November 2005 berichtete der „New Scientist", dass der Fingerabdruck Aufschluss über das Diabetesrisiko geben würde. Henry Kahn und sein Team vom „Center for Disease Control and Prevention" in Atlanta verglichen bei 569 Holländern die Anzahl der Rillen von Daumen und kleinem Finger. Dabei stellten sie fest, dass Menschen mit Diabetes eine durchschnittliche Rillendifferenz von 8,3 zwischen Daumen und kleinem Finger aufwiesen, während dieser Wert für Menschen mit normaler Glukosetoleranz nur 6,4 betrug. Diesen Unterschied führten sie auf mangelnde Ernährung der Mutter oder Stress-Hormone während der Schwangerschaft zurück. Diese würden sich nicht nur auf die Organe des Fötus auswirken und somit auch auf die Entwicklung der Bauchspeicheldrüse, sondern gleichzeitig auch auf die Entwicklung der Finger. So könnte man anhand der Fingerabdrücke einfach das Diabetesrisiko prognostizieren.[144]

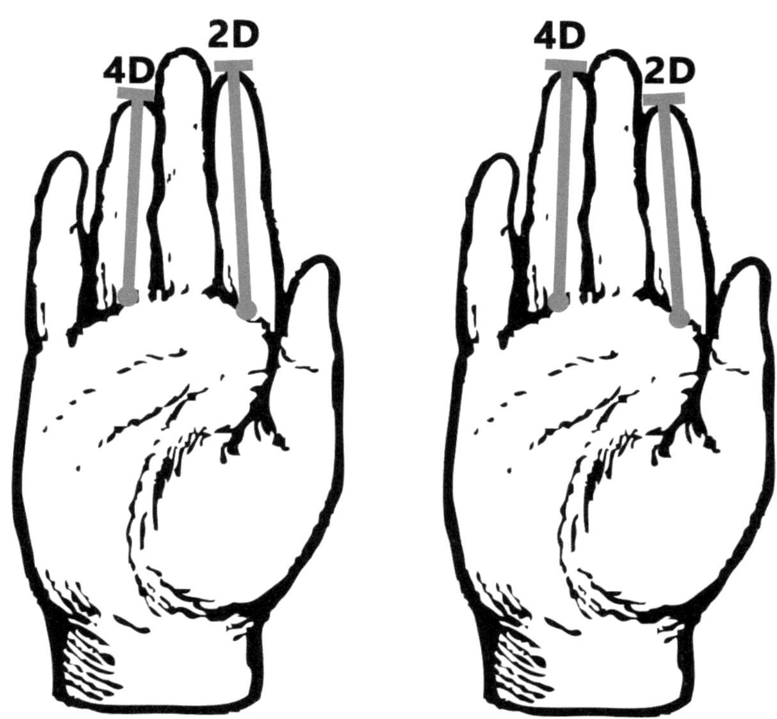

Hohes 2D:4D Ratio (links) und niedriges 2D:4D Ratio (rechts)

Hat also die Jahrtausende alte Lehre der Chiromantie doch einen wahren Kern? Oder wiederholen moderne Forscher lediglich dieselben Fehler wie die Handleser früherer Epochen? Folgt auf die Physiognomik der Antike, die Metoposkopie der Renaissance, die Phrenologie des 19. Jahrhunderts und die Konstitutionsbiologie des 20. Jahrhunderts nun endlich die wahre und richtige Menschenverzeichenung in Form der „Digitoskopie"? Oder sind 2D:4D und Konsorten abermals lediglich ephemere Zeitgeistmasken, welche noch ein paar Jahre für Wind und populistische Schlagzeilen sorgen werden, ehe sie wieder im Kuriositätenkabinett des Aberglaubens verschwinden? Betrachtet man die Studien näher, so ist eher letzteres naheliegend. Ihre empirische Basis ist äußerst mager. Die meisten Thesen wurden aufgrund der Untersuchung von lediglich 100 bis 200 Probanden gebildet. Zudem wurden die Zusammenhänge meist an zusätzliche Bedingungen geknüpft. Die höhere Sexpartner-Zahl bei dominantem Ringfinger wurde auf die rechte Hand eingeschränkt. Der dominante Ringfinger korrelierte nur dann mit männlicher Homosexualität, wenn die Probanden mehrere ältere Brüder hatten. Unter derartigen Voraussetzungen müssen sich entsprechend dem Gesetz der kleinen Zahlen zwangsläufig „signifikante Ergebnisse" einstellen.

Im Vergleich mit den 2D:4D-Studien wirkt die empirische Basis der Konstitutionstypen von Kretschmer und Sheldon regelrecht gigantisch. Selbiges gilt für die „wissenschaftliche Handlesekunst" des bekannten deutschen Chirologen Ernst Issberner-Haldane (1886 – 1966), der in den 1920er Jahren die Chirologie im deutschen Sprachraum wieder populär gemacht und sein Regelwerk im Lauf von fünfzig Jahren auf Basis von über 160.000 Handanalysen entwickelt hat.[145] Etwa zeitgleich sammelte die Chiromantin Marianne Raschig Handabdrücke von über 2.500 prominenten Persönlichkeiten wie Albert Einstein, Thomas Mann oder Bertold Brecht, um empirische Untersuchungen der Chirologie auch im Bereich der außergewöhnlichen Begabungen möglich zu machen.[146] Ab den 1930er Jahren schaffte es die bekannte Sexualwissenschaftlerin und Ärztin Charlotte Wolff (1897 – 1986) sogar, das Handlesen eine Zeit lang wissenschaftlich zu etablieren. Auch aus Künstlerkreisen erhielt sie enormen Zuspruch und deutete die Hände großer Surrealisten wie Marcel Duchamp, André Breton, Max Ernst oder des Schriftstellers Aldous Huxley.[147] Selbst die Messdaten der Phrenologen und die Erfahrungsar-

chive von so manchem Magier-Physiognomen können mit den paarhundert Probanden der 2D:4D-Mantik locker mithalten.
Vergleicht man die Fruchtwasserhormonspiegel-These von 2D:4D etwa mit der Keimblatt-Theorie Huters oder der Annahme einer Gehirn-Geist-Entsprechung bei den Phrenologen, so kann man nicht sagen, dass eine von ihnen schlüssiger, logischer oder wissenschaftlicher wäre als die anderen. So scheint die Prognose angebracht, dass man auch der Neo-Chiromantie der 2D:4D-Jünger früher oder später die Wissenschaftlichkeit absprechen wird, um Jahrzehnte später in einem neuen Körperteil die Antwort auf die Geschicke des Menschen zu suchen.

Moderne Antlitzdeutung

Dasselbe gilt für die modernen Bestrebungen, den Charakter eines Menschen aus dem Gesicht zu erkennen. Seit der Antike wird bereits versucht, die Zeichen des Antlitzes zu lesen. Bei Lavater finden sich unzählige physiognomische Beschreibungen der typischen Verbrechervisage und des genialen Geistes.[148] Auch Carl Huter beschrieb ausgiebig die Gesichter seiner harmonischen, genialen und idealen Naturelle auf der einen und seiner disharmonischen, degenerierten und verbrecherischen Naturelle auf der anderen Seite.[149] Sir Francis Galton versuchte bereits vor mehr als hundert Jahren, mit seinen „Composite-Portraits" das Ur-Gesicht des Wissenschaftlers, des Struma-Kranken oder des Verbrechers an sich zu rekonstruieren.[150] Und ähnlich tun dies auch heute noch die modernen Vertreter der Antlitzdeutung.

So setzten David Perrett und Fhionna Moore, beide Psychologen an der University of St. Andrews, mittels Computer Gesichter von Menschengruppen mit gemeinsamen Charaktermerkmalen zu einem Gesamt-Gesicht zusammen. Dabei verstärkten sie zusätzlich die typischen Merkmale oder schwächten sie ab. So erhielten sie das Durchschnittsgesicht der „beruflich Kompetenten" oder der Menschen mit „krimineller Veranlagung". Diese Durchschnittsgesichter wurden Probanden zur Beurteilung vorgelegt. Die Bilder von „positiven Charakteren" wurden durchwegs als anziehend beurteilt, während die „negativen Charaktere" auf den Großteil der Probanden unattraktiv wirkten. Abgesehen vom bereits erwähnten Zuordnungsproblem der Individuen zu Kategorien wie „beruflich kompe-

tent", gibt es hier zu denken, dass beim Erstellen der Gemeinschafts-Gesichter von den Versuchsleitern typische Merkmale verstärkt oder abgeschwächt wurden. „Das Typische" ist somit gefärbt von der subjektiven Einschätzung der Experimentatoren. Dadurch wird eine Selbstbestätigung des Ergebnisses unterstützt.
Was die bisherigen Ergebnisse dieses laufenden Projektes von früheren physiognomischen Ansätzen unterscheidet, ist die Tatsache, dass einzelne körperliche Merkmale nur im Kontext ihre Bedeutung erhalten. So wurde ein kräftiges Kinn bei manchen Gesichtern überwiegend als Zeichen von Dominanz interpretiert, während es bei anderen Gesichtern von den meisten Probanden als „kalt" oder „unehrlich" gedeutet wurde. Charaktermerkmale können also nicht einzelnen Gesichtsteilen wie Nase oder Augen zugeordnet werden, sondern erhalten ihre interpretative Bedeutung immer im Zusammenspiel mit dem restlichen Gesicht.[151]

Betrachtet man die Studie von Perritt und Moore genauer, so ergibt sich daraus nicht zwangsläufig der Schluss, dass gewisse Gesichter von einer erfolgreicheren oder kriminelleren Persönlichkeit zeugen als andere. Eher liegt die Vermutung nahe, dass bestimmte Gesichtszüge von der Allgemeinheit als besonders attraktiv, feminin, vertrauenswürdig oder dominant interpretiert werden. Das Gesicht korrespondiert somit nicht mit dem „tatsächlichen" Charakter, was immer man darunter verstehen will, sondern mit dem wahrgenommenen Charakter. Hier wäre es natürlich möglich, dass manche Menschen von derartigen kollektiven Wahrnehmungsmustern geformt werden und ihren Charakter an die kollektive Erwartungshaltung anpassen. Auch wenn dieser Anpassungsprozess nur bei einem geringen Prozentsatz der Bevölkerung stattfindet, reicht dies bereits für signifikante Korrelationen aus.

In eine ähnliche Richtung weisen die verschiedenen Experimente, welche der Frage nachgehen, was Schönheit ausmacht und wodurch diese beeinflusst wird. So stellten Craig Roberts von der University of Newcastle und Ben Jones von der University of Aberdeen einen Zusammenhang zwischen Schönheit und gesundem Immunsystem fest. Laut einer anderen Studie dieser Forscher sollen Frauen während ihrer fruchtbaren Tage attraktiver wirken. Dies fanden sie heraus, indem sie jeweils zwei Fotos von 48 Frauen, eines aus deren fruchtbaren und eines aus deren unfruchtbaren Tagen, 261 Probanden zur Beurteilung vorlegten.[152] Bedenkt man diese geringen Datenmengen, so sind die 55-60 % Bevorzugung für Fotos aus der fruchtbaren Phase nicht wirklich überzeugend. Diese leichte Signifikanz ließe sich auch mit der Auswahl der Bilder durch die Versuchsleiter erklären. So glänzen die Gesichter aus unfruchtbaren Tagen teilweise wie eine Speckschwarte oder haben merkbar tiefere Augenringe. Das hinderte die Medien jedoch nicht daran, über diese Studie ausgiebig unreflektiert zu berichten. Auch wenn die These einer wahrnehmbaren physiologischen Veränderungen während der Fruchtbarkeitsperiode nicht abwegig ist, scheint es fraglich, dass diese Versuchsanordnung einer Replikation mit deutlich größerer Datenbasis standhalten kann.

Schließlich ist die Frage interessant, inwieweit Menschen, welche dem Schönheitsideal des Zeitgeistes entsprechen (wie auch immer man dieses messen will), im Leben erfolgreicher sind. Daniel Hamermesh, Wirtschaftsprofessor an der University of Texas, geht seit Jahrzehnten der Frage nach, inwieweit „Schönheit" Vorteile am Arbeitsmarkt, bei Wahlen oder bei der Benotung in der Schule bringt. Laut seiner Studie „Beauty and the Labor Market" (1994) sind die Gehälter von „schönen Menschen" im Durchschnitt 5 – 10 % höher als jene von „normal aussehenden". Dies gilt sowohl für Frauen, als auch für Männer und ist unabhängig von Berufssparten. Für überdurchschnittlich unattraktive Personen gilt sinngemäß das Gegenteil. Hamermesh sieht darin einerseits eine Quelle der Arbeitnehmer-Diskriminierung. Andererseits untersucht er auch, inwieweit sich Schönheitsoperationen, Kosmetik und andere Investitionen in das eigene Äußere ökonomisch rechnen.[153]

Körpersprache und nonverbale Kommunikation

Zu Beginn des 21. Jahrhunderts steht die Physiognomik wieder in voller Blüte. Wie ihre Vorfahren versuchen die Neo-Physiognomen, die modernen Digitoskopen, Antlitzdeuter und Schönheitsforscher, Beziehungen zwischen dem Körperbau des Menschen und seinem Charakter oder Schicksal herzustellen. Die Zeiten deterministischer psycho-physischer Gesetze sind jedoch vorbei. Stattdessen sucht man nach erhöhten Wahrscheinlichkeiten und statistischen Signifikanzen.
Doch nicht nur der Körperbau des Menschen ist seit jeher Spielwiese der Verzeichenung. Auch die Körpersprache versucht man seit Menschenge-

denken zu dechiffrieren. Zahlreiche Ausdruckslehren und Persönlichkeitstypologien widmen sich den Regungen und Bewegungen des menschlichen Körpers. Im Alten Rom war die Palmomantik weit verbreitet. Diese weissagte aus dem Zucken und Kribbeln von Körperteilen, insbesondere der Augenwimpern, und aus dem Niesen.[154] Bei Agrippa von Nettesheim finden sich ausführliche Beschreibungen der Gebärden und Ausdrücke, welche die einzelnen Planetentypen kennzeichnen:

> „Dem Mars gehören die heftigen, wilden, grausamen, jähzornigen, trotzigen Gebärden, so wie die entsprechenden Mienen an. Solarisch sind mutvolle, stattliche und ähnliche Gebärden. (...) Dem Merkur gehören die unbeständigen, geschäftigen, glatten und dergleichen Mienen zu."[155]

Die Planeten-Dominanz eines Menschen offenbart sich nicht nur in dessen Physiognomik, sondern auch in dessen Ausdruck. So erlauben Mienen und Gebärden Rückschlüsse auf Charakter und Schicksal. Zu Lavaters Zeiten wurde die Leidenschaftsdeutung „Pathognomik" genannt. Während sich die Physiognomik mit den festen, unveränderlichen Körpermerkmalen des Menschen beschäftigt, deutet die Pathognomik die beweglichen, veränderlichen Merkmale des Körpers, seine Mienen und Gebärden, aber auch seine Kleidung, seinen Wohnstil und alles andere, was als Ausdruck der individuellen Persönlichkeit aufgefasst werden kann.[156]

Begriffe wie Palmomantik oder Pathognomik würde heute niemand mehr verwenden. Dafür sind Körpersprache und nonverbale Kommunikation in aller Munde. Auch hier werden Korrelationen zwischen Gestik, Mimik und Körperbewegungen einerseits und psychischen Zuständen andererseits als Gesetzmäßigkeiten verkauft, als Geheimsprache zum besseren Verständnis der Mitmenschen. Zu Beginn des aktuellen Booms standen unter anderem die Arbeiten von Verhaltensforschern wie Desmond Morris (*1928), welche die menschliche Körpersprache aus zoologischer Perspektive betrachten. Seine seit den 1960er Jahren veröffentlichten Bücher wie „Der nackte Affe", „Der Menschen-Zoo" oder „Manwatching" wurden in viele Sprachen übersetzt und waren Weltbestseller. Die darin enthaltenen Abhandlungen über Relikt-Gesten, Drohgebärden, Territorialverhalten oder Triumphgebaren des Menschen sind, wenngleich auch manchmal etwas populistisch und umstritten, noch heute vergnüglich zu lesen.[157]

Schnell entwickelte sich eine gefragte Szene von Körpersprache-Experten, welche aus verschiedensten Fachgebieten stammen, z.B. Pantomime (Samy Molcho), Ethnologie (Paul Ekman), Kriminologie (Joe Navarro), Management und Coaching (Horst Rückle) oder Zauberei und Illusionismus (Derren Brown, Thorsten Havener). Lange Zeit prägten dabei vor allem populärwissenschaftliche Publikationen das Bild der Körpersprachedeutung in der Öffentlichkeit. Dabei wurden einzelnen Mimiken, Gesten oder Körperbewegungen bestimmte Bedeutungen zugeordnet. Eines der bekanntesten Beispiele hierfür ist das Verschränken der Arme, welches in der Regel als Abwehrreaktion interpretiert wird. Das hat dazu geführt, dass viele Menschen diese bequeme Körperhaltung ganz aus ihrem Repertoire gestrichen haben, um nicht von anderen Menschen als abweisend fehlinterpretiert zu werden. In der neueren Literatur hingegen werden derart monokausale Zusammenhänge abgelehnt. Der Fokus liegt auf den Kontext der Körperregungen. Derren Brown (*1971), der große Mentalist und Meister des Gedankenlesens, schreibt dazu:

> „Die populären Körpersprachebücher übersehen oft wie wichtig es ist, zu allererst eine Konstante zu identifizieren. Um zu verstehen, welche Verhaltensweisen bedeutsam sind, muss man zuerst verstehen, wie der Mensch sich normalerweise verhält. Wenn zum Beispiel eine Person eine juckende Nase hat und diese immer wieder kratzt, wäre es dumm, das Nasekratzen als Zeichen von Verrat zu lesen, auch wenn diese Interpretation gerade zur Situation passt. Gleiches gilt für Umweltbedingungen, etwa wenn jemand seine Arme verschränkt weil es kalt ist und nicht weil er in die Abwehrhaltung geht. (...) Der größte Irrtum ist, dass Menschen den Augenkontakt unterbrechen wenn sie lügen."[158]

Als Beispiel erzählt er von einer Hypnoseshow, bei der eine junge Dame eine Reihe von Fragen über ihren Alltag beantworten und bei einer der Antworten lügen sollte. Brown erkannte die Lüge sofort und fragte das Publikum, durch welche Reaktion sich die Dame verraten habe. Das Publikum tippte auf eine Unterbrechung des Augenkontakts. In Wirklichkeit hatte die Dame aber nur bei der Lüge Augenkontakt gehalten und bei allen wahren Aussagen ihren Blick umherschweifen lassen. Das Publikum hatte genau das Gegenteil wahrgenommen einzig und allein aufgrund der falschen Erwartungshaltung.

Mit welchen Methoden arbeiten nun exzellente Gedankenleser wie Derren Brown, die ihre Fähigkeit zweifelsohne unter Beweis stellen können?

Ein wichtiges Element sind die Verhaltensreflexe des Limbischen Systems, jenes Teils des menschlichen Gehirns, welches entwicklungsgeschichtlich aus den ältesten Schichten stammt und für Emotionen und Triebe verantwortlich ist. Der Kriminologe und ehemalige FBI-Agent Joe Navarro (*1953) spricht von den „drei F", mit denen das Limbische System in Stresssituationen reagiert: Freeze – Flight – Fight. Der erste Impuls ist das Einfrieren in die Regungslosigkeit (Freeze). Vielleicht zieht der Feind vorbei ohne mich zu beachten. Kommt er dennoch näher, so ist der zweite Impuls die Flucht (Flight) und wenn diese aussichtslos ist der Kampf (Fight). Entsprechend nimmt der Körper verschiedene Positionen ein, z.B. die „Schildkröten-Haltung" mit hochgezogenen Schultern und eingezogenem Kopf (Freeze) oder das instinktive Zurückweichen oder Weglehnen (Flight). Diese Reaktionen sind besonders ausgeprägt, wenn das Überraschungsmoment hinzukommt, was bei der Befragung von Tatverdächtigen gezielt genutzt wird.[159]

Ein weiteres wichtiges Element der Gedankenleser ist das „Facial Action Coding System" (FACS) der US-Anthropologen Paul Ekman (*1934). Bei seinen ethnologischen Feldstudien hat er in den 1960er Jahren festgestellt, dass es bei aller kulturellen Verschiedenheit eine Reihe von universellen Emotionen gibt, welche sich kulturübergreifend stets in denselben Gesichtsausdrücken zeigen: Freude, Trauer, Wut, Angst, Ekel, Verachtung und Überraschung. Er kartographierte sämtliche Bewegungs- und Kombinationsmöglichkeiten der Gesichtsmuskel und erhielt dadurch eine Bandbreite von über 10.000 möglichen Mimiken. In FACS katalogisierte er all jene Gesichtsausdrücke, welche für den Ausdruck von Emotionen relevant sind.[160] Interessant dabei ist, dass der Zusammenhang wechselseitig ist. Bewegt man zum Beispiel die Gesichtsmuskeln so, wie es für die Emotion Trauer typisch ist, so stellt sich auch das entsprechende Gefühl ein:[161]

- Öffnen Sie den Mund und ziehen Sie die Mundwinkel nach unten.
- Versuchen Sie, bei nach unten gezogenen Mundwinkeln Ihre Wangen hochzuziehen, als wollten Sie die Augen zusammenkneifen; damit üben Sie einen gewissen Zug auf Ihre Mundwinkel aus.
- Halten Sie diese Spannung zwischen den leicht hochgezogenen Wangen und den nach unten gezogenen Mundwinkeln.
- Schauen Sie nach unten und senken Sie die Oberlider

Für das Gedankenlesen sind insbesondere die Mikroexpressionen[162] sehr aufschlussreich. Diese Ausdrücke verraten verheimlichte Emotionen, welche kurz an die Oberfläche des Gesichtes drängen. Sie blitzen für weniger als einer Viertelsekunde auf bevor sie vom Bewusstsein unterdrückt werden können. Normalerweise sieht man diese Mikroexpressionen nicht, weil sie zu schnell wieder verschwunden sind. Durch intensives Training kann man aber lernen, sie wahrzunehmen. Macht etwa ein Tatverdächtiger bei der Befragung ein trauriges Gesicht, wenn er mit Fotos des Opfers konfrontiert wird, es huscht aber kurz eine Mikroexpression von Freude über sein Gesicht, so kann das ein Indiz dafür sein, dass die Trauer gespielt ist. Im Gegensatz zu Cesare Lombroso und seinen Verbrecher-Atavismen[163] würde heute aber kein Kriminologe mehr einem solchen Zeichen allein vertrauen. Vielmehr ist es eines von vielen Indizien, welche gemeinsam einen Gesamtkontext ergeben. Über Schuld oder Unschuld entscheiden andere Beweise.

NLP – Neurolinguistisches Programmieren

Eine der derzeit wohl populärsten Verzeichenungen des menschlichen Ausdrucks erfolgt unter dem Banner des „Neurolinguistischen Programmierens". NLP ist eine lose Ansammlung von Techniken, welche eine Ausweitung der Macht über psychische Prozesse ermöglichen sollen. Als Begründer gelten Richard Bandler (*1950) und John Grinder (*1940), welche Anfang der 1970er Jahre untersuchten, was besonders erfolgreiche Therapeuten auszeichnet. Dabei stellten sie eine Reihe von Gemeinsamkeiten im kommunikativen Verhalten fest und begannen, diese zu systematisieren und zu instrumentalisieren. Sie arbeiteten unbewusste Denkmuster und Handlungsmechanismen heraus und entwickelten Techniken, mit denen sich diese zum Vorteil des Anwenders nutzen lassen. Insbesondere der Pionier der Hypnosetherapie, Milton Erickson (1901 – 1980), stand dabei mit vielen seiner Suggestivtechniken Pate.[164]

Ein wichtiger Teil des NLP ist das Deuten und Imitieren („Pacing") von Körpersprache. Es soll helfen, die Denkwelt des anderen zu verstehen und Vertrauen („Rapport") herzustellen, um dadurch Einfluss über den anderen zu gewinnen. Eine beliebte NLP-Technik zur psycho-physischen Ausdrucksdeutung nennt sich „Kalibrieren". Darunter versteht man das Erkennen des inneren Zustands eines Menschen durch das Beobachten von regelmäßigen Mustern seiner Körpersprache.

> „Ein Beispiel: Sie bemerken bei verschiedenen Gelegenheiten, dass jemand seine rechte Gesichtshälfte anspannt, wenn er anderer Meinung ist als Sie. Wenn er dies wieder tut, wissen Sie, auch ohne dass er etwas sagt, dass er ihnen nicht zustimmt."[165]

Besonders bekannt sind die „Eye Accessing Cues", laut Bandler und Grinder prozessspezifische Augenbewegungen bei der Informationsverarbeitung, anhand derer man angeblich Gedanken ablesen kann. Je nachdem, ob man gerade in Bildern, in Tönen und Geräuschen oder in Gefühlen denkt, wendet man unbewusst seinen Blick nach oben, zur Seite oder nach unten. Bei Erinnerungen schauen die Augen, von vorne betrachtet, meist nach rechts, bei konstruktivem Denken nach links. Bandler und Grinder stellten folgendes Schema zur Entschlüsselung der Augenbewegungen auf. Es soll für die meisten Rechtshänder gelten:[166]

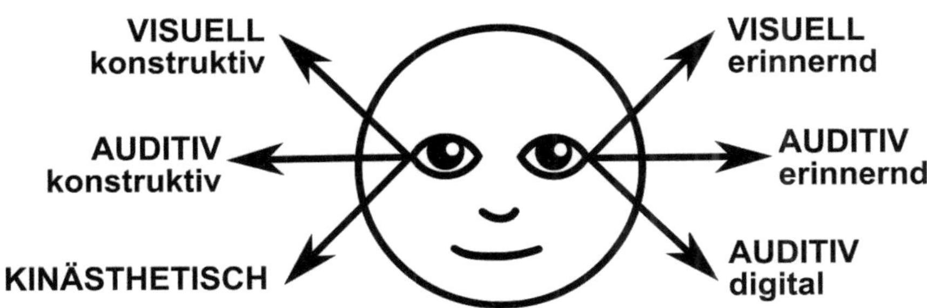

Die „Eye Accessing Cues" des NLP nach Grinder / Bandler

Visuell-erinnernd: Vergegenwärtigung vergangener Bilder, z.B.: Welche Farbe hatte mein erstes Auto? Wie sah es im Garten der Großeltern aus?

Visuell-konstruktiv: Visuelle Vorstellungen von bislang ungesehenen Dingen, z.B.: Wie wird die Stadt in 30 Jahren aussehen? Stellen Sie sich einen blauen Hund mit roten Zähnen vor!

Auditiv-erinnernd: Vergegenwärtigung vergangener Geräusche, Töne, Melodien, Worte, z.B.: Wie geht der Refrain ihres Lieblingslieds? Was hat ihr Ehemann heute Morgen gesagt?

Auditiv-konstruktiv: Akustische Vorstellungen von bislang ungehörten Klängen, z.B.: Was würde das Stofftier sagen, wenn es sprechen könnte? Was werden Sie dem Chef sagen?

Auditiv-digital: Dialoge mit sich selbst, z.B.: Sagen Sie etwas zu sich selbst, was sie sich schon öfter gesagt haben.

Kinästhetisch: Emotionen, taktile oder propriozeptive Empfindungen (Tastsinn bzw. Fühlen der eigenen Muskelbewegungen), z.B.: Wie fühlt man sich, wenn man traurig ist? Wie fühlt sich ein Wollpullover an? Wie fühlt man sich beim Radfahren?

Dabei gibt es Menschen, die bevorzugt visuell, solche, die vornehmlich auditiv und andere, die vor allem kinästhetisch denken. Dies lässt sich an der Körpersprache erkennen. Der visuelle Mensch steht oder sitzt meist aufrecht da und atmet rasch und flach im oberen Brustbereich. Der Sprechrhythmus ist schnell. Er sucht den Blickkontakt mit dem Gesprächspartner. Der auditive Typ hingegen macht meist kleine, rhythmische Körperbewegungen oder schwingt hin und her. Seine Stimme ist melodisch und expressiv. Er atmet vor allem im mittleren Brustbereich. Den kinästhetischen Menschen erkennt man oft an einer zusammengesunkenen, entspannten Körperhaltung mit hängenden Schultern. Er atmet langsam und tief aus dem Bauch. Seine Stimme ist eher tief. Er spricht langsam und blickt beim Zuhören gerne nach unten.[167]
Im NLP-Training werden beispielsweise Verkäufer darauf geschult, auf derartige Zeichen zu achten. So können sie sich auf die bevorzugte Denkebene des Kunden begeben und ihn von dort aus besser bearbeiten. Je nachdem, ob der Kunde als visuell, auditiv oder kinästhetisch identifiziert wird, wählt der Verkäufer das entsprechende Arsenal an Worten, Gesten und Tonlagen, um ihn weichzuklopfen. Anstatt „Ich verstehe!" wird er zu einem visuellen Kunden sagen: „Ich sehe, was Sie meinen!", zu einem auditiven: „Ich höre was Sie sagen!" oder zu einem kinästhetischen Menschen: „Ich habe dabei ein gutes Gefühl!" So wird der Kunde zu seinem Glück überredet:

> „Noch bevor der Kunde etwas sagt, wird er seine Kaufbereitschaft oder seine Einwände durch Körpersprache zu erkennen geben. Vielleicht äußert er sich gar nicht. Doch ein guter Verkäufer erkennt den Widerstand und wählt einen anderen Ansatz."[168]

„Finden Sie heraus, was anderen wichtig ist, und Sie besitzen den Schlüssel zum Erfolg!“[169] ist der Untertitel eines der zahllosen Bücher, welche Managern das große Glück und Geldregen durch NLP versprechen. Und so stehen NLP-Anhänger vielerorts im Verdacht, in erster Linie ihre Mitmenschen zu manipulieren, um persönliche Vorteile zu erlangen. Sie selbst sehen das freilich anders: Manchmal muss man Menschen eben zu ihrem eigenen Wohl überreden, damit diese auch „das Richtige“ tun.

Dazu kommt, dass sich NLP gerne als „wissenschaftlich“ verkauft, obwohl es über gar keinen eigenständigen Theorierahmen verfügt. Vielmehr werden eklektisch Versatzstücke verschiedenster etablierter Theorien, Spekulativ-Esoterisches und Allgemeinplätze zu einem heterogenen Gebräu vermengt. Von Pawlowscher Konditionierung und Kybernetik über die sozial-kognitive Lerntheorie von Albert Bandura bis hin zur linguistischen Transformationsgrammatik nach Noam Chomsky werden beliebig Fragmente zitiert, um den Schein von Wissenschaftlichkeit zu erzeugen. Wir finden hier also eine typische „paradigmatische Bastardisierung“ nach Stanislaw Lem mit all ihren Konsequenzen.[170]
Auch die empirische Basis der NLP-Techniken ist äußerst dürftig. So ergaben unabhängige Studien über die „Eye Accessing Cues“ keine Bestätigung der postulierten Zusammenhänge zwischen Augenbewegungen und „Repräsentationssystemen“.[171] Die wenigen Untersuchungen, welche positive Ergebnisse für NLP-Techniken brachten, weisen meist gravierende systematische Mängel auf. Aus diesem Grund führt die deutsche „Gesellschaft zur wissenschaftlichen Untersuchung von Parawissenschaften“ (GWUP) das Neurolinguistische Programmieren neben Nostradamus, Uri Geller oder UFOs in ihrer Liste pseudowissenschaftlicher Praktiken an.[172] Das hindert jedoch „seriöse Vertreter des NLP“ nicht daran, ihre Techniken als „hochwirksam“, „effektiv“ oder „wissenschaftlich fundiert“ zu verkaufen.

Nomothetisch versus Idiographisch

Auch in der Moderne zeigt sich die Tendenz, die Methoden der Zeichendeutung als Antwortmaschinen zu instrumentalisieren und damit zu vulgarisieren. Gerade dort, wo permanent unter unsicheren Bedingungen Entscheidungen getroffen werden müssen, etwa in Wirtschaft und Politik, erfreuen sich solche Antwortmaschinen großer Popularität. Je einfacher die suggerierten Lösungen sind, desto erfolgreicher ist das Deutungsmodell. Und wie die Auspizien im Alten Rom sich von der komplexen Vogelschau schließlich zur trivialen Entscheidungsmaschine des Hühnerorakels gewandelt haben, so rufen noch heute Trivialsysteme wie der Längenvergleich Ringfinger zu Zeigefinger oder einfache Charaktertypologien, welche die gesamte Menschheit in A, B und C oder in schön und hässlich einteilt, das größte Medienecho hervor.

Freilich gab es immer schon kritische Geister, die eine derartige Vereinfachungen und Vulgarisierungen belächelt haben. Was ist die Persönlichkeit, der Charakter denn überhaupt? Sind Persönlichkeitsmerkmale und Charaktereigenschaften existent oder lediglich Konstrukte? In dieser Verlängerung des uralten Universalienstreits stehen einander der nomothetische und der idiografische Ansatz gegenüber. Der nomothetische Ansatz geht von ergründbaren allgemeinen Gesetzen der Persönlichkeit aus. Charaktereigenschaften sind feste, existente Größen des menschlichen Daseins und kommen in jedem Menschen vor. Wie im Computerspiel kann man diese messen und beziffern: Mut 8 Punkte, Intelligenz 4 Punkte, Kommunikation 6 Punkte, Tatbereitschaft 9 Punkte. Wie man derartige Eigenschaften messen und skalieren will, bleibt offen. Aber fest steht, dass es sie gibt.

Der idiografische Ansatz hingegen zweifelt an der Existenz derartiger allgemeiner Kategorien. Jedes Individuum ist ein einmaliges Zusammentreffen unzähliger, unentwirrbarer, nicht voneinander abgrenzbarer Anlagen, aus welchem einzigartige Menschen entstehen. Das Eigentümliche, Singuläre kann insofern nicht als Summe allgemeiner Kategorien beschrieben werden, auch nicht als „Mischungsverhältnis" oder „Kombination" von Temperamenten, Naturellen oder Typen. Auch wenn die meisten Typologien von (pseudo)naturwissenschaftlichen Prämissen ausgehen, bleiben sie am Ende Konstrukte des interpretativen Bewusstseins. Dasselbe gilt für die unzähligen Versuche, das Wesen von Emotionen zu kategorisieren, wie die Arbeit von Gertraude Krell und Richard Weiskopf über „Die Anordnung der Leidenschaften" anschaulich zeigt, u.a. anhand des Konstrukts der „Emotionalen Intelligenz" von Daniel Goleman oder des Geschlechterdiskurses in der Führungsforschung.[173] Aus diesem Grund gibt es so viele verschiedene Persönlichkeitsmodelle, welche miteinander konkurrieren, ohne auf einen gemeinsamen Nenner zu kommen. Peter Wimmer und Oswald Neuberger schreiben dazu in ihrem Lehrbuch über Personalwesen:

> „Das Problem ist, dass sich in der zuständigen Spezialdisziplin (der Differentiellen Psychologie) bislang kein taxonomisches System durchgesetzt hat, das eine solche Kartographie der menschlichen Eigenschaften bietet. Eigenschaften sind keine Entdeckungen, sondern soziale Erfindungen (Konstrukte), die aus Verhaltensregelmäßigkeiten (die wiederum auch situationsabhängig sind) erschlossen, besser: konstruiert werden, um einfache Erklärungen zu liefern."[174]

In Zeiten von Konstruktivismus und Postmoderne haben statische Persönlichkeitsmodelle keinen leichten Stand. Auch in der Psychologie und Psychiatrie hat sich das Menschenbild grundlegend gewandelt hin zu einer dynamischen, systemischen Sichtweise, in welcher stabile Charaktermerkmale und Eigenschaften, gesetzhafte Korrelationen und einfache Beziehungsgefüge keinen Platz mehr haben.[175] Wenn aber die Modelle von Charakter und Persönlichkeit am Ende nur Konstrukte sind, dann ist das Ablesen des menschlichen Wesens von körperlichen Merkmalen erst recht eine Illusion. Dennoch geht die Verzeichenung des Menschen unvermindert weiter. Schließlich wäre es doch möglich, dass all die Jahrtausende physiognomischer Forschung und Ausdruckskunde bislang an der falschen Stelle gesucht haben, dass der Mensch sich doch irgendwann aus seiner Gestalt entschlüsseln ließe. Und so wird das Maskenspiel der Zeitgeister im Fall der Körperdeutung wohl auch noch in ferner Zukunft von den Bühnen lachen.

Zusammenfassung

Die Formen und Gestalten der unbeeinflussten Natur sind die erste Grundlage der Zeichendeutung. Der Mensch blickt in die Welt hinaus und betrachtet ihre Erscheinungen. Er beobachtet die Geschehnisse um sich herum und setzt sie in Beziehung zu seinem Schicksal. Omen sind die unmittelbarste Form, in der die Götter die Zukunft offenbaren. Sie ereignen sich, ohne dass man ihr Erscheinen sucht. Außergewöhnliche Zeichen wie Kometen, Sonnenfinsternisse, Erdbeben, die Begegnung mit seltenen Tieren oder sonderbare Geburten werden als Vorboten außergewöhnlicher Geschicke betrachtet. Selbst in der Moderne werden manche Erscheinungen als Indikatoren der Zukunft betrachtet, etwa die tieffliegenden Vögel vor schlechtem Wetter oder Tiere, die vor nahenden Erdbeben fliehen. Anstelle der religiös-spekulativen Erklärungen tritt hier die naturwissenschaftliche Kausalität.
Die Deutungssysteme natürlicher Zeichen gehen bereits einen Schritt weiter und beobachten die Vorgänge und Veränderungen gewisser Teile der Erscheinungswelt. Der Lauf der Wolken, der Flug der Vögel, das Spiel von Wasser, Feuer und Luft, Gestalt und Klang von Blitz und Donner bilden Landkarten des Schicksals, welche nahezu jederzeit gelesen werden können. Noch heute werden derartige Zeichen der Natur zu prognostischen Zwecken beobachtet, etwa in der Meteorologie. Wolken oder Luftströmungen werden als Indikatoren herangezogen und in weiterer Folge mit Berechnungsmodellen verknüpft. So werden sie verzeichent, kultiviert und schließlich zu Zahlen verkünstlicht, um mit ihnen rechnen zu können. Auch das weite Feld der Bioindikatoren und Biomarkers steht in dieser Tradition, einmal den natürlichen, dann wieder den kultivierten Zeichen näherstehend.

Als Spezialfall der Deutung natürlicher Zeichen habe ich die Verzeichenung des Menschen ausgiebig behandelt. Von der Hyomantie, Odontomantie, Onychomantie oder Podomantie des Alten Babylons über die Chiromantie, Metoposkopie und Astro-Physiognomik des Mittelalters und der Renaissance bis hin zur Phrenologie und Konstitutionsbiologie der Moderne reichen die Bestrebungen, aus den Formen des menschlichen Körpers sein Schicksal und seinen Charakter zu lesen. Diese Versuche beschränken sich nicht nur auf den europäischen Kulturkreis, sondern

waren auch in Asien weit verbreitet. Selbst im beginnenden 21. Jahrhundert kehrt die Physiognomik unter dem Deckmantel von Genetik und Biochemie wieder zurück als „2nd to 4th digit ratio" (2D:4D) und Schönheitsforschung.
Dazu kommt die Verzeichenung des menschlichen Ausdrucks. Die antike Lehre von den vier Temperamenten war wohl eine der ersten derartigen Theorien, welche weite Verbreitung und große Beliebtheit erlangt hat. Daneben haben auch die Ambulomantik (aus dem Gang) und die Palmomantik (aus Zuckungen) bereits eine lange Geschichte. Bei Agrippa finden sich die Mienen und Gebärden der Planeten und ihre astrologische Bedeutung. Im 18. Jahrhundert war die Pathognomik in aller Munde. Auch heute erfreut sich das Deuten von Körpersprache und nonverbaler Kommunikation großer Popularität. Insbesondere im Technikenkoffer des NLP finden sich zahlreiche derartige Praktiken.

Phänomen der Reaszendenz

Dabei tauchen viele Ansätze unter verschiedenen Zeitgeistmasken immer wieder auf. Die magische Handlesekunst wird von der aktuellen 2D:4D-Forschung wiedererweckt. Die Typologie vom gemütlichen Dicken, dem empfindsamen Dünnen und dem geradlinigen Muskulösen findet sich in der jahrtausendealten Tridosha-Lehre des indischen Ayurveda ebenso wie in der mystischen Naturphilosophie Carl Huters oder der Konstitutionsbiologie von Kretschmer und Sheldon. Dieses Wiederauftauchen, die Reaszendenz, kann auf drei Arten erfolgen. Die erste Möglichkeit besteht darin, dass der Wiederentdecker von der Existenz seiner Vorgänger gar nichts weiß. So gibt es beispielsweise keine Hinweise darauf, dass Huter die indischen drei Doshas gekannt hat. Die zweite Möglichkeit ist das bewusste Anknüpfen an bestehende Lehren. So wurde in der Neuzeit die antike Lehre der vier Temperamente von Hippokrates und Galen übernommen und auch entsprechend zitiert. Selbiges tat Huter, indem er in seinem psychophysiognomischen Hauptwerk über hundert Seiten der Darstellung früherer physiognomischer Lehren widmete und genau kennzeichnete, was er davon übernahm. Die dritte Möglichkeit ist der Plagiarismus. Man lässt sich von früheren Forschungen und Theorien inspirieren, gibt diese Ideen dann aber als seine eigenen aus. Die Konstitutionsbiologie von Kretschmer und die Keimblatt-Theorie von Sheldon sind Beispiele dafür. Sie wurden maßgeblich von Huters Naturellen inspiriert ohne ihn als Quelle zu nennen. Auch viele der zeitgenössischen Management-Typologien, welche mit einer Vierteilung arbeiten, haben sich auf diese Weise bei der antiken Temperamentlehre bedient.

Zeichen des Schicksals

Wie bei den meisten zeichendeutenden Methoden sind auch bei der Menschenverzeichenung die Grenzen zwischen Diagnostik und Prognostik fließend. Lange Zeit wurden Charakter und Schicksal als zwei Seiten derselben Münze betrachtet. Die Linien der Hand, die Muttermale und Falten im Gesicht offenbarten nicht nur, wie jemand ist, sondern auch, was ihm widerfahren wird. Seit Lavater beschränkte sich die Physiognomik zunehmend auf die Charakterdeutung. Prognostik spielte nur mehr dann eine Rolle, wenn künftige Geschicke unmittelbare Konsequenz des Charakters waren. Fand etwa der Phrenologe den Schädelteil für den Zerstörungssinn oder den Verheimlichungssinn stark ausgeprägt, so sagte er verbrecherische Aktivitäten voraus. Ähnlich verfuhr Lombroso, wenn er am Leib eines Menschen die Stigmata des „geborenen Verbrechers" fand. Schicksalsprognosen in der Art von „Mit 47 Jahren werden sie die große Liebe kennenlernen." waren jedoch passé. Im 20. Jahrhundert beschränkte sich die physiognomische Prognostik wieder zunehmend auf ihr ursprüngliches Kerngebiet, auf Medizin und Heilkunde. Kretschmers Konstitutionsbiologie versuchte nicht nur, Beziehungen zwischen Körperbau und Veranlagung zu Geisteskrankheiten, sondern auch zu Krankheiten wie Rheumatismus, Diabetes oder Gastritis herzustellen.
Das beginnende 21. Jahrhundert hingegen entwickelt sich wieder zunehmend zur physiognomischen Schicksalsdeutung. 2D:4D attestiert nicht nur Zusammenhänge zwischen proportionalen Fingerlängen und Neurosen, Schizophrenie, Depression, Migräne, Autismus, Stottern, Herzinfarkt- und Brustkrebsrisiko oder Fruchtbarkeit, sondern will in den Fingern auch Durchsetzungsvermögen, Kommunikativität, sexuelle Orientierung oder gar die Anzahl der Sexualpartner lesen können. Die moderne Schönheitsforschung untersucht den Zusammenhang zwischen Aussehen und „krimineller Veranlagung" oder „Erfolg am Arbeitsmarkt". Der menschliche Körper wird wieder zur Landkarte des Schicksals.

II.
KULTIVIERTE ZEICHEN

01. Orakel und Ordale in Afrika

Die Signaturen der Natur sind die Grundlage der zeichendeutenden Prognostik. Doch nur mit Betrachtung und Beobachtung der Welt wollte sich der Mensch nicht begnügen. Im Bestreben, sich die Natur untertan zu machen, hat er irgendwann begonnen, die Zeichen zu kultivieren. Er begann, sich technische Anordnungen auszudenken, um nach seinem Willen Zeichen befragen zu können. Er wollte nicht mehr auf das angewiesen sein, was ihm die Welt des natürlich Gewachsenen bietet. Er wollte etwas über die Zukunft erfahren, wenn ihm danach war, und nicht wenn dem Zeichen danach war. Er wollte nicht warten, bis die Schicksalsgötter zu ihm sprachen, sondern er wollte ihnen direkt Fragen stellen. So suchte er nach Möglichkeiten, der Natur systematisch Zeichen abzuringen, sie zum Motor von Wahrsageapparaten zu machen. Die Deutung kultivierter Zeichen entspringt dem Drang nach Kommunikation mit den Göttern. Während die natürlichen Zeichen der Welt da draußen entstammen, holt sich der Mensch mit der Kultivierung von Zeichen die Schicksalssignaturen in sein Revier herein. Er bringt sie unter seinen Einfluss.

Wie die natürlichen Zeichen neben prognostischen Zwecken häufig zur Diagnostik herangezogen werden, so weisen die kultivierten Zeichen einen engen Bezug zu den Ordalen auf. Vor allem bei Naturvölkern werden sie verwendet, um Gottesurteile zu empfangen über Schuld und Unschuld, Gut und Böse, Sein und Nichtsein. Sie sollen nicht nur ans Licht bringen, welche Zukunft die Götter bestimmt haben, sondern auch, welches menschliche Verhalten dem Willen der Götter entspricht und welches nicht.

Die Orakel der Zande

Als Beispiel dafür habe ich bereits das Giftorakel der Zande in Zentralafrika erwähnt,[176] bei welchem Hühnern Gift verabreicht wird und ihr Todeskampf, ihr Sterben oder Überleben als Zeichen des Götterwillens interpretiert wird. Benge wird von den Zande als das genaueste und machtvollste Orakel angesehen. Da jedoch Gift und Hühner teuer sind, kann es nicht beliebig befragt werden. Gerade die ärmeren Zande konsultieren deshalb vornehmlich das Termitenorakel Dakpa. Dabei werden gegen

Abend ein Zweig vom Dakpa-Baum und ein Zweig vom Kpoyo-Baum in die Gänge eines Termitenhügels gesteckt. Wenn die Termiten zum Ort der Störung strömen, werden sie angerufen, beispielsweise: „Oh, Termiten, ich werde dieses Jahr sterben, fresst Dakpa. Ich werde nicht sterben, fresst Kpoyo!" Am nächsten Morgen wird begutachtet, welchen der Zweige die Termiten gefressen haben. Wurde keiner der Zweige gefressen, so glaubt man, dass die Termiten die Antwort verweigern und sucht sich einen anderen Hügel. Wurden beide Stäbe angefressen, so gilt die Frage als teilweise beantwortet im Sinne jenes Astes, der stärker angenagt wurde. Sind beide Zweige etwa gleich angefressen, so glaubt man, dass die Ameisen lediglich Hunger hatten oder dass Hexerei im Spiel war. Eine beliebte Erklärung dafür ist auch, dass ein Tabu verletzt worden ist. Denn wie beim Giftorakel und den anderen Orakeln der Zande sind vom Befrager zahlreiche Vorschriften einzuhalten. Sex, das Rauchen von Hanf oder das Essen von Elefantenfleisch, Fisch oder bestimmten Gemüsesorten sind an den Tagen vor der Befragung tabu.

Ein weiteres Orakel der Zande ist das Dreistöckchen-Orakel, genannt Mapingo. Hauptsächlich wird es von Frauen und Kindern befragt. Männer verwenden es in der Regel nur, wenn sie auf der Suche nach einem geeigneten Wohnplatz sind. Für diesen Zweck wird Mapingo als sehr zuverlässig erachtet. Drei kleine Holzstücke in der Länge von etwa einem Zentimeter werden vom Maniok-Strauch abgeschnitten. Am Abend werden zwei davon nebeneinander auf den Boden gelegt und das dritte parallel darauf. Bleibt dieser Aufbau bis zum nächsten Morgen unverändert, so gilt dies als günstige Voraussage, fällt sie über Nacht auseinander, so ist die Antwort ungünstig.

Das vierte Orakel der Zande ist Iwa, das Reibbrett-Orakel. Es wird am häufigsten benutzt und gilt als die unzuverlässigste Wahrsage-Methode. Das Orakel besteht aus einem kleinen, runden Tischchen, welches auf zwei Beine und einen Griff gestützt ist und einem zur Tischoberfläche passenden Deckel. Auf dem Boden sitzend hält man das Tischchen fest und schiebt den Deckel vorwärts und rückwärts über die Oberfläche. Pflanzensaft, zerriebenes Holz und Wasser befinden sich dazwischen, sodass der Tisch beginnt, zu schäumen und Blasen zu werfen. Unter dieser Voraussetzung gleitet der Deckel entweder reibungslos vor und zurück oder er haftet so fest am Brett, dass man ihn nicht mehr bewegen kann und ihn nach oben wegziehen muss, um ihn vom Tisch zu lösen. Das Festkleben wird meist als positive Antwort gedeutet, dass Gleiten als negativ. Manchmal kommt es auch vor, dass der Deckel zur Seite rutscht. Dann verweigert das Orakel den Urteilsspruch.

Das Reibbrett-Orakel ist deshalb so beliebt, weil man es schnell und bei jeder Gelegenheit ohne großen Aufwand befragen kann. Im Gegensatz zu den anderen Orakeln darf es aber nicht jeder verwenden. Vornehmlich wird es von älteren Männern bedient. Das Reibbrett-Orakel wird lediglich für alltägliche Fragen herangezogen. Manchmal wird es auch als Vorentscheid für wichtige Belange verwendet, bevor man diese den aufwendigeren Orakeln vorlegt.[177] Im Gegensatz zu Gift-, Termiten und Dreistöckchen-Orakel ist das Reibbrett-Orakel eine von der Natur weitgehend abgekoppelte Vorrichtung und gehört insofern bereits zu den künstlichen Zeichen. Allen Orakeln der Zande ist gemein, dass sie nur zwei verschiedene Antworten zulassen. Es handelt sich also um klassische Entscheidungsmaschinen.

Das Reibbrett-Orakel Iwa der Zande[178]

Mäusesand-Orakel in der westafrikanischen Savanne

Eine weitaus diffizilere Methode zur Deutung kultivierter Zeichen verwenden die Mossi und die Lyela in der westafrikanischen Savanne. Beim Mäusesand-Orakel fertigt der Wahrsager, genannt Tétòcébal („Eigentümer einer Maus"), kunstvolle Sandzeichnungen an. Diese haben eine Größe von etwa 1,50 x 2 Meter und bestehen teilweise aus über 200 einzelnen Figuren. Diese Figuren sind mehr oder weniger abstrakte Piktogramme, welche verschiedene Personen, Dinge oder Begriffe symbolisieren. Nahezu alles, was für Alltag und Weltanschauung der Lyela von Bedeutung ist, wird von diesen Zeichen erfasst. Es gibt Symbole für verschiedene Naturphänomene wie Regen, Sonnenaufgang, Berg oder Wald, für soziale Konflikte, Krankheiten, Reichtum und Armut, Arbeitsgeräte, Güter, Tiere, Personen und Fabelwesen, Ahnen, für soziale Stellungen, Sinnesorgane und Körperteile, Zeitpunkte und Zeiträume, für Leben und Tod oder auch für Gefühle. Der wichtigste Fixpunkt in diesen Zeichnungen sind der Fragesteller und seine Familie.

Meist fertigt der Wahrsager diese Sandreliefe in einem eigenen Wahrsageraum an. Dieser ist mit einem Raum verbunden, in welchem halbzahme Mäuse gehalten werden. Wenn das Sandgemälde vollendet ist, verlassen Wahrsager und Klient den Raum und verschließen ihn von außen. Sie überlassen die Zeichnung den Mäusen. Nach etwa einer halben Stunde kehren sie zurück und begutachten die Fußspuren, welche die Mäuse im Sand hinterlassen haben. Der Wahrsager betrachtet den Lauf der Spuren und die Verbindungen, welche von diesen zwischen den einzelnen Piktogrammen gezogen werden. Daraus liest er die Lebenssituation des Klienten und sagt ihm die Zukunft voraus. Im Zentrum steht dabei die Frage, welche spirituellen Mächte welche Art von Opfern vom Klienten verlangen. Nach der Befragung kehrt der Wahrsager den Sand zusammen, um ihn für das nächste Relief wieder zu verwenden. Das Sandorakel wird manchmal auch an offenen Plätzen in der Wildnis angelegt und über Nacht den Wildtieren überlassen. In diesem Fall sind es nicht Mäuse, sondern Füchse und andere Tiere, welche auf der Zeichnung ihre Fährten hinterlassen.[179]

Tier-Orakel in Mali, Kamerun und an der Elfenbeinküste

In Afrika gibt es noch eine Reihe weiterer derartiger Tierorakel. Bei den Dogon-Völkern in Mali werden ebenfalls Sandzeichnungen in einem rechteckigen Muster angefertigt. Dann deuten die Dorfältesten die Spuren, welche Blaßfüchse über Nacht auf dieser Zeichnung hinterlassen. Bei den Bamileke im Kameruner Grasland wird eine Vielzahl unterschiedlich geschnitzter Rindenplättchen um das Erdloch der großen Vogelspinne gelegt. Das Tier kriecht in der Nacht aus seinem Nest und verschiebt dabei einige dieser Holzstücke. Am folgenden Morgen wird die Lage der Plättchen vom Wahrsager gedeutet. Im Mandara-Bergland Kameruns geschieht dasselbe mit einer Krabbe. Sie wird in eine mit Sand gefüllte Schüssel gesetzt, in welcher sich geschnitzte Stäbe aus Kürbisrinde befinden. Die Antwort entsteht, indem die Krabbe diese Stäbe verschiebt.[180]

Bei den Guro an der Elfenbeinküste glaubt man, dass Mäuse in direktem Kontakt mit der Erde stehen und so Informationen von Hilfsgeistern und Ahnen übermitteln können. Das Mausorakel besteht aus einem zweigeschossigen, zylinderartigen Gefäß aus Holz oder Ton, etwa 30 mal 30 Zentimeter groß. Im Untergeschoß leben die Mäuse. Ein kleines Loch im Boden sorgt dafür, dass sie mit der Erde kommunizieren können. Ins obere Geschoß werden zwei Schalen aus dem Rückenpanzer von Wasserschildkröten gelegt. In jeder dieser Schalen werden jeweils zehn kleine Flügelknochen von einem Huhn oder einer Fledermaus gelegt. Diese liegen parallel zueinander und sind an einem Seitenende an der Schale befestigt. Nach dem Einleitungsritual wird der Topf verschlossen. Dann klopft der Ratsuchende auf das Gefäß und stellt den Mäusen seine Frage. Diese klettern von der unteren Ebene des Topfs hinauf zu den Knochenstäbchen und bringen diese in Unordnung. Nach etwa einer Minute wird der Behälter wieder geöffnet, und der Wahrsager deutet die neuen Positionen der Knochen. Ein sehr ähnliches Mausorakel findet sich auch bei den benachbarten Baule.[181]

Eine andere Form des Tier-Orakels ist die Deutung des Verhaltens von Opfertieren. Hierfür beliebt sind vor allem Hühner. Während die Zande die Tötung durch Gift vornehmen, ist es bei vielen anderen afrikanischen Völkern üblich, dem Huhn den Kopf abzuschneiden. Dann werden die postmortalen Zuckungen beobachtet und vor allem die Lage gedeutet, in welcher das Huhn verendet. Dabei gilt die Rückenlage meist als guter Entscheid, die Bauchlage als negativ. Dies wird daraus hergeleitet, dass ein Huhn in der Rückenlage sein Herz offen darbietet. Die Bauchlage hingegen bedeutet Lüge und Abneigung. Es gibt jedoch auch Stämme, bei welchen die Rückenlage als ungünstig und die Bauchlage als günstig gilt. Völker, bei denen die Wahrsagung aus Opfertieren Brauch war oder ist sind die Koniagi, Bassari, Kpelle, Agni, Aschanti, Dagari, Kulango, Adeli, Ewe, Moba, Kudawa, Mossi oder die Nunuma. Bei manchen Stämmen werden anstelle eines Huhns eine Krähe, ein Hund, ein Rind, eine Ziege, ein Widder oder andere Tiere verwendet. Manchmal wird nicht die Endlage des Opfertiers gedeutet, sondern seine Regungen und Zuckungen während des Todeskampfes.[182]

Versehrungs-Ordale

Verdächtige eines Verbrechens wurden häufig Versehrungs-Ordalen unterzogen. Etwa bei den Zeguha, Doe, Saramo, Swahili und Gogo in Ostafrika wurde eine Nadel durch das Ohrläppchen des Beschuldigten gebohrt. Wenn die Wunde nicht blutete, so galt dies als Zeichen der Unschuld. Auch das Augenlid, der Mundwinkel, die Wange oder die Unterlippe konnten einer derartigen Probe unterzogen werden. Weite Verbreitung fanden auch die Ordale, welche mit glühenden Metallen am Körper des Beschuldigten vollstreckt wurden. Meist wurde die Zunge dieser schmerzhaften Prozedur unterzogen, seltener Hände, Arme oder Beine. Bei den Sarakolle, Wolof, Lobi, Mossi, Mandingo und Kondjo in Westafrika wurde dergestalt über Schuld und Unschuld von Dieben entschieden. Die Schona in Zimbabwe zogen dieses Ordal im Fall von Ehebruch heran. Bei vielen Völkern Madagaskars wurde die Sangi-Probe durchgeführt. Dabei musste eine glühende Lanzenspitze mit der Zunge berührt werden. Bei den Zulu in Südafrika musste eine glühende Hacke geleckt werden. Bei den Nyamwesi in Tanzania wurden eine glühende Hacke oder glühende Kohlen auf Kopf oder Wade des Angeklagten gelegt. Bei den Loango in Zentralafrika musste der Verdächtige ein heißes Messer aus Kräutern herausholen und damit Arm oder Bein berühren. In Oberguinea und an den großen Seen wurde ein erhitzter Topf am Leib des Angeklagten befestigt, sodass darunter ein Vakuum entstand und die Haut nach oben gezogen wurde. Zeigte er Schmerzen, so galt er als schuldig. Häufig

bestand das Ordal auch darin, einen Gegenstand aus siedendem Wasser oder Öl herauszuholen oder über glühende Kohle zu gehen. Der Feuerlauf ist nicht nur in Afrika, sondern in den meisten Teilen der Welt, von Indien über Ostasien bis nach Amerika verbreitet.
Bei all diesen Versehrungs-Ordalen galt es als Zeichen von Unschuld, wenn man den Akt ohne Schmerzen oder Verletzungen überstand. Da die entsprechenden Körperstellen meist vor der Probe mit speziellen Kräutertinkturen behandelt wurden, kam ein Freispruch häufiger vor, als man allgemein annehmen möchte. Manchmal wurde Schuld oder Unschuld auch vom Grad der Versehrung abhängig gemacht.[183]

Element-Orakel mit Wasser und Feuer

Kultivierte Zeichen sind auch die Grundlage zahlreicher Element-Orakel. Bei den Venda im nördlichen Südafrika wird ein Teller mit Wasser als Ordal eingesetzt, um die Ursache für Unglück herauszufinden. Dieser Holzteller hat auf seinem Grund zehn und am Rand 55 geschnitzte Bilder. Diese Bilder stehen für die Totemtiere und die verschiedenen Sippen. Zur Divination werden Samen auf die Wasseroberfläche gelegt. Wenn einer von ihnen an den Rand schwimmt oder auf den Grund sinkt, so wird dies als Zeichen dafür gesehen, dass der Schuldige im betreffenden Clan zu suchen ist oder dem entsprechenden Totemtier untersteht.[184]
Bei den Ngumba im Vorland von Kamerun macht der Priester mit bestimmten Wurzeln das Wasser gelb und schäumend. Dann wird es in zwei Schneckenschalen gegossen und aufs Feuer gesetzt. Wenn das Wasser überkocht und dabei das Feuer löscht, so gilt der Angeklagte als unschuldig. Wenn es nur verdampft, dann gilt er als schuldig. Derartige Ordale mit kochendem Wasser gab und gibt es zahlreiche in Afrika. Bei den Ndali in Benin und den Zulu in Südafrika wurde in Streitfällen für jede Partei ein Medizinwasser am Feuer aufgesetzt. Die Partei, deren Wasser zuerst kochte, war im Recht. Bei den Luba in Zentralafrika werden Töpfe auf größere Wasserflächen gesetzt. Wenn sie sich innerhalb einer gewissen Zeit mit Wasser füllen, so gilt dies als gutes Omen. Bei den Ewe im Osten Ghanas rührt der Priester das Wasser mit einem Löffel um und weissagt aus den Bewegungen. Bei anderen Stämmen wird Öl auf die Wasseroberfläche getropft und dann das Muster der Ölschicht gedeutet.[185]

Auch Feuer und Rauch dienen häufig als kultivierte Zeichen. Dabei weist meist die Richtung des Rauches zum Gesuchten. Beispielsweise bei den Pangwe in Südkamerun führte der Wahrsager im Falle eines Diebstahls das Otura Biang durch. In der Dorfmitte wurde ein Feuer entzündet. Als schuldig galt jener Dorfbewohner, zu dessen Hütte der Rauch zog. In der Wüste Namib setzt sich die Sippschaft um ein Feuer, in welchem Gift verbrannt wird. Wenn der Rauch senkrecht aufsteigt, dann sind alle makellos. Ansonsten zieht er in die Richtung des Schuldigen. Die Dschagga am Kilimandscharo entzündeten vor wichtigen Entscheidungen ein Feuer. Wenn der Rauch senkrecht aufstieg, so deuteten sie dies als günstiges Zeichen für den Kriegsbeginn. Verdächtigt bei den San in Südafrika jemand seine Frau der Untreue, so stellt er eine brennende, harzige Wurzel vor ihre Tür. Wenn die Flamme in Richtung der Tür zieht, so gilt der Verdacht als bestätigt.
In Ruanda wird zur Wahrsagung das Kerzenorakel Kuraguza Urugimbu verwendet. Dafür werden aus den getrockneten Blüten der Ubuzuri-Pflanze und Widder- oder Stierfett eiförmige Kerzen (Mitavu) hergestellt. Diese werden auf Tonzylindern aufgestellt. Aus den Flammen und ihrem Verlöschen wird dann die Antwort gelesen. Beispielsweise eine hohe Flamme auf der linken Seite gilt als günstig. Die Khoi in Südafrika (früher auch Hottentotten genannt) deuteten ebenfalls das Verhalten von Kerzenflammen. Die Richtung des Rauches beim Erlöschen zeigte zudem die Richtung an, in welcher man sein verlorenes Vieh suchen muss.[186]

Die Divination aus kultivierten Zeichen soll nicht nur Auskunft darüber geben, was sein wird, sondern vor allen Dingen darüber, was man tun soll. Entscheidungen und damit die Verantwortung werden an eine höhere Instanz übertragen. Die Beispiele aus Afrika in ihrer archaischen Unmittelbarkeit machen dies besonders deutlich. Die Orakel sind das Telefon zu den Göttern. Während es bei den Omina die Götter sind, welche den Menschen anrufen, greift bei den kultivierten Zeichen der Mensch selbst zum Hörer. Meist lautet die Antwort der Götter Ja oder Nein. Oft sagen sie auch, was man tun soll, damit alles gut wird. Sie teilen mit, welches Opfertier man welchem Ahnen oder Hilfsgeist darbringen muss, um die Mächte des Schicksals zu versöhnen.
Die afrikanischen Orakel zeigen, dass derartige Instrumente in der Lage sind, Gesellschaften und Kulturen über viele Jahrtausende hinweg Stabilität und Halt zu geben, auch wenn sie dem modernen Menschen willkür-

lich und ungerecht erscheinen mögen. Es gibt keinen Streit darüber, welche Entscheidung richtig und welche falsch ist. Das Orakel ist unfehlbar. Alle fügen sich seinem Willen. So war die Schaffung und Verwendung kultivierter Zeichen zur Divination ein wichtiger Stützpfeiler in der Entstehung und Erhaltung von Kulturen und Hochkulturen. Selbst die Schrift wurde in manchen Regionen der Welt in erster Linie deshalb erfunden, um die Entscheide von Orakeln festzuhalten und zu verbreiten. Wie Orakel aus kultivierten Zeichen entscheidenden Einfluss auf die Konstituierung einer Hochkultur hatten, zeigt anschaulich das Knochenorakel der Shang-Dynastie in China.

02. Knochenorakel und Eingeweideschau

Die Shang-Dynastie war die erste chinesische Dynastie, deren Existenz direkt durch schriftliche Überlieferungen belegt ist. Sie erstreckte sich über 500 Jahre, vom 16. bis zum 11. Jahrhundert v. Chr. Es herrschte ein ausgesprochener Ahnenkult. Parallel zur Hierarchie der Lebenden gab es eine Hierarchie der Toten. Dabei standen die ältesten Ahnen an der Spitze. Insbesondere der Adel betrieb einen enormen Aufwand, um die Verstorbenen mit Opfern gnädig zu stimmen. Der Kaiser hatte eine Sonderstellung inne, denn seine Vorfahren dienten im Jenseits direkt am Hof der allmächtigen Gottheit „Shang Di". So war es ihm möglich, durch Vermittlung seiner Ahnen mit der höchsten göttlichen Kraft in Verbindung zu treten. Die Kommunikation erfolgte über Orakelknochen.[187]

Das Ausgangsmaterial bildeten entweder Schildkrötenpanzer oder die Schulterknochen von Rindern. Diese wurden vor der Befragung aufwendig präpariert. Zuerst reinigte man sie von Fleisch und Knorpeln und sägte sie gemäß einer genau vorgeschriebenen Form zurecht. Dann wurden sie sorgfältig geschrubbt und poliert, bis sie wie Jade glänzten. Alle Unebenheiten wurden abgeschliffen, wobei akribisch darauf geachtet wurde, dass Panzer oder Knochen überall eine gleichmäßige Dicke aufweisen. Schließlich wurden Löcher und Vertiefungen hineingebohrt an exakt festgelegten Stellen, welche der Symmetrie des Panzers folgten. Die ganze Prozedur dauerte etwa neunzig Stunden.

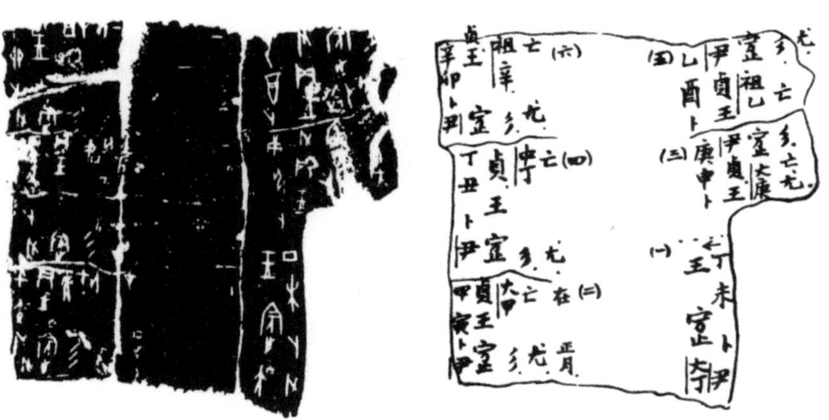

Orakelknochen aus der Shang-Dynastie, um 1100 v. Chr.[188]

Beim Divinationsritual richtete meist der Kaiser selbst seine Frage an die präparierten Panzer und Knochen. Dann wurde ein glühender Gegenstand, vermutlich ein Ast aus Hartholz, in eine der Vertiefungen gehalten, bis unter lautem Krachen ein Sprung entstand. So wurde mit mehreren Vertiefungen verfahren, bis aus dem Set von Sprüngen die Antwort feststand. Wenn die Aussage eindeutig war, so wurde den Ahnen ein Tier geopfert. War die Antwort jedoch widersprüchlich, so musste die ganze Prozedur wiederholt werden. Die Beantwortung einer Frage konnte dadurch Stunden oder gar Tage dauern. Nach der Divination wurden die Panzer beschriftet und archiviert.[189]

Die eingravierten Inschriften der Orakelknochen sind die ältesten Zeugnisse einer vollständig entwickelten Schrift östlich des Indus und ein direkter Vorläufer der bis heute in China verwendeten Logogramme. Die chinesische Schrift entspringt somit dem Drang nach Archivierung von Prognosen. Die Knocheninschriften konnten zu einem großen Teil entschlüsselt werden und gewähren tiefe Einblicke in das Leben der Shang.[190] Sie sind standardisiert und bestehen zumeist aus vier Teilen. Im Vorwort werden Datum und Name des Wahrsagers, manchmal auch der Ort genannt. Es folgt eine Darstellung der Frage (Mingci), zumeist in Form einer Aussage, welche das Orakel bestätigen oder verneinen soll. Schließlich wird die Vorhersage des Kaisers festgehalten. Auf manchen Orakelknochen finden sich auch Aussagen darüber, inwieweit die Vorhersage eingetroffen ist. Jeder Panzer wurde für längere Zeit archiviert und schließlich in Erdgruben vergraben. So wusste man auch lange Zeit nichts mehr von ihnen, bis sie Ende des 19. Jahrhunderts zufällig von Bauern entdeckt wurden.[191] Hier ein paar typische Knocheninschriften:[192]

Vorwort:	Erzeugung von Sprüngen am Tag jimao, Que befragt das Orakel:
Aufgabe:	Es wird regnen?
Voraussage:	Der König weissagt aus den Sprüngen lesend: Es wird regnen. Es wird ein ren-Tag sein.
Bestätigung:	Am Tag renwu (19. Tag) regnete es wirklich.

Vorwort: Erzeugung von Sprüngen am Tag guisi (30. Tag), Que befragt das Orakel:

Aufgabe: In den nächsten zehn Tagen wird es kein Unglück geben?

Voraussage: Der König weissagt aus den Sprüngen lesend: Es wird Leid geben; es wird vielleicht eine beunruhigende Nachricht eintreffen.

Bestätigung: Am fünften Tag, einem dingyu-Tag (34. Tag) traf wirklich eine beunruhigende Nachricht aus dem Westen ein. Zhi Guo berichtete: „Die Tufang bedrängen unsere östlichen Grenzen und haben zwei Ortschaften Schaden zugefügt" Auch die Gongfang haben die Felder an unseren westlichen Grenzen geplündert.

Der Kaiser verbrachte jeden Tag viele Stunden mit der Befragung des Knochenorakels. Sämtliche Entscheidungen wurden auf ihrer Grundlage getroffen. Nahezu alle wichtigen Aspekte des öffentlichen Lebens wurden vom Orakel bestimmt. Es legte täglich fest, welchen Ahnen man welche Opfergaben zu erbringen hatte. Es offenbarte, ob die Zeit günstig war für Kriegszüge, Jagd, Ausflüge, Bauvorhaben, Gesetzeserlässe oder Verwaltungsverordnungen. Es sagte das Wetter voraus und kommende Ernten. Es gab Auskunft über die Ursache von Krankheiten, Unglücksfällen oder schlechten Träumen, bestimmte, ob die Schwangerschaft einer der Frauen des Kaisers gut oder schlecht war. Jeden Tag versicherte man sich aufs Neue, ob es in der kommenden Nacht oder am kommenden Tag kein Unglück geben werde. Selbiges tat man jeweils am letzten Tag der Zehn-Tage-Woche für die kommende Woche.[193]

Während viele Kulturen die aufwendigen Orakel nur aus gewichtigen Anlässen befragen, holten die Shang auch für Tagesgeschäfte und kurzfristige Angelegenheiten den Rat der Ahnen ein. Obwohl das Knochenorakel derart exzessiv als Entscheidungsmaschine herangezogen worden ist, lässt sich bei den Shang kein Prozess der Trivialisierung oder Vulgarisierung feststellen. Vielmehr wurde das Divinationsritual im Vergleich zu früheren Formen der pyromantischen Knochendeutung immer komplexer und aufwendiger. Etwa 1250 bis 1050 v. Chr. erreichte es seinen Höhepunkt. Die Schildkrötenpanzer wurden in großen Mengen aus weit entfernten Gegenden importiert. Aufzeichnungen berichten über Lieferungen von bis zu 1.000 Stück auf einmal. Bislang wurden über 100.000 Knochen mit wahrsagerischen Inschriften gefunden. Das Ausmaß des Orakeltums und sein Einfluss auf die Geschicke der Shang-Kultur waren gigantisch. Der Wahrsage-Prozess wurde auch nicht mit der Zeit an niedrigere Beamte weitergegeben, wie dies beispielsweise bei den Auspizien im Alten Rom der Fall war. Vielmehr war es gegen Ende der Dynastie sogar üblich, dass das Orakel ausschließlich vom Kaiser höchstpersönlich gedeutet wurde. Selbst nach Ende der Shang-Dynastie hielten sich Pyro-Scapulaemantik (Schulterknochen-Orakel) und Plastromantik (Schildkrötenpanzer-Orakel) noch lange an den Höfen der chinesischen Kaiser, bis weit in die nachchristlichen Jahrhunderte hinein.

Die Gelehrten von Kaiser Shun befragen das Schildkröten-Orakel
Historische Darstellung aus der späten Qing-Dynastie, Jiang Tingxi 1725

Pyro-Scapulaemantik in Tibet und Sibirien

Die Shang waren eines der Völker, welche die divinatorische Deutung von Orakelknochen am exzessivsten kultiviert haben. Sie waren aber nicht die einzigen, welche einem derartigen Kult gehuldigt haben. Vielmehr finden sich Zeugnisse der Schulterblatt-Wahrsagung seit Jahrtausenden rund um den Globus. In Europa, dem Nahen Osten und Nordafrika wurden die Schulterblätter meist ohne Feuer-Bearbeitung verwendet. Es handelt sich also vornehmlich um eine Deutung natürlicher Zeichen, ähnlich der Physiognomik. In Nord- und Zentralasien, sowie in Nordamerika hingegen wurden die Knochen dem Feuer ausgesetzt, um Flecken und Risse zu erzeugen. Diese Variante ist also bereits deutlich von Zeichenkultivierung geprägt.

Die ersten Zeugnisse der Pyro-Scapulaemantik finden sich bereits im letzten Viertel des 4. Jahrtausends v. Chr. in Nordchina. Dort wahrsagten neolithische Bauern aus den erhitzten Schulterknochen von Rotwild, Schafen, Schweinen und Rindern. Die Longshan-Kultur (etwa 2500 – 1700 v. Chr.) im östlichen China übernahm diese Praktik und baute sie zu einem umfassenden religiösen Kult aus. In der Shang-Dynastie fand dieser schließlich seinen Höhepunkt. Aus dem 3. Jahrhundert v. Chr. gibt es erste Berichte über ähnliche Rituale in Japan. Auch Attila, der Hunnenkönig, und der mongolische Herrscher Dschingis Khan sollen sich der Schulterblatt-Divination bedient haben. Aus dem 17. Jahrhundert stammen Berichte von Missionaren über pyro-scapulaemantische Praktiken mit den Schulterblättern des Stachelschweins bei Indianern in Quebec. Selbst heute noch wird diese Divinationstechnik bei zahlreichen Naturvölkern verwendet. Vor allem bei den nomadischen Schafhirten Zentralasiens und den zirkumpolaren Jägerkulturen dürfte diese Tradition bereits seit Jahrtausenden bestehen.[194]

In Tibet verwendet man zur Wahrsagung das rechte Schulterblatt eines geschlachteten Schafs. Man reinigt es vom Fleisch und räuchert es mit Wacholder. Dann hält man es vor einen Spiegel und rezitiert drei bis sieben Mal „Ye dharma". Damit sollen die Götter beschworen werden, eine klare Antwort zu geben. Hernach wirft man es in ein rauchloses Feuer. Wenn das Schulterblatt während dem Verbrennen ein ratterndes Geräusch macht, so ist dies ein Zeichen für böse Geister im Haus. Gluckende Geräusche bedeuten, dass diese Schaden anrichten und Missklang in die

Familie bringen. Nach einiger Zeit wird das Schulterblatt aus dem Feuer genommen, um die entstandenen Risse und Flecken zu deuten.
Das Schulterblatt ist in verschiedene Regionen unterteilt, welche verschiedene Lebensbereiche symbolisieren. Sie werden Areal des Beschützers, des Königs, des Ministers, des Dieners oder des Feindes von Naga genannt. Am wichtigsten ist der Bereich, der für den Fragesteller steht. Entstehen Blasen in einer der Regionen, so gilt dies als gutes Zeichen, sofern sie nicht eingesunken sind. Ein Sprung im unteren Teil der Region des Fragestellers zeigt Schwäche für das kommende Jahr an, im mittleren Teil Unglück und Leid. Ein Riss auf der Rückseite steht für Unverwundbarkeit, auf der Gelenkspfanne für den Verlust von Besitz. Zerspringt das Schulterblatt in viele Risse, so steht eine erfolglose Zukunft bevor. Der Fragesteller wird von seinem Pfad abkommen. Generell werden weiße Risse als gutes Zeichen gedeutet, während schwarze Risse als böses Omen betrachtet werden. So zeigen weiße Risse im Areal des Beschützers, dass dieser dem Fragesteller helfen wird, während schwarze Risse in diesem Bereich von der Notwendigkeit zeugen, ihn mit Opfern und Gebeten zu besänftigen. Auch zur Wettervorhersage wird die Pyro-Scapulaemantik verwendet. Wenn das Schulterblatt nach dem Brennen eine aschgraue Farbe annimmt, so wird das Jahr starke Winde bringen. Eine gelbe Farbe kündigt ein warmes Jahr an. Wie bei vielen Völkern ist die wahrgesagte Zukunft jedoch kein unabänderliches Schicksal. Vielmehr können die drohenden Gefahren durch Opfergaben und Rituale abgeschwächt oder verhindert werden.[195]

Bei den West-Tyva im Süden Sibiriens geht man ähnlich vor. Beim Caryn Salyr-Orakel wird zuerst die Jurte (Behausung) des Wahrsagers mit Wacholderrauch gereinigt. Sobald der Herd gut durchgebrannt ist, übergibt der Ratsuchende dem Schamanen die Scapula. Dieser spuckt sodann in seine Mütze und setzt sie mit der Vorderseite nach hinten auf. Er reibt das Schulterblatt zwischen seinen Händen und haucht ihm den Namen des Klienten und die Frage zu. Dann nimmt er die Scapula unter seine Kleidung und versenkt sich in das Orakel. Schließlich legt er sie in das heruntergebrannte Feuer. Dabei achtet er darauf, dass sie gleichmäßig von Glut umgeben ist. Sobald das Schulterblatt den richtigen Verbrennungsgrad erreicht hat, wird es aus dem Feuer genommen und vom Wahrsager gedeutet.

Wie in Tibet wird die Scapula bei den Tyva als eine Landkarte des Schicksals betrachtet. Sie besteht aus einer Vielzahl von Flächen und Punkten, welche jeweils für verschiedene Lebensbereiche stehen. Treffen sich beispielsweise Linien am Punkt für Zunge/Sprache (Dyl), so wird über den Ratsuchenden gesprochen oder er wird bald Neuigkeiten erfahren. Entsteht am Viereck Chaarzak („Kiste", im übertragenen Sinne „Sarg") ein Loch, so steht für die Familie des Klienten Unglück bevor. Wenn sich im Bereich Deer („Himmel") eine bestimmte Formation von Rissen bildet, so kündigt dies Schnee, Regen, Hagel oder Sturm an und der Fragende sollte auf keinen Fall auf Reisen oder Jagd gehen. Auch über Zustand und Aufenthaltsort von entlaufenem Vieh oder gestohlenen Gegenständen geben Art und Verlauf der Sprünge Auskunft.[196]

Eingeweideschau in Mesopotamien

Seit der Urmensch begonnen hat, Fleisch zu essen und Tiere zu verwerten, sind ihm der Anblick von Knochen und das Schlachten, Entweiden und Zerlegen von Tieren zum ständigen Begleiter geworden. Insofern ist es nicht verwunderlich, dass das Lesen der Zukunft aus Tierknochen eine derart weite Verbreitung gefunden hat und sich in nahezu allen Teilen der Welt derartige Traditionen finden. Dasselbe gilt für die Eingeweideschau, welche ebenfalls rund um den Globus anzutreffen ist. Während es sich bei den mit Feuer bearbeiteten Orakelknochen um eine typische Form kultivierter Zeichen handelt, steht das Lesen in Eingeweiden noch der Deutung natürlicher Zeichen sehr nahe, ähnlich der Physiognomik. Dennoch muss der Mensch hier bereits in die Natur eingreifen und sich aktiv einer Prozedur bedienen, um die Eingeweideschau durchführen zu können. Erst nach dem Aufschneiden des Tieres kann er seine inneren Organe betrachten. Im Gegensatz etwa zur Vogelschau tritt er aktiv in Verbindung mit den Göttern. Die Eingeweideschau wird meist an Opfertieren vorgenommen und folgt eigenen Ritualen. Insofern handelt es sich dabei bereits um das Deuten kultivierter Zeichen.

Hohes Ansehen genoss die Eingeweideschau in Mesopotamien. Hier wurde vor allem die Leber begutachtet, weil man in ihr den Sitz des Gemüts, des Denkens und des Fühlens, wähnte. Die ältesten Textzeugnisse finden sich bereits um 2400 v. Chr. in der sumerischen Stadt Lagasch. In der Ur-III-Zeit (etwa 2100 v. Chr.) folgte die Hepatoskopie bereits festgelegten Regeln. Im 19. Jahrhundert v. Chr. gab es schon zahlreiche Omen-Kompendien. Auch die ältesten bisher gefundenen Lebermodelle aus Ton stammen aus dieser Zeit, und zwar aus dem Palast von Mari.[197] Die Opferschau wurde vom Barû, dem Seher, an einem Schaf durchgeführt. Eröffnet wurde das Ritual mit der Anrufung von Samas, dem Sonnengott und Schutzherrn des Orakelwesens, und Adad, dem ihm untergeordneten Wettergott und Herrn über die Opferschau. Ein typisches Beispiel für eine derartige Anrufung ist aus der altbabylonischen Zeit erhalten:

> „Samas, Herr des Gerichts, Adad, Herr des Gebetes und der Opferschau, ich bringe Euch ein reines Schaf, Kind eines Schafes, mit blitzenden Augen dar. (...) In der Eingeweideschau, die ich durchführe, beim Gebet, welches ich bete, setzt Wahrheit! In der Sache des So-und-So, des Sohnes des So-und-So, in das Lamm, das ich darbringe, setze mir Wahrheit! Ich rufe zu Dir, Samas, reinige mich! Ich wende mich an Dich: Setze mir in das Lamm, das ich Dir darbringe, Wahrheit! (...) Tritt ein in das Schaf, Samas, Herr des Gerichts! Tritt ein, Adad, Herr des Gebetes und der Opferschau! Dieses Lamm werde ich für das Wohlbefinden des So-und-So, Sohn des So-und-So, darbringen, für sein Wohlbefinden!"[198]

Der Seher bat die Orakelgottheiten, in die Leber (Amutu) einzutreten und in diese ihre Antwort einzuschreiben. Man glaubte also, dass sich das Aussehen der Organe durch die Anrufung verändern würde, dass Samas und Adad „das Fleisch schreiben" würden. Dann wurde das Opferlamm geschlachtet und seine Bauchhöhle geöffnet. Der Seher begann seine Inspektion beim Brustbein. Danach wurden der Reihe nach Lunge, Herz, Zwerchfell und schließlich die Leber betrachtet. Dieser wurde das endgültige Urteil entnommen, während die anderen Organe das Ergebnis lediglich abrundeten. Ähnlich wie bei den Knochenorakeln wurde die Leber als Landkarte des Schicksals betrachtet und in 13 verschiedene Bereiche eingeteilt. Die Schau begann immer beim Naplastu, zu Deutsch „der Blick". Dies ist eine natürliche Furche am linken Leberlappen, welche die Form eines Auges hat. Man glaubte, dass die in die Organe gefahrene Gottheit den Wahrsager aus dieser Furche heraus anblicken würde. Wies die Leber keinen Naplastu auf, so war die Anrufung fehlgeschlagen. Die Götter verweigerten das Orakel. Andere Teile der Leber-Topographie wurden beispielsweise Weg, Färbbottich, Verstärkung, Palasttor, Wohlbefinden, Thronbasis, Joch oder Tasche genannt. Die jeweils rechte Seite der einzelnen 13 Leber-Regionen wurde dem Fragesteller zugeordnet, die linke

Seite seinem Feind. Fand sich etwa ein gutes Zeichen auf der linken Seite einer Region, so war dies gut für den Feind und somit schlecht für den Fragenden. Da es oft eine Vielzahl von widersprüchlichen Zeichen gab, kannten insbesondere neuassyrische und neubabylonische Texte Verfahren zur Addition von günstigen und ungünstigen Befunden. So kam es zu Ergebnissen wie „Das Orakel war günstig.", „Das Fleisch ist ungünstig." oder „Das Omen ist günstig, was die Anfrage betrifft, hat aber ungünstige Merkmale." In letzterem Fall wurde das Urteil meist an einem zweiten Opfer überprüft.[199]

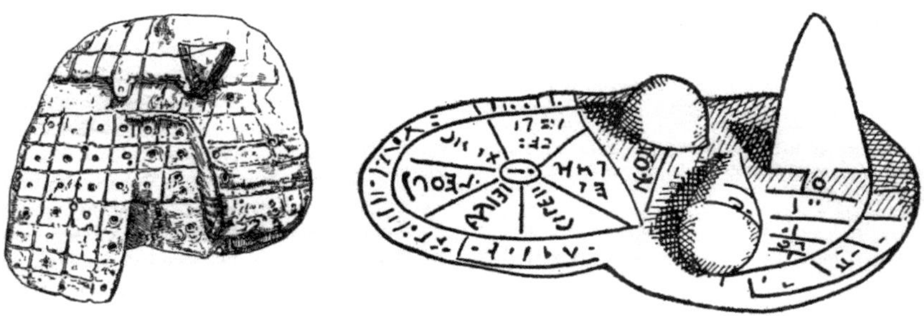

links: Mesopotamisches Lebermodell, etwa 1700 v. Chr. (British Museum, London)
rechts: Etruskisches Lebermodell, etwa 100 v. Chr. (Museo Civico, Piacenza)

Rosmarie Leiderer vom Anatomischen Institut der TU München hat in den 1980er Jahren untersucht, inwieweit die mesopotamischen Deutungstexte einen anatomischen Hintergrund haben. Dazu hat sie auf einem Münchner Schlachthof über 5.000 frisch geschlachtete Schafslebern begutachtet und dokumentiert. Sie kam zum Schluss, dass die Orakelbeschreibungen bis ins letzte Detail auf anatomischen Tatsachen beruhen und dabei mit einfachen Worten die Leberbereiche derart anschaulich beschreiben, dass sie sofort erkennbar sind. Auch die medizinischen Hintergründe der einzelnen Zeichen vermochte sie zu erhellen. So entstehen die oftmals erwähnten „weißen Flecken" durch Verkalkung. Mit „Löcher" wurden die Bohrgänge von Leberegeln oder Bandwürmern bezeichnet. Auch die anderen, etwa als „Kies", „Keule" oder „Blasen" umschriebenen Zeichen konnte sie verschiedenen Krankheiten zuordnen.[200]
Die mantischen Keilschriften zeugen von einem umfassenden anatomischen Wissen der mesopotamischen Barû, sodass man sie wohl als die ersten Anatomen bezeichnen kann. Über Jahrhunderte beobachteten sie, welche Leberzeichen mit welchen weltlichen Ereignissen korrespondier-

ten und bildeten daraus ihre Deutungssätze. Dabei galt eine makellose Leber stets als gutes Zeichen, während pathologische Veränderungen als böses Omen betrachtet wurden. So entstanden hepatoskopische Regeln wie die folgenden:

> „Wenn die Mitte des „Blickes" durchbohrt ist und zwar gänzlich: Die Ehefrau eines Priesters wird das Heiligtum bestehlen und weggehen. Oder: Ein Priester wird sexuelle Beziehungen mit einer Hohepriesterin haben. (...) Wenn auf der rechten Seite des „Standortes" Löcher liegen: Pest wird im eigenen Land sein. Wenn auf der linken Seite des „Standortes" Löcher liegen: Pest wird im Land des Feindes sein. (...) Wenn zwischen dem „Standort" und dem „Weg" auf der Hälfte ein Loch liegt: Ein Löwe wird wüten und den Weg versperren. (...) Wenn der „Kopf" des „Palasttores" eingekerbt ist: Adad wird überschwemmen."[201]

Haruspizien bei den Etruskern und Römern

Die Opferschau war im Zwischenstromland über Jahrtausende verbreitet. Von dort gelangte sie in den Mittelmeerraum. In Griechenland genoss sie höchste Anerkennung und war neben den ekstatischen Formen der Wahrsagung wohl die meistgebrauchte Divinationsart. Zahlreiche Malereien und Stellen in der griechischen Literatur zeugen davon. Auch bei den Etruskern und später bei den Römern waren die Haruspizien („Opferschau") eine der Hauptmethoden der Weissagung. Dem Mythos zufolge soll ein gewisser "Tages" der Begründer der Opferschau gewesen sein. Er soll in Tarquinia plötzlich aus der Furche eines frisch gepflügten Feldes hervorgesprungen sein und den Etruskern in einer einzigen langen Rede die Wissenschaft der Opferschau gelehrt haben.[202] Realistischer ist allerdings die Vermutung, dass sie aus Vorderasien nach Etrurien gelangt ist, da zahlreiche Parallelen zum mesopotamischen Kult bestehen. Auch die „Haruspex", die etruskischen Priester, wahrsagten vornehmlich aus der Schafsleber. Auch sie teilten die Leber in einen Pars Familiaris und einen Pars Hostilis, einen Teil, der für den Fragesteller und einen, der für den Feind stand. Über die etruskische Topographie der Leber gibt das Bronzemodell von Piacenza Auskunft, welches 1877 zufällig auf einem Acker entdeckt worden ist. Es ist das bislang einzig bekannte Lebermodell der Etrusker. Daraus geht hervor, dass die Leber in 40 Regionen eingeteilt wurde, welche jeweils von einem Gott bewohnt wurden. Am Rand ist die Leber in 16 verschiedene Segmente unterteilt. Diese entsprechen den 16 Wohnorten der Götter am Himmel, welche auch beim Wahrsagen aus

Blitz und Donner herangezogen wurden. So konnten die Haruspex aus den Sprüngen, Löchern und Erhöhungen der Leber erkennen, welcher Gott zu ihnen aus den Eingeweiden sprach. Bei den Etruskern wurde eine ungewöhnlich große Leber als gutes Omen gedeutet, während eine verkümmerte Leber von ungesunder Farbe Unglück ankündigte. Zudem gab es zahlreiche Deutungsregeln für Adern, Spalten oder Löcher, ähnlich wie sie in Mesopotamien üblich waren.[203]

Der griechische Seher Kalchas bei der Leberschau
Rückseite eines etruskischen Bronzespiegels, 3. Jhdt. v. Chr.

Die etruskischen Haruspizien wurden in vereinfachter Form von den Römern übernommen, wobei diese vor allem die Organe von Rindern und Hühnern deuteten. Neben der Leber wurden bei den Römern auch das Herz, die Lungen und die Milz verwendet. Während das Deutungssystem der Etrusker auch komplexe Antworten zuließ, stellten die Römer den Göttern eine Frage, welche diese mit Ja oder Nein zu beantworten hatten.[204] Auch hier zeigt sich die Tendenz der Römer, Orakel vor allem als

Entscheidungsmaschinen zu verwenden. Neben den Sibyllinischen Büchern und den Auspizien waren die Haruspizien die wichtigste Entscheidungsgrundlage des Römischen Senats. So stellte auch Cicero seiner Opferschau-Kritik die Aussage voran, dass er sie „um des Staates und der gemeinsamen Religion willen zu ehren für nötig erachtet."[205]
Dennoch ließ er an den Haruspizien kaum ein gutes Haar. Zunächst kritisierte er, dass die Deutungsregeln der etruskischen, elischen, ägyptischen und punischen Opferschauer teilweise gravierend voneinander abweichen und es insofern absurd wäre, die Autorität der Eingeweideschau auf uralte Überlieferungen zurückzuführen. Vielmehr, so Cicero, würde jede Schule ihre eigenen, willkürlichen Regeln erfinden. Dann bezweifelte er die Ansicht, wonach die Götter während der Opferungszeremonie die Organe umwandeln und Botschaften hineinschreiben würden:

> „Das, glaube mir, nehmen selbst alte Weiber nicht mehr an. Oder meinst Du, wenn einer ein Kalb aussucht, so wird er die Leber ohne Kopf, und wenn ein anderer dasselbe Kalb aussucht, so wird er sie mit Kopf finden? (...) Seht ihr nicht ein, dass eine Art Würfelspiel bei der Auswahl der Opfertiere stattfindet, zumal da die Sache selbst es lehrt? Denn nachdem Eingeweide ohne Kopf, was für das Unheilvollste gilt, sehr ungünstig waren, wurde oft das nächste Opfertier mit den schönsten Zeichen geschlachtet. Wo sind also jene Drohungen der vorigen Eingeweide, oder wie ist so plötzlich solch eine Versöhnung der Götter eingetreten? (...) Wenn mehreren Göttern geopfert wird, wie kommt es denn, dass bei den einen ein glücklicher Ausgang versprochen wird, bei den anderen nicht? Was für einen Wankelmut aber besitzen die Götter, dass sie bei den ersten Eingeweiden drohen, bei den zweiten Gutes verheißen?"[206]

Das hinderte jedoch die römischen Bürger und den Senat nicht daran, zu allen wichtigen Entscheidungen die Eingeweide zu inspizieren. Wie beim Hühnerorakel machte man es sich auch bei den Haruspizien recht einfach, indem man für die Opferung ein möglichst vitales Tier aussuchte, bei dem man von prächtigen Eingeweiden ausgehen konnte. War die Antwort dennoch unglücksverheißend, so wurde die Frage einfach einem neuen Opfertier vorgelegt, sodass am Ende die Wahrscheinlichkeit eines negativen Urteils recht gering war. Der Meinungsumschwung der Götter wurde dann damit erklärt, dass das erneute Opfer die Götter gnädig gestimmt hätte.

Anthropomantie

Die Eingeweideschau der Völker Mesopotamiens, der Etrusker und der Römer steht nur exemplarisch für eine Unzahl derartiger Praktiken in aller Welt. Das Lesen in den Innereien von Tieren findet sich ebenso bei zahlreichen Völkern Asien, Amerikas und Afrikas. Eine bizarre Sonderform der Eingeweideschau ist die Anthropomantie, bei welcher aus Menschenopfern gelesen wird. So berichtet Plinius, dass der römische Kaiser Nero (37 – 68 n. Chr.) mit Vorliebe Menschen opfern ließ, um daraus die Zukunft zu lesen.[207] Auch der römische Kaiser Elagabal (204 – 222 n. Chr.) orakelte bevorzugt aus den Eingeweiden von getöteten Knaben.[208] Die Priester der Cimbrer auf Jutland weissagten, indem sie das Blut von Menschenopfern betrachteten.[209] Laut Diodor sollen die Gallier gelegentlich Menschen oberhalb des Zwerchfells mit dem Schwert durchbohrt haben, um aus dem Zucken ihrer Glieder, ihrem Niederfallen und dem Ausströmen ihres Blutes zu orakeln. Im „Ackermann aus Böhmen" von Johannes von Templ (ca. 1350 – 1414) wird im Dialog mit dem Tod von der Paedomantik, dem Wahrsagen aus den Eingeweiden von Kindern, berichtet.

Auch zahlreiche Stämme in Afrika deuteten die Zukunft aus Menschenopfern. Etwa bei den Bihe in Südwestafrika wurde bei Krönungsfeierlichkeiten ein Mensch geopfert, um seine Eingeweide als Orakel zu benutzen. Sein Fleisch wurde danach mit dem von Hunden und Rindern gemischt und gegessen. In Burundi (Ostafrika) wurde manchmal vor Kriegszügen ein Mann, eine Frau oder ein Mädchen anstelle eines Tieres geopfert und zur Eingeweideschau verwendet. Die Deutung der Innereien von Menschenopfern war auch auf Hawaii und Neuseeland gebräuchlich.[210]

03. Weitere Divinationsmethoden mit kultivierten Zeichen

Die Vielfalt an magischen Methoden, welche mittels kultivierter Zeichen orakeln, ist groß. Dies zeigte sich bereits beim Rundgang durch diverse Divinationsformen in Afrika. Die Wahrsagung aus Knochen und Eingeweiden wurde eingehender behandelt aufgrund ihrer enormen Verbreitung und ihres hohen Stellenwerts in den Staatskulten zahlreicher Hochkulturen wie den Römern, Mesopotamiern oder in China. Um einen noch besseren Eindruck von der großen Bandbreite der kultivierten Zeichen zu geben, möchte ich zum Abschluss noch einige weitere Ansätze in loser Reihenfolge erwähnen.

Pferde-Orakel und Kampf-Orakel bei den Germanen

Den Beginn machen die Germanen des ersten nachchristlichen Jahrhunderts. Der römische Historiker Tacitus (ca. 55 – 115 n. Chr.) schildert in seiner Schrift „Germania" eine Reihe von Orakeln aus kultivierten Zeichen. So ließen die Germanen einen Kriegsgefangenen gegen einen ausgewählten Mann ihres eigenen Volkes kämpfen, jeden in den Waffen seiner Heimat. Der Sieg des einen oder anderen diente ihnen als Orakel für den Ausgang bevorstehender Schlachten. Tacitus erwähnt auch das Deuten des Verhaltens heiliger Pferde im Rahmen von Wahrsagezeremonien:

> „Auf Kosten der Allgemeinheit hält man sich in den erwähnten Hainen und Lichtungen Schimmel, die durch keinerlei Dienst für Sterbliche entweiht sind. Man spannt sie vor den heiligen Wagen; der Priester und der König oder das Oberhaupt des Stammes gehen neben ihnen und beobachten ihr Wiehern und Schnauben. Und keinem Zeichen schenkt man mehr Glauben, nicht etwa nur beim Volke: auch bei den Vornehmen, bei den Priestern."[211]

Apollon-Orakel und Hermes-Orakel in der Antike

Zahlreiche Orakelstätten der Antike bedienten sich ebenfalls kultivierter Zeichen. In Delphi entschied das Verhalten der Opfertiere darüber, ob der Tag für eine Befragung günstig und Apollon überhaupt bereit war, Antwort zu geben. Handelte es sich bei den Opfertieren um Stiere, so gab

man ihnen Mehl zu fressen. Wenn sie sich weigerten, dass Futter anzunehmen, so betrachtete man sie als unrein, und weder Opfer noch Befragung konnten stattfinden. Selbiges geschah mit Wildschweinen, denen man zur Probe Erbsen vorwarf. Am häufigsten wurden Ziegen als Opfertiere verwendet. Diese wurden mit kaltem Wasser übergossen. Nur wenn sie sich daraufhin schüttelten und zitterten, wurde der Fragesteller zur Pythia vorgelassen.[212] Beim Apollonorakel in Dinos (Lykien, an der südlichen Mittelmeerküste Kleinasiens) brachte der Fragesteller zwei Holzstäbe, auf denen jeweils zehn Stücke gebratenes Fleisch aufgespießt waren. Diese wurden in ein Loch gelegt, welches sodann mit Meerwasser geflutet wurde. Der Seher beobachtete Art und Zusammensetzung der verschiedenen Fischsorten, welche, vom Fleisch angelockt, ins Loch geschwommen kamen und deutete daraus die Zukunft.
Ein weiterer interessanter Ansatz findet sich in Pharai im Norden der Peloponnes. Dort stand mitten auf dem Marktplatz eine Marmorbüste des bärtigen Hermes. Davor befand sich ein Herd mit Lampen aus Bronze. Die Fragesteller kamen am Abend, opferten eine Münze und entzündeten Weihrauch und eine der Lampen. Dann flüsterten sie der Merkur-Statue ihre Frage ins Ohr und verließen den Marktplatz mit zugehaltenen Ohren. Erst sobald sie sich außerhalb des Marktplatzes befanden nahmen sie die Hände von den Ohren. Die ersten Worte, die sie dann hörten, galten als Orakelspruch.[213] Diese Methode ist noch sehr nahe an der Deutung natürlicher Zeichen. Da ihr das Ritual und die aktive Befragung des Gottes vorausgeht, sind aber auch schon Elemente der Deutung kultivierter Zeichen vorhanden.

Wort-Orakel und Butterlampen-Orakel in Tibet

Ein ähnliches Orakel findet sich noch heute bei den Nomadenstämmen in Tibet. Man bindet Wacholder an ein Schulterblatt und verstaut dieses in der linken Tasche seines Mantels. Dann verlässt man seine Behausung. Das erste Wort, das man draußen hört, zeigt die kommenden Ereignisse an. Wird die Divination beispielsweise über den weiteren Verlauf einer Krankheit durchgeführt, so bedeuten negative Worte wie „lang", dass die Genesung noch lange auf sich warten lassen wird. Positive Wörter zeigen hingegen eine baldige Genesung an. Auch das Beobachten einer Butterlampe ist gebräuchlich. Dazu verwendet man eine sorgfältig gereinigte

Lampe aus Gold, Silber oder einem anderen wertvollen Metall. Als Docht wird ein trockenes, geruchloses Stück Holz verwendet, über welches man geschmolzene Butter gießt. Dann muss man hundert Mal den Spruch „Om ah hum vajra guru dhe vadakki nihum' od' od li sarva ah lo ke praha dhe naye svan bah" wiederholen und dabei intensiv an die Orakelfrage denken. Danach wird die Butterlampe entzündet und die Flamme beobachtet. Hat sie beispielsweise die Form eines kugelförmigen Punktes, so bedeutet dies Sicherheit. Die Form einer Muschel bedeutet Ruhm. Eine strahlend gelbe Flamme zeugt davon, dass keine Hindernisse im Weg stehen. Teilt sich die Flamme in zwei Teile, so steht eine Trennung innerhalb der Familie bevor.[214]

Ei-Orakel und Spatzen-Orakel in Südchina

Die Naga und die Khasi in Indien lesen die Zukunft aus den Schalensplittern eines zu Boden geworfenen Eies.[215] In Südchina ermittelt man dergestalt Begräbnisplätze oder den Namen eines krankheitsbringenden Geistes. In letzterem Fall wird das Ei jedoch nicht geworfen, sondern am Körper des Kranken gerieben und in eine Schale mit Wasser geschlagen. Aus der Drehung des Dotters auf der Wasseroberfläche wird der Geist identifiziert.[216]

Am Nachtmarkt von Hong Kong erfreut sich bis heute das jahrhundertealte Spatzenorakel großer Beliebtheit. Bei der Befragung öffnet der Wahrsager die Käfigtür und einer der dressierten Java-Spatzen springt heraus. Mit seinem roten Schnabel pickt er aus einer umfassenden Sammlung von Orakelkarten eine heraus. Als Belohnung dafür erhält er ein geschältes Reiskorn und hüpft wieder in den Käfig zurück. Auf den Kärtchen befinden sich jeweils ein Bild und ein Gedicht, welche meist chinesischen Sagen und Romanen entnommen sind. Diese werden vom Wahrsager divinatorisch gedeutet.[217]

Lesen aus Teeblättern und Kaffeesatz

Wohl kaum eine Wahrsagemethode hat es derart zum geflügelten Wort gebracht wie das Kaffeesatzlesen. Es steht in der heutigen Zeit synonym für grob spekulative Prognosen, welche jeglicher plausibler Grundlage entbehren. Dennoch hat es die Kaffeesatzleserei zu einem eigenen Fachwort gebracht: Kaffeedomantie. Gemeinsam mit dem Lesen aus aufgebrühten Teeblättern spricht man auch von Tasseographie. Beide Gebräuche kamen gemeinsam mit den entsprechenden Genussmitteln nach Europa. Als im 17. Jahrhundert der Tee aus China in den feinen Salons Einzug hielt, begann man alsbald in launiger Runde den Bodensatz der ausgetrunkenen Teetasse zu betrachten und darin Muster zu finden. Je besser man in den verbrühten Teeblätterresten eine konkrete Figur erkennen konnte, desto stärker wurde diese als Zeichen der Zukunft interpretiert. Wenn sie einem Kuvert ähnelte, so war in Kürze ein Brief zu erwarten. Sah man ein Hufeisen, so kündigte sich Glück an. Dabei wurde auch die Lage in der Tasse gedeutet. Bilder am Rand zeigten Zukünftiges, die am Boden hingegen Vergangenes. Es gab auch eigene Tassen mit aufgemalten Mustern und Symbolen, sodass man die Lage der Teeblätter auf diesen Symbolen ebenfalls deuten konnte. In gleicher Weise wurde mit dem Kaffeesatzlesen verfahren, welches im 18. Jahrhundert populär wurde.[218]

Wahrsagerin liest aus Teeblättern, Viktorianische Darstellung, Charles W. Sharpe 1842

Das Lesen aus Teeblättern und Kaffeesatz war für die meisten Menschen wohl in erster Linie amüsantes Gesellschaftsspiel und harmloser Zeitvertreib. Es gab aber auch immer wieder professionelle Wahrsager, welche sich dieser Methode bedienten. Das Prinzip ist dasselbe, wie wir es bereits bei den uralten Orakeln und Ordalen in Afrika kennengelernt haben. Geändert hat sich nur die Zeitgeistmaske. Eine letzte große Hochphase erlebte die Tasseographie im Viktorianischen Zeitalter, wohl vor allem um der in engen Korsetten eingesperrten Hysterie ein gewisses Ventil zu erlauben. Im Zeitalter von Kaffeefiltern und Teebeuteln ist diese Wahrsagemethode aber heute weitgehend aus dem Alltag verschwunden.

Radiästhesie: Wünschelrute und Pendel

Ebenfalls weite Verbreitung und eine lange Tradition im Volksglauben haben jene Methoden, die den Menschen zum Seismographen machen. Bereits im ersten Prognostik-Band haben wir den keltischen Schamanenstab kennengelernt. Dieser wurde auf Körper oder Kopf jener Person gelegt, deren Ahnen man über die Zukunft befragen wollte. Dabei diente der Stab als Antenne, um die Botschaften aus dem Jenseits zu verstärken.[219]

Vermutlich aus derartigen Gebräuchen heraus entwickelten sich bis heute populäre Divinationspraktiken wie das Rutengehen oder das Pendeln. Anhänger der Radiästhesie gehen davon aus, dass jedem Ding eine unsichtbare Strahlung oder Schwingung innewohnt, welche nur von sehr sensiblen Menschen wahrgenommen werden kann. Der Naturforscher Karl Freiherr von Reichenbach (1788 – 1869) prägte für diese Biostrahlung den Begriff „Od", welches wie eine zarte Lohe aus den Dingen strahlt. Wünschelrute und Pendel dienen als Verstärker für diese Strahlung.[220]

Die älteste Form ist die Wünschelrute. Ihr Ursprung geht in China bis ins 3. Jahrtausend v. Chr. zurück. Auch bei den Griechen und Römern wurde sie verwendet, insbesondere um Wasseradern aufzuspüren. Die Wünschelrute wird mit beiden Händen gehalten. Dann geht man damit langsam die fraglichen Orte oder Gegenstände ab. Sobald die Rute ausschlägt ist dies ein Zeichen, dass die gesuchte Strahlung präsent ist, beispielsweise von einer unteridrischen Wasserquelle in der Landschaft oder eines verlorenen Gegenstands im Heu. Die Wünschelrute ist also in den meisten Fällen eine Ja/Nein-Antwortmaschine.

Das Pendel hingegen ist einem Gewicht an einem Faden. Dieses wird mit einer Hand zwischen Daumen und Zeigefinger an die fraglichen Orte oder Gegenstände gehalten. Es reagiert entweder gar nicht, oder mit Linien- oder Kreisbewegungen. Dabei gibt es verschiedene Schwingungsmuster, welche diffizilere Antworten erlauben.

Ein Rutengänger bei der Arbeit, Jean-Frederic Bernard 1735

Immer wieder gab es wissenschaftliche Studien zur Radiästhesie. Großes öffentliches Aufsehen erlangte 1987 der sogenannte „Wünschelruten-Report" der Physik-Professoren Herbert L. König (1925 – 1996) und Hans-Dieter Betz (*1940) von der TU München. Dieser wurde scharf kritisiert, weil er vom Deutschen Bundesministerium für Forschung und Technologie mit 400.000 Mark gefördert wurde. Vom Bundesministerium wurde die Studie damit begründet, dass man den damals weit verbreiteten Volksglauben an krebsverursachende Erdstrahlungen widerlegen wollte („Es gilt, der Überfrachtung des Problemkreises mit pseudowissenschaftlichen Erklärungen entgegenzuwirken."). Allerdings kamen die Forscher in den drei Jahren von Experimenten mit hunderten Rutengehern zum Ergebnis, dass es einen „realen Kern" des Wünschelrutenphänomens gäbe, der als „praktisch nachgewiesen" anzusehen sei.

1995 führte der amerikanische Verhaltenspsychologe James Enright eine Analyse des Reports durch. Er erklärte die positiven Ergebnisse mit gezielter Datenselektion, in der die unbegabten Rutengeher systematisch ausgesiebt wurden und nur die positiven Resultate der begabten Rutengeher berücksichtigt wurden.[221] Damit konnte die Skeptiker-Szene die Studie als mangelhaft vom Tisch wischen und jede weitere Untersuchung als Verschwendung öffentlicher Mittel darstellen. Und die Wünschelruten-Szene fühlte sich einmal mehr darin bestätigt, dass selbst positive wissenschaftliche Studien das Establishment nicht dazu bringen können, sich ernsthaft mit der Radiästhesie zu beschäftigen.

Kinesiologie

Eine weitere Form des menschlichen Seismographen findet sich in der Kinesiologie. Diese wurde in den 1960er Jahren vom Chiropraktiker George Joseph Goodheart entwickelt und erlangte rasch eine enorme Popularität. Im Zentrum der Kinesiologie steht der Muskeltest. Dabei streckt der Proband seinen Arm aus und wird dann vom Versuchsleiter mit der zu testenden Substanz oder Aussage konfrontiert. Darauf hin drückt der Kinesiologe den Arm des Probanden nach unten. Dieser bleibt dann entweder stark und eingerastet oder er wird schwach und gibt dem Druck nach. Je nach vorheriger Vereinbarung ist damit die Antwort auf die zu testende Substanz oder Aussage positiv oder negativ. Es handelt sich also um eine klassische Ja/Nein-Antwortmaschine mit Tendenz zur Gut/Böse-Antwortmaschine.

Kinesiologen verwenden diese Methode beispielsweise, um zu analysieren, auf welche Lebensmittel ein Mensch allergisch ist. Wird Zucker vorgelegt und der Arm bleibt stark, so ist er für den Körper gut verträglich. Wird der Proband mit Weizen konfrontiert und der Arm gibt nach, so schwächt er den Körper und sollte nicht konsumiert werden. Gleiches machen Kinesiologen mit Medikamenten, Therapieformen, Namen anderer Menschen, Musikstücken und vielem mehr. Dabei wollen Kinesiologen wie John Diamond herausgefunden haben, dass die Reaktionen großer Gruppen von Testpersonen auf manche Reize einheitlich, vorhersagbar, wiederholbar und universell seien. So soll klassische Musik und Popmusik allgemein gute Reaktionen auslösen, während Hard Rock und Heavy Metal schlecht wären und schwächend wirken sollen.[222]

Der amerikanische Psychiater David Hawkins (1927-2012) ging mit dem Muskeltest so weit, dass er damit eine Wertungsskala menschlicher Bewußtseinszustände aufstellte mit Scham, Schuld und Apathie am unteren Ende („Bewußtseinsstufe 20 bis 50") und Erleuchtung, Frieden und Freude am oberen Ende („Bewußtseinstufe 1000 bis 540"). Dabei wurden den Testpersonen lediglich Fragen gestellt wie:

> „Liegt die Kraft der Liebe über 200?" (Die Reaktion der Testperson ist stark, das bedeutet: Ja) „Liebe ist über 400?" (Die Testperson bleibt stark.) (...) In diesem Fall erwies sich der Meßwert der Liebe als 500, und diese Zahl ergab sich jedesmal, gleich wieviele Personen wir testeten."[223]

Auf selbige Weise misst Hawkins die „Wahrheitsgrade" der einzelnen Kapitel seines Buchs aus und erreicht selbstverständlich unglaublich hohe Werte zwischen 710 und 890, also allesamt im Bereich göttlicher Erleuchtung.[224]
Manche Kinesiologen verwenden den Muskeltest auch zur Prognostik: „Wird Merkel wieder Bundeskanzlerin?", „Wird es im kommenden Jahr einen Weltkrieg geben?" oder „Wird der Mensch 2025-2030 erstmals auf dem Mars landen?" Mit dem Muskeltest lassen sich all diese Fragen in kürzester Zeit beantworten. Daher sollte es nicht verwundern, dass die Kinesiologie trotz ihres szientifesken Namens und ihrer enormen Popularität als Pseudowissenschaft gilt.

Graphologie

In der Graphologie werden auf Basis der individuellen Handschrift psychologische Diagnosen erstellt.[225] Als Vorreiter der Graphologie gilt der Italienische Medizinprofessor Camillo Baldi (1550 - 1637) mit seinen 1622 erschienenen Abhandlungen über die Schriftdeutungslehre. Auch die Hochphasen der Lavaterschen Physiognomik und der Gallschen Phrenologie waren von ersten graphologischen Deutungssystemen begleitet. Wie den Höckern und Vertiefungen des Schädels wurden auch den Eigenarten der Handschrift psychologische Bedeutungen zugeordnet.
Anfangs wurden diese Charakteristika kontextunabhängig interpretiert. Erst Jules Crepieux-Jamin (1858 – 1940) betonte die Mehrdeutigkeit und Kontextualität der Schriftzeichen. Ludwig Klages (1872 – 1956), der wohl bekanntester Vertreter der Graphologie, kombinierte die Schriftdeutung

mit Physiognomik und Psychologie zu einer einzigen Wissenschaft, welche er „Ausdrucks- und Charakterkunde“ nannte. Von 1897 bis 1908 leitete er die „Deutsche Graphologische Gesellschaft“ und veröffentlichte eine Reihe sehr einflußreicher Werke, insbesondere das Lehrbuch „Handschrift und Charakter“ (1917), welches bis in die 1960er Jahre als Standardwerk für deutsche Graphologen galt.[226]

Die graphologische Theorie basiert auf drei Grundhypothesen:

a) Handschriften sind individuell
b) Diese Individualität ist vor allem psychisch bedingt
c) Aus a) und b) ergibt sich, dass eine Diagnose des Schreibers möglich ist[227]

Punkt a) ist allgemein akzeptiert. Aus der Individualität der Handschrift ergibt sich gleich dem Fingerabdruck ein individuelles Identifizierungsmerkmal. Deshalb gilt die Unterschrift nahezu weltweit als eindeutiges Erkennungszeichen. Punkt b) ist ebenfalls unumstritten, wenn man den Begriff „psychisch“ hinreichend weit fasst, sodass auch beispielsweise bestimmte Mechanismen des Nervensystems und ähnliches mit einbezogen werden können. Punkt c) ist umstritten.
Auf der einen Seite gibt es eindeutige Zusammenhänge zwischen Handschrift und Charakter bei psychopathologischen Veränderungen, sodass signifikante Differenzen in den Schriften Schizophrener und „normaler“ Kontrollpersonen festgestellt und diesbezüglich zuverlässliche Diagnosen erstellt werden können. Auf der anderen Seite konnten empirische Untersuchungen zur Graphologie bei psychisch normalen Menschen keine eindeutigen Korrelation zwischen Schriftmerkmalen und Persönlichkeitsmerkmalen feststellen. Die empirischen Ergebnisse waren ebenso ernüchternd wie bei den meisten anderen Methoden der Persönlichkeitsdiagnostik.

Stark signifikant war hingegen die Korrelation zwischen Schriftmerkmalen und Eindrucksmerkmalen. Testpersonen zeigten eine große Übereinstimmung darin, wie sie verschiedene Schriften interpretierten und psychologische Eigenschaften auf diese projizierten. So wurde Schriftenge bei Formbetonung als gewissenhaft, diszipliniert und vorsichtig charakterisiert. Kleine Schriften wurden übereinstimmend mit Geiz in Verbindung gebracht und Druckschwäche mit Milde und Friedfertigkeit. Deutungsaussagen wie diese erscheinen vielen Laien ebenso plausibel und naheliegend, wie lange Zeit eine krumme Nase mit einem krummen Charakter assoziiert wurde. Graphologische Deutungshypothesen sagen also in erster Linie etwas über die Beziehung zwischen Schrift und Leser aus und weniger über die Beziehung zwischen Schrift und Schreiber.[228]

Noch in den späten 1990er Jahren verwies das Standardwerk der Management-Diagnostik von Werner Sarges auf die weite Verbreitung der Graphologie im Personalbereich, insbesondere in Frankreich, Italien, Schweden, Österreich und Deutschland. In Deutschland sind die Graphologen sogar berufsständisch vertreten durch die „Sektion Schriftpsychologie" des Berufsverbandes Deutscher Psychologen. Keine entsprechende Tradition gibt es hingegen in den USA, wo Graphologie nie die entsprechende Akzeptanz erlangt hat.[229]
Seit den frühen 2000er Jahren ist die Graphologie auch in Europa stark rückläufig. Vorbei sind die Zeiten, da zahlreiche Unternehmen handschriftliche Bewerbungsunterlagen gefordert haben, um die Eignung eines Kandidaten für den Job graphologisch analysieren zu lassen. Der jahrhundertealte Brauch, seiner Persönlichkeit Ausdruck zu verleihen mit spezieller Tinte, edlem Briefpapier, exklusivem Briefkopf und einer dazu passenden Handschrift, wurde in der Ära von Computer und E-Mail sehr schnell Geschichte. Und mit diesem Brauch ist auch die Graphologie gerade dabei, von der Bildfläche zu verschwinden.

Zeichenkultivierung als Hybrid zwischen natürlichen und künstlichen Zeichen

Die kultivierten Zeichen nehmen eine Hybridstellung zwischen natürlichen und künstlichen Zeichen ein. Sie stellen den Übergang dar von der Welt des Gewachsenen hin zur Welt des vom Menschen Gefertigten. Manche dieser Methoden stehen der Deutung natürlicher Zeichen noch sehr nahe, wie etwa die Wahrsagung aus unbearbeiteten Knochen und Eingeweiden. Auch jene Orakel, bei welchen lediglich ein Feuer entzündet oder Wasser in eine Schüssel gegossen und betrachtet wird, befinden sich an der Grenze zu den natürlichen Zeichen. Selbiges gilt für die Methoden, bei welchen das erste gehörte Wort nach der Anrufung divinatorisch gedeutet wird. Der Einfluss des Menschen auf das Zeichen ist hier minimal. Dennoch befragt er die Zeichen bereits aktiv. Er setzt Tätigkei-

ten, um das Zeichen hervorzurufen. Auch wenn diese Tätigkeit lediglich im Abschaben von Knochen, im Öffnen von Opfertieren oder im Entzünden von Feuer besteht, ist das Zeichen bereits kultiviert.
Ein wichtiges Charakteristikum der kultivierten Zeichen ist das Verwenden von Instrumenten, Apparaten oder technischen Hilfsmitteln. Dies unterscheidet sie stets von den natürlichen Zeichen. Die beiden Arten von Zeichen grenzen dort aneinander, wo die Beobachtung mit freiem Auge, die Anschauung, das Augenmaß übergehen in die Messung. Wir haben dies am Beispiel der Physiognomik gesehen. Wo immer der Physiognom mit freiem Auge deutet, arbeitet er mit natürlichen Zeichen. Je mehr er allerdings dafür Messvorrichtungen verwendet, desto mehr befindet er sich bereits in den Sphären der kultivierten Zeichen. So sind etwa die Schattenrisse Lavaters oder die millimetergenauen Schädelanalysen mit phrenologischen Vermessungshelmen typische Beispiele für kultivierte Zeichen. Je mehr der Mensch zur Verzeichenung Messinstrumente verwendet, desto mehr kultiviert er die natürlichen Zeichen.

Am anderen Ende dieses Kontinuums grenzen die kultivierten Zeichen an die künstlichen Zeichen. Dort stehen die Orakel bereits zu einem sehr großen Teil unter dem Einfluss des Menschen. Er ist vornehmlich selbst der Motor des Wahrsageapparats. Dennoch entscheiden am Ende die physikalischen oder chemischen Eigenschaften des Materials über die Antwort. Als Beispiel dafür haben wir bereits das Reibbrett-Orakel der Zande kennengelernt. Ein anderes Orakel, welches bereits eine große Nähe zur Deutung künstlicher Zeichen aufweist, ist die Bambus-Divination bei den Puyuma und den Amis auf Taiwan. Der Wahrsager schneidet Bambusstiele in Streifen von jeweils 1 x 20 Zentimeter und trocknet diese. Zur Divination schneidet er sie der Länge nach in etwa ein Millimeter dicke Fäden und wickelt eines der Enden um seine Finger. Dann schützt er seine Zeigefinger mit dicken Gummistücken und zersplittert das Bündel Bambusstreifen, indem er darauf schlägt. Aus Form und Lage der Splitter liest er die Antwort.[230]

Nach einem ähnlichen Prinzip funktioniert die Wahrsagung mit dem Wurzelstock der Zedoaria-Pflanze im Himalajagebiet von Nepal. Das Rhizom dieser Pflanze wird mit Bier besprengt. Dann legt der Schamane ein Stück Kleidung oder einen anderen Gegenstand des Fragestellers darauf. Dadurch, so glaubt man, gehen die Schwingungen des Fragenden auf das Rhizom über. Dann beginnt der Schamane, das Rhizom in Scheiben zu schneiden. Dabei deutet er die Orte, an denen die Scheiben zu Boden fallen. Rollt das Rhizomteil beispielsweise direkt auf den Fragesteller zu, so wird dies als Ja interpretiert. Der Schamane deutet beim Zerschneiden auch den Geruch der Rhizomstücke. Das Aroma gibt ihm Auskunft über den Gesundheitszustand des Fragestellers. Nach der Konsultation werden die Zedoaria-Teile aufgesammelt und in sicherer Entfernung vergraben, damit die darin gespeicherten negativen Schwingungen keinen Schaden anrichten können.[231] Auch hier ist der Wahrsager selbst Motor des Orakelapparats. Der Einfluss der Natur auf die Antwort ist beschränkt auf die chemischen Eigenschaften des Wurzelstocks (Geruch). Das Zubodenfallen der Rhizomteile hingegen entspringt dem Akt des Wahrsagers. Das Orakel produziert somit bereits in hohem Ausmaß künstliche Zeichen.

04. Moderne Zeichenkultivierung: Messungen, Indikatoren, Statistiken

Die magische Deutung kultivierter Zeichen zeigt anschaulich den fließenden Übergang vom passiven Betrachten der Natur hin zur aktiven Befragung. Die Erforschung der Zukunft gründet nicht mehr bloß auf der Anschauung der Erscheinungswelt. Vielmehr soll das Experiment Zeichen produzieren, aus welchen sich die kommenden Geschicke entschlüsseln lassen. Die Zeichen der Natur, die Sig-Naturen werden kultiviert. Dem modernen Menschen mag es befremdlich scheinen, wenn diese Kultivierung über das Brennen von Knochen oder das Aufschneiden von Tieren erfolgt, wenn die Fährten von Mäusen auf Sandzeichnungen oder das Sieden von Wasser als Indikatoren der Zukunft herangezogen werden. Am ehesten wird ihn all das noch an den Sylvesterbrauch des Bleigießens erinnern, bei dem man auch heute noch aus der Form von ins Wasser gegossenem Blei die Themen des neuen Jahres vorhersagt. Heutzutage wird jedoch kaum jemand dieses beliebte Gesellschaftsspiel allzu ernst nehmen.

Dabei ist der Prozess der Zeichenkultivierung auch heute noch allgegenwärtig, wenngleich sich seine kultischen Wurzeln hinter den Zeitgeistmasken der Moderne verbergen. Wann immer der Mensch Messungen vornimmt, kultiviert er damit die Zeichen der Natur. Maße, Indikatoren und Kennzahlen sind der Versuch, die Welt zu quantifizieren und damit ihre Erscheinungen erfassbar, vergleichbar und regierbar zu machen. Die Messung ist die moderne Form der Zeichenkultivierung. Sie nimmt eine aktive Befragung des Daseins und der Geschicke vor. Die Möglichkeiten dafür sind nahezu unendlich. Die Frage ist nur, welche Zeichen als Indikatoren des Schicksals sinnvoll und zweckmäßig, welche Signaturen für die Prognostik „die richtigen" sind. Zur Beantwortung dieser Frage gibt es offensichtlich kein objektives Kriterium. Denn auch die Sprünge in Knochen, die Formen von Eingeweiden oder das Flackern ritueller Feuer wurden über Jahrtausende als sinnvolle und zweckmäßige Indikatoren erachtet. Die Entscheidungsprozesse im Alten Rom, in Mesopotamien oder in der chinesischen Shang-Dynastie funktionierten über viele Jahrhunderte ausgezeichnet mit derartigen Mitteln. Somit kam ihnen objektive Autorität zu, ebenso wie quantitativen Messungen, Indikatoren und Kennzahlen in der Moderne objektive Autorität zugeschrieben wird. Knochenorakel oder Eingeweideschau gelten dem herrschenden Zeitgeist als abergläubisch. Doch wie verhält es sich mit den kultivierten Zeichen der Moderne?

Geschichte des quantitativen Vermessens

Betrachtet man die Geschichte des quantitativen Vermessens, so zeigt sich, welch mühsamer Weg es war vom subjektiven Augenmaß hin zu Quantitäten. Stunden, Meter oder Kilo sind dem heutigen Menschen derart selbstverständlich, dass sie für ihn schlichtweg Teile der Wirklichkeit sind. Dass derartige Maßeinheiten jedoch erst mühevoll konstruiert und die Menschen darauf langwierig konditioniert werden mussten, ist heute kaum noch jemandem bewusst. Solange der prähistorische Mensch in Sippen von Jägern und Sammlern umhergezogen ist, bestand keine Notwendigkeit zur Quantifizierung. Die Vermessung und Normierung der Welt macht erst bei ausgeprägtem Warenhandel Sinn. Erst dann wird es notwendig, sich über Maße zu verständigen und Normen festzulegen.

Das bislang älteste bekannte Hilfsmittel menschlichen Zählens wurde in einer 25 – 30.000 Jahre alten Mammutjägersiedlung nahe Unter-Wisternitz (heute Tschechien) gefunden. Es handelt sich dabei um den 18 Zentimeter langen Speichenknochen eines jungen Wolfes, in welchen jeweils in Fünfergruppen Kerben eingeritzt sind.[232] Der große Quantifizierungsprozess begann schließlich im Neolithikum. Nach dem Ende der letzten Eiszeit (Pleistozän) vor etwa 10.000 Jahren wurden die ersten Menschen sesshaft. Die Landwirtschaft entstand. Die Kultivierung von Nutzpflanzen und die Domestizierung von Tieren führten zu Produktionsüberschüssen, sodass Handel in größerem Ausmaß möglich wurde. Davon zeugen etwa die Zählsteinchen (Calculi), welche im Orient bereits seit dieser Epoche verwendet wurden. Die Herausbildung der ersten Bilderschrift in den frühen Hochkulturen Mesopotamiens (vor allem im Reich Elam und dessen Hauptstadt Susa) vor etwa 5.000 Jahren diente ursprünglich als Hilfsmittel des Rechnungswesens von Händlern. Diese Rechentafeln bestanden aus Piktogrammen für die verschiedenen Waren und aus Kerben für die jeweilige Anzahl. So symbolisierte das Piktogramm einer Hand Besitz oder ein Stamm mit vier Ästen einen Sklaven.

Auch die ersten Zeugnisse der sumerischen Keilschrift behandeln oft wirtschaftliche Themen. So bezieht sich eine der ältesten Tontafeln auf eine Fischlieferung. Die Entwicklung der Schrift im Zwischenstromland diente also ursprünglich vor allem wirtschaftlichen Zwecken, der Abrechnung von Gütern wie Vieh, Getreide oder Sklaven.[233]

Damals entstanden auch die ersten Maßeinheiten. Die Längenmaße lehnten sich zumeist an den menschlichen Körper an. Bereits bei den Sumerern und Chaldäern gab es die Daumenbreite (Zoll) oder die Armspanne. Das Volumen wurde in Bechern und Eimern gemessen. Bei den Ägyptern gab es die Elle, deren Länge dem abgewinkelten Unterarm entspricht. Exakt 180 Getreidekörner waren die Grundeinheit des Gewichts. Bereits ein sehr differenziertes Meßsystem gab es bei den Römern, deren Längenmaße von der Meile (lat. Milia = 1.000 Doppelschritte) über Stadien, Schritt, Fuß bis hin zur Fingerlänge reichten. Da die Größe des menschlichen Körpers jedoch sehr variabel ist, waren derartige Maßsysteme sehr ungenau und häufig Anlass für Streitereien. Wer kaufte da nicht lieber bei einem großen als bei einem kleinen Händler zehn Ellen Stoff?

So ging man schließlich dazu über, die Maße zu normieren indem man ihnen den Körper des Königs zugrunde legte. Bereits um 800 n. Chr. war der Fuß von Karl dem Großen das offizielle Längenmaß des gesamten Karolingerreichs. Das noch heute in angelsächsischen Ländern gebräuchliche Yard wurde im Jahr 1101 definiert als Entfernung zwischen Nasenspitze und Daumennagel der ausgestreckten rechten Hand von König Heinrich I. von England. Beispielsweise im zersplitterten Deutschen Reich führte dies dazu, dass nahezu jede Stadt und jede Grafschaft ihr eigenes Maßsystem hatte. Die jeweils gültige Elle wurde in die Außenmauer des Rathauses eingemauert, sodass die herrschende Norm jedermann zugänglich war. Ihre Länge variierte zwischen 57 und 69 Zentimetern. Diese mangelnde Vergleichbarkeit wurde aber nicht unbedingt als Nachteil gesehen. Vielmehr diente das Durcheinander auch als Markteintrittsbarriere für fremde Händler. So gab es um 1800 allein im kleinen Herzogtum Baden 112 verschiedene Ellen, 92 Flächenmaße, 65 Holzmaße, 163 Getreidemaße, 123 Oehme und Eimer, 63 Schenkelmaße und 80 Pfunde.[234]

Das Ur-Meter

Erst im Zuge der Französischen Revolution kamen Bestrebungen auf, eine international gültige Längennorm zu schaffen. Die Jakobiner wollten nicht länger die Körpermaße der verhassten Monarchen, Toise (Armspanne, Klafter), Pied (Fuß) und Pouce (Daumen, Zoll) als Maß der Dinge gelten lassen. Stattdessen beauftragten sie die Französische Akademie der Wissenschaften, ein neues Maß zu schaffen mit der Weltkugel als Grundlage. Denn im Gegensatz zu den Gliedern von Monarchen ist der Globus unvergänglich und zudem eine Basis, auf welche sich alle Völker der Erde einigen können. Am 01. August 1793 wurde die erste Version des Ur-Meters im französischen Nationalkonvent gesetzlich eingeführt. Es wurde definiert als der zehnmillionste Teil des Erdmeridianquadranten zwischen Nordpol und Äquator. Zudem wurde festgelegt, dass die davon abgeleiteten Maßeinheiten wie etwa Kilometer oder Zentimeter jeweils in Zehnerschritten zu erfolgen haben. Das „neue Längennormal, das Urmeter" wurde schließlich am 22. Juni 1799 in Form eines Platinstabes der Nationalversammlung überreicht und fortan in einem acht Meter tiefen Felsentresor aufbewahrt.

Das metrische System wurde jedoch lange Zeit nicht akzeptiert, insbesondere in Frankreich. Dort konnte es sich erst 1840 endgültig durchsetzen. Die Niederlande waren 1816 das erste Land, welches das Meter einführte, gefolgt von Panama und Chile. In der Schweiz ist es seit 1868 das offizielle Längenmaß, in Österreich-Ungarn seit 1871, in Deutschland seit 1872. Ägypten und Indien stellten erst nach dem Zweiten Weltkrieg auf das Meter um. In England erfolgte die offizielle Umstellung überhaupt erst im Jahr 2002.

Die Zeitmessung

Noch schwieriger gestaltete sich die Normierung der Zeit. Heute mag uns das System von Jahren zu 12 Monaten bzw. 365 Tagen (plus Schalttagen) und Tagen zu 24 Stunden logisch, natürlich und naheliegend erscheinen. Doch es war ein mühevoller Weg dorthin, der viele Jahrtausende gedauert hat. Die ersten archaischen Kalender orientierten sich am Zyklus des Mondes. Bereits die nomadierenden Jäger und Sammler machten sich die

Zeit über diesen unmittelbarsten und sichtbarsten Zyklus vom Neumond zum Vollmond und wieder zurück begreifbar. Als die Menschen im Neolithikum sesshaft wurden, rückte der Jahreszeitenzyklus der Sonne in den Fokus. Da die Zyklen von Sonne und Mond voneinander unabhängig sind, entwickelten Hochkulturen wie Babylonier, Ägypter, Griechen und Hebräer komplexe Systeme von Schalttagen und Schaltwochen, um Sonne- und Mondkalender periodisch in Einklang bringen. So teilten die Ägypter das Jahr in zwölf Mondmonate von jeweils dreißig Tagen und hängten am Ende des Jahres einige Unglückstage an, um das Sonnenjahr voll zu machen.
Der Tag wurde bei den Ägyptern in zwölf Tagstunden und zwölf Nachstunden eingeteilt, welche je nach Jahreszeit in ihrer Länge erheblich variierten. Erst die Erfindung der mechanischen Uhr im Mittelalter brachte der Menschheit Stunden von gleicher Länge.[235] Und erst die Industrialisierung im 19. Jahrhundert zwang die Menschen zunehmend, ihren Tagesablauf pünktlich nach diesen Uhren zu richten. Doch selbst diese bieten nur scheinbar einen sicheren Anker im Fluss der Zeit, wie jeder, der international tätig ist, im Wirrwarr verschiedener Zeitzonen und uneinheitlicher Sommer/Winterzeiten auch heute noch feststellen muss.

Auch über die Fixpunkte der Zeitmessung besteht bis heute keinesfalls Einigkeit. Denn ein Jahr Null hat es nie gegeben. Vielmehr werden hierfür verschiedene Ereignisse zugrunde gelegt, wie beispielsweise der spekulative Geburtstag von Jesus Christus im Christentum, der spekulative Termin der Schöpfung der Welt im Hebräischen Kalender oder der Zeitpunkt der Hedschra, Mohammeds Auswanderung von Mekka nach Medina, in der Islamischen Zeitrechnung. Das Jahr 2000 im bei uns gebräuchlichen Kalender entspricht dem Jahr 5760 im Hebräischen und dem Jahr 1420 im Islamischen Kalender.
Selbst über den Tag, an dem ein Jahr beginnt, bestehen in den dutzenden bis heute gebräuchlichen Kalendersystemen erhebliche Diskrepanzen. So fängt das Jahr im Chinesischen Kalender am ersten Neumond nach der Wintersonnenwende an. Der Iranische Kalender beginnt zur Tagundnachtgleiche im Frühling. Gegen solche astronomisch präzisen Definitionen mutet unser Jahresbeginn am 01. Januar sehr willkürlich an. Gerade im Vergleich verschiedener Kulturen und Epochen wird offensichtlich, auf welch sandigem Boden das für uns selbstverständliche Zeitsystem gebaut ist.

Internationales Einheitensystem und ISO-Norm

Doch nicht nur die Länge und die Zeit unterlagen dem Verzeichenungs-Prozess. Die fortschreitende Industrialisierung machte eine Maßnormierung auch auf anderen Gebieten unumgänglich, etwa bei der Temperatur, dem Druck oder der Elektrizität. Schließlich profitierte nicht nur der wachsende internationale Handel von einer Vereinheitlichung, sondern auch der Austausch von wissenschaftlichen und technischen Erkenntnissen. So wurde 1875 von siebzehn Staaten die „Meterkonvention" abgeschlossen mit dem Ziel, „die internationale Einigung und die Vervollkommnung des metrischen Systems zu sichern". Das „Internationale Büro für Maß und Gewicht" (BIPM) ging daraus hervor. Bis heute ist es damit beschäftigt, wichtige Maßeinheiten zu vereinheitlichen und international durchzusetzen. Es regelt das „Internationale Einheitensystem" (SI – Système International d'Unités), welches 1954 von den damals bereits 40 Mitgliedsstaaten der Meterkonvention beschlossen wurde. Darin wurden die sieben SI-Basiseinheiten festgelegt:[236]

- Meter (m) als Einheit der Länge
- Kilogramm (kg) als Einheit der Masse
- Sekunde (s) als Einheit der Zeit
- Ampere (A) als Einheit der elektrischen Stromstärke
- Kelvin (K) als Einheit der thermodynamischen Temperatur
- Mol (mol) als Einheit der Stoffmenge (seit 1971)
- Candela (cd) als Einheit der Lichtstärke

Diese Maßeinheiten erlauben es, die Zeichen der Natur mit bislang unerreichter Präzision zu kultivieren. Ihre Entsprechungen in der Erscheinungswelt sind genauestens geregelt. Etwa das Meter ist seit 1983 definiert als die Länge der Strecke, die das Licht im Vakuum während der Dauer von 1/299.792.458 Sekunden durchläuft. Die Sekunde wurde festgelegt als das 9.192.631.770-fache der Periodendauer der dem Übergang zwischen den beiden Hyperfeinstrukturniveaus des Grundzustandes von Atomen im Caesium-Nuklid der Massenzahl 133 entsprechenden Strahlung.[237] Bis 1983 wurden zudem etwa zwanzig „abgeleitete SI-Einheiten" normiert, wie etwa Frequenz (Hertz), Kraft (Newton), Leistung (Watt), elektrische Spannung (Volt) oder magnetische Flussdichte (Tesla). Diese werden gebildet durch mathematische Formeln, welche auf den sieben

SI-Basiseinheiten basieren. So ist beispielsweise die elektrische Ladung (Coulomb) definiert als Ampere mal Sekunden.

Das „Internationale Einheitensystem" (SI) ist heute die Grundlage der Messung in Wissenschaft und Technik. Hinzu kommen unzählige Normen, welche von der 1946 in Genf gegründeten ISO („International Standards Organization") festgelegt werden. Diese sind vor allem für die Industrie von großer Bedeutung. Vom ASCII-Code der Computertastatur (ISO 8859) über die Kennzeichnung von Herrenunterwäsche (ISO 4415) bis hin zu den Umweltverträglichkeits-Standards (ISO 14000) regelt und normt die ISO so ziemlich alles, was die vom Menschen geschaffene Welt, die Welt der künstlichen Zeichen, zu bieten hat.[238] Daneben gibt es zahlreiche nationale Normungsorganisationen, welche über ISO und BIPM miteinander im Austausch stehen und deren Standards national vertreten. Im deutschsprachigen Raum am bekanntesten ist das „Deutsche Institut für Normung" (gegründet 1917), dessen DIN-Norm der Allgemeinheit vor allem durch die Formate von Papierbögen, Schulheften und Briefkuverts ein Begriff ist.

Die Verzeichenung der Welt hat in der Moderne ihren bisherigen Höhepunkt erreicht. Die letzten 200 Jahre haben eine wahre Sturmflut der Normung gebracht. Nahezu alles, was der Mensch kennt, wurde vermessen und standardisiert. Die Basiseinheiten und Normen erlauben eine vereinheitlichte Quantifizierung der gesamten bekannten Erscheinungswelt. Sie sind das Fundament der modernen Zeichendeutung. Die SI-Basiseinheiten des BIPM bilden die Grundlage für das Messen von natürlichen Zeichen, von physikalischen Kräften und Eigenschaften. Das Messen dieser Basiseinheiten entspricht dem aktiven Befragen der Naturkräfte, ist ein Akt der Kultivierung natürlicher Zeichen. Die technischen und industriellen Normen wie ISO oder DIN hingegen vermessen die Welt des vom Menschen Gefertigten. Sie dienen der Erfassung (und auch der Erschaffung) von künstlichen Zeichen.

Maßeinheiten sind die Grundbausteine der zeichendeutenden Prognostik der Moderne. Die SI-Basiseinheiten sind das Grundwerkzeug der naturgesetzlichen Prognostik. ISO-Normen spielen eine wichtige Rolle bei der Technikfolgen-Abschätzung. Zum einen werden sie in Hinblick auf zukünftige Folgen der Technik aufgestellt. Zum anderen prägen die Normen selbst wiederum die Pfade künftiger technischer Entwicklungen. Für die Human- und Gesellschaftsprognostik sind diese beiden Maßsysteme jedoch nur bedingt relevant. Kilo, Meter oder Ampere bringen nicht viel zur Beschreibung von Arbeitslosigkeit, Inflation oder Kriegen. Das Fundament der Sozialwissenschaften besteht vielmehr aus abstrakten Begriffen, welche nicht direkt anhand von materiellen Eigenschaften, sondern nur indirekt anhand von Indikatoren gemessen werden können.

Indikatoren der Natur- und Sozialwissenschaften

Immer dann, wenn das Objekt der Messbegierde nicht direkt beobachtbar ist, muss man Hilfsoperatoren heranziehen, welche auf seine Beschaffenheit indirekte Hinweise geben. Diese Hilfsmittel nennt man Indikatoren. Indikatoren machen Unsichtbares sichtbar. In der Chemie sind Indikatoren Stoffe, welche sich verändern, sobald sie mit einer gewissen Menge des gesuchten Stoffes reagieren. Beispielsweise Säure-Base-Indikatoren helfen, den pH-Wert einer Lösung zu bestimmen, indem sie je nach Zustand die Farbe verändern. So ist Phenolphthalein ein farbloser Indikator, welcher ab einem pH-Wert von etwa 8,2 beginnt, sich zu verfärben und ab einem pH-Wert von 10 schließlich vollkommen rosa ist. In saurer Lösung ist es also farblos, in basischer Lösung rosa. Ein ähnlicher Indikator ist Lackmus, welches in saurer Lösung (pH < 5) rot wird und sich in basischer Lösung (pH > 8) blau verfärbt.[239]
Chemische Indikatoren verfärben sich je nach Beschaffenheit der untersuchten Lösung. In ähnlicher Weise werden Enzyme oder radioaktive Substanzen als Indikatoren in der Medizin verwendet. Derartige naturwissenschaftliche Indikatoren arbeiten meist sehr zuverlässig, denn sie funktionieren nach biologischen und chemischen Gesetzmäßigkeiten. Doch wie verhält es sich mit den Indikatoren der Zukunft von Menschen und Kollektiven?

Im Gegensatz zu den Naturwissenschaften kennen die Sozialwissenschaften keine derartigen stabilen Gesetzmäßigkeiten. Sie arbeiten mit Konstrukten, mit Konzepten, mit abstrakten Begrifflichkeiten, denen eine direkt messbare Grundlage fehlt. Solche abstrakten Konzepte sind beispielsweise Macht, Bildung, Prestige, Vorurteile, Religiosität, Armut, Bedürfnisse, Motivation, Angst oder Modernisierung, aber auch Arbeitslo-

sigkeit, Inflation oder Wirtschaftswachstum. Derartige Begriffe werden in den Sozialwissenschaften täglich verwendet, obgleich sie nicht direkt beobachtet werden können. Vielmehr müssen diese Konzepte erst operationalisiert werden, damit man mit ihnen konkret arbeiten kann. Unter Operationalisierung versteht man die Zuordnung von beobachtbaren Sachverhalten zu den theoretischen Begriffen. Es werden Korrespondenzregeln aufgestellt.[240] So könnte man beispielsweise das Konzept „Modernisierung" durch verschiedenste Indikatoren operationalisieren, etwa durch den Anteil der berufstätigen Frauen, der elektrifizierten oder computerisierten Haushalte, der Erwerbstätigen im tertiären Sektor oder durch Autobahnmeter pro Kopf.
Die Möglichkeiten einer derartigen Operationalisierung sind mannigfaltig, wenn nicht gar willkürlich. Denn je nach dem, was man unter dem Begriff „Modernisierung" verstehen will, wird man ganz andere Indikatoren zur Messung heranziehen. So könnte ein patriarchaler Technokrat den Anteil der berufstätigen Frauen zur Messung der Modernisierung als vollkommen irrelevant erachten. Eine Feministin hingegen wird als Maß der Modernisierung auch den Anteil von Frauen in Führungspositionen berücksichtigen wollen. Die Wahl von Indikatoren in den Sozialwissenschaften ist aber nicht nur stark von subjektiven Werten und Einschätzungen geprägt, sondern auch vom Zeitgeist. Autobahnmeter pro Kopf würden in einer künftigen Gesellschaft mit Luftfahrzeugen und Teleportation wohl eher als Indikator für Rückschrittlichkeit und nicht für Modernisierung aufgefasst werden. Die dritte Schwierigkeit besteht darin, dass viele Indikatoren häufig selbst wiederum nur Konzepte sind. Etwa der Anteil der berufstätigen Frauen, der Beschäftigten im tertiären Sektor oder andere Beschäftigungsquoten sind selbst nur Konstrukte, welche durch Festlegungen definiert werden müssen. Dies zeigen anschaulich die sehr unterschiedlichen Berechnungsgrundlagen der Arbeitslosenquote in verschiedenen Ländern.

Moderne Indikatoren und magische Archetypen

Konzepte wie Modernisierung, Macht oder Vorurteile sind abstrakt, vielschichtig und am Ende ungreifbar. Sie werden nicht gemessen, sondern vielmehr durch das Festlegen der Messparameter erst konstruiert. Besonders offensichtlich wird dies beim Konstrukt der Intelligenz. Intelligenz ist am Ende nicht mehr als das, was Intelligenztests (zu) messen (vorgeben).[241] Die Konzepte, mit welchen die Sozialwissenschaften arbeiten, haben also eine große Ähnlichkeit mit den Archetypen des magischen Weltbilds.[242] Wie etwa die astrologischen Planeten-Archetypen bedeuten diese Konzepte vielzähliges gleichzeitig und doch nichts von all dem. Sie sind numinose Ballungspunkte, um welche sich zahllose Dinge ähnlicher Qualität scharen. Der Archetyp, das Konzept, das Konstrukt bleiben am Ende unsichtbar. So stellt sich stets die Frage, ob sie existente Wesenheiten jenseits der direkten Beobachtbarkeit sind oder lediglich Hirngespinste. Fest steht, dass auch Hirngespinste dem Menschen von großer Nützlichkeit sein können, wenn es darum geht, Orientierung zu finden oder Entscheidungen zu treffen. Dies möchte ich anhand einiger Theorien zeigen, welche sich mit möglichen Indikatoren von Kriegen beschäftigen.

Indikatoren des Krieges

In früheren Zeiten dienten oft gewisse Konstellationen des Planeten Mars als Indikator für drohende Kriege. Eine derartige Beschreibung findet sich im Hauptwerk des bekannten Physikers Johannes Kepler (1571 – 1630):

> „So sieht man, wie im Kriegswesen Kämpfe, Schlachten, Einfälle, Angriffe, Eroberungen, Meutereien, Ausbrüche panischen Schreckens meistens zur Zeit der Aspekte von Mars und Merkur, Jupiter und Mars, Sonne und Mars, Saturn und Mars usw. auftreten."[243]

In Mesopotamien wurden verschiedene Zeichen auf der Opferleber als Vorboten für Kriegsgeschicke betrachtet. Man glaubte, dass der allmächtige Sonnengott Samas diese Zeichen in die Leber einschreiben würde. Beispielsweise aus dem Zustand des Processus Caudatus, einem Teil der Leber, dessen Gestalt der eines „Daumens" (Ubanu) ähnlich ist, wurde folgendes gelesen:

> „Wenn die linke Seite des „Daumens" in ihrer Mitte weggenommen ist: Du wirst die Besitzungen Deines Feindes einnehmen. Wenn die linke Seite des „Daumens" in ihrer Basis weggenommen ist: Du wirst einen hohen Beamten Deines Feindes gefangennehmen. Wenn die rechte Seite des „Daumens" losgerissen ist: Fall meines Heeres. Wenn die linke Seite des „Daumens" losgerissen ist: Fall des feindlichen Heers."[244]

Man hat derartige Zusammenhänge ein paar Mal beobachtet und sie dann zu Deutungsregeln erhoben. Wenn etwa Kepler bei mehreren Gelegenheiten bemerkte, dass kriegerische Handlungen und Mars-Aspekte gleichzeitig auftraten, so stellte er eine Verbindung her. Trat dieses Zusammentreffen einige weitere Male auf, so betrachtete er die Hypothese als bestätigt, umso mehr als Mars als Planet des Krieges für eine derartige Deutung prädestiniert ist. Selbiges geschah in Babylon. Beobachteten die Barû mehrmals, dass das eigene Heer eine Niederlage erlitt, während der rechte „Daumen" einer Opferleber losgerissen war, so gingen sie davon aus, dass auch künftig bei diesem Omen Kriegsverluste anstehen würden. Hat sich eine derartige Hypothese erst im Kopf des Menschen festgesetzt, so ist es kaum noch möglich, sie wieder herauszubekommen, selbst wenn sie sich in zahlreichen Fällen als unzutreffend herausstellt. Denn sowohl in der Astrologie, als auch in der Opferschau gibt es unzählige Zusatz- und Ergänzungsregeln, welche in solchen Fällen das Versagen erklären ohne dass die These aufgegeben werden muss. So kann der mildernde Einfluss eines anderen Planeten oder ein abschwächendes Zusatzzeichen auf der Leber herangezogen werden, um das Ausbleiben kriegerischer Handlungen zu erklären. Die These wird durch ein Immunisierungssystem gepanzert.
Diese Beispiele magischer Kriegszeichen zeigen jedenfalls, dass der Indikatorenbildung, dem Aufstellen von Korrespondenzregeln und der Operationalisierung von abstrakten Konzepten keine Grenzen gesetzt sind. Der moderne Mensch wird derartige Indikatoren als Hirngespinste abtun. Dennoch haben sie über viele Jahrhunderte hinweg offensichtlich den Kriterien der Reliabilität und der Validität entsprochen. Sind die Indikatoren der modernen Human- und Gesellschaftsprognostik am Ende ebenso beliebig?

Auch heute gibt es zahlreiche Theorien darüber, welche Indikatoren einen bevorstehenden Krieg anzeigen. Die meisten dieser Erklärungen arbeiten mit dem abstrakten Konzept „Macht". So wählte der englische Mathematiker Lewis Fry Richardson (1881 – 1953) Rüstungsniveau und Verteidigungsausgaben als fundamentale Machtindikatoren. Er ging davon aus, dass die Veränderungsrate des Rüstungsniveaus:

1. in direktem Verhältnis zur wahrgenommenen Bedrohung durch den Gegner zunimmt.

2. im direkten Verhältnis zur wahrgenommenen Sicherheit des eigenen Staates abnimmt.
3. im direkten Verhältnis zum Grad der Feindseligkeit gegenüber dem Gegner aufgrund früherer Konflikte zunimmt („Groll-Faktor").

Er entwarf darauf aufbauend ein Modell und überprüfte es mit empirischen Daten. So kam er 1939 zum rechnerischen Ergebnis, dass unmittelbar ein Weltkrieg bevorstünde.[245] Eine solche Voraussage war zum damaligen Zeitpunkt sicherlich keine große Kunst mehr. Dennoch nährte sie die Hoffnung, dass Kriege aufgrund von Machtfaktoren prognostizierbar wären.

Die amerikanischen Politikwissenschaftler Nazli Choucri und Robert North verwendeten Bevölkerung, Ressourcen und Technologie als Hauptindikatoren bevorstehender Kriege. In ihrem Buch "Nations in Conflict" (1975) rückten sie dabei vor allem das Bevölkerungswachstum in den Vordergrund. Zudem gab es zahlreiche Machtverteilungsmodelle, welche von A. F. K. Organski und Jacek Kugler in ihrem Buch „The War Ledger" (1980) in drei Gruppen zusammengefasst werden:[246]

1. **Machtgleichgewichtstheorien:** Eine gleichmäßige Verteilung von Macht sorgt für Frieden. Kräfte-Asymmetrien hingegen führen zu Krieg. Dabei ist die mächtigste Partei der wahrscheinlichste Angreifer.

2. **Theorien der Kollektiven Sicherheit:** Frieden wird durch ungleichmäßige Verteidigung der Macht gesichert, wobei der Angreifer immer schwächer ist als die internationale Staatengemeinschaft. Hingegen ist eine ausgewogene Machtverteilung Indikator für Kriegsgefahr. Diese Theorien gehen von der Annahme aus, dass sich die internationale Staatengemeinschaft gegen jeden Angreifer verbünden und einander beistehen würde.

3. **Machtwechseltheorien:** Kriege entstehen durch die unterschiedlichen Größen und Wachstumsraten von Staaten, indem kleinere Staaten mit hohen Wachstumsraten ihre Stellung im System durch Angriffe verbessern wollen. Der schwächere Staat, der sich aber im Wachstumsaufschwung befindet, ist der Angreifer.

Die dritte Gruppe der sogenannten „Power-Transition-Theories" wird von Organski und Kugler vertreten. Als sie diese Theorien anhand von empirischen Daten überprüfen wollten, stießen sie jedoch auf ein unüberwindliches Problem. Wie soll man „Macht" nun messen? Es gibt unzählige ökonomische, politische, technologische oder demographische Indikatoren, die man dafür heranziehen könnte. Repräsentativ für „Macht" sind alle und keiner davon. Man könnte nun versuchen, aus all diesen Faktoren einen Index der Macht zu konstruieren. Indices sind konstruierte Zahlenwerte, welche durch das Zusammenfassen von einer Vielzahl von Indikatoren entstehen. Doch wirklich befriedigend wäre auch ein solcher Index nicht, denn jede Epoche hat andere Kriterien und Determinanten der Macht. Zudem wären wichtige Machtfaktoren wie etwa Technologie oder politische Stabilität trotz alledem kaum quantifizierbar. So behalfen sie sich mit dem Bruttosozialprodukt als alleinigen Indikator der Macht. Zwar räumen sie ein, dass dadurch viele wichtige Charakteristika der Macht unberücksichtigt bleiben, doch dafür sind BSP-Werte gut verfügbar und vergleichbar. Schließlich könnte man diesen Wert auch als in Geld quantifizierte Summe aller Machtfaktoren betrachten. Organski und Kugler definieren somit den Staat mit dem höchsten BSP als den mächtigsten, den dominanten Staat. Alle anderen Staaten, deren BSP mindestens 80 % dieser Höchstmarke erreichen, sind die unmittelbaren Konkurrenten und potentiellen Angreifer.[247]

Die Denkfallen der vermessenen Vermessung

Würde diese Theorie stimmen, so sähe die Kriegsprädisposition im frühen 21. Jahrhundert folgendermaßen aus: Die dominante Macht mit dem größten BSP und somit potentielles Angriffsziel wären die USA. Die potentiellen Angreifer wären China, Japan, Deutschland, Frankreich und Großbritannien. Allein an diesem Beispiel tritt die Absurdität dieser Theorie offen zutage. Nicht viel besser sieht es für all die anderen Theorien aus, welche aus Macht oder Machtverteilung Kriege prognostizieren wollen. Sie kranken allesamt an denselben Problemen:

1. **Messbarkeit von Konstrukten:** Die Machttheorien finden keine befriedigende Möglichkeit, das theoretische Konzept „Macht" zu messen oder zu quantifizieren. Egal, welche Indikatoren und statistischen Werte sie auch dafür heranziehen, bleibt „Macht" ein ungreifbares Konstrukt. Somit ist es am Ende irrelevant, ob man eine Theorie der Macht ersinnt, eine Theorie astrologischer Planetenstellungen oder eine Theorie von Opferlebermalen. Das Konstrukt bleibt Konstrukt, egal ob man diese numinose Wirkkraft nun „Macht", „Mars" oder „Samas" nennt. Es handelt sich also auch bei den modernen Theorien der Macht im Grunde um Hirngespinste.

2. **Das Gesetz der kleinen Zahlen:** Sie gehen nur von einer Handvoll historischer Fälle, meist aus der jüngeren Vergangenheit, aus und versuchen, darin wiederkehrende Muster zu finden. Es werden so lange vergleichende Recherchen angestellt und Statistiken durchsucht, bis man auf Ähnlichkeiten stößt. Gemäß dem Gesetz der kleinen Zahlen[248] wird sich bei einer solchen Herangehensweise immer irgendein Muster, irgendeine Zahl oder Zahlenreihe finden, welche allen historischen Fällen gemein ist. Diese Begründung im Nachhinein wird als Indikator künftiger Kriege erklärt. Auch hier macht es im Grunde keinen Unterschied, ob man diese wiederkehrenden Muster nun in Planetenstellungen, Opferlebern oder Statistiken sucht. Man wird immer welche finden, die für die wenigen untersuchten Fälle signifikant sind. Dennoch kommt es dann in der Zukunft meist anders, als es diese Theorien wollen.

3. **Historische Vergleichbarkeit:** Dies mag mitunter daran liegen, dass insbesondere die Anzahl der Kriege von weltpolitischer Tragweite begrenzt ist. Man hat nicht tausende Fälle, an denen man verlässliche Signifikanzen festmachen könnte. Die meisten Theorien basieren auf weniger als einem Dutzend von Kriegen. Zudem ist jeder Krieg einzigartig. Jede Auseinandersetzung hat andere Gründe und Hintergründe, andere Anlässe und Voraussetzungen, andere Rahmenbedingungen und Beziehungsgeflechte. Die Suche nach einem Generalindikator, insbesondere von prognostischem Wert, bleibt somit vergebens.

4. **Ergebnis:** Diese drei Punkte führen dazu, dass alle magischen und modernen Theorien über Kriegsindikatoren manchmal stimmen und meistens nicht stimmen.

Die Pseudo-Objektivität von Statistiken

Dieser kurze Ausflug in das Reich der Macht- und Kriegstheorien zeigt einige wesentliche Probleme von Indikatoren. Im Grunde besteht kaum ein Unterschied zwischen den modernen Indikatoren der Sozialwissenschaften und magischen Analogieketten.[249] Die Anzeiger von Anzeigern von Anzeigern werden am Ende gewaltsam mit der Welt des Messbaren verbunden. Da die Sozialwissenschaften über keine Naturgesetze oder Konstanten verfügen, auf welchen sie ihre Theorien gründen können, verwenden sie bevorzugt Statistiken als Hilfsgrößen. Statistiken fassen das ungeordnete Zahlenmaterial von Messungen zusammen und bringen es in eine übersichtliche Ordnung. Sie machen gewisse Strukturen hinter empirischen Daten sichtbar. Sie versuchen, das „Wesentliche" von Mess-

werten herauszudestillieren. Sie sind somit vor allem Mittel der Veranschaulichung, wobei diese Veranschaulichung zur neuen Wirklichkeit wird. Es wäre in diesem Rahmen müßig, auf die verschiedenen Methoden der Statistik genauer einzugehen. Fest steht, dass Statistiken in den Sozialwissenschaften so gerne herangezogen werden, weil sie objektiv sind. Sie zählen und messen ohne Wertung. Sie lassen sich gut als wissenschaftlich verkaufen. Nicht objektiv und wertfrei ist hingegen die Anwendung von Statistiken. Dies betrifft einerseits die Auswahl der Daten, andererseits die Interpretation der Statistik. Ein jeder Wahlkampf liefert davon Zeugnis ab. Geht es etwa darum, ob die Regierungspartei eine gute Wirtschaftspolitik gemacht hat, so zieht sie selbst all jene Statistiken heran, deren Werte sich in ihrer Regierungszeit verbessert haben. Sie kann die Zunahme von Unternehmensgründungen, die Zunahme des BIP oder eine Erhöhung der Außenhandelsquote ins Feld führen. Die Opposition wird hingegen mit jenen Statistiken in den Kampf ziehen, bei welchen unter der Regierungspartei eine Verschlechterung stattgefunden hat. Sie wird auf die erhöhte Arbeitslosenquote oder Inflationsrate verweisen oder auf die Zunahme der Insolvenzen.
Es gibt hunderte statistische Indikatoren zur Beurteilung der Wirtschaftspolitik. Doch es gibt keinen neutralen Algorithmus, der daraus eine „objektive" Auswahl treffen kann. Die Objektivität der Zahlen wird zu Unrecht mit einer Objektivität der Datenauswahl und der Dateninterpretation gleichgesetzt. Auch Eingeweide von Opfertieren, Sprünge in Orakelknochen oder Tierspuren in Sandorakeln sind objektiv. Doch ihre Deutung, ihre Interpretation, ihre Korrelierung mit abstrakten Begriffen wie „Glück". „Liebe" oder „Erfolg" ist es nicht. Insofern sind sozialwissenschaftliche Statistiken ein typisches Blendwerkzeug der Verwissenschaftlichung.

Die Kultivierungsgrade von Indikatoren

Wir haben Messungen, Indikatoren und Statistiken als moderne Mittel der Welt-Verzeichenung kennengelernt. Messungen dienen der Kultivierung von Zeichen. Ähnlich wie bei den Orakeln wird die Natur aktiv befragt. Statistiken sind der nächste Schritt. Sie bringen die kultivierten Zeichen der Messungen in eine Struktur. Sie abstrahieren die Messdaten, entkoppeln sie von der Materie. Sie befinden sich somit bereits an der Grenze zu den künstlichen Zeichen. Je mehr verschiedene Messwerte in

einer Statistik zu Gesamtwerten zusammengefasst werden, je mehr sie Bausteine eines abstrakten Modells sind, desto mehr befinden sie sich bereits im Reich der künstlichen Zeichen.
Die kultivierten Zeichen sind ein kontinuierliches Übergangsstadium zwischen natürlichen und künstlichen Zeichen, mal der Natur, mal der Künstlichkeit näherstehend. Dies lässt sich gut am Beispiel der Indikatoren sehen, welche die gesamte Bandbreite an Kultivierungsgraden abdecken.

Bei manchen Indikatoren handelt es sich um natürliche Zeichen. Ihre Bedeutung ist mit freiem Auge, ohne jegliche Hilfsmittel erfassbar. Das Zeichen wird nicht provoziert, sondern lediglich beobachtet. Bei vielen Bioindikatoren ist dies der Fall, wie wir bereits im Kapitel über die „Deutungssysteme natürlicher Zeichen"[250] gesehen haben. Bioindikatoren können aber auch kultivierte Zeichen sein, wenn etwa Tiere oder Pflanzen mit indikativen Eigenschaften systematisch gehalten oder angepflanzt werden, um Umweltveränderungen anzuzeigen. Selbiges gilt, wenn sie erst mit Messinstrumenten untersucht werden müssen, um das Zeichen zu erhalten.

Sobald es mehr bedarf als der passiven Beobachtung, zählt der Indikator zu den kultivierten Zeichen. Dies ist immer dann der Fall, wenn entweder das Kriterium des freien Auges („Messung") oder das Kriterium der freien Natur („Laborsituation") nicht erfüllt ist.[251] Die chemischen Indikatoren müssen erst im Experiment angewendet werden, bevor man sie deuten kann. Das Lesen im Gen-Code setzt umfassende technische Messanordnungen voraus. Soziometrische Daten wie Bevölkerungszahl oder Rüstungsausgaben bedürfen der Messung, bevor sie als Indikator herangezogen werden können. Sentimentindikatoren müssen ebenfalls erst durch Umfragen gewonnen werden. All diese Indikatoren entstehen durch quantitative Vermessung der Welt. Die Messung ist der moderne Akt der Zeichenkultivierung.

Je intensiver kultivierte Zeichen miteinander formelhaft kombiniert werden zu Systemen und Modellen, je mehr sie abstrahiert werden, desto mehr werden sie schließlich zu künstlichen Zeichen. Beispiele dafür sind all die volkswirtschaftlichen Konstrukte wie Inflation, Konjunktur oder Bruttoinlandsprodukt. Auch die Kennzahlensysteme der BWL oder Börsen-Indices gehören dazu. Sie haben zwar noch eine messbare Grundlage, diese ist jedoch bereits tief im neuen Konstrukt verborgen. Sind kultivierte Zeichen schließlich derart abstrahiert, dass ein direkter Bezug zu den ursprünglichen Messungen gar nicht mehr ersichtlich ist, so werden sie schließlich vollends zu künstlichen Zeichen. Die Indikatoren aus künstlichen Zeichen haben keinen direkten Kontakt zur sichtbaren Welt mehr. Etwa die Timing-Indikatoren der Chartanalyse zählen hierzu. Diese haben ebenso wenig Bezug zur sichtbaren Welt wie an die Buchstaben des Wortes „Welt" angelegte Unterstützungslinien. Am Ende dieses Kontinuums stehen jene künstlichen Indikatoren, welche gar nicht erst natürlichen oder kultivierten Zeichen entspringen, sondern direkt der menschlichen Phantasie. Etwa Konzepte wie Macht, Prestige, Religiosität, Armut, Bildung, aber auch Nutzen, Inflationserwartung oder „natürliche Arbeitslosenquote" werden komplett aus dem abstrakten Raum heraus konstruiert. Da sie selbst gar nicht mehr gemessen werden können, sind sie ihrerseits auf Indikatoren angewiesen, wobei die Auswahl dieser stets subjektiv und unvollständig bleiben muss.

Folgende Tabelle fasst die verschiedenen Kultivierungsgrade von gebräuchlichen Indikatoren zusammen. Die nächsten zwei Kapitel werden eine Auswahl daraus vorstellen, welche für den Bereich der Prognostik relevant ist.

Indikatoren aus	*Beispiel:*
natürlichen Zeichen	- ökosystemnahe Bioindikatoren - Aktentaschen-Indikator, Superbowl-Indikator
kultivierten Zeichen	- chemische Indikatoren (Säure-Base-Indikatoren, Schwangerschaftstests) - Genetik (Pränataldiagnostik) - Blutgruppendeutung, Softmarker in der Schwangerschaft - quantitative Umfragen (Wahlprognose, Stimmungsbarometer, Sentimentindikatoren) - einzelne soziometrische Messdaten (Bevölkerungszahl, Rüstungsausgaben, Analphabetenquote) - einzelne betriebswirtschaftliche Kennzahlen - Statistiken
künstlichen Zeichen	- formelhafte ökonomische Kennzahlen (BIP, Wirtschaftswachstum, Inflation,...) - Kennzahlensysteme (DuPont-Schema, ZVEI, PuK-System...) - Börsen-Indices (Dow Jones, S&P 500, Value Line Indicator) - Timingindikatoren in der Chartanalyse (Aktien) - abstrakt konstruierte Indikatoren (Macht, Angst, Armut, Bildung, Religiosität, Rationalität, Nutzen, usw.)

Die Kultivierungsgrade verschiedener Indikatoren

05. Ökonomische Kennzahlen und Wirtschaftsindikatoren

Indikatoren sind ein zentrales Werkzeug der modernen Zeichendeutung. Sie zeigen an. Sie verweisen auf nicht direkt beobachtbare Kräfte in der Natur. Somit sind sie ein klassisches Mittel der Zeichenkultivierung. In den Sozialwissenschaften dienen meist quantitative Messergebnisse als Indikatoren. Der überwiegende Anteil dieser Indikatoren dient nicht der Prognose, sondern der Diagnose, sowie der Entscheidungsfindung und Planung.

Kennzahlen und Kennzahlensysteme im Controlling

Ein Beispiel dafür sind Kennzahlen. Diese werden meist als Indikatoren bezeichnet, obwohl sie bereits einen Schritt weiter gehen. Kennzahlen zeigen nicht nur an, sie verdichten und reduzieren gleichzeitig komplexe Sachverhalte. Sie entstehen aus einer systematischen Selektion quantitativer Daten.[252] Dadurch werden manche Teile der gemessenen Wirklichkeit bewusst ausgeklammert, während andere mit der Lupe vergrößert werden. Kennzahlen sind also bereits zu einem hohen Grad künstliche Zeichen. Der Begriff der Kennzahlen ist vor allem aus der Betriebswirtschaftslehre, insbesondere aus dem Controlling bekannt. Dort dienen sie sowohl der Diagnose und Kontrolle (Ist-Größen), als auch der Planung (Soll-Größen). Es gibt absolute Kennzahlen (Deckungsbeiträge, Anlagevermögen, Eigenkapital, Gewinn,...) und Verhältniskennzahlen.[253]
Erstere entstehen durch Messung, durch Zeichenkultivierung. Letztere entstehen durch formelhafte Verknüpfung von absoluten Kennzahlen. Sie grenzen somit bereits an die künstlichen Zeichen. Ein Beispiel für eine solche Verhältniskennzahl ist die „Eigenkapitalrentabilität" (ROE - Return on Equity). Diese wird definiert als Quotient aus dem Erfolg (nach Zinsaufwand und nach Steuern) und dem eingesetzten Eigenkapital. Sie ist Indikator für den relativen Erfolg des investierten Kapitals des Eigentümers. Andere Verhältniskennzahlen sind Vertriebskostenanteil, Umschlagsgeschwindigkeit, Eigenkapitalquote oder diverse Liquiditätskennzahlen.[254] Bereits einzelne Kennzahlen werden häufig auch zu prognostischen und planerischen Zwecken herangezogen, indem man einfache

Kausalbeziehungen aufstellt. Eine solche Relation wäre, dass höhere Forschungsaufwendungen in der Gegenwart eine höhere Rentabilität in der Zukunft anzeigen, beziehungsweise bewirken.[255]

Kennzahlen zeigen nur einen sehr kleinen Ausschnitt der gemessenen Wirklichkeit. Diese Wahrnehmungsverengung versucht der Controller zu erweitern, indem er eine Vielzahl von Kennzahlen einsetzt. Je mehr Kennzahlen er verwendet, desto mehr Informationen stehen ihm zur Verfügung. Dabei steigt jedoch die Gefahr, dass er im Zahlenwald den Überblick verliert, das Wichtige vom Nebensächlichen nicht mehr unterscheiden kann und seine Zeit mit der Produktion von Datenfriedhöfen vertut. Aus diesem Grund versucht er, die Fülle von Zahlen in Kennzahlensystemen zu ordnen und miteinander in systematische Beziehung zu setzen. Er konstruiert Modelle, welche alle relevanten Faktoren der betrieblichen Wirklichkeit übersichtlich abbilden sollen.

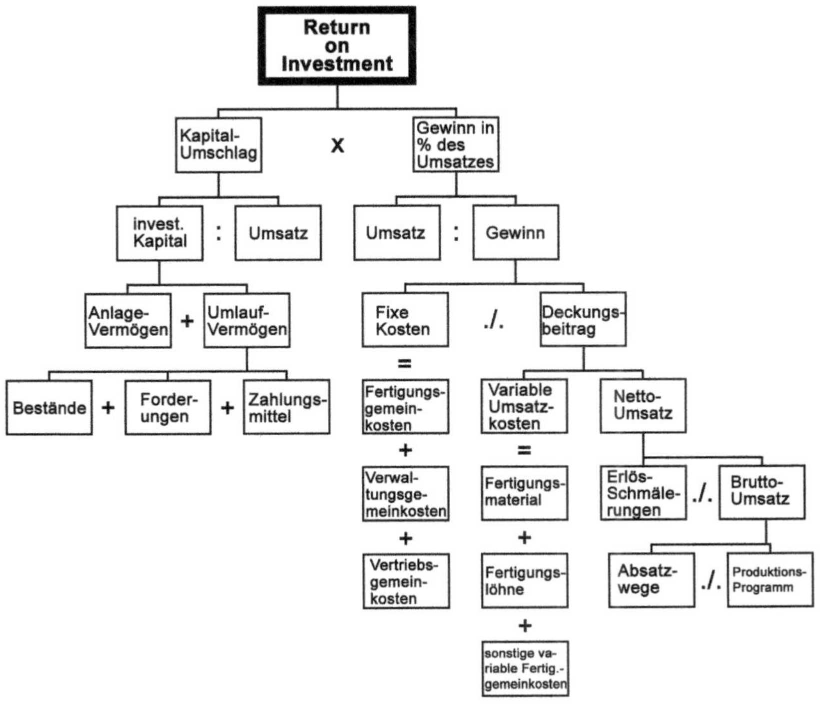

von kultivierten zu künstlichen Zeichen: Das DuPont-Kennzahlensystem

Eines der ersten und zugleich bekanntesten Kennzahlensysteme ist das „DuPont-System of Financial Control", welches 1919 vom amerikanischen Chemiekonzern DuPont entwickelt wurde. Die Leitkennzahl, welche an der Spitze dieses hierarchischen Modells steht, ist der „Return on Investment" (ROI), die Gesamtkapitalrentabilität. Dieser Wert drückt den Gewinn in Relation zum investierten Kapital aus. Er ist als Endsubstrat aller finanziellen Kennzahlen die zu maximierende Zielgröße. Die Abbildung zeigt die Kennzahlenverknüpfungen dieses Modells.

Es gibt noch eine Reihe weiterer Kennzahlensysteme, welche dem DuPont-Schema sehr ähnlich sind. Beispielsweise das ZVEI-System (1969) ist noch deutlich komplexer. Es besteht aus etwa 200 Kennzahlen. Das RL-Kennzahlensystem (1977) verwendet zwei Leitgrößen, das „ordentliche Ergebnis (nach Steuern)" und die Liquidität. Das PuK-Kennzahlensystem (1974) wird nach den Strukturvorgaben des Planungs- und Kontrollsystems gestaltet. Damit können die Wirkungen von diversen Alternativen der Zielerreichung errechnet und prognostiziert werden.[256] Kennzahlensysteme eignen sich also auch als Prognoseinstrumente und Entscheidungsmaschinen, wenngleich die Aspekte der Steuerung und der Planung im Vordergrund stehen. Sie versuchen, das Unternehmen als rechnerisches Modell, als mechanisches Uhrwerk mit all seinen Zahnrädern nachzubauen. Dadurch kann der Controller die künftigen Wirkungen verschiedener Entscheidungen am Reißbrett antizipieren bevor sie auf den Betrieb losgelassen werden. Zumindest ist dies das hehre Ziel solcher Systeme.

Balanced Scorecard

Die klassischen Kennzahlensysteme pflegen eine äußerst materialorientierte Sichtweise. Sie arbeiten ausschließlich mit monetären Größen. Was nicht direkt in Geld quantifizierbar ist, existiert für sie nicht. Dabei geraten jedoch wesentliche Erfolgsfaktoren wie Markt- oder Kundenorientierung aus dem Blickfeld. Robert Kaplan und David Norton haben deshalb 1992 die Balanced Scorecard vorgestellt. Dieses Kennzahlensystem enthält auch nichtmonetäre Faktoren. Ausgehend von Vision und Strategie des Unternehmens werden folgende vier Perspektiven gleichermaßen berücksichtigt:[257]

1. **Finanzwirtschaftliche Perspektive:** Dieser Baustein entspricht im Wesentlichen den klassisch-monetären Kennzahlen. Neu hingegen sind folgende zusätzliche Perspektiven:

2. **Kundenperspektive:** Es werden Kennzahlen erarbeitet, welche die Sicht des Kunden und des Marktes auf das Unternehmen widerspiegeln. Diese operationalisieren Faktoren der Kundenzufriedenheit wie Service, Qualität, Produktleistung, Preis oder Zeitaspekte.

3. **Betriebsinterne Prozessperspektive:** Zudem werden Kennzahlen erstellt für die betriebsinternen Abläufe, welche wesentlichen Einfluss auf das Erreichen der finanziellen und kundenorientierten Ziele haben.

4. **Innovations- und Wissensperspektive:** Diese Kennzahlen sollen zeigen, inwieweit das Unternehmen zu Verbesserungen und Innovationen in der Lage und somit für die Zukunft gewappnet ist. Hierfür typische Kennzahlen sind etwa das Durchschnittsalter der Produkte oder der Umsatzanteil der Neuprodukte. Andere Kennzahlen sind Indikatoren für die Qualifizierung und Motivation der Mitarbeiter oder für die Leistungsfähigkeit der Informationssysteme.

Daneben können noch zahlreiche andere Perspektiven einfließen wie etwa Umweltfaktoren oder eine Stakeholder-Perspektive. Neu an der BSC war nicht nur der Einbezug zahlreicher nichtmonetärer Größen, sondern auch die Zielorientierung sämtlicher Kennzahlen. Es werden also zuerst Zukunftsvisionen entworfen, dann konkrete Ziele gesetzt und schließlich Leistungsmaßstäbe und Kennzahlen dafür festgelegt. Das Problem ist jedoch, dass sich viele qualitative Faktoren kaum sinnvoll operationalisieren lassen. Sind durchschnittliche Wartezeit beim Kundendienst, Prozentsatz zufriedenstellend gelöster Kundenprobleme oder Reaktionszeit auf Kundenbeschwerden wirklich repräsentative Kennzahlen der Kundenzufriedenheit? Welche Indikatoren soll man verwenden als Maß der Qualifizierung oder Motivation von Mitarbeitern? Auch hier zeigt sich die unüberwindbare Schwierigkeit, abstrakte Konstrukte wie „Zufriedenheit" oder „Motivation" messbar zu machen. Die Indikatorenbildung gerät leicht zum Willkürakt, beziehungsweise zum Dressurakt.

Im schlimmsten Fall führen die Kennzahlen dazu, dass Mitarbeiter sich nur noch auf die gemessenen Faktoren konzentrieren, insbesondere wenn diese mit ihrem Bonus gekoppelt sind. Dann werden zwar z.B. die gemessenen Reaktionszeiten auf Serviceanfragen übererfüllt, allerdings auf Kosten der nicht gemessenen Freundlichkeit dem Kunden gegenüber.

Solche Tücken sollte man bei der Anwendung aufmerksam beobachten. Mit Fingerspitzengefühl auf die spezielle Situation eines Unternehmens maßgeschneidert, erweitert die Balanced Scorecard den strategischen Entscheidungshorizont erheblich und ist dann ein großer Fortschritt im Vergleich zu rein monetär orientierten Kennzahlensystemen.
Die Balanced Scorecard ist dabei nicht nur ein Instrument der Diagnose und der Planung, sondern vor allem ein Werkzeug zur ganzheitlichen Strukturierung von Zukunftsvisionen. Als solches hat sie eine große Ähnlichkeit mit den verschiedenen visionären Methoden der modernen Zukunftsforschung, wobei das aktive Entwerfen und Verwirklichen wünschenswerter Zukünfte im Vordergrund steht.

Kennzahlen in der Volkswirtschaftslehre

Mehr noch als in der BWL gehören ökonomische Kennzahlen in der Volkswirtschaftslehre zum Grundrepertoire. Die klassische Nationalökonomie entstand Ende des 18. Jahrhunderts mit dem Ziel, Naturgesetze der Sozialmechanik zu entdecken. Mit Formeln und Zahlen wollte man Bauplan und Funktionsweise der Wirtschaftsmaschine entschlüsseln. Zu diesem Zweck wurde eine Fülle quantitativer Kennzahlen und theoretischer Konstrukte geschaffen: Angebot und Nachfrage von Gütern, Arbeit und Geld, Import- und Exportquote, Inflationsrate, Zinssätze, Preise, Profite, Kapital und Kredite, verschiedenste Kostenarten, Arbeitslosenquote, Ersparnisse, Investitionen, Konsum, Steuern, Lohnsumme und Reallöhne, nominaler und realer Wechselkurs, Netto- und Bruttosozialprodukt, Netto- und Bruttoinlandsprodukt zu Faktorkosten oder Marktpreisen, Vermögen, Skalenerträge, Elastizität und vieles mehr.

Eine der wohl bizarrsten Konstrukte der VWL sind Nutzen und Grenznutzen, welche von gänzlich weltfremden Prämissen ausgehen, wie etwa dass Wirtschaftssubjekte „rational" (das heißt logisch-mechanisch) handeln, dass sie konstante, hierarchisch geordnete Präferenzen und Bedürfnisse haben, dass Güter homogen und substituierbar sind und ähnliches. Für eine solcherart zurechtgebogene Scheinwelt werden dann Nutzen- und Grenznutzenfunktionen aufgestellt und Indifferenzkurven gezeichnet. Solche Modelle sind symptomatisch für die Ökonomie. Man postuliert Marktmechanismen und Marktgleichgewichte. Es werden Funktionen aufgestellt für Angebot und Nachfrage, Gewinne und Erlöse, Kosten oder Produktion. Man zeichnet Budgetgeraden, Isoquanten oder Indifferenzkurven. Man verkündet unzählige einander widersprechende Modelle, Gesetze, Theoreme, Effekte und Theorien. Mathematische Formeln und Graphen erwecken die Fiktion einer exakten Wissenschaft. Doch dahinter verbergen sich zumeist nichts anderes als Mutmaßungen, Unterstellungen, Tautologien oder Selbstverständlichkeiten.

Marktmechanismen I: eine Konsumfunktion

Es wäre müßig, auf die verschiedenen Modelle der VWL im Detail einzugehen. Stattdessen möchte ich auf Stanislaw Lems „Geschichte vom wahnsinnigen Schneider" verweisen, welche im vierten Prognostik-Band vorgestellt wird.[258] Folgende zwei einfache Beispiele sollen zeigen, wie die Ökonomen von Kennzahlen zu Wirtschaftsprognosen kommen. Bei diesen werden zwei Kennzahlen durch einen monokausalen Hebel zu einem Marktmechanismus verknüpft, sodass man aus der Veränderung eines Werts die Entwicklung des anderen Werts prognostizieren kann. Da die eine Kennzahl stets Indikator der anderen Kennzahl ist, kann man derartige einfache Wirkungszusammenhänge noch zu den kultivierten Zeichen rechnen.

Das erste Beispiel ist eine einfache Konsumfunktion, angelehnt an Keynes.[259] Diese baut auf der theoretischen Grundvorstellung auf, dass der private Konsum (C) eine Funktion des verfügbaren Einkommens der Haushalte (Y) und deren Konsumneigung (c) ist. Der Volkswirtschaftler bringt eine derartige These folgendermaßen in mathematische Form:

$$C = c * Y$$

Um eine solche Formel prognostisch einsetzen zu können, muss man sie mit statistischen Zahlen füllen und überprüfen. Nach einer solchen Prozedur könnte der endgültige Zusammenhang schließlich folgendermaßen aussehen:

$$C = 0{,}8 * Y$$

Diese Formel bedeutet nichts anderes, als dass 80 % des verfügbaren Einkommens in den privaten Konsum fließen. Der Wert 0,8 für die Konsumneigung (c) basiert auf empirischen Daten der Vergangenheit. Hat man eine solche Formel gefunden, so kann man damit auch Prognosen erstellen. Ist beispielsweise bekannt, dass die aggregierten Einkommen eines Landes im kommenden Jahr 23.798 Millionen betragen werden, so lässt sich der Konsum des kommenden Jahres prognostizieren als

$$0{,}8 * 23.798 = 19.038{,}4$$

Die verformelte Schätzung

Das Problem einer solchen Formel ist jedoch, dass in einer Marktwirtschaft die künftigen Gehälter keineswegs bekannt sind und deshalb geschätzt werden müssen. So werden zur Schätzung der künftigen Gehälter weitere Formeln aufgestellt, welche ihrerseits früher oder später selbst wiederum Schätzungen beinhalten müssen. Manche derartige Modelle enthalten bis zu hundert und mehr Variablen. Doch das Problem wird damit nur verschoben. Egal wie ausgefeilt man diese Rechenmodelle auch gestaltet, am Ende gibt es immer Werte, welche subjektiv geschätzt werden müssen. Mit diesen Schätzwerten steht und fällt jedoch die Prognose. So produziert selbst das komplexeste Rechenmodell am Ende nur das, was der subjektiven Schätzung des Prognostikers entspringt. Ob man nun aber einen der Input-Werte schätzt oder die Schätzung gleich am Endergebnis vornimmt, bleibt im Grunde einerlei.

Das Einfließen von Schätzwerten bringt noch ein weiteres Problem. Es verunmöglicht die empirische Überprüfung der Formel. Denn wie man es auch dreht und wendet, man weiß am Ende nie, ob nur die verwendeten Schätzwerte falsch waren oder vielmehr das ganze Formelgebäude nur ein Hirngespinst ist. Derartige Formeln nehmen zudem an, dass einer oder mehrere der verwendeten Faktoren konstant sind. Das obige Beispiel geht aufgrund empirischer Untersuchungen der Vergangenheit davon aus, dass sich die Konsumneigung (c) konstant bei 0,8 befindet. Eine derartige Annahme ist jedoch höchst unrealistisch. Kann sich dieser Wert nicht vielmehr schlagartig verändern, beispielsweise aufgrund von Naturkatastrophen, Wirtschaftskrisen oder schlicht aus Launen und Moden heraus? Der Ökonom sagt ja, doch führt er zur Verteidigung seines Modells an, dass eine konstante Konsumneigung eben zu seinen Ceteris-Paribus-Klauseln gehört und dass es sich bei Naturkatastrophen oder Wirtschaftskrisen um „externe Faktoren" handle. Wo bleibt jedoch der Wert eines Modells, welches eine derart hermetische Scheinwelt konstruiert? Was ist es mehr als ein bloßes Gedankenspielzeug?

Marktmechanismen II: Die Phillips-Kurve

Das zweite Beispiel gründet nicht auf theoretischen Überlegungen, sondern auf einer empirischen Beobachtung. Die 1958 von Alban W. Phillips (1914 – 1975) präsentierte Phillips-Kurve zeigt einen inversen Zusammenhang, einen Trade-off zwischen Inflationsrate und Arbeitslosenquote. Phillips hatte die britischen Wirtschaftsstatistiken von 1886 bis 1957 ausgewertet und dabei entdeckt, dass in Zeiten steigender Geldlöhne die Arbeitslosenquote sank, während sie in Zeiten fallender Geldlöhne stieg. Dieser Zusammenhang mag kaum überraschen. Schließlich ist es klar, dass bei einer guten Wirtschaftslage mit niedriger Arbeitslosenquote die Macht der Arbeitnehmer steigt, Arbeit teurer wird und sich somit die Löhne erhöhen. Dennoch rieben sich die Ökonomen die Hände. Endlich hatten sie einen waschechten Marktmechanismus gefunden, der empirisch fundiert war! Paul Samuelson und Robert Solow ersetzten kurz darauf die Geldlöhne durch das Preisniveau, also durch die Inflationsrate. Auch dieser Zusammenhang bestätigte sich anhand zahlreicher empirischer Beispiele. So musste nur noch eine passende Theorie zusammengekleistert werden, welche dieses Phänomen erklärte.[260]

Ausschweifende Theoriestreitereien setzten ein zwischen Keynesianern, Neoklassikern und den Monetaristen um Milton Friedman. Die geistigen Verrenkungen, das Phillips-Phänomen für die eigene Ideologie zu vereinnahmen, waren beachtlich. Jedenfalls setzte sich in der Wirtschaftspolitik der Glaube durch, dass man Arbeitslosigkeit ganz einfach bekämpfen könnte, indem man durch Erhöhung der Geldmenge die Inflation erhöht. „Lieber fünf Prozent mehr Inflation als fünf Prozent mehr Arbeitslose!" lautete die Devise. Endlich hatte der Finanzminister einen Lenkungsmechanismus, mit dem er auf einfache Weise die Wirtschaft steuern und die Arbeitslosigkeit verringern konnte. Doch die Euphorie währte nicht lange.

Die harte Realität der 1970er Jahre brachte nicht nur der technokratischen Futurologie den Zusammenbruch. Auch die Phillipskurve funktionierte nicht mehr. Plötzlich waren sowohl die Inflationsrate, als auch die Arbeitslosenquote hoch. Von Trade-off war keine Spur mehr zu sehen. Die Phillipskurve musste zu den Akten gelegt werden.[261]

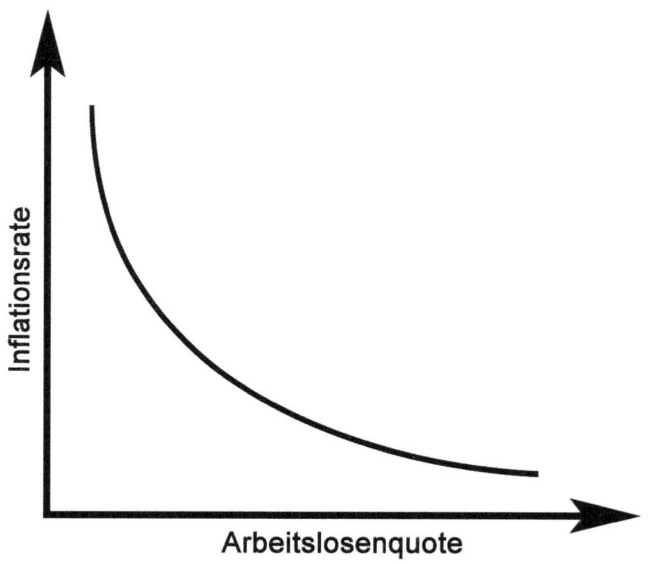

Die klassische Phillips-Kurve:
hohe Inflation – niedrige Arbeitslosigkeit, niedrige Inflation – hohe Arbeitslosigkeit

Lange Zeit schien die Phillips-Kurve überholt. Erst in der zweiten Hälfte der 1990er Jahre erlebte sie ein Revival. Man bereinigte die Inflationsrate der 1970er Jahre um die Preissteigerungen, welche durch die Ölpreisschocks bewirkt worden waren und siehe, die Phillips-Kurve war wieder da![262] Auch für die Zeit seit den 1980er Jahren ließ sich wieder eine Phillips-Kurve konstruieren. Man durfte ihre langfristige Form nur nicht als konstant annehmen. Vielmehr führten die Ökonomen ein neues Konstrukt ein, welches die Lage der Kurve verändern konnte: die numinose Kraft der „Inflationserwartungen". Da diese Inflationserwartungen in den 1970er Jahren hoch gewesen waren, hat sich in diesem Zeitraum auch die Phillipskurve wiederholt nach oben verschoben. So sah es eine Zeitlang so aus, als gäbe es hohe Arbeitslosigkeit bei hoher Inflation. Tatsächlich waren diese Werte jedoch nur Ausdruck der nach oben verschobenen Kurve. Erst in den 1980er Jahren haben sich die Inflationserwartungen wieder auf dem Niveau der tatsächlichen Inflation stabilisiert. Dadurch ist die Phillips-Kurve zur Ruhe gekommen. Zur Beschreibung dieses Stabilitätspunkts wurde ein weiteres Konstrukt eingeführt, die „natürliche Arbeitslosenquote" NAIRU („non-accelerating inflation rate of unemployment"). Wenn ein Staat versucht, die Arbeitslosenquote unter ihrem „natürlichen Niveau" zu halten, dann nimmt die Inflationsrate kontinuierlich zu und die gesamte Phillips-Kurve verlagert sich nach oben. Dadurch steigt schließlich auch die Arbeitslosigkeit. Deshalb sind derartige öffentliche Maßnahmen kontraproduktiv. Vielmehr muss der Staat zur dauerhaften Bekämpfung der Arbeitslosigkeit den Arbeitsmarkt deregulieren, um eine möglichst effiziente Allokation der Produktivkräfte zu gewährleisten.

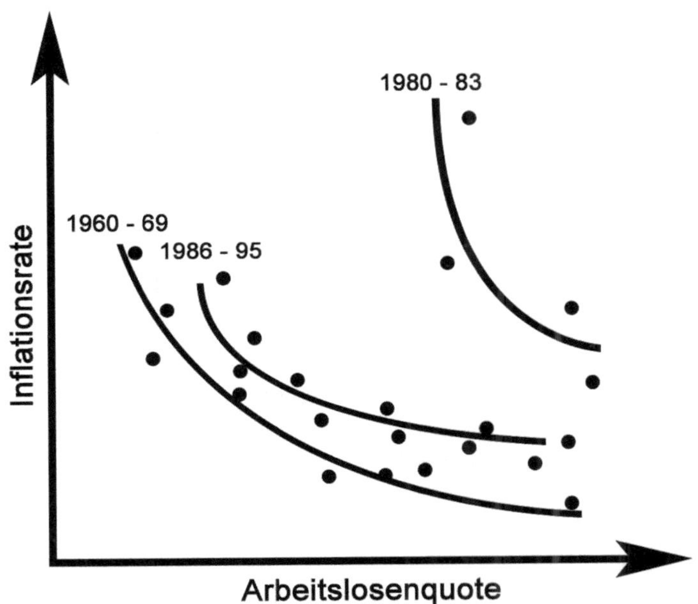

Die neue Phillips-Kurve ist nicht konstant, sondern abhängig von NAIRU: in Zeiten hoher „Inflationserwartung" (z.B. 1980–83) verschiebt sie sich nach oben

So zumindest wollen es die Anhänger der kapitalistischen Ideologie. Das Wirtschaftswachstum ist wichtiger als die Rechte der Arbeitnehmer. Die

Inflation ließe sich nach diesem Marktmechanismus um etwa einen Prozentpunkt senken, indem man die Arbeitslosenquote ein Jahr lang zwei Prozentpunkte über dem NAIRU hält (laut Schätzungen für die USA 1996). Dieses Verhältnis wird bezeichnenderweise „Opferrate" genannt.[263] Der Begriff „natürliche Arbeitslosenquote" erinnert nicht von ungefähr an die „natürliche Selektion" der Sozialdarwinisten.

Dieses Beispiel zeigt anschaulich, wie Prognostik auch heute noch als beliebtes Instrument zur Machtsicherung der herrschenden Klasse herangezogen wird. In der magischen Epoche zementierten Kaiser, Pharaonen und Priesterherrscher ihre Machtposition damit, dass sie sich als Auserwählte der Götter darstellten und ihre Entscheidungen über die Kommunikation mit höheren Kräften durch Orakel legitimierten. Vor gar nicht allzu langer Zeit war es die ökonomische Theorie von Marx und Engels, welche die planwirtschaftlichen Entscheidungen der obersten Genossen rechtfertigten. Heute ist es die liberalistische Volkswirtschaftslehre, welche den Mächtigen, den Wirtschaftsführern und Kapitalisten, mit ihren Theorien und Berechnungen eine „wissenschaftliche" Rechtfertigung ihres Tuns konstruiert.
Faszinierend ist in dieser Hinsicht, welche Umdeutungen das empirische Phänomen der Phillips-Kurve vor verschiedenen ideologischen Hintergründen erfahren hat. In den Jahrzehnten der sozialen Marktwirtschaft diente sie den Politikern als Legitimation für massive staatliche Eingriffe in die Geldwirtschaft. Nun, im Zeitgeist von Liberalisierung, Globalisierung und Kapitalismus, rechtfertigt sie das Gegenteil davon. In diesem Zusammenhang wird es interessant sein, wie die Deutung dieses Diagramms in einem künftigen Zeitgeist ausfallen wird, in welcher Art und Weise man unter einer neuen Ideologie die als Punkte im Koordinatensystem eingetragenen empirischen Werte für Inflation und Arbeitslosigkeit mit Kurven verbinden wird. Denn eines ist sicher: die Zeiten, da künftige empirische Werte nicht mehr in das herkömmliche Muster passen werden und die Gottheit Nairu verblassen wird, kommen gewiss.

Phillips-Kurve und Konsumfunktion dienten uns als Beispiele für zwei einfache kausaltheoretische Marktmechanismen, welche zur Prognose und zur aktiven Gestaltung der Zukunft herangezogen werden können. Derartige Formeln sind bereits ein erster Schritt hin zu komplexen Modellen, zur Deutung künstlicher Zeichen. Die Volkswirtschaftslehre kennt aber noch eine andere Möglichkeit der Vorausschau, welche mit deutlich weniger theoretisch-abstraktem Hintergrund auskommt: Indikatorensysteme.

Harvard-Barometer und Diffusionsindex

In den 1920er Jahren entwickelte Warren M. Persons (1878 – 1937) zur Konjunkturprognose das „Harvard-Barometer". Dabei ging er von der Beobachtung aus, dass es manche statistischen Zahlenreihen gibt, die mit der Konjunktur gleichlaufen („coincident series"), manche, die hinterherhinken („lagging series") und schließlich solche, die der Konjunktur vorauseilen. Typische Beispiele für derartige „leading series" sind der Bestellungseingang der Industrie oder die Anzahl der Baubewilligungen. Die Erfahrungen mit dem „Harvard-Barometer" als Prognoseinstrument waren jedoch höchst enttäuschend. Erst in der Nachkriegszeit stießen derartige Indikatorensysteme wieder zunehmend auf Interesse. Das amerikanische „National Bureau of Economic Research" entwickelte ein Barometer, bei dem die einzelnen Größen mittels Durchschnittsbildung zu einem „Referenzzyklus" zusammengefasst werden. Prognostische Bedeutung kommt dabei vor allem dem Referenzzyklus der „leads" zu. Das Problem ist jedoch, dass die meisten Indikatoren nicht in einem konstanten Verhältnis der Konjunktur vorauseilen, sondern in ihrer Bewegung chaotisch fluktuieren. So ist es oft schwierig zu beurteilen, ob eine Trendwende beim Referenzzyklus tatsächlich Vorbote einer Trendwende bei der Konjunktur ist oder lediglich Teil der chaotischen Pendelbewegungen. Zudem ist der „lead" meist zu klein für einen brauchbaren prognostischen Vorsprung.

Ebenfalls vom „National Bureau of Economic Research" entwickelt wurde der "Diffusionsindex". Anstelle der aufwendigen Referenzzyklen werden die einzelnen Indikatorwerte nur mehr dahingehend ausgewertet, ob sie eine positive Grundtendenz aufweisen können. Daraus wird ein Index erstellt mit einer Skala von 0 (keine der Reihen weist einen positiven Verlauf auf) bis 100 (alle Reihen weisen einen positiven Verlauf auf). In den meisten Ländern wird dieser Index aus etwa 20 bis 30 verschiedenen Einzelreihen erstellt. Manchmal werden aber auch deutlich mehr verwendet. Das Problem des Diffusionsindex ist, dass alle Indikatoren gleichermaßen einfließen. Solche mit großem Einfluss auf die Konjunktur werden nicht höher gewichtet als Nebenindikatoren. So kann er auch nur generelle Tendenzen anzeigen. Als eigenständiges Prognoseinstrument ist der Diffusionsindex somit eher ungeeignet, wohl aber als komplementäres Hilfsmittel der Vorausschau.[264]

Börsenindikatoren

Neben Controlling und Volkswirtschaftslehre ist der Aktienmarkt der dritte wirtschaftliche Bereich, in welchem Prognoseindikatoren eine große Rolle spielen. Und da die Spekulantenszene von Mythen, Erfolgsstories und Glücksrittertum lebt, hat sie auch einige recht sonderbare Börsenindikatoren hervorgebracht. So stellt der Aktentaschen-Indikator den Versuch dar, aufgrund der Dicke der Aktentasche von Alan Greenspan bei Sitzungen der US-Notenbank auf seine künftigen Entscheidungen zu schließen. Legendär waren auch die Methoden des erfolgreichen Wall Street Experten Frederick N. Goldsmith. Ihm wurde 1948 gerichtlich untersagt, seine Börsenbriefe weiterhin zu verkaufen, weil sie nicht aufgrund „anerkannter Quellen" erstellt wurden. Er bekam seine Hinweise von den Geistern Verstorbener und durch die Beobachtung eines populären Zeitungs-Comicstrips. Immer dann, wenn die Hauptfigur Jiggs seine Hand in die rechte Hosentasche steckte, war dies für Goldsmith ein Signal zu kaufen.[265]

Dass man zwangsläufig höchst signifikante Korrelationen zwischen Indikatoren und Börsenkursen finden muss, wenn man nur lange genug Statistiken durchwühlt, zeigt der Super Bowl Indicator. Wenn das Team, welches den Super Bowl gewinnt, zur früheren „National Football League" gehört, so geht der Dow Jones für das betreffende Jahr nach oben. Stammt die Siegermannschaft hingegen aus der früheren „American Football League", so zeigt dies ein Fallen des Dow Jones an. Für die dreiundzwanzig Spiele der Jahre 1967 – 1990 traf dieser Indikator einundzwanzig Mal ins Schwarze. Das entspricht einer phänomenalen Erfolgsquote von 91 %.[266] In den letzten Jahren ist diese Korrelation zwar merklich schwächer geworden, sie liegt aber immer noch weit über den Trefferquoten anderer Methoden.

Dafür gibt es drei verschiedene Erklärungsansätze. Manche Börsenmakler glauben, dass es tatsächlich einen mystischen unterirdischen Zusammenhang, irgendein magisches Analogiegesetz gäbe zwischen der Welt des Football und der Welt der Börse. Eine andere mögliche Erklärung ist, dass viele Investoren ihr Anlageverhalten nach dem Super Bowl Indicator orientieren und dadurch erst den Markt in die angezeigte Richtung treiben. Dagegen spricht jedoch die Tatsache, dass der Super Bowl Indicator seit seiner Entdeckung schwächer und nicht stärker geworden ist. Die dritte und plausibelste Erklärung ist, dass man derartig hochsignifikante Zusammenhänge immer finden muss, wenn man nur genügend Zahlenreihen miteinander vergleicht. Untersucht man beispielsweise zehntausend verschiedene Zahlenreihen, von der alphabetischen Verteilung von Kinofilmen eines Jahres bis hin zur Haarfarbe von Finanzministern, so ist die Wahrscheinlichkeit sehr hoch, dass sich darunter auch hochsignifikante Korrelationen mit dem Börsengeschehen finden werden. So will es der Zufall. Die Frage ist nur, inwieweit sich derartige Korrelationen dauerhaft zur Prognose eignen oder einfach in Nichts auflösen, sobald man sie längere Zeit verfolgt.

Deshalb muss sich irgendein ersichtlicher Kausalzusammenhang zwischen Indikator und Börsengeschehen konstruieren lassen. Ohne plausible Wirkungstheorie landet der Indikator schnell im Kuriositätenkabinett des Aberglaubens, egal wie gut er sich auch bewähren mag. Ein Beispiel für einen sowohl theoretisch, als auch empirisch fundierten Börsen-Indikator ist das Januar-Barometer. Dieses funktioniert nach dem Prinzip, dass der Marktverlauf des Monats Januar den Marktverlauf des gesamten Jahres anzeigt. Fallen beispielsweise im Januar die Aktienkurse, so werden sie dies auch für den Rest des Jahres tun. Zwischen 1950 und 1985 stimmte dieser Zusammenhang einunddreißig von sechsunddreißig Mal, was einer Trefferquote von fast 90 % entspricht. Erklärt wird diese Korrelation damit, dass seit dem „lame-duck amendment" zur amerikanischen Verfassung die wichtigen wirtschaftspolitischen Entscheidungen bereits im Januar getroffen werden und somit das gesamte Jahr prägen. Dennoch haben die letzten Jahre ein deutliches Schwinden dieses Zusammenhangs gebracht. Blind verlassen sollte sich der Börsenspekulant des 21. Jahrhunderts nicht mehr darauf.

Ähnlich funktioniert der Monatseffekt. Darunter versteht man das Phänomen, dass der durchschnittliche Ertrag von steigenden Aktien nur in den letzten Tagen vor Monatsende und in der ersten Hälfte des Kalendermonats positiv ist. In der zweiten Monatshälfte ist er gleich Null. 1963 bis 1981 traf dieser Zusammenhang immer zu.[267] Ähnliche Korrespondenzen gibt es zwischen verschiedenen Wochentagen oder Saisonen und dem Börsenverhalten. Derartige Indikatoren gründen auf zyklisch organisierten Abläufen des Wirtschaftslebens, auf kalenderbasierten Abrechnungszeiträumen und Phasen der Spannung und Entspannung von Produktivität. Sie fallen daher bereits in den Bereich der zeitendeutenden Prognostik.
Einfache Indikatoren wie das Januar-Barometer gehören zum Werkzeugkoffer der „Technischen Analysten". Diese gehen von der Prämisse aus, dass alle relevanten Informationen zur Prognose von Aktienkursen bereits im Preis enthalten sind. Die Zukunft der Kurse lässt sich insofern aus der Analyse ihres vergangenen Verhaltens ableiten. Weitere Methoden der Finanzanalyse werden uns im Abschnitt über die Deutung künstlicher Zeichen begegnen.[268]

Aktienkurse und das Wurfpfeil-Orakel

Die verschiedenen Methoden der Finanzanalyse sind mit erheblichem Aufwand verbunden. Die Frage ist allerdings, ob dieser Aufwand überhaupt zu einer Verbesserung von Börsenentscheidungen beizutragen vermag. Denn zahlreich sind die Beispiele für gravierende Fehlprognosen renommierter Institute und Börsenbriefe. Gleicht das Auf und Ab der Aktienkurse am Ende gar dem willkürlichen Hin- und Hertorkeln eines Betrunkenen auf dem Nachhauseweg, wie die sogenannte Random-Walk-Theorie behauptet? Kann ein per Zufallsprinzip ausgewähltes Aktienbündel gleich erfolgreich sein wie ein mit ausgefeilten Methoden erstelltes Portfolio?
Um diese Hypothese zu testen, wurden Experimente mit dem Wurfpfeil-Orakel gemacht. Im Juni 1967 warfen Reporter des Forbes-Magazins 28 Wurfpfeile auf den Börsenbericht der New York Times. In die getroffenen Aktien investierten sie jeweils 1.000 Dollar, also insgesamt 28.000 Dollar. Im Jahr 1984 war dieses Paket bereits 131.698 Dollar wert, was einer jährlichen Zuwachsrate von 9,5 % entspricht. Wenige Monate später führte

der amerikanische Senator Thomas McIntyre ein ähnliches Experiment durch. Ebenfalls mittels Wurfpfeilen stellte er ein Anlagepaket zusammen, welches zehn Jahre zuvor einen Wert von 10.000 Dollar gehabt hätte. Zur Zeit des Experiments hätte der Wert bereits 25.300 Dollar betragen. Derartige Zuwachsraten stellten selbst die besten Wertpapierfonds in den Schatten. Inwieweit Depotverwalter und Anlageberater ihre hohen Provisionen mit ihrem Fachwissen rechtfertigen können, ist somit fraglich.[269] Das Wurfpfeil-Orakel mit seiner offensichtlichen Ähnlichkeit zu den magischen Methoden der Zeichendeutung ist den komplexen Instrumenten der Moderne mindestens ebenbürtig.

06. Quantitative Befragung

Wie wir sehen sind die meisten Börsenindikatoren sehr umstritten. Die Parallelen zu den magischen Methoden der Vorhersage sind so offensichtlich wie auf kaum einem anderen Sektor der modernen Prognostik. Dennoch sind sie populärer denn je zuvor. Wo der Ruf des Geldes lockt, wird jeder abstruse Hoffnungsschimmer zur Offenbarung. Wir werden in späteren Kapiteln und Bänden noch eine Reihe weiterer derartiger Beispiele aus dem Werkzeugkoffer der Technischen Analysten kennenlernen. Aber auch altbewährte, wissenschaftlich etablierte Methoden werden auf der Suche nach dem Informationsvorsprung bemüht.

Sentimentindikatoren und Konjunktur-Barometer

Vor allem das Paradeinstrument der empirischen Sozialforschung, die quantitative Befragung, kommt in den letzten Jahrzehnten auch auf dem Börsensektor häufig zum Einsatz. Dies gründet auf der Beobachtung, dass Aktienpreise entgegen der Meinung der Fundamentalanalysten oft nur bedingt vom tatsächlichen Wert der Firma abhängen. Sie entstehen zu einem gewichtigen Teil aus den Zukunftserwartungen der Investoren. Aktien werden weniger aufgrund des aktuellen Werts gekauft, sondern aufgrund des erwarteten zukünftigen Werts. Insofern ist das Investitionsverhalten vor allem abhängig von der „Stimmung" am Börsenmarkt. In Zeiten der Aufbruchstimmung werden Aktien tendenziell überbewertet, während sie in Zeiten der Vorsicht eher unterbewertet werden.

Um diese „Stimmung" des Marktes einzufangen, hat man 1963 in den USA begonnen, mit Sentimentindikatoren zu arbeiten. Der erste derartige Index war der „Investor's Intelligence". Neben dem „Bullish Consensus" von Market Vane (seit 1964) ist er bis heute einer der bekanntesten Indices für die Marktstimmung. Beide werden aufgrund der wöchentlichen, beziehungsweise täglichen quantitativen Auswertung von Handelsempfehlungen einflussreicher Analysten, Marktbeobachter und Börsenbriefe erstellt. Auch die monatlichen Befragungen von etwa 300 Fondsmanagern durch das Investmenthaus Merrill Lynch finden große Beachtung. Ermittelt werden die Erwartungen bezüglich Konjunktur und Aktien-, Renten- und Devisenmärkten.

In Europa befragt das Zentrum für Europäische Wirtschaftsforschung (ZEW) seit 1991 Finanzanalysten über ihre Einschätzung der künftigen Inflation, Zinsen, Aktienindizes, Wechselkurse und Ölpreis. Daraus werden auch für die nationalen Märkte Kennzahlen erstellt. In Deutschland gibt es derartige Indices ebenfalls seit den 1990er Jahren, beispielsweise „Notes", „Sentix", den „German Market Indikator" und die „Sentimentindizes der Deutschen Börse". Auch hier werden sowohl institutionelle, als auch private Investoren und Analysten befragt.

Eines der Hauptprobleme vieler Sentimentindikatoren ist die schwache, beziehungsweise unregelmäßige Antwortquote. Etwa beim „Sentix" liegt sie nur bei etwa 30 %. Nur wenige Indices schaffen es, dauerhaft mehr als 80 % Rücklaufquote zu erreichen, wie etwa der „German Market Indikator" oder die „Sentiment-Indizes der Deutschen Börse".
Neben den Sentiment-Indikatoren gibt es noch eine Vielzahl von Konjunktur-Barometern, welche ebenfalls mittels quantitativer Befragung erhoben werden. In dieser Beziehung unterscheiden sie sich von anderen, zahlenreihenbasierten Ansätzen wie dem Harvard-Barometer oder dem Diffusions-Index. Beispielsweise der ifo-Geschäftsklima-Index entsteht durch die monatliche Befragung von über 7.000 Unternehmen zu ihrer Einschätzung der konjunkturellen Lage und ihrer kurzfristigen Planung. Ähnlich funktioniert der Euro-Konjunkturindikator des Handelsblatts.[270]

Die vermessene Meinung

Die Befragung ist nach wie vor das am häufigsten verwendete Datenerhebungs-Instrument der empirischen Sozialforschung. Ihre Beliebtheit liegt wohl vor allem im Mangel an Alternativen begründet. Es hat zwar zahlreiche andere Versuche gegeben, „das Soziale" messbar zu machen, doch blieben Methoden wie die Deutung von Abnutzungsspuren oder die „Lost-Letter-Technique" kuriose Randnoten.[271] Um „Meinungen" als eine der direktesten und unmittelbarsten Ausdrucksformen „des Sozialen" in Erfahrung zu bringen, gab es bis zum Big Data Boom[272] eben kein besseres Instrument als die Befragung. Die qualitative Befragung haben wir bereits als Hilfsmittel der visionären Prognostik kennengelernt.[273] Als solches dient sie vor allem dem explorativen Erkunden von möglichen

Zukünften. Bei ihr ist der Mensch in erster Linie Inspirationsquelle für Zukunftsvisionen.
Der quantitativen Befragung hingegen geht es nicht mehr um die freien Phantasien von Individuen. Vielmehr sind der Mensch und seine Meinung bei ihr ein messbares Zeichen „des Sozialen". Der Einzelne zählt nur mehr als soziales Element, als Vertreter einer vordefinierten Position im Kollektivgeflecht. Während Phantasie in alle Richtungen offen ist, bezeichnet die Meinung immer eine Auswahl aus einer begrenzten Anzahl von Einstellungsmöglichkeiten. Man kann dafür oder dagegen sein, etwas gut oder schlecht finden. Man kann zwischen verschiedenen Möglichkeiten wählen oder eine Reihenfolge aufstellen. Meinungen sind Positionen in der kollektiven Denkwelt, aus welchen sich das Individuum „seine" heraussuchen kann. Das Wort „Mein-ung" bezeichnet den Vorgang des Mein-Machens einer dieser kollektiven Denkoptionen.

Die quantitative Befragung ist ein Instrument zur Kultivierung von Zeichen des Sozialen. Im Gegensatz zur qualitativen Befragung lassen sich ihre Ergebnisse immer in Zahlen, in Prozenten oder Noten messen. Es würde in unserem Rahmen zu weit führen, auf die verschiedenen methodischen Hintergründe der Befragung, auf die Vor- und Nachteile der mündlichen und der schriftlichen Form, auf die Tücken der Fragebogenerstellung und des Kommunikationsprozesses einzugehen. Derartige Angelegenheiten werden in zahlreichen Büchern über empirische Sozialforschung abgehandelt.[274] Vielmehr möchte ich einige Anwendungen der quantitativen Befragung herausgreifen, welche nicht nur eine diagnostische, sondern auch eine prognostische Funktion erfüllen.

Konsumentenbefragung

Das erste Anwendungsgebiet ist die Marktforschung. Hier sollen Konsumentenbefragungen die Marktchancen künftiger Produkte ermitteln. Möchte beispielsweise ein Getränkehersteller herausfinden, welcher von fünf neu entwickelten Säften am ehesten Erfolg verspricht, so kann er Testkonsumenten befragen. Üblicherweise müssen diese die Getränke verkosten und dann bewerten. Aus den Durchschnittsnoten aller Bewertungen ergeben sich Hinweise auf die Erfolgschancen und Optimierungspotentiale der jeweiligen Rezepturen.

Ein typisches Ergebnis einer derartigen Umfrage sieht folgendermaßen aus:

	Saft A	**Saft B**	**Saft C**	**Saft D**	**Saft E**
Gesamteindruck	2,3	4,1	1,5	2,6	3,3
Farbe	2,5	4,2	3,2	3,4	1,9
Süße	1,5	3,8	1,8	2,4	4,0
Konsistenz	2,1	3,1	1,3	1,9	1,8
...	...	...	...	...	...

Durchschnittliche Bewertung von Saftproben
durch Testgruppen in der Marktforschung

Eine solche Meinungsumfrage liefert sowohl eine Diagnose des aktuellen Kundengeschmacks, als auch eine Prognose für künftige Marktchancen. So erkennt der Marktforscher in diesem Beispiel, dass Saft C wohl die besten Zukunftschancen hat, man ihn aber noch verbessern könnte, indem man die Farbe verändert, etwa in Richtung von Saft E. Zudem könnte er in Erwägung ziehen, auch an Saft E weiterzuarbeiten, da dieser durchwegs gute Einzelwerte erhalten hat. Nur die Süße wirkte sich stark negativ auf den Gesamteindruck aus. Die Praxis derartiger Konsumentenbefragungen begann in den 1920er Jahren in den USA. Heute gibt es kaum noch eine Firma, welche ein neues Produkt ohne derartige Tests auf den Markt bringt.

Wahlprognosen und Gallup

Da Wahlen im Grunde nichts anderes sind als Befragungen, sind sie für Meinungsumfragen besonders prädestiniert. Während die Ergebnisse von Kundenbefragungen und den meisten anderen Meinungsumfragen nicht direkt auf ihre Richtigkeit hin überprüfbar sind, lässt sich bei Wahlprognosen exakt feststellen, inwieweit sie ins Schwarze getroffen haben. So hat man bereits früh begonnen, die Ergebnisse von politischen Wahlen durch „Strohwahlen" vorwegnehmen zu wollen. Eine der ersten „Straw Votes" wurde von der Zeitung „Harrisburg Pennsylvanian" zur Präsidentenwahl 1824 durchgeführt. Aufgrund der schlechten Verkehrs- und Kommunikationswege waren die ersten Versuche jedoch stark lokal begrenzt. So waren die Ergebnisse auch kaum besser als durch schlichtes Raten. Erst in den 1920er Jahren änderte sich diese Situation. Damals war es in Amerika sehr populär, Wahlwetten über die richtigen Prozentziffern der Republikaner und Demokraten abzuschließen. So witterte die Presse eine einträgliche Chance, ihre Verkäufe durch Wahlprognosen anzukurbeln. Da in einer Demokratie jede Stimme gleich viel zählt, dachte man, dass die Prognose umso exakter werden würde, je mehr Menschen man befragt. So versandte beispielsweise die Monatszeitschrift „Literary Digest" vor jeder Wahl Millionen von Postkarten und stützte ihre Prognosen auf hunderttausende Rückantworten. Derartige Massenstrohwahlen konnten teilweise auch gute Erfolge aufweisen. So war die Vorhersage für die Präsidentenwahl von 1932 auf ein Prozent exakt. Doch es gab auch Wahlen, bei denen die Massenstrohwahlen komplett versagten. Ein Grund dafür war, dass bei derartigen Vorerhebungen der Mittelstand überrepräsentiert war, während die Unterschicht nur unzureichend erfasst werden konnte. So wurden die konservativen Kandidaten tendenziell überschätzt.

Die Präsidentschaftswahlen zwischen Landon und Roosevelt im November 1936 brachten für die Wahlforschung eine entscheidende Wende. Der junge amerikanische Journalist George Gallup behauptete, mittels Befragung von nur wenigen tausend Menschen bessere Ergebnisse erzielen zu können als der „Literary Digest" mit hunderttausenden Befragten. Es käme nicht auf die Masse der Befragten an, sondern vielmehr auf deren gezielte Auswahl. Es gelang ihm, 35 Zeitschriften zusammentrommeln, welche ihn bei diesem Vorhaben finanziell unterstützten. Er verpflichtete sich sogar dazu, sämtliche Kostenbeiträge rückzuerstatten, sollte sein Ergebnis schlechter ausfallen als jenes des „Literary Digest". Dieser nahm die Herausforderung an und sammelte bis zur Wahl ganze zwei Millionen Antworten. Dennoch wich das prognostizierte Ergebnis um katastrophale 19 % vom tatsächlichen Ergebnis ab. Zudem sagte der "Literary Digest" den Sieg des Republikaners Landon voraus. Tatsächlich wurde jedoch überraschend Franklin D. Roosevelt wiedergewählt. Gallup war einer der ganz wenigen, der diesen Ausgang mit seiner neuen Methode richtig prognostiziert hatte. Über Nacht wurde er damit zum gefeierten Propheten. Sein Name wurde zum Synonym einer neuen Wissenschaft der sozialen Prognostik. Sein „American Institute of Public Opinion" wurde mit Aufträgen überschüttet. Auch in Europa schossen Gallup-Institute aus dem Boden. Zwar hatte die Methode Gallup in den Folgejahren zahlreiche gravierende Fehlprognosen zu verzeichnen, teilweise mit Abweichungen von bis zu 15 % zum tatsächlichen Ergebnis. Doch der Mythos war nicht mehr aufzuhalten.

Gallup hatte gezeigt, dass die geschickte Befragung von einigen hundert oder tausend Menschen bessere Ergebnisse bringen kann als das mit enormem Aufwand verbundene wahllose Befragen hunderttausender Menschen. Doch worin bestand nun die Besonderheit seines Systems? Im Gegensatz zu früheren Ansätzen sah er die Wähler nicht als einheitliche Masse an, sondern teilte sie in verschiedene Schichten. Er ging von der Beobachtung aus, dass etwa Industriearbeiter aus dem Norden zu einem anderen Wahlverhalten tendieren als beispielsweise Farmer im Süden. So wählte er die Befragten bewusst aus nach ihrer Zugehörigkeit zu speziellen demographischen Gruppen. Er berücksichtigte beim Zusammenstellen seiner Samples Faktoren wie Alter, Geschlecht, Einkommensgruppen, Größe des Wohnorts oder auch den Bundesstaat. Dadurch versuchte er, ein möglichst genaues Miniaturbild der gesamten Wählerschaft zu erhalten. Die genaue Zusammenstellung und Gewichtung dieser Faktoren variierte je nach Aufgabenstellung. Erfolgsentscheidend bei der Segmentierung sind fundierte Kenntnisse über die speziellen Eigenarten der lokalen Bevölkerung.[275]

Auch wenn das Gallup-System längst nicht mehr wie einst als die Wunderwaffe schlechthin betrachtet wird, ist es nach wie vor die Grundlage der modernen Wahlprognostik. Zum einen liegt dies daran, dass es mit verhältnismäßig geringen Mitteln gute Näherungswerte verschaffen kann. Zum anderen gibt es nach wie vor keine ernsthaften Alternativen dazu. Dennoch haben gerade die letzten Jahre trotz verfeinerter Methoden und Computerhilfe den Wahlprognostikern das Leben schwer gemacht. Genaue Treffer sind eher die Ausnahme als die Regel. Die Wähler sind unberechenbar geworden. Sie entscheiden immer spontaner, wen sie wählen. Sie sind launisch, sagen morgens etwas anderes als mittags oder abends. Es gibt immer mehr Wechselwähler. So lauten herkömmliche Begründungen dafür. Bei der Masse an Wahlforschern und Prognosen gibt es natürlich immer jemanden, der einigermaßen Recht hat. Doch von durchgehend hohen Trefferquoten können die meisten Institute nur träumen. Aus dem Medienspektakel rund um Wahlen sind sie dennoch nicht mehr wegzudenken. Sie sind zur festen Institution des Entertainments geworden.

Repräsentative Segmentierung und magisches Analogiedenken

Liegt das zunehmende Versagen der Wahlprognostik daran, dass sich immer mehr Wähler kurzfristig umentscheiden und somit Tage zuvor durchgeführte Umfragen bereits am Wahltag veraltet sind? Funktionieren sie nur in einer stabilen Umwelt mit stabilen Wählern? Verunmöglicht die moderne Individualgesellschaft mit ihren unzähligen Unter-, Neben- und Parallelschichten jegliche repräsentative Segmentierung? Oder ist es am Ende überhaupt eine Illusion, dass man das Wähler-Ganze messen könnte anhand eines kleinen Teilausschnitts? Ist der "repräsentative Querschnitt" nur ein Hirngespinst? Ist das Segmentieren und Modellieren der Wählermasse nichts anderes als das weltfremde Konstruieren von Marktmechanismen der Ökonomen? Denn ebenso wie die Modelle der Volkswirtschaftler zu guter Letzt auf Schätzungen und Spekulationen angewiesen sind, hängen die Ergebnisse der Wahlforscher entscheidend von der Gewichtung der Daten ab. Diese "Gewichtungskunst" kann aus dem gesammelten Datenmaterial der Umfragen nahezu alles machen. Was als exakte quantitative Messung verkauft wird ist somit nichts anderes als subjektive Spekulation. Wahlforschungskritiker wie der Wuppertaler Statistik-Professor Fritz Ulmer sprechen sogar von "Zahlenprostitution".[276] Liest man Wahlprognosen genauer, so wird zumeist von den Wahlforschern selbst eine Fehlermarge von 3-5 % eingeräumt. Eine Prognose von 45 % für Partei X und 39 % für Partei Y bedeutet also in Wirklichkeit absurde Bandbreiten von 40-50 % für Partei X und 34-44 % für Partei Y. Das Fortschreiben des vorigen Wahlergebnis verknüpft mit politisch interessiertem Raten wird in den meisten Fällen wohl auf ähnlich "genaue" Vorhersagen kommen.

Betrachtet man das Konstruieren eines "repräsentativen Querschnitts", das Modellieren von Wählersegmenten genauer, so weist diese Herangehensweise eine große Ähnlichkeit auf mit dem magischen Prinzip einer Entsprechung von Makrokosmos und Mikrokosmos.[277] Das Ganze spiegelt sich in seinen Teilen. Die Teile offenbaren das Ganze. Der Gang der Planeten am Himmel spiegelt sich im Gang der menschlichen Geschicke auf Erden. Das Schicksal des Königs symbolisiert das Schicksal des Volkes. Beim bereits erwähnten germanischen Kampforakel[278] hat man aus dem Ergebnis eines Duells zwischen einem eigenen Krieger und dem Krieger des feindlichen Stammes das Ergebnis der kommenden Schlacht vorhergesagt. Das wird vielen Menschen absurd erscheinen. Nicht viel besser sähe es aus, würde man anstatt jeweils einem Kämpfer „repräsentative Querschnitte" der beiden Kriegerhorden gegeneinander antreten lassen. Es würde wohl niemand ernsthaft auf die Idee kommen, derartige „Strohschlachten" zu veranstalten. Doch nichts anderes macht die moderne Wahlprognostik. Sie nimmt an, dass die Befragung von tausend Wählern die Befragung aller Millionen von Wählern widerspiegelt. Wie beim germanischen Kampforakel werden Ergebnisse eines kleinen Ausschnitts mit der Gesamtheit in Analogie gesetzt. Auch wenn zur Erklärung einer derartigen Korrespondenz heutzutage keine Götter oder höhere Geister mehr herangezogen werden, bleibt das Grundprinzip dasselbe. Am Ende ist der „repräsentative Querschnitt" nicht weniger metaphysisch als die magische Analogie zwischen Makrokosmos und Mikrokosmos.

Persönlichkeitstests in der Management-Diagnostik

Bei der quantitativen Befragung geht es nicht immer um das Abbilden von kollektiven Meinungslandschaften. Sie wird auch verwendet, um den Charakter von Individuen zu vermessen und in eine vergleichende Systematik einzuordnen. Während bei der qualitativen Befragung die Antwortmöglichkeiten offen sind, kann die Testperson bei der quantitativen Befragung lediglich zwischen mehreren vorgegebenen Antwortmöglichkeiten jene wählen, welche ihrer Einstellung am ehesten entspricht. Die verschiedenen Antworten werden jeweils bestimmten Charaktermerkmalen oder Persönlichkeitstypen zugeordnet. Die einfachen Varianten sind aus Zeitschriften und dem Internet bekannt und sehr beliebt. Im Multiple-Choice-Verfahren beantwortet man ein paar Fragen und erfährt dann, welcher von mehreren Typen man in der Liebe, im Beruf, im Essverhalten oder im Wohnstil ist.

Auch in der Psychologie gibt es eine Reihe von psychometrischen Persönlichkeitstests, welche in der Regel mit Fragebögen arbeiten. Viele davon basieren auf dem Fünf-Faktoren-Modell, auch Big Five genannt, welches fünf universelle und stabile Dimensionen der menschlichen Persönlichkeit postuliert: Neurotizismus, Extraversion, Offenheit, Gewissenhaftigkeit und Verträglichkeit.[279] Andere arbeiten mit einer festen Anzahl von Persönlichkeitstypen, in welche sie die Vielfalt individueller Charaktere einordnen. Diese einfachen Typologien werden auch sehr gerne im Management eingesetzt zur Diagnose der Eignung und Persönlichkeit von Mitarbeitern. Seit Jahrzehnten verkaufen sich hier vor allem jene Bücher, Seminare und Beratungsangebote blendend, welche die Komplexität des menschlichen Wesens auf drei oder vier Grundtypen reduzieren. Dass es sich bei vielen dieser Persönlichkeitstypologien um wenig originelle Neuauflagen der antiken Temperamentslehre (Choleriker, Sanguiniker, Phlegmatiker, Melancholiker) handelt, habe ich bereits im Buch „Über die magischen Praktiken des Managements" gezeigt anhand der BWL-Menschenbilder von Schein, der Manager-Typen von Maccoby, des 3D-Modells der Führungsstile von Reddin und der Verhandlungsstile von Mastenbroek.[280] Der Inhalt bleibt derselbe. Nur die Zeitgeistmasken, die Spekulationsumhüllungen[281] ändern sich.

Nicht anders sieht es bei einem Großteil der Modelle in der Management-Diagnostik aus. Diese versucht, den wahren Charakter von Menschen anhand einfacher Schablonen zu identifizieren und daraus die Eignung als Mitarbeiter abzuleiten. Besonders beliebt ist die Vierteilung. Einer der ältesten derartigen Ansätze ist das DISG®-Konzept, welches der amerikanische Psychologe William Moulton Marston (1893 – 1947) erstmals im Jahr 1928 publizierte.[282] Sein System entwickelte er anhand von Studien an verhaltensauffälligen Kindern und Gefängnisinsassen. Dabei stellte er fest, dass sich Menschen in Gruppen entlang zweier Dimensionen unterscheiden. Die erste Dimension ist die persönliche Wahrnehmung des Umfeldes, wobei diese entweder als angenehm und freundlich oder als bedrohlich und feindlich erlebt wird. Die zweite Dimension ist die Reaktion auf dieses Umfeld, welche bestimmend und aktiv oder zurückhaltend und passiv erfolgen kann. Aus der Kombination dieser beiden Dimensionen ergeben sich vier Persönlichkeitstypen, welche sich in ihrem Sozialverhalten deutlich unterscheiden:

Dominanz: Das Umfeld wird als stressig wahrgenommen. Darauf wird bestimmend reagiert: egozentrisch, direkt, herrisch, willensstark, kompetitiv...

Initiative: Das Umfeld wird als angenehm wahrgenommen. Darauf wird bestimmend reagiert: enthusiastisch, gesellig, erfinderisch, vielseitig, kommunikativ,...

Stetigkeit: Das Umfeld wird als angenehm wahrgenommen. Darauf wird zurückhaltend reagiert: einfühlsam, geduldig, loyal, teamfähig,...

Gewissenhaftigkeit: Das Umfeld wird als stressig wahrgenommen. Darauf wird zurückhaltend reagiert: beobachtend, perfektionistisch, systematisch, beharrlich, akkurat...

Das DISG® Modell von Marton

Die Parallelen dieser vier Typen zu den vier Temperamenten aus der Antike sind offensichtlich. Der Dominante entspricht dem feurigen Choleriker, der Initiative dem luftigen Sanguiniker, der Stetige dem wässrigen Phlegmatiker und der Gewissenhafte dem erdigen Melancholiker. Der Psychologe John G. Geier (1934 – 2009) entwickelte auf dieser Basis einen Fragebogen, um das Modell für die Management-Diagnostik zu instrumentalisieren. Gerade im Bereich Führungsverhalten, aber auch für die Eignungsdiagnostik für verschiedene Managementtätigkeiten ist dieser Test bis heute sehr populär. Wollen Sie in den Vertrieb? Dann sollten Sie ein ausgeprägter Initiative-Typ sein. Oder bewerben Sie sich im Control-

ling? Dann wäre es gut, sich im Test hohe G-Werte diagnostizieren zu lassen.
Vom Fragebogen gibt es zahlreiche Abwandlungen, welche alle das Spiel vom tautologischen Selbstbestätigungsprozess als Blendwerkzeug der Verwissenschaftlichung bedienen. Das sieht dann in etwa so aus:[283]

> Beantworten Sie folgende Aussagen über Ihre Person mit JA oder NEIN:
> - Ich mache sehr selten Fehler: JA
> - Ich halte meine Sachen in Ordnung: JA
> - Ich achte auf Details: JA
> - Ich habe gerne Spaß: NEIN
>
> Diagnose: Sie sind ein ausgeprägter G-Typ. Bei Ihnen steht die Gewissenhaftigkeit im Vordergrund. Überraschte Reaktion der Testperson: Was, wirklich?

Diese Tests machen also nichts anderes, als die Aussagen der Person über sich selbst nochmals in anderen Worten zu wiederholen, ähnlich wie es die Wahrsager am Jahrmarkt seit Jahrhunderten tun. Die prognostische Kraft dieser Tests hält sich dementsprechend in Grenzen. Jemand der im Fragebogen angibt, dass er ungern auf Details achtet und seine Sachen immer in Unordnung hat, wird sich selten auf einen Job als Buchhalter bewerben. So geben die Tests in der Praxis keine große Entscheidungshilfe. Im besten Fall zeigen sie, wie sich die Person im Moment gerade selbst sieht. Hat sie sich gerade direkt nach dem Begräbnis eines guten Freundes durch die jährliche Steuerabrechnung gequält, wird sie im Test eher auf Details achten und nicht gerne Spaß haben, auch wenn sie ansonsten ein schlampiger Partylöwe ist. Im Regelfall wird der Proband das Spiel instinktiv durchschauen. Hat er sich auf eine Führungsposition beworben, so wird auch ein eingefleischter Eremit die Aussage: „Ich arbeite oft allein und fühle mich in Gruppen unwohl" mit Nein beantworten.
Bei den meisten Aussagen ist ohnedies der Barnum-Effekt stark ausgeprägt. Sie sind so vage und allgemein, dass sie auf jeden Menschen irgendwie zutreffen. Die schriftliche Auswertung, meist vom Computer generiert, bietet auf zahlreichen Seiten eine große Ansammlung dieser Aussagen, wodurch zwangsläufig vieles stimmt und vieles nicht. So besteht in der teuren Premium-Variante die Aufgabe des „zertifizierten Trainers" vor allem darin, die Widersprüchlichkeiten der schriftlichen Auswertung im Gespräch mit dem Klienten auf diesen zurechtzureden. Sollte der Kli-

ent davor noch nicht gewusst haben, welche Talente, Interessen und Verhaltensmuster ihm eigen sind, dann weiss er es auch nach der Beratung nicht. Anderenfalls bekommt er vom Experten genau das gespiegelt, was er zuvor im Fragebogen angekreuzt hat.

In der Psychologie gelten solche Persönlichkeitstypologien als veraltet und empirisch nicht haltbar. Dennoch verdienen Beraterfirmen viel Geld damit und ihre Kunden danken es ihnen. Woran liegt es, dass der Markt für solche einfachen Typologien bis heute boomt? Einerseits gibt es gerade im Management das Bedürfnis nach möglichst einfachen Lösungen. Warum sollte man sich mühsam mit der individuellen, vielschichtigen Persönlichkeit eines Bewerbers auseinandersetzen, wenn man auch in viel kürzerer Zeit automatisiert zum Ziel kommen kann? Insofern werden die Heilsversprechungen der Berater gerne geglaubt, dass ihr Tool mit überragenden Erfolgsquoten den besten Kandidaten für den Job findet. Wenn es mit dem neuen Mitarbeiter dann doch nicht so recht klappen will, dann finden sich immer entsprechende Gründe in der speziellen Situation. Das Modell selbst ist immun.

Dabei verdienen die Diagnostikexperten nicht nur an den Beratungen. Wichtiger Teil des Geschäftsmodells sind Seminare über das Modell, oft verbunden mit kostspieligen Programmen, um als Trainer oder Experte zertifiziert zu werden. Da DISG® mittlerweile ein rechtlich geschützter Markenname ist, gibt es heute zahlreiche sehr ähnliche Modelle, welche mit derselben Vierteilung arbeiten, diese aber anders benennen. Am bekanntesten sind hier die LIFO® Methode, die HBDI® Denkstilanalyse, Insights MDI®, der Keirsey Temperament Sorter KTS®-II und das Team Management Profile TMP.[284] Man beachte, dass hier auch die Nachahmer so schlau waren, sich vor weiteren Nachahmern durch ein Trademark zu schützen und gleichzeitig damit ihre Seriosität zu unterstreichen. Nur der ursprüngliche Erfinder der Temperamentenlehre, Claudius Galenus von Pergamon (ca. 130 – 200 n. Chr.) geht leer aus.

07. Medizinische Indikatoren und Genetik

Die Prognose-Indikatoren der modernen Wirtschafts- und Sozialforschung entpuppen sich bei näherer Betrachtung als äußerst ernüchternde Angelegenheit. Sie sind zumeist kaum weniger spekulativ und kultisch als jene der magischen Vorzeiten. Besser sieht es bei den Naturwissenschaften aus, wie wir bereits anhand der chemischen Indikatoren oder der Bioindikatoren gesehen haben. Doch wie verhält es sich an der Grenze zwischen naturwissenschaftlicher Prognostik und Humanprognostik? Im Gegensatz zu den Sozialwissenschaften kann sich die moderne Medizin physikalisch-chemischer Messverfahren bedienen. Doch trotz ihrer vielen erfolgreichen Methoden ist auch sie nicht gefeit vor Spekulationen und Irrtümern. Betrachtet man vergangene Jahrzehnte und Jahrhunderte, so stehen heil- und unheilbringende, effektive und spekulative Instrumente nah beieinander. Gerade im pharmazeutischen Bereich ist der Grad zwischen Heilmittel und Gift oft nur sehr schmal, wie zahlreiche Skandale wegen unerwarteten Nebenwirkungen und Spätfolgen von Medikamenten zeigen. Und auch bei den medizinischen Theorien und der Interpretation medizinischer Messwerte entpuppt sich im Nachhinein vieles als Quacksalberei.

Blutgruppendeutung in Japan

So prägte die bereits erwähnte Humoralpathologie die abendländische Medizin über zweitausend Jahre lang, von Hippokrates bis ins 18. Jahrhundert hinein. Hier wurden die vier Körpersäfte mit vier Temperamenten, mit vier Charaktertypen in Analogie gesetzt und daraus Krankheitsdispositionen, Therapien und Medikamentation abgeleitet. Heute gibt es einen Ansatz, der sehr ähnlich ist: die Blutgruppendeutung. Im Gegensatz zur antiken Säftelehre basiert sie auf naturwissenschaftlich messbaren Fakten. Anstelle von vier Säften verwendet sie die vier Blutgruppen, welche zu Beginn des 20. Jahrhunderts vom österreichischen Mediziner Karl Landsteiner (1868 – 1943) entdeckt wurden. Die Bestimmung der Blutgruppe erfolgt mit einem Testserum, beruht also auf Zeichenkultivierung. Schon bald nach der Entdeckung der Blutgruppen kam man auf die Idee, dass diese nicht nur bei Bluttransfusionen eine Rolle spielen, sondern auch für Charakter und Konstitution relevant sein könnten.

Als Begründer dieser Theorie gilt der japanische Schulpsychologe Furukawa Takeji (1891 – 1940). Er publizierte ab 1927 einige Artikel über einen Zusammenhang zwischen Blutgruppe und Charakter, welchen er an seinen Schülern festgestellt hatte. Der Psychologe Masahiko Nomi verhalf dieser Theorie schließlich zum Durchbruch mit seinem Buch „Kompatibilität nach Blutgruppe" (1971).[285] „Jeder Teil von Ihnen - ob Nase, Augen, Haare oder Gehirn - trägt die gleiche Blutgruppe. Es erscheint nur natürlich, dass Ihre Persönlichkeit und Ihre Gefühle davon auch beeinflusst werden." So lautete seine einfache These. Seither ist die Blutgruppendeutung in Japan und anderen asiatischen Ländern ähnlich populär wie die Astrologie im Westen. In den Steckbriefen von Popstars, Schauspielern und sogar von Comic-Helden wird häufig die Blutgruppe angegeben. Auch in der Partnervermittlung kommen die Blutgruppen intensiv zum Einsatz. Die Deutungsbücher von Toshitaka Nomi, dem Sohn von Masahiko Nomi, wurden bislang über zehn Millionen Mal verkauft. Nomi stützt seine Thesen auf die Befragung von zehntausenden Japanern. Wissenschaftlich sind diese Ergebnisse jedoch äußerst umstritten.[286]

Nachdem die Popularität eines Deutungssystems meist direkt proportional zu seiner Einfachheit ist, werden bei der Blutgruppendeutung nur die vier Hauptgruppen 0, A, B und AB berücksichtigt. Die typischen Merkmale werden vom amerikanischen Experten für Blutgruppen-Diäten, Peter D'Adamo, folgendermaßen beschrieben:[287]

> **Blutgruppe 0 – Der Jäger:** Die älteste und lange Zeit einzige Blutgruppe der Menschheit; Verhalten entspricht dem jagenden Urmenschen, der sich in feindlicher Umwelt durchsetzen muss – stark, selbstbewusst, durchsetzungskräftig, freiheitsliebend, erkundend und erobernd; robuster Verdauungstrakt, Fleischesser, überaktives Immunsystem, körperliche Überreaktion auf Stress und Umweltveränderungen – braucht dann sportliche Betätigung
>
> **Blutgruppe A – Der Bauer:** Blutgruppe A entstand während dem Neolithikum – Sesshaftwerdung, Ackerbau, Arbeitsteilung und Gemeinschaft; Verhalten entspricht dem kooperativen, anpassungsfähigen und friedfertigen Herdenmenschen – genau, ordentlich, zuverlässig, ruhig, geduldig, beharrlich bis engstirnig, vorsichtig, arbeitsam; empfindliches Verdauungssystem, bevorzugt vegetarische Kost, anfälliges Immunsystem, reagiert auf Stress am besten durch innere Ruhe und geistige Tätigkeit

Blutgruppe B – Der Ausgleichende und Kreative: Blutgruppe B ist entwicklungsgeschichtlich etwas jünger als A; Vermittler zwischen den verschiedenen 0- und A-Völkern; kultivierter, kreativer Feingeist, Individualist; anpassungsfähig, optimistisch und flexibel, aber auch unberechenbar und egozentrisch; starkes Immun- und Verdauungssystem, Allesesser; reagiert auf Stress mit Kreativität – braucht Ausgleich zwischen körperlicher und geistiger Tätigkeit

Blutgruppe AB – Der Rätselhafte: seltenste und jüngste Blutgruppe, entstand erst in den letzten 2000 Jahren aus Vermischung des duldsam-sozialen A-Menschen mit dem individualistisch-feingeistigen B-Menschen; der Exot - charismatisch, geheimnisvoll, distanziert, ungreifbar, kühl; empfindliches Verdauungs- und Immunsystem

Die Blutgruppe prägt also nicht nur den Charakter, sondern auch die körperlichen Anlagen. D'Adamos Bücher über die richtige Ernährung der einzelnen vier Blutgruppen sind internationale Verkaufsschlager. Er gibt darin nicht nur Empfehlungen für blutgruppenspezifische Diäten und Leibesübungen, sondern stellt auch Beziehungen zwischen Krankheitsdispositionen und Blutgruppe her. So sollen 0-Personen „unangefochtene Spitzenreiter" bei den Allergien und zudem anfällig für Arthritis, Geschwüre und Blutgerinnungsstörungen sein. Die A-Personen haben ein erhöhtes Risiko für Krebs, Herzkrankheiten oder Anämie. B-Typen leiden häufig unter chronischer Müdigkeit oder Auto-Immunerkrankungen. Da die Häufigkeitsverteilung der Blutgruppen zwischen den verschiedenen Ländern und Rassen teilweise gravierend variiert, wird die Blutgruppendeutung auch zur Erklärung der Wesensunterschiede verschiedener Völker herangezogen. So kommt in Deutschland oder Japan die Blutgruppe A („Landwirt") am häufigsten vor, während die Indianer Amerikas zum überwiegenden Teil der Blutgruppe 0 („Jäger") angehören.

Obwohl die Blutgruppendeutung wissenschaftlich nicht fundiert ist und Vertreter wie D'Adamo im großen Stil mit falschen historischen und medizinischen Fakten operieren, ist die Blutgruppendeutung in Japan und anderen asiatischen Ländern sehr populär. Auch im Westen erfreut sie sich wachsender Beliebtheit, bietet sie doch eine einfache Menschen-Typologie, welche nicht einmal einer psychologischen Diagnose bedarf. Um zu erfahren, „wer man ist", genügt ein Blick in die Impfkarte. Zudem fällt eine große Ähnlichkeit mit der klassischen Temperamentlehre auf. Der durchsetzungskräftige, selbstbewusste Jäger (Blutgruppe 0) deckt sich mit dem feurigen Choleriker. Der geduldige, arbeitsame Bauer (Blut-

gruppe A) entspricht dem erdigen Melancholiker. Der kreative, bewegliche Typ der Blutgruppe B hat große Ähnlichkeit mit dem luftigen Sanguiniker. Der geheimnisvoll-distanzierte, ungreifbare AB-Typ schließlich gleicht dem wässrigen Phlegmatiker. Einmal mehr zeigt sich, wie tief dieses Viererschema im menschlichen Geist verwurzelt ist.[288]
Die Blutgruppendeutung ist ein Beispiel dafür, wie exakt-objektive Messungen zu prognostischen Indikatoren umgedeutet werden. Die Blutgruppe selbst ist eindeutig identifizierbar und naturwissenschaftlich belegt. Das Gegenteil gilt für die Charakterzuschreibungen, welche reine Spekulation sind. Dennoch zehrt die Blutgruppendeutung von der wissenschaftlichen Aura, welche die mit chemischen Tests gemessenen Blutgruppen versprühen. Sie ist eine von zahlreichen Methoden, bei denen naturwissenschaftliche Grundlagen für spekulative Theorien herangezogen werden.

Schwangerschafts-Diagnostik

Die Blutgruppendeutung ist unter Medizinern nicht anerkannt und gilt als Aberglaube. Im Gegensatz dazu kennt sie eine Vielzahl von Indikatoren, deren Validität unumstritten ist. Dazu gehören unter anderem die verschiedenen Methoden der Schwangerschafts-Diagnostik. Auch hier sind Diagnose und Prognose untrennbar miteinander verbunden. Denn die Diagnose einer Schwangerschaft ist gleichzeitig die Prognose einer Geburt. Früher konnten sich Mütter erst dann sicher sein, dass eine Geburt bevorsteht, wenn die Menstruation wiederholt ausblieb, und oft nicht einmal dann. Heute erlauben Schwangerschaftstests diese Prognose bereits zwei Wochen nach der Empfängnis. Der erste zuverlässliche Schwangerschaftstest wurde 1928 von den Berliner Ärzten Aschheim und Zondek entwickelt. Sie spritzten Urin der untersuchten Frau in junge Mäuse. War sie schwanger, so verfärbten sich die Eierstöcke der Maus. Der Nachteil dieser Methode ist, dass die Antwort nur durch „Eingeweideschau", also durch eine Obduktion einsehbar ist. Das Experiment muss zudem mehrmals wiederholt werden, um tatsächlich Sicherheit über das Ergebnis zu erlangen. Weit weniger blutig ging es beim Galli-Mainini-Test zu. Bei diesem wurde einem Krallenfrosch Urin oder Blutserum der Getesteten injiziert. Befanden sich bereits Schwangerschaftshormone da-

rin, so begann der Frosch in den folgenden 12 bis 24 Stunden zu laichen. Dann galt die Frau als schwanger.[289]
Betrachtet man diese beiden Methoden, so ist die Parallele zur magischen Befragung kultivierter Zeichen frappierend. Die Praktik selbst ist kaum unterscheidbar von den zahlreichen Tierorakeln, welche wir bereits kennengelernt haben. Der Unterschied besteht darin, dass man bei den modernen Methoden die zugrundeliegenden Zusammenhänge naturwissenschaftlich erklären kann. Wie bereits bei den Bioindikatoren sehen wir, dass Tiere als „Boten des Schicksals" sehr wohl geeignet sind, dass es hier tatsächlich Korrespondenzen gibt, welche auch modernen Anforderungen an Validität und Reliabilität standhalten können. „Maus-Orakel" und „Frosch-Orakel" waren bereits sehr zuverlässig und bis in die 1960er Jahre hinein gebräuchlich. Danach wurden diese aufwendigen Prozeduren durch einfachere Indikatoren ersetzt.

Die heute gebräuchlichen Schwangerschaftsschnelltests funktionieren mit Indikatorstreifen. Ist eine Frau in guter Hoffnung, so bildet sich das Schwangerschaftshormon hCG („humane Choriongonadotropin") in ihrem Körper. Es lässt sich im Urin nachweisen mittels Teststreifen. Auf diesem befinden sich hCG-Antikörper, welche das Hormon binden, sowie ein Enzym, welches sich in diesem Fall blau verfärbt. Anhand dieser blauen Verfärbung des Teststreifens lässt sich bereits kurz nach der Befruchtung mit hoher Zuverlässigkeit die Schwangerschaft diagnostizieren.
Ab der sechsten Woche kann die Schwangerschaft auch mittels Ultraschall nachgewiesen werden. Die Ultraschalluntersuchung erfüllt zudem einen zweiten uralten Traum der Menschheit: die Prognose des Geschlechts. Jahrtausendelang musste man sich in dieser Frage an Astrologen, Pendler, Mondkalender oder Kabbalisten wenden, meist nur mit mäßigem Erfolg. Der Ultraschall hingegen erlaubt die Bestimmung des Geschlechts bereits ab der 13. Schwangerschaftswoche. Seit den 1980er Jahren wurde diese Untersuchung zunehmend zum Standard.

Sowohl Ultraschall, als auch die verschiedenen Indikatoren auf Hormonbasis sind gute Beispiele dafür, wie mittels kultivierter Zeichen sehr zuverlässliche Humanprognosen erstellt werden können. Die moderne Schwangerschafts-Diagnostik zeigt somit eindrucksvoll, wie es im Lauf der Geschichte immer wieder gelingt, nach zahllosen Fehlversuchen schließlich doch noch effektive Prognosemethoden für wichtige Bereiche des menschlichen Daseins zu entwickeln.

Medizinische Softmarker und Sicherheitsgesellschaft

Während die Diagnose der Schwangerschaft und des Geschlechts zumindest in der westlichen Welt als ethisch unbedenklich gelten, sind Softmarker umstritten. Dabei handelt es sich um Indikatoren, deren Auftreten mit Chromosomenanomalien in Verbindung gebracht wird. Sie zeigen jedoch keine zwingenden Zusammenhänge auf, sondern lassen lediglich mit leicht erhöhter Wahrscheinlichkeit auf körperliche oder geistige Fehlbildungen schließen. Softmarker werden mittels Ultraschall am Embryo identifiziert. Dazu zählen Zeichen wie ungewöhnliche Dicke der Nackenfalte, verkürzte Röhrenknochen, „White Spots" im Herzen oder Plexus-chorioideus-Zysten. Fällt die Schwangere in eine Risikogruppe, beispielsweise aufgrund hohen Alters oder Anomalien in der Familie, so können derartige Softmarker mit vergleichsweise geringem Aufwand wertvolle Hinweise liefern. Anderenfalls ist der Zusammenhang zwischen Softmarkern und künftigen Behinderungen sehr gering. So wird eine Beziehung zwischen Zysten im Fötus und Trisomie von manchen Studien überhaupt bestritten. Bei den Studien, welche eine Korrelation feststellten, war dieser Zusammenhang so schwach, dass viele Ärzte ihre Berücksichtigung als sehr bedenklich einschätzen. So hatten in einer Untersuchung des Klinikums Stralsund von 47 Föten mit Softmarkern lediglich drei tatsächlich Trisomie. Die restlichen 44 Kinder kamen vollkommen gesund auf die Welt.[290]

Ist es ethisch gerechtfertigt, zur Diagnose von drei behinderten Kindern 44 werdende Mütter unbegründet in Angst und Panik zu versetzen und sie mit dem Thema Abtreibung zu konfrontieren, sie zahlreichen zeitaufwendigen und teilweise gefährlichen Zusatzuntersuchungen auszusetzen, ihnen die Vorfreude auf die Geburt zu nehmen? Viele Experten finden eine derartige Vorgehensweise höchst bedenklich. Behindertenverbände sprechen von „schleichender Eugenik". Auch die Parole „Schwangerschaft als Krankheit" fällt häufig in diesem Zusammenhang.[291] War man früher einfach guter Hoffnung, so ist heute die Schwangerschaft für viele Mütter zu einem Urwald aus Risiken, Gefahren und Bedrohungen geworden.

Selbst der Triple-Test bringt häufig nicht die erhoffte Beruhigung, sondern führt mit seinen vielfach falsch positiven Ergebnissen häufig zur Fruchtwasseruntersuchung (Amniozentese), welche mit erheblichen Risiken für Mutter und Kind verbunden ist.[292]

Für die enorme Zunahme der Pränatal-Diagnostik gibt es vor allem drei Gründe. Erstens haben sich ihre technischen Möglichkeiten in den letzten Jahrzehnten unglaublich entwickelt. Wie generell in der Medizin besteht auch hier die Tendenz, das technisch Machbare auch auszuschöpfen. Der zweite Grund ist finanzieller Natur. Die medizinische Technik wird immer kostenaufwendiger und muss sich amortisieren. Dazu müssen möglichst viele Menschen zu zusätzlichen Untersuchungen überredet werden. In den USA ist die Situation aufgrund des dortigen Gesundheitssystems noch extremer als in Europa. Viele Menschen haben keine Versicherung und können sich die horrenden Kosten der Schwangerschaftsuntersuchungen nicht leisten. Sie sind deshalb auf Wohlfahrtseinrichtungen wie „Medicaid" angewiesen. Ist man erst in einem solchen Programm, so kommt man automatisch in verschiedene Forschungsstatistiken. Um möglichst viel empirisches Material aus den Patienten herauszuholen, ist das Interesse groß, auch möglichst viele Untersuchungen an ihnen durchzuführen. So wird selbst der schwächste Ultrasoftmarker zum Anlass genommen, werdenden Müttern Zusatztests nahezulegen. Wochenlange unbegründete Ängste der Schwangeren werden dabei in Kauf genommen.
Der dritte Grund besteht im inflationären Sicherheitsbedürfnis der heutigen Gesellschaft, welches sich auch in der gesetzlichen Lage ausdrückt. 1984 fällte der Deutsche Bundesgerichtshof ein Urteil, wonach ein Arzt einen Pflichtverstoß begeht, wenn er eine Schwangere aus einer Risikogruppe nicht auf die Möglichkeit der Fruchtwasseruntersuchung hinweist. So wurde ein Arzt von den Eltern eines mit Trisomie 21 geborenen Kindes verklagt und zur Übernahme der zusätzlichen Unterhaltskosten für das Kind verurteilt. Die Ärzte sind also einem erheblichen Druck ausgesetzt, nach allen Möglichkeiten der Technik auf das Risiko einer Behinderung hinzuweisen.[293] Das Minimieren von Risiken wird um den Preis der Angst erkauft. Die physische Sicherheit wird auf Kosten schwerer psychischer Belastungen optimiert. In der „Versicherungs-Gesellschaft" sichert man sich gegen alles und jeden ab. Doch mit jedem Risiko, das man versichert, steigt auch die Angst, dass dieses einen selbst einmal betreffen

könnte. Was wiegt schwerer? Die permanente Angst vor tausenden denkbaren Schäden oder das Erleiden eines realen Schadens? Die heutige „Versicherungs-Gesellschaft" wählt den Weg der Angst. Doch es bleibt die Frage, wie lange sie sich diesen finanziell noch leisten können wird.

Die sicherste Diagnose von Anomalien erfolgt heute über die Amniozentese, die Fruchtwasseruntersuchung. Bei dieser wird mit einer sehr dünnen Nadel der Fruchtblase Fruchtwasser entnommen. An den darin enthaltenen Zellen des Fötus wird eine Chromosomen-Analyse durchgeführt. Der Eingriff ist mit zahlreichen Risiken verbunden. Es kann zu Verletzungen der Gebärmutter oder des Kindes kommen, zu Infektionen und im schlimmsten Fall zu einem Abort. Dafür beträgt die Trefferquote nahezu 100 %.[294]

Genetik

Derartig exakte Prognosen verdankt die Medizin der Genetik. Seit im Jahr 1906 William Bateson den Begriff der „Genetik" geprägt hat, war dieser Träger verschiedenster Inhalte, Ansätze und Theorien. Lange Zeit waren die Gene, die Erbanlagen ein hypothetisches Konstrukt ohne messbare Grundlage. Erst 1953 gelang es Francis Crick und James Watson, die DNA-Struktur zu identifizieren und somit den Theorien der Vererbungslehre eine materielle Grundlage zu geben. Die Molekulargenetik wurde geboren und mit ihr die Aussicht auf zahlreiche technische Anwendungsmöglichkeiten.[295] Die Genetik wurde zu einem der großen Hoffnungsträger des 20. Jahrhunderts. Man glaubte, dass es nur noch eine Frage der Zeit wäre, bis sich die Geheimnisse des Lebens entschlüsseln ließen. Und mit dem Schlüssel des Lebens in der Hand würde man nicht nur im Gencode lesen, sondern auch schreiben können und somit zum Schöpfer werden. Lange Zeit ging man von einer strikten Hierarchie vom Gen zum Organismus aus, indem man im Organismus nichts anderes sah als die Verwirklichung des genetischen Programms. Das Credo lautete: ein Gen kodiert eine Krankheit – eine Krankheit setzt ein Gen voraus.[296] So machte man sich auf die Suche nach monokausalen Wirkungshebeln. Man wollte herausfinden, welches Gen für welches körperliche Merkmal steht.

In der Tat fand man eine Reihe solcher Hebel, welche sich zur Prognose von Krankheiten vorzüglich eignen. Solche monogen bedingte Krankheiten sind beispielsweise Tumore wie Darm-, Brust- oder Eierstockkrebs. Hier beträgt das lebenslange Erkrankungsrisiko 60 – 80 %. Weist eine genetische Untersuchung diese Erbanlagen nach, so können eine entsprechende Änderung des Lebensstils und regelmäßige Vorsorgeuntersuchungen das Leben entscheidend verlängern. Manchmal steht der Sinn einer solchen Diagnose jedoch in Frage, etwa wenn es keine Behandlungsmöglichkeiten gibt. Dies betrifft monogene Krankheiten wie die myotone Dystrophie, die Huntingtonsche Krankheit oder mehrere Formen von spinozerebellärer Ataxie. Hier stellt sich die Frage, inwieweit das Wissen um die Anlage einer unheilbaren Krankheit dem Betroffenen hilft, sein Leben besser zu planen und zu nutzen oder ob es nicht vielmehr eine unnötige Einbuße an Lebensqualität bedeutet.[297] Solche gen-ethischen Fragen machen die jahrtausendealten philosophischen Diskussionen über den Umgang mit „dem Schicksal" plötzlich zu einem handfesten praktischen Problem.
Heute kennt man eine Reihe von genetischen Indikatoren, welche mit großer Zuverlässigkeit die Prognose einzelner Krankheiten erlauben. Allerdings stieß man auf der Suche nach monogenen Ursachen bald auf Grenzen. Mittlerweile hat sich die Erkenntnis durchgesetzt, dass die These „*ein* Gen – *ein* Merkmal" zu einfach ist. Vielmehr entsteht der Großteil der Merkmale von Lebewesen durch komplexe Wechselwirkungen von Genen, Proteinen und vielen weiteren Faktoren. Gerade Massenerkrankungen wie Bluthochdruck, aber auch psychische Merkmale wie Intelligenz sind polygen bedingt. Sie lassen sich nicht auf einzelne Gene zurückführen. Je mehr die Molekulargenetik Fortschritte macht, je tiefer sie in die Welt der Gene eindringt, desto ferner scheint eine vollständige Entschlüsselung des Menschen oder gar des Lebens zu rücken. Der Deutsche Philosoph und Bioethiker Ludger Honnefelder (*1936) schreibt dazu:

> „Tatsächlich ist diese Zuversicht heute so sehr verschwunden, dass wir am Ende des 20. Jahrhunderts fast ebenso wenig zu sagen vermögen, was Gene sind und was sie tun, wie zu Beginn des Jahrhunderts. (...) Nichts ist durch die Fortschritte der molekularen Genetik so nachhaltig in Frage gestellt worden wie der Glaube an die ursprünglich verfolgte Idee eines umfassenden Determinismus."[298]

Im Februar 2001 hat das Humangenomprojekt die vollständige Entzifferung des menschlichen Genoms verkündet. Das bedeutet die Sequenzierung von 30.000 Genen und die Bestimmung von 3,2 Milliarden Basensequenzen. Bislang kann man zwar rund 5.000 Genen eine Funktion zuordnen, der Großteil des Gencodes mit all seinen Wechselwirkungen bleibt jedoch nach wie vor ein Mysterium. Er bleibt ein Buch, dessen Buchstaben und Worte man zu lesen imstande ist ohne die Sätze oder Kapitel, geschweige denn die erzählte Geschichte zu verstehen. Seine Erforschung wird wohl noch Jahrzehnte in Anspruch nehmen, möglicherweise ohne jemals an ein Ende zu gelangen.[299]

Obwohl die Genetik momentan sicherlich einer der vielversprechendsten Ansätze der Humanprognostik ist, bleibt abzuwarten, inwieweit sich die großen Hoffnungen darin erfüllen werden. Auch in der Physik hat man einst geglaubt, dass die Welt einem strengen Determinismus gehorchen würde. Doch je mehr Erkenntnisse man gewann, desto mehr musste dieses Bild fallengelassen werden. Eine ähnliche Tendenz ist momentan in der Genetik bemerkbar. Je mehr man die kleinsten Bausteine des Lebens erforscht, desto mehr stellt man fest, dass es sich nicht auf diese reduzieren lässt. Bereits die alten Kabbalisten haben ein komplexes Modell der Welt aus den 22 hebräischen Buchstaben konstruiert. Es war nahezu perfekt. Nur das letzte Schlüsselglied, der 23. Buchstabe, konnte nie gefunden werden. Möglicherweise wird es den Genetikern ähnlich ergehen.

08. Die Grade der Zeichenkultivierung

Die kultivierten Zeichen bilden die Brücke zwischen den natürlichen und den künstlichen Zeichen. Von den natürlichen Zeichen unterscheiden sie sich dadurch, dass das Kriterium der freien Natur oder das Kriterium des freien Auges nicht erfüllt ist. Das Kriterium der freien Natur ist immer dann nicht gegeben, wenn natürliche Abläufe im Labor nachgebaut, wenn sie durch Experimente kultiviert werden. Gezüchtete oder angepflanzte Bioindikatoren waren ein Beispiel dafür, aber auch all jene magischen Orakel und Ordale, bei denen die Natur mittels Versuchsanordnung befragt wird. Das Termitenorakel der Zande, das Mäusesandorakel westafrikanischer Savannenvölker, das Schildkrötenorakel der Shang-Dynastie, das Pferdeorakel der Germanen oder das apollinische Fischorakel in Dinos machen die freie Natur zum Motor von Wahrsageapparaten. Selbiges gilt auch für jene Orakel, bei welchen der Kultivierungsakt lediglich im Entzünden eines Feuers, im Sieden von Wasser oder im Entweiden von Tieren besteht. Derartige Praktiken sind die archaischen Vorläufer des modernen Experiments. Der Mensch tritt aktiv an die Natur heran und befragt sie. Er versucht, ihr willentlich ein Zeichen abzuringen.

Bei den komplexeren Formen der Zeichenkultivierung wird die bloße Beobachtung zudem erweitert durch Zählung, Messung, Indikatoren und Hilfsinstrumente. Das freie Auge wird ergänzt durch Messapparate. Das Augenmaß wird präzisiert durch Maßstäbe. Der Mensch erweitert seine sinnliche Wahrnehmung durch technische Hilfsmittel. Das Kriterium des freien Auges ist nicht mehr gegeben. Auch der Akt des Messens, des Zählens oder der Indikatorenanwendung entspricht einer aktiven Befragung der Natur. In ihrer einfachsten Form erfolgt die Zeichenkultivierung durch quantitative Befragung und Auszählen der Antworten. Dies ist die Hauptmethode der empirischen Sozialforschung. Wahlprognosen, Marktprognosen oder die Sentimentindikatoren und Stimmungsbarometer der Börsenprognostik werden auf diese Weise erstellt. Doch auch mittels hochtechnischer Hilfsmittel lassen sich Zeichen kultivieren. Von Bioindikatoren, chemischen Indikatoren, Schwangerschaftstests, Softmarkern oder Blutgruppenbestimmung bis hin zur genetischen Analyse reicht die Bandbreite. Gerade bei diesen naturwissenschaftlichen Indikatoren findet sich eine Reihe von hochwirksamen Prognoseinstrumenten. All diesen

Hilfsmitteln ist gemein, dass sie die sinnliche Wahrnehmung des Menschen erweitern, dass sie ihm Informationen verschaffen, welche er mit freiem Auge nicht erfassen könnte.

Kultivierte Zeichen entstehen durch aktive Befragung der Natur durch den Menschen. Die Erscheinungen der Natur sind stets die Grundlage, stets konkreter Bestandteil des kultivierten Zeichens. Je weniger die Natur direkt aus dem Zeichen heraus ersichtlich ist, je mehr sie im Zeichen abstrahiert wird, desto mehr wird das kultivierte Zeichen zum künstlichen Zeichen. Wir haben hierfür bereits einige Beispiele kennengelernt. Etwa durch die formelhafte Verflechtung von Messwerten kann eine solche Verkünstlichung erfolgen. Dadurch entstehen neue, abstrakte Kennzahlen wie Bruttoinlandsprodukt, Inflation oder Gesamtkapitalrentabilität. Solche Kennzahlen haben zwar noch eine konkrete Basis, sie selbst sind aber abstrakte Konstrukte. Die Natur ist in solchen Werten bereits zu einem hohen Grad verschlüsselt, aufgehoben, verkünstlicht. Der Übergang zwischen kultivierten und künstlichen Zeichen ist dabei fließend. Während sich beispielsweise die meisten Menschen unter der Arbeitslosenquote noch etwas Konkretes vorstellen können und die zugrunde liegende Natur noch erahnbar ist, können Konstrukte wie das Bruttonationalprodukt, Börsenindices oder betriebswirtschaftliche Kennzahlensysteme nur noch durch genaue Analyse der zugrunde liegenden Formeln entschlüsselt werden. Selbiges gilt für die komplexen, multikausalen Rechenmodelle der Volkswirtschaftslehre.

Spätestens wenn es sich beim Zeichen um ein Konstrukt ohne jegliche direkt messbare Grundlage handelt, befinden wir uns vollends im Reich der künstlichen Zeichen, der Idealtypen, der Modelle. Solche abstrakten Konstrukte fanden wir beispielsweise bei all den Theorien, welche Machtverhältnisse als Indikator der Kriegsgefahr heranzogen. Wie das abstrakte Konstrukt „Macht" gemessen werden soll, blieb vollkommen spekulativ, willkürlich. Zwar gibt es zweifelsohne Phänomene, welche vom Menschen als „Macht" bezeichnet werden, doch entziehen sich diese jeglicher exakten Definition. Je mehr eine Theorie oder ein Modell mit derartigen metaphysischen Begrifflichkeiten operiert, desto mehr befinden wir uns in den Sphären der künstlichen Zeichen. Gerade in den Wirtschafts- und Sozialwissenschaften sind Modelle ohne derartige Abstrakta undenkbar: Macht, Angst, Armut, Prestige, Vorurteile, Rationalität, Motivation, Nutzen, kaum eine Theorie kommt ohne derartige Konstrukte aus. Sie sind der Versuch, die „grundlegenden Prinzipien" hinter der Vielfalt der Erscheinungswelt, die weltformenden Wesenheiten ausfindig zu machen. In dieser Hinsicht unterscheiden sich die abstrakten Konstrukte der Moderne nicht von den magischen Archetypen unserer Vorfahren.

III.
KÜNSTLICHE ZEICHEN

01. Vom kultivierten zum künstlichen Zeichen

Der Prozess der Zeichenkultivierung brachte die Erscheinungen der Natur unter den Einfluss des Menschen. Anstatt sich passiv mit dem Phän-Omen zu begnügen, begann er, dem Schicksal aktiv Fragen zu stellen. Die natürlichen Zeichen wurden in Wahrsageapparate eingebaut und zu deren Motor gemacht. Sie wurden mit Instrumenten vermessen, mit Indikatoren befragt, Versuchsanordnungen und Experimenten unterworfen. Der Natur wurde systematisch ein Zeichen abgerungen. Dieser Prozess führte zu einer fortschreitenden Zähmung der Natur, zu einer Dressur der Sig-Naturen. Je mehr die Zeichenkultivierung eine Ausdünnung des Konkreten und ein Anschwellen des Abstrakten bewirkt, desto mehr befinden wir uns schließlich in den Sphären der künstlichen Zeichen. Bei den künstlichen Zeichen wird die konkrete Natur in ihrer Unmittelbarkeit komplett ausgegrenzt. Stattdessen versucht der Mensch, sie als Modell nachzubauen, sie zu simulieren.
Die künstlichen Zeichen sind nur noch bloßes Sinnbild, Symbol, Abstraktum. Sie stehen zwar für gewisse Prozesse in der Welt, sind jedoch materiell vollkommen von diesen entkoppelt. Die Eigenschaften des Materials spielen im Gegensatz zu den kultivierten Zeichen keine Rolle mehr. Die Beschaffenheit der Steinchen, Hölzer oder Papiere, aus welchen die künstlichen Zeichen gefertigt werden, ist nebensächlich. Das Material des Bildschirms, auf welchem die Zeichen erscheinen, tut nichts zur Sache. Zwischen künstlichem Zeichen und Welt gibt es nur noch eine abstrakte, theoretische, symbolische Beziehung.

Bei den kultivierten Zeichen war es noch der Fluss der Natur, welcher im Wahrsageapparat die Entscheidung fällte. Bei den künstlichen Zeichen hingegen ist der Fluss der Natur ausgeschlossen. Die Entscheidung fällt das Los, der Algorithmus, die Formel, das Gesetz. Dies ist für den Prognostiker sehr praktisch, denn er benötigt keine Umwelt mehr, um die Zeichen zu befragen. Er muss kein Holz sammeln, um ein Feuer zu entzünden, kein Wasser zum Sieden, keine Schulterblattknochen zum Bersten bringen. Er muss auf keine Tiere warten, welche über die Muster auf dem Sand laufen oder Stöckchen anknabbern. Er muss kein Tier schlachten, entweiden oder ihm Gift einflößen. Er muss keine Vögelchen Karten ziehen lassen oder darauf warten, bis sie in Formationen fliegen, bis Blitze vom Himmel fahren oder sich merkwürdige Geburten ereignen. Er muss auch keine Proben sammeln, um sie mit Indikatoren zu untersuchen. Das künstliche Zeichen ist losgelöst von der Natur. Es hat sie überwunden, ist jederzeit abrufbar und befragbar. Es ist eine Welt in der Hosentasche, die man jederzeit hervorziehen kann, um zu sehen, was in ihr vorgeht.

Bei den archaischen Methoden der Deutung künstlicher Zeichen ist es zumeist das Los, welches die Antwort gibt. Ein Beispiel ist das Münzorakel – Kopf oder Zahl, Ja oder Nein, Sein oder Nichtsein. Die Münze kann jederzeit und zu jeder Frage nach Belieben geworfen werden. Sie ist von den Unbillen der Umwelt entkoppelt. Sie muss keine externe Gegenwart suchen, sondern genügt sich selbst und dem Befrager. Dasselbe Prinzip haben wir bereits beim Reibbrett-Orakel der Zande oder bei den afrikanischen Korborakeln kennengelernt. Hier sind es immaterielle Geister und Gottheiten, welchen man die Lenkung des Loses zuschreibt, welche man als Wirkprinzip hinter dem abstrakten Orakel erhofft.
Die komplexeren Ansätze hingegen versuchen, durch ein in sich geschlossenes System gefertigter Zeichen, den Makrokosmos als Mikrokosmos nachzubauen. Hier repräsentieren die Zeichen idealtypische Bausteine und Gesetzmäßigkeiten der Welt. Sie werden zu Weltmodellen zusammengesetzt, welche das Schicksal simulieren sollen. Diese Systeme künstlicher Zeichen stehen nicht nur für verschiedene Zukunftsmöglichkeiten, sondern sie streben vielmehr ein vollständiges Erfassen sämtlicher Erscheinungen der Welt an. Sie versuchen, die Mannigfaltigkeit des Weltwaltens auf erste und letzte Elemente und Wirkprinzipien zurückzuführen.

Ob einfache Antwortmaschine oder komplexes Weltmodell, das Hauptcharakteristikum der künstlichen Zeichen bleibt stets ihr abstrakter Abstand zum Fluss des Lebens. Bei den natürlichen Zeichen stand der Mensch noch inmitten des unmittelbaren Daseins. Er schwamm im Fluss des Lebens und war mit ihm eins. Bei den kultivierten Zeichen versuchte er bereits, das unmittelbare Dasein seinem Willen zu unterwerfen. Er trat heraus aus dem Fluss des Lebens und begann stattdessen, darin zu angeln. Bei den künstlichen Zeichen erfolgt schließlich die endgültige Abnabelung vom unmittelbaren Dasein. Der Fluss des Lebens wird zum

Fluss der Gedanken. Er spielt sich nur mehr im Kopf ab. Er wird zur Vorstellung, zum geistigen Bild von der Welt. Er wird zum System, zur Theorie, zum Modell, zur Simulation. Er wird zu Geist. Bei der Deutung von künstlichen Zeichen hat der Prognostiker keinen Kontakt mehr zur Natur, zur Umwelt, zum unmittelbaren Geschehen. Er ist stattdessen im Geiste und lässt dort die Natur, die Umwelt, das unmittelbare Geschehen als Vorstellung erscheinen. Er ist im Gedanken an das Leben und diesem somit unsagbar nah und fern zugleich. Er ist im Innersten der Dinge, in ihren abstrakten Bausteinen und Elementen und gleichzeitig vollkommen jenseits all dessen, was er denkt. Bei der Deutung künstlicher Zeichen wird der stoffliche Raum eingetauscht gegen den geistigen Raum. Und stets stellt sich die Frage, ob dieser wirklicher ist als all das andere, oder ob seine Bewohner lediglich fahle Spektren, Luftspiegelungen, Wahnbilder und Hirngespinste sind. Denn der Geist ist Gedanke und Gespenst zugleich.

Betrachtet man die archaischen Prognosemethoden, dann fällt manchmal die Entscheidung schwer, ob sie noch als Deutung kultivierter oder bereits als Deutung künstlicher Zeichen betrachtet werden sollten. Dies liegt daran, dass der Fluss der Natur maßgeblich vom Menschen vollzogen wird, aber das Material dennoch einen gewissen Einfluss auf das Ergebnis ausübt.

Schamanentrommeln in Nordskandinavien

Ein Beispiel dafür ist der Gebrauch der Schamanentrommel bei den Samen in Nordskandinavien. Das Fell dieser Trommel ist mit zahlreichen Symbolen und Bildern bemalt. Zur Wahrsagung legt der Schamane einen Gegenstand darauf, welcher beim Schlagen durch die Vibration seinen Ort verändert. Die Endposition des Gegenstandes und seine Lage im Verhältnis zu den Zeichnungen werden prognostisch gedeutet.[300]

Das Ammonsorakel in Ägypten

Auch beim Ammonsorakel in der Oase Siwa in Ägypten fällt die Entscheidung schwer. Bei diesem wurde eine große, mit Smaragden und Edelsteinen verzierte Statue des Gottes Ammon von achtzig Priestern auf einer goldenen Barke getragen. Diese achtzig Priester gingen mit dem Bildnis auf den Schultern willenlos dorthin, wo die Gottheit es wünschte. Um das Orakel zu befragen, legte man ihm zwei Zettel mit alternativen Antworten vor. Ein Zettel lag links vor der Statue, der andere rechts. Dann setzten sich die achtzig Priester in Bewegung. Der Zettel, zu welchem die Statue von den Priestern getragen wurde, enthielt die richtige Antwort.[301] Auch hier sind sowohl Merkmale künstlicher, als auch Merkmale kultivierter Zeichen gegeben. Einerseits sind es einzig und allein die Wahrsager, welche das Zeichen produzieren. Es sind ausschließlich Menschen beteiligt. Andererseits sind diese Menschen als Masse eine Art Fluss der Natur. Kein einzelner der Priester kann das Ergebnis willentlich beeinflussen.

Geistschreiben in China

Eine ähnliche Unentscheidbarkeit ergibt sich beim Geistschreiben, welches man von spiritistischen Zirkeln der westlichen Welt kennt. Mehrere Menschen sitzen an einem Tisch und beschwören einen Geist. Sobald man glaubt, dass dieser anwesend ist, legen alle Teilnehmer ihre Hand auf das Schreibgerät in der Mitte des Tisches. Dieses beginnt, sich zu bewegen und auf Fragen zu antworten, indem es entweder Zeichen niederschreibt oder sich auf einem Feld mit aufgemalten Buchstaben zu den jeweiligen Zeichen hinbewegt. Im ersten Fall spricht man zumeist von Tischrücken, im zweiten Fall von Gläserrücken.

Derartige Praktiken sind bis heute auch in China weit verbreitet. Fuji, das Geisterschrift-Orakel ist bereits für die Tang-Zeit (618 – 906 n. Chr.) belegt. Ursprünglich handelte es sich dabei um ein Sieborakel, genannt Purpurmagdorakel (Zigu bu). Dazu wurde ein Sieb in Frauengewänder gekleidet. Ein Essstäbchen diente als Mund dieser Puppe. Die „Siebdame" wurde an beiden Seiten von zwei Kindern über ein Tablett gehalten. Sobald der Geist in das Sieb fuhr, begann dieses, sich zu bewegen und auf das Tablett zu klopfen. Diese Klopfzeichen dienten als Antwort. Im Lauf der Zeit ging man dazu über, dieses Tablett mit Spreu zu bedecken und die Antwort aus den Zeichen zu lesen, welche die „Siebdame" darauf schrieb. So entstand das Fuji. Heute verwendet man dazu einen quadratischen Tisch mit einem Tablett, welches mit Sand oder Weihrauchasche bedeckt ist. Als Schreibgerät dient ein T-förmiges Instrument aus speziellen Hölzern, welche den Geist bannen sollen. Wie beim Sieborakel wird das Gerät an beiden Seiten von zwei Menschen gehalten. Sobald der Geist in das Schreibholz gefahren ist, beginnt dieses, sich zu bewegen und zeichnet die Antworten in die Asche.

Das Geistschrift-Orakel Fuji, Darstellung aus der Zeit der Qing-Dynastie

Das Geisterschrift-Orakel findet auch heute noch Anwendung, beispielsweise im daoistischen Shang Sin Chun Tempel in Hong Kong. Zumeist ist es jedoch nur mehr ein einzelner Schreiber, welcher das Schreibgerät mit beiden Händen festhält. In diesem Fall kann die Geisterschrift eindeutig als künstliches Zeichen betrachtet werden. Manche der Medien fallen während des Schreibens in Trance. Andere werden lediglich in einen inspirativen Zustand versetzt. Moralische und philosophische Schriften, welche mittels Geisterschrift verfasst werden, erfreuen sich in Taiwan und Hong Kong auch heute noch großer Beliebtheit.[302]

Bezug zur visionären Prognostik

Beim chinesischen Geistschreiben zeigt sich, wie bei vielen Wahrsagemethoden mit künstlichen Zeichen, ein enger Bezug zur visionären Prognostik. Ursprünglich diente die Siebdame, beziehungsweise das Schreibinstrument vor allem als Antenne zum Empfang des Orakelgeistes. Das Schreiben war also ein typisches Hilfsmittel der Trance, wie wir es bereits im ersten Prognostik-Band kennengelernt haben. Erst im Laufe der Zeit verfeinerte sich der Besessenheitskult hin zu einem Instrument der meditativen Inspiration. Seit der Song-Dynastie (960 – 1279 n. Chr.) wurde das Geistschreiben bereits zunehmend von Gelehrten betrieben und zum Verfassen literarischer Texte verwendet.
An diesem Beispiel ist gut ersichtlich, dass die visionäre Prognostik auch in den zeichendeutenden Methoden stets immanent ist, dass auch Orakelapparate zumeist nicht ohne Vision und Inspiration auskommen. Die Zeichen dienen häufig als Steigrohre des Schöpferischen. Zwar haben die einzelnen Symbole von Wahrsagesystemen wie I-Ging, Runen oder Tarotkarten immer ihre archetypische Grundbedeutung. Was diese jedoch im jeweiligen Fall der konkreten Fragestellung bedeuten, wie genau sie auszulegen sind, kann meist nicht durch einen eindeutigen Algorithmus bestimmt werden. Vielmehr bedarf gerade die Deutung künstlicher Zeichen ein hohes Maß an Intuition und Inspiration, wie wir bereits am Beispiel der Wurforakel gesehen haben.[303] Je komplexer das System künstlicher Zeichen wird, desto mehr rückt wieder der visionäre Aspekt in den Vordergrund. Je mehr das Zeichen ins Künstliche geht, je abstrakter und idealtypischer es ist, desto mehr mündet es wieder ins Reich des Geistes, des Denkens, der Vision. Der Prozess der Zeichenkultivierung ist ein Weg vom Konkreten, Anschaulichen hin zum Vergeistigten. Das künstliche Zeichen ist somit Vision auf einer höheren Stufe.

Künstliche Zeichen in der Moderne

Während bei den meisten magischen Prognosemethoden kultivierte von künstlichen Zeichen recht eindeutig abgegrenzt werden können, ist diese Unterscheidung bei den modernen Methoden häufig nicht möglich. Denn selbst die abstraktesten Prognosemodelle benötigen zumeist kultivierte Zeichen als Input. Sie brauchen Daten, Messergebnisse, Zählungen als Grundlage. Selbst wenn das Modell diese Input-Daten hochgradig abstrahiert und mit zahlreichen Konstrukten arbeitet, verwendet es fast immer Zahlenreihen auf realer Basis. In der Moderne umschließt und beinhaltet die Deutung künstlicher Zeichen also immer auch kultivierte Zeichen. Nur selten finden sich Deutungsmodelle, welche ausschließlich auf Schätzungen und abstrakten Konstrukten gründen. Denn solche rein theoretischen Gebilde können nur veranschaulichen, Erklärungen anbieten, aber nicht vorhersagen. Sie lassen sich nicht instrumentalisieren. Solche Systeme rein künstlicher Zeichen finden sich beispielsweise in der Chaostheorie. Diese entwirft mathematische Modelle zur Veranschaulichung nichtlinearer, dynamischer Systeme wie Wetter, Wirtschaftsleben, Börsenkurse, Räuber-Beute-Beziehungen oder neuronale Netze. Ein bekanntes Beispiel für eine solche Veranschaulichung sind die Mandelbrotschen Fraktale.[304] Ähnliches gilt für „zelluläre Automaten", welche dynamische Systeme in Wechselwirkung mit ihrer Nachbarschaft modellieren[305] oder für Luhmanns Systemtheorie.[306] Inwieweit solche künstlichen Modelle irgendwann in der Lage sein werden, natürliche Prozesse nicht nur zu beschreiben, sondern auch vorherzusagen, ist in den meisten Fällen fraglich. Ähnliches gilt für das Biomorph-Modell von Richard Dawkins. Dieses kann zwar evolutionäre Entwicklungen von einfachen Elementen hin zu komplexen Formen graphisch veranschaulichen, aber es kann keine Entwicklungen in der Natur prognostizieren.[307]

Dennoch haben solche Theorien und Modelle stets die Hoffnung, dass eines Tages experimentelle Bindeglieder zu den Phänomenen der Natur gefunden werden, dass man eine empirische Grundlage für sie entdecken wird. Es gibt einige prominente Beispiele für Theorien, welche lange Zeit reine Abstraktgebilde waren und erst viel später mit Leben erfüllt werden konnten. Etwa das Gen war fast fünfzig Jahre lang lediglich ein solches theoretisches Konstrukt. Man kannte zwar statistische Vererbungsregeln, welche die Existenz von „Erbanlagen" nahelegten, doch gab es dafür noch keine materielle Grundlage. Erst die Identifizierung der DNA-Struktur durch Crick und Watson vermochte, den theoretischen Begriff des Gens mit Leben zu füllen. Erst von da an war es möglich, das Gen als Basis von Prognosen zu verwenden. Die prognostische Instrumentalisierung von künstlichen Zeichen kann also erst dann erfolgen, wenn dafür eine kultivierbare Entsprechung in der Natur gefunden wird. Im Gegensatz zu den magischen Ansätzen kann die Deutung künstlicher Zeichen in der Moderne also nur auf Grundlage von natürlichen und kultivierten Zeichen erfolgen. Dazu werden wir später noch kommen. Vorerst wollen wir jene archaischen Wahrsagemethoden künstlicher Zeichen betrachten, welche sich mit weit weniger Vergeistigung begnügen.

02. Lose, Wurforakel und andere einfache Antwortmaschinen

Einfache Antwortmaschinen wie Lose, Wurf- oder Drehorakel bedürfen noch keiner komplexen Weltmodelle als Überbau. Vielmehr bieten sie eine begrenzte Anzahl konkreter Antworten zur Auswahl. Das Zeichen bedarf meist keiner Interpretation, sondern ist einfach und anschaulich definiert. Im schlichtesten Fall ist die Antwort Ja oder Nein, wie etwa beim Münzorakel. Derartige Entscheidungsmaschinen haben wir bereits bei den kultivierten Zeichen kennengelernt. Etwa die verschiedenen Orakel der Zande, das Hühnerorakel der Römer oder die meisten Versehrungs-Ordale ließen nur zwei Antwortmöglichkeiten zu. Während diese Methoden jedoch noch die Prozesse der Natur als Grundlage, als Motor benötigten, kommen die Antwortmaschinen aus künstlichen Zeichen ohne ein Bindeglied zur Umwelt aus. Die Natur spielt nur noch insofern eine Rolle, als dass das Schicksal, beziehungsweise der Zufall eine Auswahl trifft zwischen verschiedenen Steinchen, Hölzern, Zettelchen, Würfelseiten, Figuren oder sonstigen gefertigten Gegenständen. Das Zeichen selbst wird von Menschenhand gefertigt. Der Motor des Orakels ist nun ausschließlich der Mensch allein.

Lose bei den Griechen und Römern

Derartige Losorakel waren bei den alten Griechen sehr beliebt. Die Entscheidung durch das Los, die Kleromantie, wurde zur Rechtsprechung ebenso herangezogen wie zur Besetzung öffentlicher Ämter oder zum Wahrsagen der Zukunft. Häufig wurde das Los mit Bohnen durchgeführt, auf welchen die zur Wahl stehenden Möglichkeiten eingeritzt waren. Die richtige Antwort wurde dann blind aus einem Topf mit den Bohnen gezogen. Dergestalt wurden etwa in Athen die Beamten ausgelost. In Delphi wurden mit dieser Methode die Fragen der Pilger aus niedrigen Schichten beantwortet.[308] Es gab auch zahlreiche Buchstabenorakel, bei welchen sich auf jedem Los ein Buchstabe des griechischen Alphabets befand. Diese Lose waren aus verschiedensten Materialien gefertigt, aus Holz, Metall, Stein, Ölbaum- oder Palmblättern. Auch diese Lose wurden in einem Topf vermischt und dann entweder gezogen oder so lange geschüttelt, bis ein Los aus dem Topf fiel. Jeder Buchstabe war mit einem einfachen Orakelspruch verknüpft, wie etwa: „Leicht führst Du's aus, wenn Du nur kurze Zeit noch wartest." oder „Von gegenwärtigem Übel wirst Du bald erlöset sein."

Ebenfalls eine große Rolle spielte der Würfel. Etwa beim Orakel des Herakles Buraikos in Achaia betete man zuerst vor seiner Statue. Dann warf man vier Würfel. Jede Wurfkombination war einer bestimmten Antwort zugeordnet. Ähnlich funktionierte die Homeromantie. Hier wurde ein Würfel drei Mal geworfen. Jede der 216 möglichen Kombinationen stand für einen bestimmten Homervers. Würfelte man beispielsweise drei Mal Alpha, so entsprach diese Kombination dem Vers 24,369 der Ilias: „Abzuwehren den Mann, wenn einer zuerst euch belästigt." Derartige Wurforakel gab es auch mit Astragalen. Astragale sind würfelähnliche Gebilde, welche aus den Fußwurzelknochen von Ziegen, Schafen oder Schweinen hergestellt wurden. Sie haben eine langgezogene Quaderform und sind gewölbt, sodass die Wahrscheinlichkeiten der einzelnen Zahlenwerte ungleich verteilt sind. Das Astragalorakel gab seine Antwort durch die Kombination von fünf Würfen, wobei aus den jeweiligen Zahlen die Quersumme gebildet wurde. Die entsprechenden Antworten sind auf großen Steinquadern überliefert. Jede einzelne Antwort wurde einer Gottheit zugeordnet, beispielsweise:

> „6,6,6,1,1 (Quersumme = 20) – Hephaistos:
> Sind drei Würfe Sechser, zwei aber Einser, dann höre und wisse: Es ist nicht möglich, ein Geschäft zu verrichten: Mühe Dich nicht vergebens! Und wende nicht jeden Stein um, damit Du nicht auf einen Skorpion triffst. Ohne Glück wird das Geschäft, nimm Dich vor allem Unheil in Acht!"[309]

Die Lose der Römer unterschieden sich kaum von jenen der Griechen. Berühmte Losorakel gab es beispielsweise in Caere, Cumae, Tibur, Antium oder Ostia. Cicero berichtet über das Losorakel von Praeneste, einer Stadt in der Nähe von Rom. Dort wurden im Auftrag der Göttin Fortuna von einem Knaben Lose aus Eichenholz gemischt und gezogen.[310] Ein anderes Set von 17 Losen aus Bronze wurde in der Nähe von Padua gefunden. Darauf stehen Sprüche geschrieben wie: „Du glaubst, was man sagt. So ist es nicht. Sei nicht dumm." oder „Jetzt fragst Du, jetzt kommst Du um Rat? Die Zeit ist schon vorbei."[311] Da die Lose sehr einfach und ohne Materialverbrauch befragt werden konnten, wurden sie vor allem von den niedrigeren Gesellschaftsschichten konsultiert. In gehobenen Kreisen waren sie verpönt. „Denn welche obrigkeitliche Person oder welcher bedeutendere Mann bedient sich schon der Lose?" spottet Cicero in seinem Buch über die Wahrsagung. Die Antworten waren zumeist sehr allgemein formuliert. Sie richteten sich an ein unspezifisches Massenpublikum.

Etwas anders sieht es bei einigen Wahrsagetexten aus der Spätantike aus. Die „Sortes Astrampsychi" und die „Sortes Sangallenses" sind Textsammlungen, welche sowohl vorgefertigte Antworten, als auch vorgefertigte Fragen enthalten. Beide wurden etwa im 3. Jahrhundert n. Chr. verfasst. Diese Texte beinhalten eine große Bandbreite an sehr konkreten Fragen und Antworten, welche auf eine Vielzahl spezifischer Lebenssituationen eingehen. Der erste Teil der „Sortes Astrampsychi" besteht aus 92 Fragen wie „Werde ich meine Bezahlung erhalten?", „Werde ich Statthalter werden?", „Werde ich von meiner Frau getrennt werden?" oder „Wurde ich verhext?". Der Klient kann daraus diejenige Frage wählen, welche am besten zu seinem Anliegen passt. Dann muss er eine Zahl zwischen 1 und 10 nennen oder durch Los bestimmen. Aus dieser Zahl errechnet der Wahrsager nach einer festen Formel die Nummer der richtigen Antwort. Die Antworten befinden sich im zweiten Teil des Buches. Für jede Frage gibt es zehn mögliche Antworten. Auf diese Weise ergeben sich sehr individuelle Weissagungen. Beispielsweise zur Frage: „Werde ich als Sklave verkauft werden?" gibt es mögliche Antworten wie:[312]

- Du wirst verkauft werden, aber nicht sogleich.
- Wohin auch immer Du verkauft wirst, Du wirst es bereuen.
- Du wirst verkauft werden, und es wird Dir wohl sein bei denen, wo Du hinverkauft wirst.
- Du wirst nicht sogleich verkauft werden, denn es nützt Dir nichts.
- Du wirst nicht verkauft, sondern freigelassen werden.

Lose in Ägypten und Israel

In Ägypten sind Losorakel bereits für das Mittlere Königreich (2010 – 1793 v. Chr.) belegt. Meist wurden Papyri verwendet, auf welche man den Namen der angerufenen Gottheit schrieb, sowie die Frage, einmal als Bestätigung und einmal als Verneinung formuliert. Ein typischer Text lautete beispielsweise: „An Scopnopaeus, meinen Herrscher, den großen Gott,

Etrenias fragt Dich: Wenn es nicht gewährleistet ist, dass meine Frau Ammonous spontan zu mir zurückkehrt und ich deshalb außer Haus gehen soll, damit sie zurückkehrt, dann gib mir dieses Los." Auf das andere Papyrusstück wurde dann der gegenteilige Text geschrieben mit der Formulierung: „Wenn es sehr wohl gewährleistet ist..." Dann wurden beide alternativen Antworten in eine Urne gegeben und vermischt. Der Ratsuchende zog daraus den Papyrus mit der richtigen Antwort.[313]

Im alten Israel war Wahrsagerei grundsätzlich verboten.[314] Dennoch finden sich im Alten Testament Hinweise auf ein Losorakel namens „Urim und Thummim". Vermutlich handelte es sich dabei um zwei Lossteine, welche bei wichtigen Entscheidungen vom Hohepriester verwendet wurden, um einen Gottesbescheid einzuholen. Bereits die Autoren aus der Zeit nach dem Babylonischen Exil (6. Jahrhundert v. Chr.) kannten nur noch den Namen dieses Orakels, aber wussten nichts genaues mehr zu sagen über das Prozedere seiner Anwendung. Fest steht lediglich, dass „Urim und Thummim" nur binäre Antworten erlaubten, also Ja oder Nein. Im Alten Testament finden sich zudem zahlreiche Hinweise auf Lossteine, welche als „Gôral" bezeichnet werden. Diese durften nur befragt werden, wenn die entsprechenden Vorzeichen vorlagen. Auch mit diesem Los wurden Gottesentscheide eingeholt, beispielsweise über die Wahl Sauls zum König oder über die Schuld von Achan, mit dem Frevel von Jericho Unglück über sein Volk gebracht zu haben.[315]

Teigkugeln, Rosenkranz und Stiefelschlaufen in Tibet

Verschiedene Los- und Wurforakel sind auch in Tibet gebräuchlich. Die Teigkugel-Divination wird unter anderem dazu verwendet, die Reinkarnationen hoher Lamas ausfindig zu machen. Dazu werden die Namen der möglichen Kandidaten auf Papierstreifen geschrieben. Jedes einzelne Zettelchen wird dann in Kugeln aus Teig eingeschlossen. Dabei wird sorgsam darauf geachtet, dass jedes Kügelchen exakt dieselbe Größe hat. Die Teigbällchen werden in eine Schüssel gegeben. Dann verschließt man diese und platziert sie vor einer heiligen Statue. Es folgen drei Tage, in welchen die Mönche um die richtige Antwort beten. Erst am vierten Tag darf die Schüssel wieder geöffnet werden. Dann dreht ein hoher Lama die Teigkugeln so lange in der Schüssel bis schließlich eine herausspringt.

Dieses Teigbällchen enthält die richtige Antwort. Auch das Würfelorakel wird in Tibet verwendet. Es funktioniert gleich wie die bereits erwähnten Orakel in Griechenland und Rom. Das Orakel untersteht der Gottheit Palden Lhamo und wird mit drei Würfeln ausgeführt. Die Antwort auf die gewürfelten Zahlen kann in einem der vielen Divinationsbüchern nachgeschlagen werden, welche von bekannten Lamas verfasst wurden. Die versierteren Wahrsager kennen die Orakelsprüche auswendig und müssen deshalb kein Buch mehr konsultieren.

Daneben kennt man in Tibet eine Reihe anderer Antwortmaschinen, welche nicht auf Losen oder Werfen basieren. Ein Beispiel ist das Rosenkranz-Orakel. Nachdem man für die Gottheit Gebete und Mantras rezitiert hat, hält man den Rosenkranz horizontal in die Luft. Man erfasst ohne zu überlegen mit jeder Hand ein Kügelchen des Kranzes. Dann hangeln sich die beiden Hände aufeinander zu, indem sie jeweils drei Kügelchen auf einmal überspringen. Bleibt am Schluss nur ein Kügelchen übrig, so wird dies „Falke" genannt. Zwei Kügelchen heißen „Rabe". Bei drei Kügelchen handelt es sich um einen „Schneelöwen". Dieser Vorgang wird drei Mal wiederholt. Der erste Versuch zeigt dabei die Unterstützung der Gottheit beim Vorhaben an. Der zweite Versuch gibt Auskunft über die Bedingungen der unmittelbaren Umwelt. Der dritte Versuch gibt Hinweise auf die Ankunft einer erwarteten Person aus der Ferne. Der „Falke" ist stets das beste Zeichen. Der „Rabe" ist die Unglückssignatur, während der „Schneelöwe" eine neutrale bis leicht positive Bedeutung hat.
Ein anderes Orakel, welches vor allem bei den tibetischen Nomadenvölkern populär ist, wird mit Stiefelschlaufen durchgeführt. Dabei werden die Stiefelschlaufen übereinander gefaltet und dann abrupt auseinandergezogen. Wenn sie sich reibungslos voneinander lösen, dann ist die Antwort positiv. Wenn sie sich jedoch verhaken oder hängen bleiben, dann ist die Antwort negativ.[316] Diese Methode grenzt noch an die Deutung kultivierter Zeichen.

Wurforakel und Orakelstäbchen in China und Japan

Auch in China gibt es eine Reihe von einfachen Los- und Wurforakeln. Eines der bekanntesten besteht aus zwei Divinationsklötzen. Es wird Jiao, Bei, Jiaobei, Beijao oder Jiaogua genannt. Diese Klötze werden aus Holz oder Bambus geschnitzt und haben die Form eines Halbmondes. Eine Seite ist flach, die andere abgerundet. Zur Divination hält man die beiden Klötze andächtig über den Kopf und stellt in Gedanken seine Frage an die Gottheit. Dann wirft man die Klötze zu Boden. Landen beide Halbmonde mit der flachen Seite nach unten (yin), so lautet die Antwort „Nein". Kommen beide Klötze mit der gewölbten Seite nach unten auf (yang), so ist die Frage unentschieden. Das Wackeln der Halbmonde wird dann als Lachen des Orakelgottes gedeutet. Dies ist eine Aufforderung, die Frage neu zu formulieren und abermals zu stellen. Nur wenn ein Klotz mit der flachen und der andere Klotz mit der runden Seite nach unten aufkommt (sheng), ist die Antwort „Ja". Die Orakelhalbmonde werden auch häufig als Ergänzung zu Lingqian, den Orakelstäben, herangezogen.

Die Antwortmöglichkeiten der Orakelstäbe beschränken sich nicht nur auf Ja, Nein und Unentschieden. Deshalb ist ihre Autorität auch größer als jene des Klötzchenorakels. Sie können in Tempeln gegen eine kleine Spende erworben werden. Die Stäbchen werden in Sets von meist 50, 64 oder 100 Stück in einem kleinen Bambusbehälter aufbewahrt. Sie sind etwa 30 – 50 Zentimeter lang. Zur Wahrsagung wird dieser Behälter so lange geschüttelt bis einer der nummerierten Orakelstäbe herausfällt. Meist wird danach das Halbmondorakel befragt, ob das Stäbchen die richtige Antwort enthält. Wenn dies der Fall ist, so bringt man das nummerierte Stäbchen zum Büro des Tempels, wo man entsprechend der Ziffer einen Orakelzettel erhält. Darauf befinden sich Sprüche wie „Xiangru kehrt zu Zhao zurück mit dem ganzen Ring", „Sun Bin trifft Pang Quan" oder „Die achtzehn Gelehrten steigen zum Himmel empor". Diese Sätze sind meist bekannten chinesischen Dramen entlehnt und oft schwer zu interpretieren. Es gibt jedoch zahlreiche Qian-Bücher, welche bei der Entschlüsselung der Botschaften behilflich sind und die Bedeutung jedes Satzes ausführlich erklären.[317]

Orakelstäbe gibt es auch in Japan. Dort werden sie Omikuji genannt. In allen großen Schreinen und Tempeln kann man sie für etwa 200 Yen (1-2 Euro) befragen. Auch hier muss eine hölzerne Dose mit einer kleinen Öffnung so lange geschüttelt werden bis eines der nummerierten Bambusstäbchen herausfällt. Der Schreindiener sucht dann entsprechend der Nummer einen kleinen Zettel mit der Weissagung heraus, beispielsweise:

„19 – Halbes Glück:

Es könnte schlimmer sein. Sie freuen sich über das, was Ihnen gewährt wird. Vermeiden sie unvorsichtiges Handeln, nachdem Ihnen ein Wunsch erfüllt wurde. Es könnte etwas in die Brüche gehen. Die erwartete Person trifft nicht ein. Etwas Verlorengegangenes könnte wieder zum Vorschein kommen. Ein Streit nimmt eine überraschende Wendung, endet aber schneller, als Sie vermuten. Eine günstige Zeit für Geschäftsabschlüsse. Eine Krankheit könnte sich hinziehen, aber Sie schaffen es. Ihre Glücksrichtung liegt im Südwesten."[318]

Wie bei den meisten Losen sind auch hier die Antworten sehr allgemein, unspezifisch gehalten. Vergleicht man diesen Text etwa mit der Antwort des griechischen Astragalorakels, so könnten beide durchaus demselben Set entstammen. Es ist kaum ersichtlich, dass zwei Jahrtausende und ein halber Globus zwischen den beiden Sprüchen liegen. So hat das Omikuji in Japan vor allem Unterhaltungswert. Während das Stäbchenorakel in China noch stark in der religiösen Tradition verwurzelt ist, glaubt in Japan heutzutage kaum jemand ernsthaft an die prophetische Kraft der Zettelchen. Nachdem man die Botschaft gelesen hat, ist es aus Tradition üblich, die Omikuji an die Zweige eines Baums zu binden, um eine Verbindung zwischen dem Willen der Götter und dem Menschen zu schaffen. Durch diesen Akt kann angekündigtes Unglück abgewendet und angekündigtes Glück angenommen werden. So sind die Bäume der Tempelanlagen mit zahllosen Zettelchen behangen, welche wie Reigen von weißen Blüten die Äste schmücken.

Rotationsorakel, Reiborakel und Balanceorakel

Wurf- und Losorakel gibt es zahllose auf der Welt. Sowohl in der Vorgehensweise, als auch im Inhalt der Orakelsprüche sind sie sich sehr ähnlich. Egal ob antikes Astragalorakel in Griechenland oder modernes Stäbchenorakel in Asien, Lose sind in fast allen Kulturkreisen sehr populär. Dies liegt vor allem daran, dass sie schnell, einfach und kostengünstig Antwort geben. Oft sind sie deshalb das bevorzugte Wahrsageinstrument der niedrigen gesellschaftlichen Schichten. Sie sind die häufigsten Vertreter der Antwortmaschinen aus künstlichen Zeichen.

Es gibt aber noch eine Vielzahl anderer Gattungen, beispielsweise die Rotationsorakel. Diese bestehen aus einem rotierenden Gegenstand, um den herum die möglichen Antworten angeordnet sind. Wenn der Zeiger

zum Stillstand kommt, weist er auf die richtige Antwort. Ein bekannter Vertreter dieser Gattung ist der Orakelapparat von Pergamon. Dieser wird auf das 3. Jahrhundert n. Chr. datiert. Er besteht aus einer reichlich mit magischen Zeichen, Buchstaben und Figuren verzierten, dreieckigen Platte aus Bronze. In ihrer Mitte befindet sich ein Stift, auf welchem sich eine runde Scheibe befestigen lässt. In diese sind ebenfalls zahlreiche Zeichen graviert. Die Scheibe lässt sich auf dem Stift in Rotation versetzen. Das Zeichen, bei welchem ihr Zeiger zum Stillstand kommt, offenbart die Antwort. Da sich auf dem Apparat auch Buchstaben befinden, ist es möglich, in mehreren Durchgängen Begriffe und Namen zu orakeln. Derartige Geräte waren vor allem in der Antike der nachchristlichen Jahrhunderte gebräuchlich.[319]
Im Europa des Mittelalters kannte man ein ähnliches Orakel, welches mit einem rotierenden Sieb durchgeführt wurde. Diese Wahrsageart wurde Koskinomantie genannt. Auch in Afrika kennt man zahlreiche Rotationsorakel. Etwa bei den Winamwanga in Zambia wird dazu ein Topf, ein Schildkrötenpanzer oder ein Stock verwendet. In Ruanda dient ein Rohr als Kreisel. Die Duala in Kamerun legen zur Bestimmung des Schuldigen einen Stab auf einen senkrechten Pfahl und versetzen ihn in Drehung. Wenn er wieder zur Ruhe kommt, zeigt er in Richtung des Täters. Andere Stämme verwenden rotierende Warzenschweinzähne, Tierhörner, Knochen oder sonstige Gegenstände.

Eine andere Gattung der einfachen Antwortmaschinen aus künstlichen Zeichen sind die Reiborakel. Als Beispiel haben wir bereits das Iwa der Zande kennengelernt. Auch die Divination aus Stiefelschlaufen in Tibet ist mit dieser Art verwandt.[320] Bei derartigen Methoden werden meist zwei Gegenstände aneinander gerieben. Wenn sie reibungslos gleiten, so ist die Antwort positiv. Alles wird „reibungslos" klappen. Wenn ein Widerstand entsteht, so ist die Antwort negativ. Es wird „Widerstände" geben. Manchmal ist die Deutung auch umgekehrt. Dann steht Gleiten dafür, dass das Orakel stumm ist, während ein Widerstand als Reaktion des Orakels betrachtet wird. Es meldet sich und sagt Ja.

Ein weiterer Ansatz sind die Balanceorakel. Beispielsweise bei den Bende in Zentralafrika wird ein Topf auf einer Axtschneide balanciert. Dann nennt man der Reihe nach die Namen der Verdächtigen. Sobald der Name des Schuldigen fällt, bleibt der Topf im Gleichgewicht. Solche Balanceorakel gibt es mit zahllosen Gegenständen. Auch hier bedeutet das Hinunterfallen meist Nein, während die Balance als Ja betrachtet wird. Manchmal werden diese Orakel auch derart eingesetzt, dass die Richtung des Umfallens in die Richtung des Gesuchten weist.[321]

Wurf-, Los-, Dreh-, Reib- und Balanceorakel sind nur einige Beispiele für einfache Wahrsageapparate aus künstlichen Zeichen. Die Möglichkeiten und Variationen sind unerschöpflich. All diesen Orakeln ist gemein, dass sie mit einfachen Mitteln einfache Antworten geben. Häufig gibt es nur zwei Antwortmöglichkeiten, sodass sie sich vor allem als Entscheidungsmaschinen gut eignen. Manchmal ist die Interpretation dieser Wahrsageapparate jedoch etwas schwieriger. Die Antwortmöglichkeiten sind vielfältig und noch dazu symbolisch verschlüsselt. Zu derartigen Apparaten wollen wir nun kommen.

03. Von der Antwortmaschine zur Miniaturwelt

Um die Entwicklung von einfachen Antwortmaschinen hin zu komplexeren Deutungssystemen zu beleuchten, bleiben wir in Afrika. Wir haben bereits gesehen, dass die Möglichkeiten der Wurforakel breit gefächert sind. Die einfachste Variante lässt zwei Antworten zu, wie etwa bei der Methode mit den zwei Kolanuss-Hälften. Manchmal ist dies dem Menschen allerdings zu wenig. Er will eine differenziertere Auskunft über seine Zukunft erhalten. Er möchte sich ein umfassenderes Bild von den kommenden Geschicken machen. Also beginnt er, das binäre Orakel durch weitere Gegenstände zu ergänzen, welche für Zwischenschattierungen zwischen Ja und Nein, Sein und Nichtsein, Gut und Böse stehen. Er beginnt, seinen Wahrsageapparat zu verfeinern, ihm Grautöne beizubringen. Beispielsweise beim Werfen von Kaurischnecken an der Elfenbeinküste wird bereits eine ganze Handvoll Muscheln geworfen.[322] Die Antworten fallen schon deutlich vielschichtiger aus. Je nach Lage und Ausbreitung sind vielzählige Varianten möglich.

Korborakel in Afrika

Bei den Korborakeln versuchen die afrikanischen Wahrsager schließlich, mit zahlreichen Gegenständen ihren Makrokosmos als Mikrokosmos nachzubauen. Für alles, was ihnen in der Welt wichtig erscheint, haben sie eine eigene Figur, einen eigenen Gegenstand als Repräsentanten. Zum Beispiel kann ein großes Metallstück für Väter und Ahnen stehen, kleine Metallstücke für junge Männer, verschiedene Hörner für verschiedene Frauen und Mädchen, ein Menschenzahn für den Mund und die Sprache, der Huf einer Antilope für Fortbewegung und Reisen und so fort. Der Korb mit all diesen Gegenständen ist eine Miniaturwelt. Durch das Schütteln simuliert der Wahrsager die Mächte des Schicksals, welche die Elemente der Welt bewegen. Nach dem Schütteln sind diese Elemente entsprechend der richtigen Antwort verteilt. Durch die Lage der Gegenstände zueinander und im Verhältnis zu ihrer Position vor dem Schütteln wird die Zukunft gedeutet.[323]

Das Chuvaanak-Orakel der südsibirischen Tyva

So entwickelten sich aus einfachen, binären Antwortmaschinen nach und nach komplexe Deutungssysteme heraus. Miniaturwelten, archaische Formen von Weltmodellen, entstanden. Der Übergang zwischen beiden Sphären ist fließend. Ein solches Wahrsagesystem an der Grenze zwischen komplizierter Antwortmaschine und einfacher Miniaturwelt ist beispielsweise das Chuvaanak-Orakel der Tyva-Schamanen im Süden Sibiriens. Dieses besteht aus 41 erbsengroßen, bunten Steinchen, welche vom Wahrsager selbst auf einer mühevollen Reise zu 41 verschiedenen Orten gesammelt werden. Dazu werden Landstriche gewählt, welche weitab jeglicher menschlicher Zivilisation liegen und somit als besonders wild und kraftgeladen gelten, beispielsweise beeindruckende Berge, Quellen oder Flüsse. Je weniger ein solcher Ort erkundet ist, je weniger Menschen ihn bislang zu Gesicht bekommen haben, desto untrüglicher und wahrhaftiger soll der dort gefundene Stein Antwort geben. So gelten Steine aus dem Magen des äußerst seltenen und menschenscheuen Ular-Vogels als besonders wirksam.
Bei der Befragung setzt sich der Wahrsager mit dem Gesicht zur Sonne und breitet vor sich ein helles Tuch aus. Dann nimmt er die Steinchen in beide Hände und beginnt, sie zu beleben. Er führt sie zum Mund und haucht ihnen den Namen und die Frage des Klienten ein. Dann stellt er eine Verbindung zum Klienten her, indem er ihn mit dem Chuvaanak am Kopf berührt oder die Steine in dessen Hände gleiten lässt. Danach legt er das Chuvaanak bedächtig auf das helle Tuch und teilt die Steinchen in drei etwa gleich große Haufen. Von jedem Haufen nimmt er so oft jeweils vier Steine weg bis am Ende nur noch ein bis vier Stück übrig bleiben. Diese drei Haufen mit jeweils ein bis vier Steinchen lässt er liegen, während er mit dem Rest diese Prozedur zwei Mal wiederholt. So hat er am Ende 3x3 = 9 Felder mit jeweils ein bis vier Steinchen.

Diese Matrix repräsentiert die einzelnen Facetten der Frage. Die waagrechten Zeilen werden von oben nach unten als Basy (Kopf), Isti (Inneres/Bauch) und Adaa (Fuß/Bein) bezeichnet. Dabei steht der Kopf für den Beginn, für die Voraussetzungen und Umstände. Die Bauchzeile zeigt den Erfolg an. Die Beinzeile schließlich gibt Auskunft über die Geschwindigkeit. Die drei senkrechten Spalten hingegen repräsentieren verschiedene Teilnehmer der Unternehmung. Meist steht eine der äußeren Spalten für den Fragesteller und die zweite Außenspalte für die beteiligten Personen oder Tiere, also etwa für Verwandte, Besucher, verlorenes Vieh und ähnliche. Die mittlere Spalte steht für die Unternehmung selbst. Dadurch kann der Wahrsager die Frage in neun Teilfacetten aufgliedern und detailliert beantworten. Die Antworten ergeben sich aus der Anzahl der Steinchen in den einzelnen Feldern. Folgendes Schema zeigt Beispiele möglicher Anwendungen:[324]

	Der Fragesteller	**Die Unternehmung**	**Die Beteiligten**
Basy (Kopf) Beginn, Voraussetzungen, Umstände	Ist der Fragesteller innerlich bereit für die Unternehmung?	Wird sie wie geplant stattfinden oder muss sie verschoben werden?	Verspätet sich der Besuch? Kommt es beim Geschäftspartner zu Verzögerungen?
Isti (Inneres/Bauch) Erfolg	Ist dem Fragesteller Erfolg beschieden?	Gibt es Probleme bei der Durchführung und welcher Art sind diese?	Ist das Vieh wohlauf? Geht es dem Besucher gut?
Adaa (Fuß/Bein) Geschwindigkeit	Wird dem Fragesteller das Vorhaben schnell von der Hand gehen?	Wie schnell kann die Unternehmung abgeschlossen werden?	Kommt das Vieh / der Besuch schnell voran? Kommt es beim Geschäftspartner zu Verzögerung?

Derartige differenzierte Lege-Orakel gibt es zahlreiche rund um den Globus. So verwenden die indischen Astrologen eine Legetechnik mit 108 Kaurimuscheln als Ergänzung zum Horoskop. Die Auszählung in Vierergruppen erfolgt, entsprechend der Anzahl der Tierkreiszeichen, auf zwölf Feldern. Bei den Quiché-Indianern im Hochland von Guatemala werden Bohnen, bohnenförmige Früchte und kleine Bergkristalle verwendet. Ausgezählt wird ebenfalls in Vierergruppen entsprechend dem 260-Tage-Kalender der Maya.[325] Anstatt lediglich mit Ja oder Nein zu antworten oder einfache, vorgefertigte Orakelsätze auszulosen, wird die Frage bei derartigen Legesystemen in ihre verschiedenen Facetten und Einflussgrößen aufgefächert. Die Gestalt des Fragekomplexes mit ihren wichtigsten Elementen wird als Mikrokosmos nachgebaut. So werden aus komplexen Antwortmaschinen schließlich Miniaturwelten.

Das Ifa-Orakel der Yoruba

Eine der wohl umfassendsten Vertreter dieser Art ist das Ifa-Orakel der Yoruba. Die Yoruba sind eine große Volksgruppe, welche hauptsächlich im heutigen Nigeria angesiedelt ist. Sie waren eine der ersten Ethnien Afrikas, welche sich in großen Städten organisiert haben. Bereits im Mittelalter zählten ihre Metropolen bis zu 100.000 Einwohner. Dennoch haben sie bis zum Einfall der Araber vor 1.000 Jahren keine Schrift gekannt, sondern ihr Wissen ausschließlich mündlich tradiert. Ursprung und Zentrum der Yoruba wird in der Stadt Ifè angesiedelt. Dort soll der Legende nach Obatala, der Sohn des Weltschöpfers Olorun, die ersten Menschen aus Lehm erschaffen haben.[326] Zur Entstehung des Ifa-Orakels gibt es mehrere Legenden. Einige Yoruba sehen den zwielichtigen Trickser-Gott Eshu als Erfinder. Der historische Ursprung des Orakels ist aufgrund des Mangels an schriftlichen Quellen nicht mehr eruierbar. Sein Alter dürfte jedoch mindestens 700 – 800 Jahre betragen.

Lange Zeit wurde das Ifa-Wissen streng geheim gehalten. Die Yoruba-Wahrsager, die Babalawo („Vater des Hauses der Geheimnisse"), gaben die Ifa-Orakelgedichte nur untereinander weiter. Erst im Jahr 1965 beschloss ein Kreis von Orakelpriestern, einen Teil des Wissens für die Öffentlichkeit zugänglich zu machen. Dies geschah, weil immer weniger junge Babalawo-Schüler in der Lage waren, die mehr als 3.000 Orakeltexte auswendig zu lernen. Die Priester befürchteten deshalb, dass das Ifa-Wissen im Strudel der Modernisierung des Landes verlorengehen würde. So befragten sie mehrfach das Ifa-Orakel und holten sich damit die Zustimmung der Götter (Orisha), bevor sie schließlich den beiden Ärzten Christoph Staewen und Friderun Schönberg einen großen Teil der Legenden diktierten.[327]

Diese Legenden decken sämtliche Bereiche des Lebens ab. Sie berichten von den Erlebnissen der Götter und Menschen. Sie erzählen von Ungehorsamkeit, Zweifel, Habgier und Geiz, Lug und Trug, Hochmut, Undankbarkeit, menschlicher Schwäche oder auch von Rechtschaffenheit. Geschichten wie „Das sprechende Schaf", „Die Suche nach einem nutzlosen Menschen", „Die vertauschten Köpfe" oder „Das Rückgrat eines Buckligen" beschreiben allegorisch all die Probleme der Menschen. Jeder Orakeltext besteht aus einer Erzählung, einem Gedicht, welches diese Erzählung kurz und einprägsam zusammenfasst und den verschiedenen Interpretationen. Ein solches Set wird Odu genannt. Folgendes Odu zählt zu den kürzeren der Sammlung. Die Geschichte heißt „Orunmila besiegt böse Geister":[328]

Áluwe, Àluwè, Aluweluwe,
sie waren es,
die Ifa für Orunmila warfen,
als der Tod das Volk schlug.
Ifa gebot ihm zu opfern,
damit der Tod,
der das Volk zu Boden warf,
Orunmilas Haus verschone.
Er opferte.

Einst, in alten Zeiten, herrschten Wirren und Pestilenz in Ife, und als Orunmila eines Tages Ifa warf, antwortete ihm Ifa: „Du musst Opfer darbringen, damit Du und Deine Familie von aller Not verschont bleiben. Du sollst aber das Opfer neben einem Omo-Baum vollziehen. Danach wirst Du den Baum ersteigen und das Weitere beobachten." Orunmila tat so. Nach einiger Zeit sah er drei Geister kommen, die das Opfer verzehrten. Im Gespräch miteinander erwähnten sie aber ihre Namen, die niemand kannte: „Áluwe soll die Ziege nehmen. Àluwè soll die Ratte essen. Aluweluwe wird den Fisch nehmen." So erfuhr Orunmila ihre Namen. Als sie wieder gegangen waren, stieg er vom Baum herab und ging nach Hause.

Am folgenden Tag verwandelten sich die Geister in Menschen und kamen in die Stadt. Dort gingen sie geradewegs zu Orunmilas Haus, um ihn zu grüßen. Da rief Orunmila seinen Frauen zu: „Geht und bereitet Essen für Áluwe, Àluwè und Aluweluwe!" Als sie hörten, dass Orunmila ihre Namen wusste, waren sie sehr verwundert. Sie fragten ihn, woher er sie denn kenne. Sie befürchteten nämlich, er könnte ihre Namen der ganzen Stadt mitteilen, und dann würde jedermann Macht über sie haben. Als sie fortgegangen waren, ging Orunmila auch sogleich mit seinen Schülern rund um die Stadt, und sie sangen: „Ich bestieg den Omo-Baum, und nun kenne ich Dich, Dich Áluwe! Ich bestieg den Omo-Baum, und nun kenne ich Dich, Dich Àluwè! Ich bestieg den Omo-Baum, und nun kenne ich Dich, Dich Aluweluwe! Ich bestieg den Omo-Baum, und nun kenne ich Euch alle!"

So befreite Orumila die Stadt von der Seuche, die durch die drei Geister hervorgerufen war; und er erfüllte die Weisung Ifas.

Ifa spricht:
A: „Wer auf dem Weg der Treue zu Ifa wandelt, wird von Ifa beschützt werden."

B: „Du befindest Dich in Gefahr. Folge Ifas Weisungen, auch wenn sie seltsam erscheinen mögen. Wenn Dir geholfen ist, so hilf aber auch den anderen, die in der gleichen Schwierigkeit sind.“

Ähnlich wie bei den Geschichten der Bibel oder vielen anderen Überlieferungen gibt es immer eine moralische Botschaft. Zudem soll die Geschichte dem Fragestellenden auf sein konkretes Problem eine Antwort geben. Etwa 3.000 derartiger Texte müssen Babalawo-Schüler auswendig können bevor sie das Ifa-Orakel ausüben dürfen. Nur ein sehr kleiner Prozentsatz der Anwärter schafft das bis zum Ende. Die Ausbildung beginnt im Alter von zehn bis zwölf Jahren. Die Schüler bleiben dann etwa zehn bis fünfzehn Jahre bei ihrem Meister bis sie ausreichend mit dem Ifa-Orakel vertraut sind. Dieser gibt ihnen nicht nur in mündlicher Form die Orakeltexte weiter, sondern lässt sie auch an den Wahrsagesitzungen teilhaben. Dort erlernen sie die Praxis der Interpretation und Beratung. Nach der Grundausbildung und der Initiation verbringen die Babalawo meist einige Jahre bei einem anderen Meister fern ihrer Heimat. Dort lernen sie weiter an den Ifa-Gedichten und verfeinern ihre Künste. Erst dann beginnen sie, Menschen mit dem Orakel weiszusagen.[329]
Während Wahrsager in anderen Kulturen häufig ein Einzelgänger-Dasein führen, stehen die Babalawo Zeit ihres Lebens in Austausch miteinander. Alle Priester einer Stadt treffen sich ein Mal im Jahr zum mehrtägigen Ifa-Fest. Dort rezitieren sie einander alle Sprüche, die sie kennen, um den geheiligten Schatz der Überlieferungen am Leben zu erhalten. Dabei wird großen Wert darauf gelegt, dass kein Detail verloren geht oder verfälscht wird. Auf diese Weise konnte die unvorstellbare Masse an Geschichten viele Jahrhunderte überdauern ohne jemals in schriftlicher Form konserviert zu werden. Dieses Beispiel zeigt, dass auch reine Gedächtniskulturen umfassendes Wissen erhalten und von Generation zu Generation weitergeben können.[330]

Das Ifa-Orakel spielt in der Tradition der Yoruba eine zentrale Rolle. Viele Yoruba suchen ihren Wahrsager in regelmäßigen Abständen von 3, 7 oder 13 Tagen auf, um den Rat der Götter und Ahnen zu empfangen. Auch vor allen wichtigen Ereignissen und Entscheidungen wie Reisen, Geschäftsabschlüssen, Geburten oder Hochzeiten wird das Orakel befragt. Die Wahrsage-Sitzung wird mit feierlichen Begrüßungen und Gesängen eingeleitet. Der Ratsuchende sagt dem Babalawo dabei kein Wort über die Frage, welche ihn zur Konsultation veranlasst. In der Standardversion wird das Orakel mit der Opélé-Kette durchgeführt. Auf dieser Ritualkette sind acht länglich-ovale, flache Baumsamen aufgefädelt. Diese acht Glieder sind jeweils gleich groß und lassen sich frei gegeneinander drehen. Ähnlich einer Muschel ist eine Seite offen und nach innen gebeult, die andere geschlossen und nach außen gebogen. Der Babalawo greift die Opélé genau in der Mitte und hält sie über seinen Kopf, sodass die zwei Enden der Kette mit jeweils vier Gliedern herabhängen. Dann wirft er die Kette zu Boden. Dabei kann jedes der acht Elemente entweder mit der offenen oder mit der geschlossenen Seite nach oben landen. Die beiden Vierergruppen der Kette können also jeweils in 16 verschiedenen Kombinationen zu liegen kommen. Diese 16 Möglichkeiten sind die Grundfiguren des Ifa und tragen jeweils den Namen der Gottheit, welcher sie unterstehen:

In dieser Aufstellung bezeichnet ein einfacher Strich die konkav, der zweifache Strich die konvex gelandeten Kettenglieder. Kombiniert man beide Viererreihen miteinander, so ergeben sich insgesamt 16x16 = 256 verschiedene Figurationen. Jeder dieser 256 Varianten ist mindestens ein Orakeltext, ein Odu zugeordnet. Die meisten Kombinationen korrelieren mit bis zu zwölf verschiedenen Geschichten, sodass es insgesamt über 3.000 Texte ergibt. Es ist dann Aufgabe des Babalawo, die passende Geschichte für den Klienten auszuwählen. Manchmal geschieht dies durch Intuition. Oft zieht er dazu ein einfaches Kolanuss-Orakel, genannt Ìbò, als Entscheidungsmaschine heran oder er wirft zur Verfeinerung das Ifa abermals. Ist er zu einem Entschluss gelangt, so trägt er das Odu vor. Er rezitiert das Gedicht, die Geschichte und weist auch auf die verschiedenen Interpretationsmöglichkeiten hin. In den allermeisten Fällen ist der Klient damit vollauf zufrieden. Obwohl dem Babalawo über Probleme und Fragestellung des Ratsuchenden gar nichts bekannt ist, soll das gewählte Odu die Situation des Klienten fast immer in erstaunlich passender Weise beschreiben. Manche Forscher erklären dies mit der starken Suggestivkraft, welche vom Orakel ausgeht. Genauso ist aber auch denkbar, dass der Babalawo mit psychologischem Geschick die Situation des Ratsuchenden erfasst und mit der passendsten Version des Odu-Texts verknüpft.

In seltenen Fällen kann es vorkommen, dass der Klient mit der Antwort nicht zufrieden ist. Dann muss der Babalawo eruieren, ob ein anderes Odu der geworfenen Orakelkombination dem Problem des Ratsuchenden besser entspricht. Er rezitiert dann der Reihe nach die weiteren Odu-Texte, welche zur geworfenen Figur passen. Sollte der Klient immer noch unzufrieden sein, so legt der Babalawo das Zeichen einem seiner ältesten Amtsbrüder zur Deutung vor. Dies ist jedoch fast nie der Fall.
Wenn der Ratsuchende mit der Antwort zufrieden ist und das Orakel angenommen hat, dann teilt der Wahrsager ihm mit, welche Opfer zu erbringen sind, damit die Götter die Geschicke zum Guten wenden. Einerseits soll das Opfer einen vernachlässigten oder erzürnten Gott wieder versöhnen. Andererseits soll es auch einen Sinneswandel des Bittstellers demonstrieren. Denn die Opfer sind auf die Orakeltexte abgestimmt. So muss ein Geiziger ein besonders teures Tier opfern oder ein Hochmütiger Demutsgesten ausführen. Das Opfer erfüllt also auch eine erzieherische Funktion.[331]
Die Ifa-Befragung mit der Opélé-Kette ist die Standardprozedur. Wenn es jedoch um sehr gewichtige Angelegenheiten geht, dann wird das Ikin-Ifa verwendet. Dieses ist die älteste und heiligste Form der Konsultation von

Ifa. Das Orakel besteht aus 16 Palmnusskernen und einem kunstvoll mit Schnitzereien verzierten Wahrsagebrett. Der Babalawo nimmt die 16 Palmkerne in die linke Hand und versucht, sie mit einem Griff in die rechte Hand zu übernehmen. Meist gelingt dies nicht. Bleibt ein Palmkern in der linken Hand zurück, so macht er zwei Striche in das Holzmehl, mit welchem das Orakelbrett bestreut ist. Wenn zwei Kerne zurückbleiben, so macht er einen Strich. Wenn mehr oder weniger Palmnüsse als eine oder zwei zurückbleiben, dann ist der Vorgang ungültig. Es gibt zwei Mal vier Durchgänge, sodass am Ende ein Strichmuster mit 2x4 Zeichen herauskommt. Wie beim Kettenorakel gibt es also 16x16 = 256 mögliche Ergebnisse.

Das Ikin-Ifa Orakel der Yoruba: Wahrsagebrett mit Palmnusskernen

Die Religion der Yoruba ist heute auch in Amerika weit verbreitet. Yorubaland war seit dem 16. Jahrhundert das Zentrum des transatlantischen Sklavenhandels. So wurden zahlreiche Yoruba nach Amerika deportiert, wo sie ihre Religion in Form von Voodoo fortführten. Bis heute praktizieren Babalawo in Nord- und Lateinamerika. So ist eine Variation des Ifa-Orakels bis in die Neue Welt gelangt und erfreut sich unter dem

Namen „Sixteen Cowries" (sechszehn Kaurimuscheln) nach wie vor großer Beliebtheit. „Sixteen Cowries" ist wesentlich unkomplizierter und kann im Gegensatz zu Ifa auch von Frauen bedient werden. Dabei werden 16 Kaurimuscheln auf ein flaches Strohgeflecht geworfen. Die Weissagung erfolgt aus der Anzahl der Muscheln, welche mit der Öffnung nach oben zu liegen kommen. So prophezeit etwa ein Wurf, bei dem alle Muscheln mit der Öffnung nach oben landen, besonderes Glück. Auch hier werden jeder Figur bestimmte Odu-Texte zugeordnet.[332]

Die Ifa-Divination der Yoruba zeigt jedenfalls, dass auch schriftlose Völker einen reichhaltigen geistigen Kulturschatz hervorbringen und über Jahrhunderte hinweg erhalten können. Die heiligen Odu-Texte sind sowohl von ihrem Umfang, als auch von ihren Inhalten her den anderen heiligen Schriften des Weltkulturerbes, der Bibel der Christen, dem Koran der Moslems oder den Veden der Hindus ebenbürtig. So wurde das Ifa-Orakel 2008 von der UNESCO in die „Repräsentative Liste des immateriellen Kulturerbes der Menschheit" aufgenommen.

04. Urmuster und Weltencodes: Symbole, Zahlen, Buchstaben

Afrikanische Korborakel oder komplexe Legeorakel wie das Chuvaanak der sibirischen Tyva versuchen, durch eine möglichst breite Auffächerung der Antwortmöglichkeiten eine Miniaturwelt der Frage zu erbauen. Dabei bleiben sie zu einem guten Teil im Konkreten verhaftet. Verschiedene Figuren oder Gegenstände, verschiedene Felder stehen für konkrete Personen und Handlungen. Der Antilopenfuß steht für Fortbewegung, der Menschenzahn für Sprache, die Hacke für den Ackerbau, die unterste Legereihe für die Geschwindigkeit, die linke Legespalte für den Fragesteller und so fort.
Das Ifa der Yoruba geht bereits einen Schritt weiter. Die Opélé-Kette und das Ikin-Ifa ermitteln einen von 256 abstrakten Codes, welche durch die Kombination binärer Grundelemente entstehen. Die formelle Technik des Ifa ist somit bereits ein Schritt von der Miniaturwelt hin zu einem Weltencode. Der Inhalt bleibt jedoch auch hier stark im Konkreten. Die den Wurfvariationen entsprechenden Geschichten und Gedichte bieten für das Leben der Yoruba typische Ausschnitte und Episoden. Sie lassen sich direkt auf die aktuelle Situation des Fragestellers anwenden und können ihm konkrete Hilfe bieten. Es gibt keinen abstrakten Überbau, der die verschiedenen Codes systematisch ordnet und zueinander in Beziehung setzt. Ein derartiger in sich geschlossener, systematisch-abstrakter Überbau unterscheidet die komplexen Antwortmaschinen und archaischen Miniaturwelten von den Weltencodes und Weltmodellen.

Weltencodes und Weltmodelle zerlegen die gesamte Erscheinungswelt in abstrakte Grundelemente, in elementare Bausteine. Die künstlichen Zeichen symbolisieren nicht mehr konkrete, fassbare Dinge, wie etwa bei den afrikanischen Korborakeln, sondern stehen für ideelle Konstrukte. Die Weltencodes versuchen, die elementaren Wirkkräfte hinter der Vielfalt der Erscheinungswelt zu identifizieren. Sie suchen nach den ersten und letzten Bausteinen, nach Idealtypen und Urbildern, deren fortschreitende Kombination erst die Mannigfaltigkeit des Daseins konstituiert. Sie suchen den Bauplan der Welt, die Urgesetze der Natur, die Elementarstruktur des Schicksals. Weltmodelle sind der Versuch, die konkreten Erschei-

nungen aus abstrakten Grundmustern heraus zu erklären. In den modernen Naturwissenschaften gibt es zahlreiche Beispiele dafür. Die vier physikalischen Grundkräfte (Elektromagnetismus, Gravitation, starke und schwache Kraft) und die daraus entstehenden Naturgesetze, die im Periodensystem geordneten Elemente der Chemie, sie alle sind derartige abstrakte Elementarstrukturen, mit welchen sich die Welt höchst effektiv modellieren lässt.
Die Suche nach solchen Primärmustern ist jedoch keine Erfindung der Moderne. Vielmehr prägt sie die Philosophie seit sich diese von der Religion emanzipiert hat. Anstelle personifizierter Gottheiten treten Kräfte, Energien und Elemente, treten Kategorien, Idealtypen, Urbilder und NatururAsachen. Bereits vor Urzeiten machte man sich auf die Suche nach einem „Periodensystem des Schicksals".

Das chinesische I-Ging

Das älteste bekannte Wahrsagesystem, dessen künstliche Zeichen solche abstrakten Urmuster repräsentieren, ist das chinesische I-Ging („das Buch der Wandlungen"). Es ist der älteste klassische Text der chinesischen Philosophie. Der Sage nach geht es auf den mythischen Urkaiser Fu-Hsi zurück.[333] Tatsächlich dürfte es sich aus verschiedenen vorschriftlichen Wahrsagetechniken wie dem Auszählen von Schafgarben herausentwickelt haben. Auch eine Beeinflussung durch die Knochenorakel der Shang-Dynastie wird vermutet. Der Beginn des I-Ging als eigenständiges Divinationssystem dürfte etwa im 9. Jahrhundert v. Chr. liegen. Das Zhouyi, eine der ersten Versionen des I-Ging, wurde in dieser Zeit verfasst.[334] Ab diesem Zeitpunkt wurde es Schritt für Schritt zur umfassenden Universalwissenschaft ausgebaut und mit der Lehre von Yin und Yang, sowie den fünf Elementen verknüpft. In der Han-Dynastie (206 v. Chr – 220 n. Chr.) war das I-Ging bereits ähnlich einflussreich wie das Schildkrötenorakel in der Shang-Dynastie. Es stand im Zentrum der konfuzianischen Philosophie und wurde bei nahezu sämtlichen Entscheidungen konsultiert. Zahllose Anmerkungen, Kommentare und Interpretationshinweise wurden in dieser Zeit verfasst, darunter auch die Hauptkommentare des I-Ging, die „Zehn Flügel". Ab dem 3. Jahrhundert n. Chr. wurde es zunehmend vom Buddhismus in den Hintergrund gedrängt und

erlebte erst im Rahmen des Neokonfuzianismus der Sung-Dynastie (960 – 1280 n. Chr.) eine Renaissance.
Im 17. Jahrhundert gelangte das I-Ging schließlich nach Europa. Durch einen in China stationierten Jesuitenpater erfuhr der deutsche Philosoph und Universalgelehrte Gottfried Leibniz (1646 – 1716) davon und stellte eine große Ähnlichkeit zu seinem Binärsystem fest. Seinen Durchbruch im Westen verdankt das I-Ging schließlich den Übersetzungen des deutschen Sinologen Richard Wilhelm (1873 – 1930), welche bis heute als Standard gelten. In den folgenden Jahrzehnten zitierte Carl Gustav Jung das I-Ging häufig als Paradebeispiel für seine Archetypenlehre.[335] In den 1970er Jahren wurde es schließlich von der New Age- und Esoterikbewegung entdeckt und feiert seither weltweite Millionenauflagen.

Das I-Ging besteht aus 64 Hexagrammen, welche die verschiedenen Wandlungszustände der Welt repräsentieren. Sie stellen die 64 Grundarchetypen dar, aus welchen die ganze Mannigfaltigkeit der Erscheinungswelt entsteht. Der Urstoff, der Urgrund, aus welchem sich diese Urmuster herausbilden, wird Tao genannt („Weg, Lauf", von Richard Wilhelm auch als „Sinn" übersetzt). Tao ist das allumfassende Eine, in welchem alle Dinge des Universums undifferenziert enthalten sind. Tao ist die Urkraft, das Urgesetz, welches allen Dingen innewohnt, der erste und letzte Ursprung allen Daseins. Die erste Stufe der Differenzierung dieses Urstoffs ist jene in Yin und Yang, in Erde und Himmel, in Dunkelheit und Licht, in das Weibliche und das Männliche, das Empfangende und das Schöpferische, das Hinunterziehende und das Empordringende, das passiv Bewegte und das aktiv Bewegende. Aus der Einheit wird die Polarität. Das aktive, lichte Yang wird von einer einfachen Linie repräsentiert, das passive, dunkle Yin von einer gebrochenen Linie. Diese zwei Zeichen, die durchgehende und die gebrochene Linie, sind der binäre Grundcode der I-Ging-Symbole. Sie legen nahe, dass das I-Ging seinen Ursprung in einfachen Ja-Nein-Orakeln hat.

▬▬▬▬▬	▬▬ ▬▬
Yang	**Yin**

1. Stufe: Yin und Yang, die zwei Grundelemente des I-Ging

Indem diese zwei Grundelemente miteinander kombiniert werden, entstehen vier abgewandelte Formen. Sie entsprechen den vier Jahreszeiten. Das große Yang steht für den Sommer, das große Yin für den Winter. Das kleine Yang, der Anbruch des Lichts, entspricht als Zwischenstufe zwischen diesen beiden Extremen dem Frühling. Das kleine Yin, der Anbruch der Dunkelheit, steht für den Herbst. Diese vier zusammengesetzten Zeichen symbolisieren die Vierfaltigkeit des Taos, Yin, Yang und ihre zwei Mischformen.

2. Stufe: aus Yin und Yang entstehen vier abgewandelte Formen

Die fortschreitende Kombination von Yin- und Yangstrichen entspricht dem Wunsch der frühen Orakelkenner, differenziertere Antworten über das Schicksal und die Welt zu erhalten als nur Ja oder Nein, Gut oder Böse, Weiß oder Schwarz. In der dritten Stufe bestehen die Zeichen bereits aus drei Linien. Dadurch entstehen die acht Grundsymbole des I-Ging. Diese acht Zeichen entsprechen den elementaren Wandlungszuständen des Daseins. Sie repräsentieren also nicht die Dinge in ihrem Sein, wie dies in den meisten westlichen Archetypenmodellen der Fall ist, sondern in ihrem andauernden Werden. Die acht Grundzeichen symbolisieren die Bewegungstendenzen, das Fließende und Verändernde des Daseins.

Kien, der Vater, steht für das bewegende Element, die drei Söhne für dessen verschiedene Stadien, für den Anfang der Bewegung, für die Gefahr in der Bewegung und für die Ruhe, die Vollendung der Bewegung. Die Mutter symbolisiert die Hingebung, die drei Töchter deren verschiedene Stadien. Sie repräsentieren das sanfte Eindringen, Klarheit und Anpassung, heitere Ruhe.

	Name	Eigenschaft	Bild	Familie
☰	Kien, das Schöpferische	stark	Himmel	Vater
☷	Kun, das Empfangende	hingebend	Erde	Mutter
☳	Dschen, das Erregende	bewegend	Donner	1. Sohn
☵	Kan, das Abgründige	gefährlich	Wasser	2. Sohn
☶	Gen, das Stillehalten	ruhend	Berg	3. Sohn
☴	Sun, das Sanfte	eindringend	Wind, Holz	1. Tochter
☲	Li, das Haftende	leuchtend	Feuer	2. Tochter
☱	Dui, das Heitere	fröhlich	See	3. Tochter

3. Stufe: Die acht Grundsymbole des I-Ging

Durch die verschiedenen Kombinationen dieser acht Grundsymbole entstehen schließlich die 8 x 8 = 64 Hexagramme des I-Ging.[336] Diese sechszeiligen Hexagramme sind die Grundeinheiten, ähnlich den 256 Variationen des Ifa-Orakels. Im Gegensatz zu Ifa wird aber nicht einfach jedem Symbol ein Deutungstext zugeordnet. Vielmehr werden Bedeutungen und Zusammenhänge der Hexagramme aus einer abstrakten Systematik hergeleitet, deren komplexer Aufbau in unserem Rahmen nur andeutungsweise umrissen werden kann.

Jedes Hexagramm erklärt sich aus seinen Bausteinen heraus. Auf der ersten Ebene setzt sich das Hexagramm aus jeweils zwei Grundsymbolen zusammen, aus 2 x 3 Linien. Die Bedeutung ergibt sich daraus, welches der dreistelligen Grundsymbole oben und welches unten ist. So befindet sich beispielsweise beim Hexagramm „Ming I" die Erde Kun oben und das Feuer Li unten. Die Erde bedeckt das Feuer. Daraus ergibt sich die Bedeutung „Die Verfinsterung des Lichts". Beim Hexagramm „Lü" hingegen befindet sich das Feuer Li oben und der Berg Gen unten. Das Feuer wandert über den Berg, woraus sich für das Zeichen die Bedeutung „Der Wanderer" ergibt. Auf der zweiten Ebene besteht jedes Hexagramm aus 3 x 2 Linien, aus den großen und kleinen Yin und Yang. Die beiden unteren Linien repräsentieren die Erde. Die mittleren Linien stehen für den Menschen. Die oberen zwei Linien symbolisieren den Himmel. So steht beim Hexagramm „Ming I" sowohl am Platz der Erde, als auch des Menschen jeweils ein junges Yang. Am Platz des Himmels hingegen steht ein großes Yin. Das anbrechende, junge Licht der Erde und des Menschen wird vom Yin des Himmels verfinstert. Beim Hexagramm für „den Wanderer" steht am Platz der Erde ein großes Yin, am Platz des Menschen ein großes Yang und am Platz des Himmels ein kleines Yin. Die Erde ist fest und passiv. Der Mensch wandert in ständiger Bewegung darüber. Doch der Himmel verfinstert sich langsam und lässt den Menschen überall nur vorübergehend verweilen. Auf dieser Ebene sind die sechs Striche somit nichts anderes als die Beziehung der drei Grundmächte Erde, Mensch und Himmel zueinander.[337]

Die Hexagramme „Ming I" (links) und „Lü" (rechts)

Auf der dritten Ebene schließlich setzt sich jedes Hexagramm aus 6 x 1 Linien zusammen. Von unten nach oben hat jede der sechs Positionen ihre eigene Bedeutung. Das besondere am I-Ging ist, dass die einzelnen Linien eines Hexagramms wandelbar sind. Aus einer ganzen Linie kann eine gebrochene werden und umgekehrt. Dabei bedeutet der erste Fall Fortschritt, der zweite Fall Rückschritt. Derart lassen sich die einzelnen 64 Hexagramme ineinander überführen. Dieser dynamische Aspekt der ständigen Umgestaltung steht im Zentrum des I-Ging. Er symbolisiert den endlosen Fluss des Daseins, in welchem alles nur Zwischenzustand ist, in dem jeder Ort nichts anderes ist als Teil eines Weges. Obwohl das I-Ging formal weniger Zeichen enthält als beispielsweise das Ifa, sind seine Möglichkeiten weitaus vielschichtiger. Die Wandlungen ermöglichen äußerst komplexe Deutungen und Zukunftsprognosen. Das Orakel selbst wird traditionell durch das Auszählen von Schafgarben durchgeführt. Im bekannten I-Ging-Kommentar „Da Dschuan" wird das Grundprinzip des Schafgarbenorakels folgendermaßen beschrieben:

> „Die Zahl der Gesamtmenge ist 50. Davon benutzt man 49. Man teilt sie in zwei Teile, um die beiden Grundkräfte nachzubilden. Dann hält man eines besonders, um die drei Mächte nachzubilden. Man zählt mit vier durch, um die

vier Jahreszeiten nachzubilden. Den Rest steckt man weg, um den Schaltmonat nachzubilden. In fünf Jahren sind zwei Schaltmonate, darum wiederholt man das Wegstecken, und danach hält man das Ganze."[338]

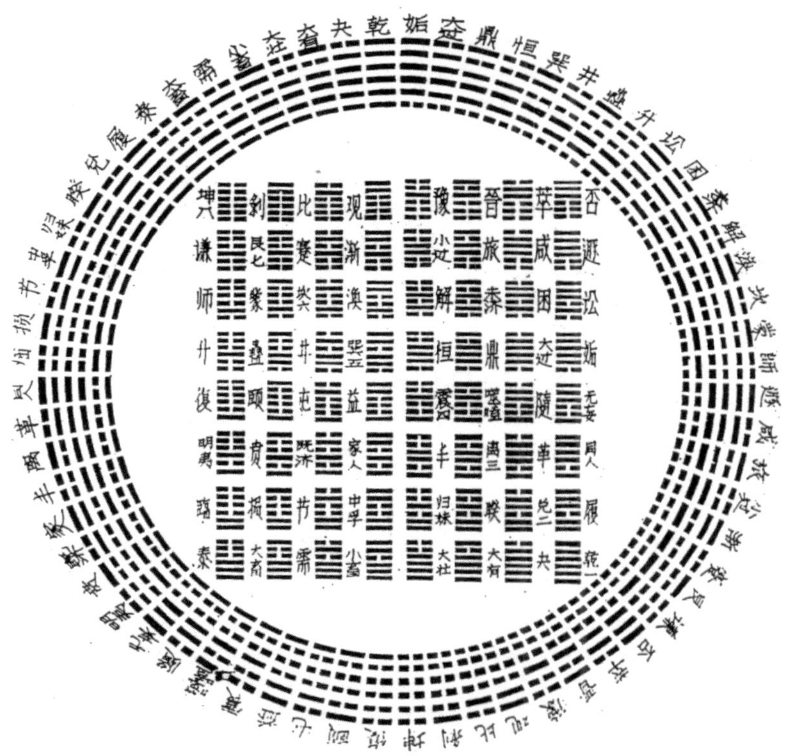

4. Stufe: Die 64 Hexagramme des I-Ging, dargestellt in Kreis- und in Quaderform

Durch die relativ komplizierte Prozedur des Auszählens werden nicht nur die einzelnen Linien bestimmt, aus welchen sich das Hexagramm zusammensetzt, sondern es wird auch ermittelt, welche der Linien fest sind und welche wandelbar. Ergibt die Auszählung am Ende einen Zahlenwert von 9, so handelt es sich um eine wandelbare Yang-Linie. Eine 6 steht für eine wandelbare Yin-Linie. 7 und 8 ergeben statische Yang- und Yin-Linien. Diese Auszählung muss für jede der sechs Hexagramm-Linien („Plätze") einzeln durchgeführt werden. In den Deutungstexten der einzelnen Hexagramme finden die beweglichen Linien spezielle Erwähnung. Diese werden mit Formulierungen wie „Neun am zweiten Platz" oder „Sechs am

vierten Platz" eingeleitet. Zudem müssen bei wandelbaren Linien auch die Deutungstexte für jene Hexagramme mit einbezogen werden, welche aus den gewandelten Plätzen entstehen. Neben dem Schafgarbenorakel wird manchmal auch ein Münzorakel zur Ermittlung der Linien verwendet, welches etwas einfacher aufgebaut ist.[339]
Egal mit welchem Orakel man das Hexagramm für sein Anliegen auch bestimmt, die Deutung bleibt dieselbe. Versierte I-Ging-Kenner können die Zeichen und ihre Wandlungen aus dem Kopf deuten. Ansonsten steht eine Vielzahl von Kommentaren und Interpretationshilfen für die einzelnen Figuren zur Verfügung. Es folgen Auszüge aus zwei solchen Texten, welche der Übersetzung von Richard Wilhelm entnommen sind. Es handelt sich dabei um die bereits erwähnten Hexagramme „Die Verfinsterung des Lichts" und „Der Wanderer":[340]

明夷 MING I - Die Verfinsterung des Lichts

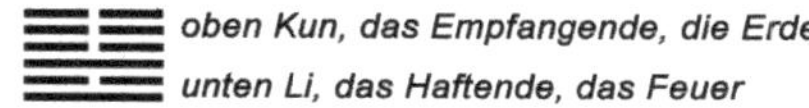

Das Urteil:
Die Verfinsterung des Lichts – Fördernd ist es, in der Not beharrlich zu sein.

Das Bild:
Das Licht ist in die Erde hineingesunken: das Bild der Verfinsterung des Lichts. So lebt der Edle mit der großen Menge: er verhüllt seinen Schein und bleibt doch hell.

Die einzelnen Linien:
Anfangs eine Neun bedeutet: Verfinsterung des Lichts im Fluge. Er senkt seine Flügel. Der Edle auf seiner Wanderschaft isst drei Tage nichts. Aber er hat, wohin er geht. Der Wirt hat über ihn zu reden.
Sechs auf zweitem Platz bedeutet: Die Verfinsterung des Lichts verletzt ihn am linken Schenkel. Er wirkt Hilfe mit der Macht eines Pferdes. Heil.
Neun auf drittem Platz bedeutet: Die Verfinsterung des Lichts auf der Jagd im Süden. Man bekommt ihr großes Haupt. Man darf nicht zu eilig Beharrlichkeit erwarten.
Sechs auf viertem Platz bedeutet: Er dringt in die linke Bauchhöhle ein. Man erhält das Herz der Verfinsterung des Lichts und verlässt Tor und Hof.
Sechs auf fünftem Platz bedeutet: Verfinsterung des Lichts wie beim Prinzen Gi. Fördernd ist Beharrlichkeit.
Oben eine Sechs bedeutet: Nicht Licht, sondern Dunkel. Erst stieg er zum Himmel empor, dann stürzte er in die Tiefen der Erde hinunter.

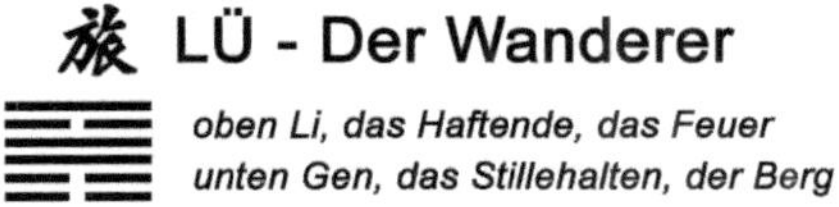

旅 LÜ - Der Wanderer

oben Li, das Haftende, das Feuer
unten Gen, das Stillehalten, der Berg

Das Urteil:
Der Wanderer – Durch Kleinigkeit Gelingen. Dem Wanderer ist Beharrlichkeit von Heil.

Das Bild:
Auf dem Berg ist Feuer: das Bild des Wanderers. So ist der Edle klar und vorsichtig in der Anwendung von Strafen und verschleppt keine Streitigkeiten.

Die einzelnen Linien:
Anfangs eine Sechs bedeutet: Wenn der Wanderer sich mit kleinlichen Dingen abgibt, so zieht er sich dadurch Unheil zu.
Sechs auf zweitem Platz bedeutet: Der Wanderer kommt zur Herberge. Er hat seinen Besitz bei sich. Er erlangt eines jungen Dieners Beharrlichkeit.
Neun auf drittem Platz bedeutet: Dem Wanderer verbrennt seine Herberge. Er verliert die Beharrlichkeit seines jungen Dieners. Gefahr.
Neun auf viertem Platz bedeutet: Der Wanderer ruht an einem Unterkunftsort. Er erlangt seinen Besitz und eine Axt. Mein Herz ist nicht froh.
Sechs auf fünftem Platz bedeutet: Er schießt einen Fasan; auf den ersten Pfeil fällt er. Schließlich kommt dadurch Lob und Amt.
Oben eine Neun bedeutet: Dem Vogel verbrennt sein Nest. Der Wanderer lacht erst, dann muss er klagen und weinen. Er verliert die Kuh im Leichtsinn. Unheil!

Wie wir bereits im Kapitel über prophetische Träume in China[341] gesehen haben, ist eine Übersetzung der Orakeltexte sehr schwierig, weil die vielen Doppeldeutigkeiten der Worte und Schriftzeichen verlorengehen. Auch die Bedeutungen der Sprachbilder in der chinesischen Tradition werden einem westlichen Leser häufig verborgen bleiben. So muss man etwa die Legende vom Prinzen Gi kennen, um die Deutung des fünften Platzes im „Ming I"-Hexagramm zu verstehen. Als beispielhafte Bebilderung der Denkwelt des I-Ging sind diese Texte dennoch hilfreich. Schließlich sind die Sprüche nur vordergründige Hülle, Krücken für den Lehrling. Wesentlich sind die repräsentierten Ideen. So schrieb der chinesische Philosoph Wang Pi (226 – 249 n.Chr.), einer der legendären Experten des I-Ging:

> „Die Symbole dienen zum Ausdruck der dahinterstehenden Ideen, die Sprüche zum Ausdruck der Symbole. Sobald man aber die Symbole erfasst hat, können

die Worte vergessen werden, und sobald man die Ideen erfaßt hat, können die Symbole vergessen werden. Wer sich hingegen an die Worte klammert, wird nie die Symbole erfassen, und wer sich an die Symbole klammert, wird nie die Ideen erfassen."[342]

Das I-Ging war einer der ersten bekannten Versuche der Menschheit, einen Weltencode zu finden, welcher in der Lage ist, sämtliche Vorgänge der Welt auf einer abstrakt-ideellen Ebene zu erklären und vorherzusagen. Seine 64 Symbole bilden ein in sich geschlossenes System mit dem Anspruch auf Vollständigkeit. Jegliche Erscheinung im Universum kann aus diesen 64 Primärmustern und ihren Wandlungen hergeleitet werden. Wie das Periodensystem sämtliche materielle Erscheinungsformen aus der Kombination der chemischen Elemente erklärt, so versuchte das I-Ging, sämtliche Regungen des Schicksals auf das Wechselspiel der 64 Hexagramme zurückzuführen.

Numerologie und Zahlenmystik

Auf der Suche nach dem Weltencode nahm man in vielen Kulturen an, dass sich die Geheimnisse des Universums aus den Zahlen entschlüsseln ließen. Heutzutage werden Zahlen nur noch zum Zählen, Messen und Rechnen verwendet. Der moderne Mensch schreibt ihnen ausschließlich eine quantitative Bedeutung zu. In früheren Zeiten war man jedoch davon überzeugt, dass jede Zahl auch eine qualitative Bedeutung hat, dass man aus ihnen das Schicksal errechnen könnte. Numerologie und Zahlenmystik sind in vielen Kulturen verbreitet. Einer der ersten und bekanntesten Vertreter war Pythagoras von Samos (etwa 570 – 500 v. Chr.). Er leitete die Bedeutungen der Zahlen unter anderem aus ihren geometrischen Eigenschaften und den Teilungsverhältnissen der Monochord-Saite und den entsprechenden Tonharmonien und seelischen Stimmungen ab. Zahlenverhältnisse, Harmonien und Proportionen konstituierten für die Pythagoräer alle Erscheinungen. Vor allem die Zahl Eins als Ursprung allen Seins und die Zahl Zehn galten als heilig. Auf die Zehn wurde sogar ein Eid geleistet.[343]

Aus den Lehren von Pythagoras entwickelte sich in den letzten vorchristlichen Jahrhunderten die Onomatomantik, welche den einzelnen Buchstaben des Alphabets Zahlenwerte zuordnet. Aus den Buchstaben von

Personen- oder Ortsnamen können derart Zahlenwerte errechnet und divinatorisch gedeutet werden. Mit dieser arithmetischen Wahrsagemethode erkundete man unter anderem die Chancen, einen Entflohenen wieder einfangen zu können. Auch das Auffinden eines Diebes durch eine numerologische Analyse der Namen aller Verdächtigen wird in onomatomantischen Texten beschrieben.[344] In China gab es ebenfalls zahlreiche Numerologen und Wortanalysten. Im Gegensatz zu der phonologischen Schrift der Griechen und Römer eignet sich die bedeutungsbasierte Ideogramm-Schrift der Chinesen besonders zur divinatorischen Deutung. Dies haben wir bereits im Kapitel über prophetische Träume im ersten Prognostik-Band kennengelernt. Dort wurde das Schriftzeichen für „Bambus" zweigeteilt, wodurch es zum doppelten Zeichen für „Sohn" wurde.[345] In der chinesischen Numerologie wurden die Zahlenspielereien häufig aus dem I-Ging hergeleitet.[346]
Bis heute ist die Numerologie in Esoterikkreisen beliebt. Besonders verbreitet ist die Methode, aus dem Geburtsdatum die Quersumme zu bilden und so eine Zahl zwischen 1 und 9 zu erhalten, die sogenannte Lebenszahl. Dann wird im Interpretationsbüchlein nachgeschlagen, welcher Charakter und welches Schicksal einem als Achter, Vierer, Fünfer usw. zugeschrieben wird.

Eine anschauliche Beschreibung für die qualitative Bedeutung der Zahlen liefert der Pop-Magier Aleister Crowley (1875 – 1947): Um im grenzenlosen Raum die Idee eines Orts zu schaffen, muss ein Punkt gesetzt werden – die Eins. Dieser besitzt weder Teile noch Größe, sondern nur eine Position. Dieser Punkt ist so lange bedeutungslos bis er in Beziehung zu einem anderen Punkt gesetzt wird. Die Linie entsteht – Zwei. Diese Dualität ist aber erst dann näher bestimmbar, wenn sie von einem dritten Punkt aus betrachtet werden kann. Die Fläche wird gebildet – Drei. Dieses Gebilde besitzt noch keine Idee, keine Substanz. Der vierte Punkt bringt den ersten Schritt in die materielle Wirklichkeit des dreidimensionalen Raums. Doch diese Wirklichkeit ist noch starr, unbeweglich. Erst mit der Fünf beginnt dieses Gebilde, sich durch die Zeit zu bewegen, Vergangenheit, Gegenwart und Zukunft zu unterscheiden.
Diesen Prozess spinnt Crowley weiter, bis in der Zehn die konkreten Erscheinungen des täglichen Lebens vors Auge treten. Diese Eigenschaften der Zahlen werden schließlich in Analogie gesetzt mit verschiedensten Bereichen der menschlichen Erfahrungswelt.[347]

Germanische Runen und keltische Ogham-Schrift

Buchstaben und Schriftzeichen stehen seit jeher im Verdacht, den Weltencode zu enthalten. Ein Beispiel für eine Schrift, welche vornehmlich die Funktion der Weissagung erfüllte, sind die germanischen Runen. Der Begriff bedeutete in der urgermanischen Sprache so viel wie „murmeln", „heimlich flüstern" oder „raunen". Daraus entwickelten sich die Begriffe „Runa" im Althochdeutschen und im Gotischen, sowie das altenglische und altisländische „Run". Beide bedeuten so viel wie „Geheimnis" oder „geheime Beratung".[348] Die Praktik des Runenwerfens wird erstmals im 2. Jahrhundert n. Chr. bei Tacitus erwähnt. Da die Runen damals vor allem in Holz geritzt worden sind und nicht in haltbare Materialien wie Stein oder Metall, ist die Geschichte der Runen vor dieser ersten Dokumentierung fraglich. Tacitus schreibt über die Germanen:

> „Auf Vorzeichen und Losorakel achtet niemand so viel wie sie. Das Verfahren beim Losen ist einfach. Sie schneiden von einem fruchttragenden Baum einen Zweig ab und zerteilen ihn in kleine Stücke; diese machen sie durch Zeichen kenntlich und streuen sie planlos und wie es der Zufall will auf ein weißes Laken. Dann betet bei einer öffentlichen Befragung der Stammespriester, bei einer privaten der Hausvater zu den Göttern, hebt, gen Himmel blickend, nacheinander drei Zweigstücke auf und deutet sie nach den vorher eingeritzten Zeichen."[349]

In der Edda steht geschrieben, dass die Runen vom Göttervater Odin selbst stammen.[350] Sie übermitteln den Menschen die Geheimnisse der drei Nornen Urd (Schicksal), Werdandi (Werden) und Skuld (Schuld), welche an der Wurzel des Weltenbaums ruhen und über Vergangenheit, Gegenwart und Zukunft herrschen.[351] Über den historischen Ursprung der Runen ist jedoch wenig bekannt. Wahrscheinlich war ihre Entstehung von den Alphabeten des Mittelmeerraums beeinflusst. Insbesondere die spätetruskischen Buchstabensysteme des Alpenraums werden als Inspirationsquelle vermutet.[352] Dennoch wurden Runen lange Zeit kaum als Schrift verwendet, sondern dienten vor allem kultischen und magischen Zwecken. Sie wurden als Kraft- und Schutzsymbole eingesetzt, um Gegenstände magisch aufzuladen und zu stärken. Für verschiedene Belange gab es verschiedene Runen. Dies zeigt folgender Auszug aus der Edda:

> „Siegrunen lerne, willst Du Sieg haben! Auf den Schwertknauf schneide sie, auf die Blutrinne und des Rückens Breite und ruf zweimal zu Tyr! Älrunen lerne,

> soll eines andern Weib nicht trügen Dein Vertraun! Aufs Horn soll man sie ritzen und auf den Handrücken und ziehn auf dem Nagel „Not". (...) Gebärrunen brauche, willst zur Geburt Du helfen, lösen das Kind von der Kreißenden! Auf die Hand soll man sie graben und um die Glieder sie spannen, bei den Disen Gedeihn erflehn."[353]

In der Edda wird in einer Strophe auch die Runenweissagung beschrieben. Diese zeigt, dass es bei der Runenbefragung üblich war, mit einem Tieropfer die Götter gnädig zu stimmen. Die Runen wurden gefärbt, insbesondere mit Blut, um ihre Kraft zu steigern. Deshalb wurde das Runenwerfen auch „fella blótspánn", Blutstäbchen werfen, genannt[354]:

> „Weißt Du zu ritzen? Weißt Du zu raten? Weißt Du zu färben? Weißt Du zu fragen? Weißt Du zu wünschen? Weißt Du zu weihen? Weißt Du zu schicken? Weißt Du zu schlachten?"[355]

Das früheste bekannte Runensystem ist das ältere Futhark. Es wurde etwa 200 – 750 n. Chr. verwendet und bestand aus 24 Zeichen. Erste Funde sind aus Dänemark belegt. Etwa 230 Inschriften sind aus dieser Epoche erhalten. Zumeist bestehen sie lediglich aus einzelnen Wörtern oder kurzen Versen. Etwa im 8. Jahrhundert n. Chr. wurde das Futhark im Rahmen des Lautwandels auf 16 Zeichen vereinfacht (jüngeres Futhark). Ab dieser Zeit kamen auch die Gedenksteine mit Runeninschriften auf. Der mit Abstand längste erhaltene Runentext, der Stein von Rök in Schweden, stammt aus dieser Epoche. Er besteht lediglich aus 192 Zeichen. Runen wurden also eher als kultische Symbole denn als Schrift zur Informationskonservierung verwendet. Während die Runen in Mitteleuropa bereits mit dem älteren Futhark ausstarben und von der lateinischen Schrift verdrängt wurden, bestanden sie in Skandinavien bis zum Ende des Mittelalters fort. Die meisten Fundstücke stammen aus dem Kulturkreis der Wikinger.[356]

Das Ältere Futhark, das Jüngere Futhark und das Angelsächsische Futhark

Mit dem aufkommenden Nationalismus des beginnenden 20. Jahrhunderts erlebten die Runen eine Renaissance. Vor allem im Dritten Reich erhob man sie zum germanischen Kulturgut. Auch das Runenwerfen kam in esoterischen Zirkeln wieder in Mode. Vieles von dem, was heute als uralte Weisheit der Germanen verkauft wird, beruht auf Neuerfindungen des 20. Jahrhunderts. Insbesondere der Deutsche Astrologe und Esoteriker Friedrich Bernhard Marby (1882 – 1966) war ein findiger „Wiederentdecker" alter Runenbedeutungen und Runenrituale. Trotz seines Engagements für die germanische Tradition mit Veröffentlichungen wie „Der Runenforscher" oder „Runen raunen richtig Rat!" musste er über acht Jahre im KZ Dachau verbringen.[357]
Eine Einordnung der Runen in die Gattungen der Weltencodes ist nicht leicht. Denn außer den Symbolen selbst und der Tatsache, dass sie zu kultischen und wahrsagerischen Zwecken verwendet worden sind, ist nichts Näheres bekannt. Es gibt keine historischen Originalquellen, welche das Deutungssystem der Runen offenlegen würden. Glaubt man der Darstellung von Tacitus, so waren Runen nichts anderes als ein Losorakel, einfache Antwortmaschinen. Glaubt man den Darstellungen der Neo-Runologen, so waren Runen ein komplexes Weisheitssystem ähnlich dem I-Ging. Wie die 64 Hexagramme archetypische Wandlungsvorgänge des Tao repräsentieren, so sollen die Runen „die Substanz der latenten, in Ginnungagap enthaltenen Energien darstellen." Sie werden als archetypische Manifestationsformen der Urleere gedeutet.[358] In diesem Sinne wären sie ein typischer Vertreter eines Weltencodes.

Ähnliches gilt für die Ogham-Schrift der Kelten, welche vom 4. bis ins 7. Jahrhundert n. Chr. in Britannien und Irland verwendet wurde. Auch diese zwanzig Strichsymbole, welche vom Aufbau entfernt an das I-Ging erinnern, werden von Anhängern des Neo-Heidentums gerne als Weltencode interpretiert. Dies lässt sich aufgrund mangelnder historischer Quellen weder beweisen noch widerlegen. Es gibt Hinweise darauf, dass auch Ogham zur Weissagung verwendet wurde. So berichtet das „Book of Ballymote" (um 1391), dass man die Zeichen in Holzstücke einritzte und warf, ähnlich den germanischen Runen. Derart entschied man über die Schuld oder Unschuld von Angeklagten, wenn keine Zeugen zur Verfügung standen. Auch das Geschlecht von ungeborenen Kindern hat man versucht, mit Ogham zu bestimmen. Es gibt zudem Tabellen, in welchen die Ogham-Zeichen mit Körperteilen, Tieren oder anderen Dingen aus dem Leben der Kelten in Analogie gesetzt werden. Zudem soll jedes Zeichen einem Baum zugeordnet sein. Dies ist die Grundlage des „Keltischen Baumhoroskops".[359] Allerdings sind diese Anwendungen jungen Datums. So ist das Baumhoroskop nicht die uralte keltische Weisheit, als welche es gerne verkauft wird, sondern eine Erfindung des britischen Dichters Robert Graves (1895 – 1985).[360]

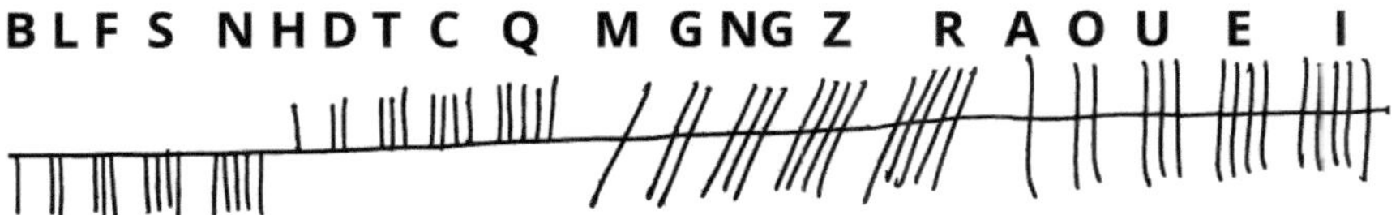

Die zwanzig Strichsymbole der keltischen Ogham-Schrift

Buchstaben und Zahlen in der jüdischen Kabbala

Bei germanischen Runen und keltischen Ogham-Zeichen bleibt es im Dunkel der Geschichte verborgen, ob sie lediglich als Los-Symbole einfacher Antwortmaschinen verwendet wurden oder bereits jene Urmuster von Weltencodes repräsentierten, als welche sie Neo-Runologen und moderne Druiden heute ansehen. Bessere historische Dokumentation über die divinatorische Verwendung von Buchstaben und Zahlen bietet die jüdische Kabbala. Das Wort Kabbala bedeutet „Überlieferung" und bezeichnet die Gesamtheit der mystischen Lehren des Judentums. Ursprünglich wurde die Kabbala als Geheimlehre von den Rabbis an ihre Schüler weitergegeben. Als Begründer dieser Tradition gelten der Rabbi Akhiba und sein Schüler Ben Jochai, welche im 1. Jahrhundert n. Chr. begannen, das Wissen der Alten zusammenzutragen.[361] Die erste systematische Schrift über die Grundlagen der Kabbala ist das Sefer Jezirah („Buch der Formung"), welches irgendwann in der Zeit bis zum 7. Jahrhundert n. Chr. entstanden ist. Darin sind bereits die Grundelemente des kabbalistischen Weltencodes enthalten: die zehn Urziffern (Sephiroth), die 22 hebräischen Buchstaben und der daraus entstehende Lebensbaum.

Die klassische Kabbala entwickelte sich schließlich ab dem 12. Jahrhundert n. Chr. in Südfrankreich. In dieser Zeit erhielt sie auch ihren Namen. Die erste klassische Schrift Bahîr („hellscheinendes Buch") und das

Hauptwerk der Kabbala, der Sohar („Lichtglanz"), entstanden.[362] In den folgenden Jahrhunderten vermischte sich die Kabbala mit der abendländischen Alchemie. So nimmt sie im Hauptwerk „De Occulta Philosophia" des Renaissance-Gelehrten Agrippa von Nettesheim (1486 – 1535) einen großen Platz ein, ebenso bei Athanasius Kircher (1602 – 1680). Beide stellten die Kabbala in den Kontext des Christentums. Selbst der große Physiker Isaac Newton (1642 – 1726) verbrachte einen großen Teil seiner Zeit damit, die kabbalistische Geheimlehre zu studieren und darin den Schlüssel zur Weltenformel zu suchen.[363] Zwar galt die Kabbala ab dem 18. Jahrhundert zunehmend als unwissenschaftlich und abergläubisch, doch lebte sie in Geheimbünden und spirituellen Zirkeln fort. Dank Popstars wie Madonna, Britney Spears oder Nena fand sie in den 2000er Jahren eine Zeitlang reges Interesse bei der Regenbogenpresse. Wie I-Ging und Runen ist sie heute eine beliebte Säule der modernen Esoterik.

Die Kabbala ist wohl einer der umfassendsten und ausschweifendsten Versuche eines Weltencodes. Sie besteht aus einer Vielzahl von Theorien, Modellen und Techniken zur Entschlüsselung des Universums. Ihre wichtigsten Bausteine sind die zehn Grundzahlen und die 22 Buchstaben des hebräischen Alphabets. Sowohl die Zahlen, als auch die Buchstaben werden als universale Urmuster betrachtet, hinter denen sich der Schöpfungsplan Gottes verbirgt:

> „Im Anfang war das Wort, und das Wort war bei Gott, und Gott war das Wort. Dasselbe war im Anfang bei Gott. Alle Dinge sind durch das Wort geworden, und ohne das Wort wurde nichts, was geworden ist. In ihm war das Leben, und das Leben war das Licht der Menschen." (Joh. 1,1-4)

Die 22 hebräischen Buchstaben sind für die Kabbalisten eben diese ersten Laute, aus welchen Gott die Welt geschaffen hat. Sie sind eigene Wesenheiten, welche die Realität nicht nur abbilden, sondern auch produzieren. Buchstaben sind also nicht nur Zeichen zur Konservierung von Lauten, Wörtern und Geschichten, sondern sie sind vielmehr ein Weltencode. Jeder Laut birgt eine archetypische Grundwahrheit. Jeder Buchstabe steht für ein Urmuster des Schöpfungsplans. Die Bedeutungen der einzelnen Buchstaben versuchten die Kabbalisten anhand unzähliger Analogieketten zu entschlüsseln. Hier ein Beispiel aus dem „Buch der Formung", dem Sefer Jezirah:

Buchstaben		Univer-sum	Jahr	Mensch	Moralische Welt
א	Aleph Luft	Atmosphäre	Gemäßigt (Frühling Herbst)	Brust	Prinzipien des Gleichgewichts
מ	Mem Wasser	Erde	Winter (kalt)	Bauch (Unterleib)	Ebene der Schuld
ש	Schin Erde	Himmel (Feuer)	Sommer (heiß)	Kopf	Ebene des Verdienstes
ב	Bet	Saturn	Samstag	Mund	Leben und Tod
ג	Ghimel	Jupiter	Donnerstag	rechtes Auge	Friede und Unglück
ד	Daleth	Mars	Dienstag	linkes Auge	Weisheit und Torheit
כ	Kaf	Sonne	Sonntag	rechtes Nasen-loch	Reichtum und Armut
פ	Pe	Venus	Freitag	linkes Nasenloch	Bebauung und Wüste
ר	Resch	Merkur	Mittwoch	rechtes Ohr	Anmut und Hässlichkeit
ת	Thau	Mond	Montag	linkes Ohr	Herrschaft und Knechtschaft
ה	He	Widder	März	Leber	Gesicht und Blindheit
ו	Vau	Stier	April	Galle	Gehör und Taubheit
ז	Zain	Zwillinge	Mai	Milz	Geruch und Fehlen des Geruchs
ח	Het	Krebs	Juni	Magen	Wort und Stummheit
ט	Teth	Löwe	Juli	rechte Niere	Verschlucken und Hunger
י	Jod	Jungfrau	August	linke Niere	Beischlaf und Verschneidung
ל	Lamed	Waage	September	Darm	Zeugungsfähigkeit und Impotenz
נ	Nun	Skorpion	Oktober	Blinddarm	Gang und Hinken
ס	Samech	Schütze	November	rechte Hand	Zorn, Herausnahme der Leber
ע	(H)ain	Steinbock	Dezember	linke Hand	Lachen, Herausnahme der Milz
צ	Tsad	Wassermann	Januar	rechter Fuß	Gedanke, Herausnahme des Herzens
ק	Koph	Fische	Februar	linker Fuß	Schlaf und Erschlaffung

Analogieketten der 22 hebräischen Buchstaben im Sefer Jezirah[364]

Die Mannigfaltigkeit der Erscheinungen wird zurückgeführt auf die fortschreitende Kombination dieser 22 Urelemente. Die Kombination erfolgt über die Sprache. Diese ist Träger des Weltencodes. Die Buchstaben eines Wortes stehen nicht nur für die phonetischen Laute dieses Wortes, sondern auch für die Gestalt, die Bedeutung des Bezeichneten. Jeder Name, jeder Begriff offenbart seinen Inhalt durch die Zusammensetzung seiner Buchstaben. Wie die chemischen Elemente zu Molekülen verbunden werden und aus diesen Molekülen die Dinge entstehen, so werden die hebräischen Buchstaben zu Wörtern verknüpft, die Wörter zu Sätzen und die Sätze zu Geschichten. Die ganze Welt wird erbaut aus endlosen Ketten von Buchstaben, Sätzen und Geschichten. Deshalb haben die heiligen Schriften, insbesondere der Talmud und die Tora, nicht nur einen allegorisch-philosophischen Sinn, sondern auch einen, welcher sich hinter den Anordnungen der Buchstaben verbirgt. Dieser kann mit drei grundlegenden Techniken entschlüsselt werden:[365]

Notarikon: Die Anfangsbuchstaben einer Reihe von Wörtern bilden zusammen ein weiteres Wort. So ergeben die Anfangsbuchstaben der vier Schriftsinne (Peschad, Remez, Derasch und Sod) zusammen PRDS, also Pardes oder Paradies. Die Anfangsbuchstaben der Wörter Moses in der Frage: „Wer will für uns in den Himmel fahren?" (5 Mose 30, 12: MJ JCLH LNW HSSMJMH) ergeben das Wort MJLH, also „Beschneidung". Die Endbuchstaben ergeben den Gottesnamen JHVH (Jehovah). Die verschlüsselte Antwort auf diese Frage lautet also: „Der Beschnittene wird zu Gott gelangen."

Gematria: Den einzelnen Buchstaben sind Zahlenwerte zugeordnet. So lässt sich für jedes Wort eine individuelle Zahl errechnen. Verschiedene Wörter mit derselben Zahl haben eine Verbindung zueinander. Sie weisen auf Analogien zwischen den betreffenden Dingen oder Ideen hin. So haben sowohl das Wort für die Schlange aus dem Paradies (Nachash), als auch das Wort für den Messias (Mashiach) denselben Wert von 358. Versuchung (Schlange) und Auferstehung (Messias) sind also beide Erscheinungen desselben Prinzips. Ein zeitgenössisches kabbalistisches Buch gibt ein Beispiel, wie weit man derartige Berechnungen treiben kann:
„Betrachten wir den Namen Abraham, so finden wir für ihn den Zahlenwert 248. Diese Zahl entspricht (...) der Anzahl der Glieder des menschlichen Leibes sowie den affirmativen Geboten der Torah. Bilden wir die vollständige Ziffernsumme, so erhalten wir als reduzierten Wert die Zahl 5 (2 + 4 + 8 = 14; 1 + 4 = 5) Fünf ist die Zahl des Menschensohnes, des Herzens und des christgeborenen Menschseins. Und tatsächlich, aus dem Hause Abraham ward der Menschensohn geboren. Ebenfalls 248 ist der Zahlenwert des Esels, hebräisch „Chamor". Auf dem Rücken des Esels zieht Jesu siegreich ein in Jerusalem."[366]

Temurah: Die Temurah ist die Kunst der Permutation, des Umstellens und Vertauschens von Buchstaben, also das Bilden von Anagrammen. Durch das Fehlen von Vokalen bietet das Hebräische hierzu weit mehr Permutationsmöglichkeiten als andere Sprachen. Je mehr Buchstaben ein Wort hat, desto mannigfaltiger werden die Ketten seiner Anagramme. Auch Anagramme enthüllen eine innere Beziehung zwischen den jeweiligen Begriffen. So offenbart sich eine Analogie zwischen TARO (Kartensatz zur Weissagung) = TORA (das heilige Buch) = ROTA (das Rad) = TROA (das Tor).

Solche Techniken der Kombinatorik bringen die inneren Beziehungen zwischen den mannigfaltigen Erscheinungen zum Vorschein. So offenbaren sich die Gesetze Gottes, die Zusammenhänge aller Dinge des Universums, in den heiligen Schriften, in den buchstäblichen Zusammensetzungen von Worten, Sätzen und Geschichten.

10 Gebote	Glieder des irdischen Menschen	Mystisch. Glieder d. himml. Menschen	Myst. Glieder d. M. als Idee Gottes	Myst. Gl. i. d. Bezeichn. d. Orthod.	Namen Gottes	Entsprechende Sephiroth
1	Gehirn	Caelum Empyreum (Feuer-Himmel)	Haroth	Seraphim	אהיה Sum qui sum	Krone (Kether)
2	Lunge	Primum Mobile	Ophanim	Cherubim	וה Wesen verleihendes Wesen	Weisheit (Chokmah)
3	Herz	Fixsternhimmel	Aralim	Throne	יהוה Gott-Götter	Intelligenz (Binah)
4	Magen	Saturn	Haschemalim	Herrschaften	אל Gott Schöpfer	Größe (Chesed)
5	Leber	Jupiter	Seraphim	Kräfte	אלוה Gott der Mächtige	Stärke (Geburah)
6	Galle	Mars	Melachim	Mächte	אלהים Gott der Stärke	Schönheit (Tiphereth)
7	Milz	Sonne	Elohim	Fürstentümer	יהוהצבאות Gott der Heerscharen	Sieg (Nizah)
8	Nieren	Venus	Ben Elohim	Erzengel	אלהים Herr der Heerscharen	Ruhm (Hod)
9	Zeugungsorgane	Merkur	Cherubim	Engel	שדי Der Allmächtige	Fundament (Jesod)
10	Gebärmutter	Mond	Ischim	Seelen	אדני Der Herr	Reich (Malkuth)

Tabelle des kabbalistischen Zehnerschlüssels nach Athanasius Kircher[367]

Neben den 22 Buchstaben sind die Zahlen 1 – 10, die Sephiroth („Ziffern"), die zweite Art von Grundelementen der Kabbala. Die Zahlen werden nicht nur zur Entschlüsselung der Buchstaben in Form der Gematria verwendet, sondern haben ebenfalls ihre archetypischen Bedeutungen. Die Eins steht für die Einheit, die Zwei für die Selbstreflexion der Einheit, die Polarität, die theoretische Vernunft. Die Drei setzt die selbstreflektierende Einheit in Bezug zu etwas Dritten. Sie steht für die praktische Vernunft.[368] So und ähnlich werden die verborgenen Wesenheiten der Zahlen in kabbalistischen Schriften erklärt. Komplexe, umfassende Erläuterungen dieser Art gibt es zu jeder Zahl, wobei die Grundzahlen von 1 bis 10 im Zentrum stehen. Auch bei den Zahlenschlüsseln werden nicht nur die Bedeutungen der einzelnen Zahlen berücksichtigt, sondern auch ihr Wechselspiel, ihre Kombinatorik, ihre Zusammensetzung. Was bedeutet es inhaltlich, dass 3 + 5 = 8? Wie hängt dies wesenhaft zusammen mit 4 + 4 oder 2 + 6 = 8? Mit derartigen Fragen versuchen die Kabbalisten, die Vielfalt der Welt aus den Zahlen heraus zu entschlüsseln. Wie für die Buchstaben wurden auch für die Zahlen vielfältige Analogieketten aufgestellt, welche ihren Bezug zu den einzelnen Körperorganen des Menschen, den Himmelskörpern oder zu den verschiedenen Engeln und Wesenheiten Gottes ordneten. Sie zeigen die Bänder der Zusammengehörigkeit, welche sich von der geistigen Welt hinab in den Makrokosmos bis hinein in den Mikrokosmos ziehen.

Schließlich werden beide Arten von Urmustern, die 22 Buchstaben und die 10 Zahlen, in einem Gesamtmodell zusammengefasst. Der Lebensbaum ist der Strukturplan des Universums. Er offenbart die Zusammenhänge zwischen Zahlen und Buchstaben. Die zehn Sephiroth sind Hypostasen der Gottheit. Sie sind sowohl Zwischenwesen, Archetypen, zwischen Gott und der Welt, als auch verschiedene Aspekte im Inneren der Gottheit selbst.[369] Der Lebensbaum zeigt, wie sich Gott im Prozess der Emanation aus dem reinen Sein, dem Unendlichen, Unbedingten und Absoluten, dem Ain-Soph, zunehmend verdichtet und ausdifferenziert. Er steigt herab von der Eins, Kether bis zur Zehn, Malkuth und wird dabei zunehmend irdisch. Der Verdichtungsgrad der verschiedenen Hypostasen nimmt stetig zu. In den Sephiroth 1 – 3 entfaltet sich der reine Geist Gottes. In den Sephiroth 4 – 6 verdichtet er sich zur Weltenseele. In den Sephiroth 7-9 differenziert er sich weiter aus zur Welt der Triebe und Instinkte, zum persönlichen Unterbewusstsein und Bewusstsein der Menschen, sowie zur Welt der Elemente. In der zehnten Sephiroth 10, im Reich Malkuth, wird Gott schließlich zur Mannigfaltigkeit der irdischen Erscheinungen.
Die zehn Sephiroth sind in einer komplexen Struktur über Kanäle verbunden. Diese Wege werden von den 22 Buchstaben repräsentiert. Die

Buchstaben zeigen die Möglichkeiten der Wandlung von einer Sephiroth zur anderen. All diese Elemente des Lebensbaums lassen sich auf sämtliche Erscheinungsformen des Daseins beziehen. Der Sephiroth kann auf Farben und Formen ebenso angewendet werden wie auf das Planetensystem oder die Körperteile und Beziehungen des Menschen. Folgende Darstellung und kurze Erläuterung des Lebensbaums ist der Kabbala von Papus entnommen:[370]

> Jede dieser Sephiroth oder Numerationen wurde in dem ersten Anwendungsschema eine der Eigenschaften Gottes zugeteilt. (...) Doch sind diese zehn wirkenden metaphysischen Elementarkräfte, die der Gottheit zunächst stehenden Urideen und geistig-sittlichen Kräfte, zugleich auch auf jede beliebige Realität anwendbare Kategorien. Sie sind nicht isoliert, sondern außer dem Beziehungszusammenhange der Säulen bestehen zwischen ihnen noch „Verbindungswege", die auch „Kanäle" genannt werden. Durch diese wirkt die unendliche, absolute Gottheit auf die Welt der ersten Emanation, auf die Sephirot, und diese wiederum gegenseitig auf einander ein. (...) Ebenso wie die Numerationen, d.h. die abstrakten Zahlen jedes einzelnen der konstitutiven Elemente des allgemeinsten Schemas andeuten, so symbolisierten die hebräischen Buchstaben jeden einzelnen der mystischen „Wege", die diese konstitutiven Elemente verbanden.(...)
>
> Jeder der zehn Doppelkreise enthält im Innern den hebräischen und lateinischen Namen der zehn Sephirot und zwar:
>
> 1. Kether (die höchste Krone)
> 2. Cochma (größte Weisheit)
> 3. Binah (Intelligenz oder Geist)
> 4. Chesed (Barmherzigkeit oder Herrlichkeit)
> 5. Pechad (Furcht oder Strenge)
> 6. Tiphereth (Schönheit)
> 7. Nizah (Sieg)
> 8. Hod (Ehre oder Ruhm)
> 9. Jesod (Basis, Grundlage aller Dinge)
> 10. Malkuth (Reich)
>
> (...) Die Kanäle 1, 2, 3 und 4 schließen den Mundus Archetypus ein, die göttliche Uridee der Welt, oder die Welt, wie sie vor der Schöpfung in Gottes Idee vorhanden war, damit auch die 50 Tore des Lichtes und die 32 Wege der Weisheit.

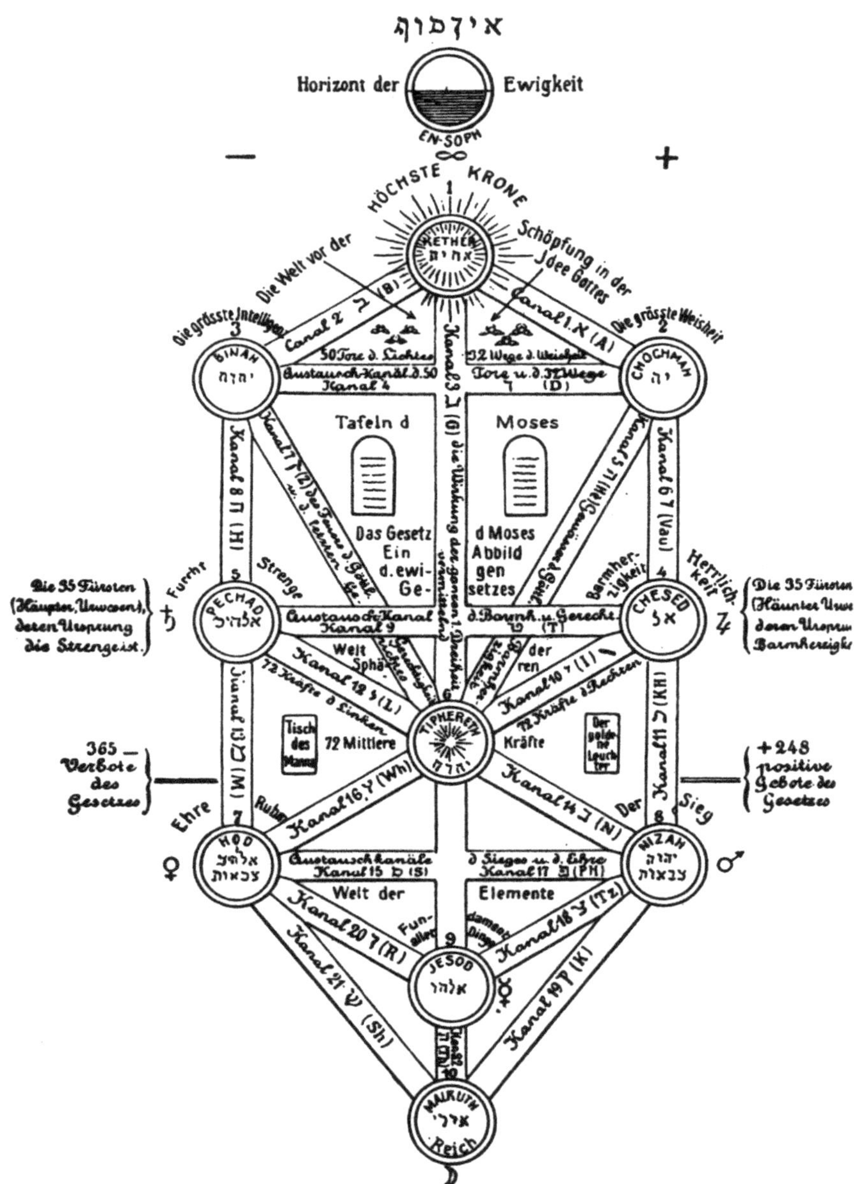

Von Weltencodes zum magischen Weltmodell: Der kabbalistische Lebensbaum[371]

Aus den endlosen Kombinationsmöglichkeiten der Buchstaben und Zahlen entfaltet sich die Vielfalt der Dinge. Die Kabbala ist in erster Linie ein Weisheitssystem zur Ergründung des göttlichen Willens, des verborgenen Sinns hinter den Erscheinungen. Aufgrund des Magie- und Wahrsageverbots im Deuteronomium[372] wurde sie nicht im selben Maß zur Prognostik herangezogen wie andere magische Denksysteme. Vielmehr standen die Methoden der Kabbala in viel weitreichenderem Ausmaß mit der Zukunft in Verbindung. Denn das kabbalistische System sollte nicht nur eine Abbildung der Welt liefern, sondern auch die Macht haben, durch die Entschlüsselungen des Lesers neue Realität zu schaffen. Papus schreibt:

> „Jeder Buchstabe ist als eine Macht mehr oder weniger eng mit den schöpferischen Kräften des Universums verbunden. Indem er diese Kräfte in drei Welten, der psychischen, astralen und physischen, auslösen kann, ist jeder Buchstabe der Ausgangs- und Endpunkt einer Menge von Beziehungen. Hebräische Wörter kombinieren heißt infolgedessen auf das Universum selbst einwirken; deshalb finden wir die hebräischen Wörter in den magischen Formeln und Ceremonien."[373]

Am Anfang war das Wort. Und das Wort machte Fleisch. Die kabbalistischen Magier verwendeten die heilige hebräische Sprache zur Beschwörung von Geistern, Wesenheiten oder Intelligenzien. Sie fertigten mit ihrer Hilfe Schutzsigel und Amulette. Und schließlich versuchten sie nicht nur, die Zukunft daraus zu berechnen, sondern sie wollten sie aus den Buchstaben erschaffen und die Zukunft nach ihrem Willen gestalten. Vom späten Mittelalter bis ins 17. Jahrhundert hinein galt das Hebräische unter europäischen Gelehrten als die Lingua Sancta, als die heilige Schrift des Wissens, als die Ursprache der Natur. Es galt als nahezu perfekter Weltencode, doch eben nur nahezu. Denn das Alphabet war unvollständig. Erst mit der Ankunft des Messias würde sich der letzte, der 23. Buchstabe des hebräischen Alphabets den Menschen offenbaren. Erst dann würde es vollkommen sein und alle Geheimnisse des Universums lüften.

Tarotkarten

In der klassischen Kabbala hatten aufgrund ihrer jüdischen Tradition Orakel keinen Platz. Wenn in die Zukunft gerechnet wurde, so um den Willen Gottes und die Geschicke der Welt besser zu verstehen. Sie für triviale, persönliche Belange zu befragen, war nicht nur verpönt, sondern auf-

grund des Deuteronomiums ausdrücklich verboten. Dies hinderte christliche Magier-Kabbalisten und Okkultisten jedoch nicht daran, es trotzdem zu tun. Der heute bekannteste Versuch, die jüdische Geheimlehre in einem Orakel zu verarbeiten, sind Tarot-Karten. Ähnlich der moderne Runenwahrsagung ist der Tarot ein Paradebeispiel dafür, wie Neuerfindungen im Orakelwesen als uralte Überlieferungen, als Weisheit der Alten verkauft werden. Orakelexperten führen die Autorität des Tarot häufig auf die alten Ägyptischen Mysterien zurück. Auch die These, dass die Karten im Mittelalter von Zigeunern zur Wahrsagung verwendet worden sind, ist populär.[374]
Tatsache ist, dass sich die Tarockkarten erst Mitte des 15. Jahrhunderts in Oberitalien aus einem gewöhnlichen Kartenspiel entwickelt haben. Sie dienten damals keineswegs der Divination, sondern vielmehr dem geselligen Zeitvertreib. Tarock war ein Kartenspiel wie viele andere. Erst Ende des 18. Jahrhunderts wurden die Karten von Okkultisten zum Wahrsagesystem umgedeutet. Als Begründer des okkulten Tarots gilt der Schweizer Freimaurer Antoine Court de Gébelin (1718 – 1784). In seinem enzyklopädischen Monumentalwerk „Le Monde primitif" (1781) konstruierte er die Ordnung der menschlichen Ur-Zivilisation. Fünfzig Seiten widmete er dem Tarot-Spiel, dessen Ursprung er eindeutig als ägyptisch erkannt haben wollte. Da die ägyptischen Hieroglyphen damals noch nicht entziffert waren und man kaum etwas über das Alte Ägypten wusste, war das Land der Pyramiden eine beliebte Spielwiese für derartige mystische Spekulationen. Gébelin ordnete den Tarot dem ibisköpfigen Thoth zu, dem Gott der Weisheit, der Magie und Wissenschaft, dem Erfinder der Schrift und des Kalenders. Sein Zeitgenosse, der Comte de Mellet, brachte die 22 Trumpfkarten des Tarot mit den 22 hebräischen Buchstaben in Verbindung. Seither gilt die Verknüpfung mit der Kabbala den Okkultisten als Grundlage der Deutung.

Die Werke von Gébelin und Mellet erschienen zu einer Zeit, da man für das Übersinnliche äußerst empfänglich war. In der Endphase des Rokoko, unter den ausgehöhlten Attrappen von dicker Schminke und gepuderten Perücken, brachen die Menschen auf zur Suche nach sich selbst. Die Physiognomik Lavaters versprach Antworten und löste Begeisterungsstürme aus. Auch das Kartenlegen kam vor allem in Frankreich groß in Mode. Zum damaligen Zeitpunkt wurde jedoch vor allem der Piquet-Kartensatz verwendet. Erst ab der Mitte des 19. Jahrhunderts wurden auch die Tarot-

Karten zunehmend populär. Zu verdanken ist dies den französischen Okkultisten Eliphas Lévi (1810 – 1875), der in seinen 1854 erschienenen „Dogme de la haute magie" den Tarot systematisch mit Numerologie, Kabbala und Astrologie verband, und Papus (1865 – 1916). Sein „Le Tarot des Bohémiens" (1889) lieferte erstmals die theoretische und praktische Systematik, welche auch heute noch im Tarot gebräuchlich ist. Er ordnete die Karten den 22 hebräischen Buchstaben, den 10 Sephiroth und den vier Elementen zu. Von da an verbreitete sich das Wahrsagen mit Tarotkarten schließlich von Frankreich aus in die restlichen Länder Europas und Amerikas. Vor allem Mitglieder des „Order of the Golden Dawn" entwarfen zahlreiche graphische Variationen des Kartensets.[375]
Eine der beliebtesten Versionen stammt vom bekannten britischen Okkultisten Aleister Crowley (1875 – 1947). Er ließ die Karten von der Künstlerin Frieda Harris komplett neu zeichnen und veröffentlichte dieses Set 1944 als „Thoth-Tarot". Im Rahmen des Esoterik-Booms der 1970er-Jahre wurde der Tarot schließlich von der Unterhaltungsindustrie entdeckt und zum meistverkauften Orakel gemacht. Heute kann der Tarot-Interessierte zwischen hunderten verschiedenen Kartensets wählen, vom Engel-Tarot über das Osho-Zen-Tarot bis hin zum Atlantis-Set, dem Tarot der Göttinnen oder einem Tarot der Unterwelt, dem Baphomet-Tarot, welches Anfang der 1990er Jahre vom bekannten Schweizer Horrorkünstler H.R. Giger und dem Magier Akron geschaffen wurde.

Das Grundprinzip der meisten Tarot-Varianten orientiert sich am klassischen Muster. Das Set besteht aus 78 Karten. Die 22 Trumpfkarten bilden die große Arkana. Sie repräsentieren die 22 hebräischen Buchstaben. Die kleine Arkana besteht aus 4 x 14 = 56 Karten. Diese wird gebildet aus den vier Elementen Feuer (Stäbe), Wasser (Kelche), Erde (Scheiben/Münzen) und Luft (Schwerter). Für jedes Element gibt es Karten von 1 – 10, welche für die 10 Sephiroth stehen, sowie jeweils 4 Hofkarten – König/Ritter, Königin, Prinz und Prinzessin. Zur Wahrsagung werden die Karten gemischt und dann, ähnlich wie bei den Losorakeln, in verschiedenen Formationen gezogen und gelegt. Jede Karte hat eine archetypische Bedeutung und stellt ein multidimensionales Urmuster dar. Folgende Analogieketten umreißen die Bedeutungen der Großen Arkana nach der Darstellung von Aleister Crowley. In den ersten zwei Spalten befinden sich die Kartennummern und ihre Bezeichnungen. In der dritten Spalte steht der zugeordnete hebräische Buchstabe, in der vierten der entsprechende Archetyp aus der astrologischen Symbolwelt. In der fünften Spalte umreißen Stichwörter in stark verkürzter, komprimierter Form die Bedeutung der einzelnen Karten.[376]

O	Der Narr	א	Luft	Frische, Sorglosigkeit
I	Der Gaukler / Magier	ב	Merkur	Ideen, Klarheit, Schöpfertum
II	Die Hohepriesterin	ג	Mond	Intuition, Umsicht
III	Die Kaiserin / Herrscherin	ד	Venus	innere Kraft, Fruchtbarkeit
IV	Der Kaiser / Herrscher	צ	Widder	äußere Kraft, Wille
V	Der Hohepriester / Hierophant	ו	Stier	Religiosität, Lehrmeister
VI	Die Liebenden	ז	Zwillinge	Verbundenheit, Anziehung
VII	Der Wagen	ח	Krebs	errungener Sieg, Suche
VIII	Ausgleichung / Gerechtigkeit	ל	Waage	Verantwortung, Richten
IX	Der Eremit	י	Jungfrau	Abgeschiedenheit, Reife
X	Glück / Rad des Schicksals	כ	Jupiter	Wechsel, Veränderungen
XI	Lust / Die Kraft	ט	Löwe	Energie, Selbstvertrauen
XII	Der Gehängte	מ	Wasser	Ruhe, Unterbrechung
XIII	Der Tod	נ	Skorpion	Verlust, Loslösung
XIV	Kunst / Die Mäßigkeit	ס	Schütze	Geduld, Ausgewogenheit
XV	Der Teufel	ע	Steinbock	Abhängigkeit, Versuchung
XVI	Der Turm / Krieg	פ	Mars	Sturm, Zusammenbruch
XVII	Der Stern	ה	Wassermann	Hoffnung, Erleuchtung
XVIII	Der Mond	ק	Fische	Gefühle, Wandel
XIX	Die Sonne	ר	Sonne	Reinheit, Selbstliebe
XX	Das Aeon / Das Gericht	ש	Feuer	Wiedergeburt, Neubeginn
XXI	Das Universum / Die Welt	ת	Saturn	Erfüllung, Vollendung

Alejandro Jodorowsky (*1929), der Großmeister des mystischen Surrealismus und seit vielen Jahrzehnten Experte des „Tarot De Marseille", erklärt ausführlich die höhere Ordnung hinter den 22 Archetypen. In den Zeichnungen der einzelnen Karten hat jede Farbe jedes Details seine Bedeutung. Blau steht für Empfänglichkeit, Rot für Aktivität und Energie, Weiss für die Reinheit oder Gelb für Intellekt und Bewusstsein. Blickt die Figur nach rechts, so orientiert sie sich in die Zukunft, nach links in die Vergangenheit. Der untere Teil der Karten steht für das Materielle, der obere Teil für das Geistige. So ergibt sich für jede Karte neben dem individuellen Charakter auch eine Einbettung in ein übergeordnetes Bedeutungssystem. Zudem stehen die Karten in komplexen Beziehungsnetzen zueinander. Ihre Reihenfolge, Spiegelungen oder Zahlenverhältnisse folgen ebenfalls einem großen Gesamtsystem.[377]

Der Magier, die Sonne und der Papst aus der Großen Arkana des „Tarot De Marseille"

Auch in der Legung gibt es zahlreiche Varianten für verschiedenste Fragesituationen. In der einfachsten Form zieht man nur eine Karte als Orakel für den aktuellen Tag, eine spezielle Person oder den Ausgang eines Ereignisses. Auch zwei Karten (z.B. Pro/Kontra bzw. was bedeutet X, was nicht?) oder drei Karten (z.B. Vergangenheit – Gegenwart – Zukunft) sind sehr gebräuchlich bis hin zu ausführlichen Legesystemen, in denen alle 22 Karten der großen Arkana verwendet werden, um eine Situation umfassend und detailliert zu beschreiben.[378]

In den einfachsten Legesystemen hat der Tarot somit eine gewisse Nähe zu den Antwortmaschinen, wenngleich diese Antwort nie eindeutig ist, sondern immer in Form von vielschichtigen Archetypen erfolgt und somit schöpferisch interpretiert werden muss. In den umfassenden Legesystemen ist der Tarot ein archetypischer Weltencode, in seiner Komplexität vergleichbar mit dem chinesischen I-Ging und in vielen Varianten die direkte Übersetzung der jüdischen Kabbala in ein praktikables Divinationswerkzeug.

Von der Entscheidungsmaschine zum Weltencode

Damit endet unsere Reise in die magischen Deutungssysteme künstlicher Zeichen. Sie führte uns von einfachen Ja-Nein-Orakeln wie dem Werfen einer Münze bis hin zu den komplexen Weltencodes des I-Ging oder der Kabbala. All diesen Ansätzen ist gemein, dass sie nicht mehr Naturerscheinungen als Medium zwischen den Göttern und den Menschen benötigen. Die Botschaften des Schicksals werden nicht mehr von Naturgewalten wie Feuer oder Wasser, von Tieren, Pflanzen oder sonstigem Phän-Omen der Umwelt übermittelt. Vielmehr baut der Mensch künstliche Apparate als Empfangsstationen für den Willen des Göttlichen. Mit diesen ist er nicht mehr auf „externe Faktoren" angewiesen, um etwas über die Zukunft zu erfahren, sondern kann das Orakel jederzeit befragen. Vor allem die einfachen Antwortmaschinen eignen sich hervorragend zur Fließbandprognostik. Lose, Wurf-, Dreh-, Reib- oder Balanceorakel geben jederzeit rasche Entscheidungshilfe. Nur selten verlangen die Antwortmaschinen ein wenig Interpretationsgeschick, wie etwa bei jenen Losen, deren Antworten aus literarischen Sätzen bestehen. Zumeist besteht die Antwort aus Ja oder Nein, Gut oder Böse, Unschuld oder Schuld, Sein oder Nichtsein. Derartige Orakel haben kaum abstrakten Hintergrund. Sie sind vor allem Instrumente, Werkzeuge, Funkgeräte zur Kommunikation mit den Göttern.

Je komplexer diese Antwortmaschinen werden, je mehr Möglichkeiten sie zulassen, desto mehr werden sie zu Miniaturwelten. Derartige Orakel ermöglichen nicht nur dutzende oder gar hunderte verschiedene Antworten. Sie erlauben es auch, den Fragegegenstand in seine zahlreichen Facetten aufzufächern. Die afrikanischen Korborakel versuchen, den Makrokosmos des Fragenden als Mikrokosmos nachzubauen. Die Beziehung zwischen der großen Welt des Menschen und der kleinen Welt im Korb ist dabei eine sehr direkte. Jeder Gegenstand im Korb steht für eine konkrete Erscheinung in der Welt.
Das Werfen von Kaurimuscheln an der Elfenbeinküste oder das Chuvaanak-Orakel der Tyva in Südsibirien haben bereits einen abstrakteren Hintergrund. Hier entstehen die Antworten aus den Mustern gleichartiger Basiselemente. Es hat nicht mehr jeder Orakelbaustein eine eigene Bedeutung, sondern die Bedeutung entsteht vielmehr aus Form, Lage und Anordnungen der gleichförmigen Bausteine. Selbiges gilt für das Ifa-

Orakel, bei welchem die 256 verschiedenen Muster über 3.000 verschiedene, vielschichtige Geschichten als Antworten zulassen. Derartige Miniaturwelten heben sich bereits deutlich von den schlichten Antwortmaschinen ab. Sie verfügen manchmal bereits über Ansätze eines theoretisch-systematischen Überbaus. Der Grad der Abstraktion ist jedoch noch vergleichsweise gering.

Die Weltencodes sind schließlich der Versuch, sämtliche Vorgänge und Erscheinungen des Universums aus der fortschreitenden Kombination von einfachen Grundelementen zu erklären. Sie konstruieren ein „Periodensystem des Schicksals". Die einzelnen Zeichen stehen nicht mehr für konkret fassbare Dinge, sondern für abstrakte Konstrukte, für universale Primärmuster, für ideelle Urgesetze. Ihre Grundlage sind nicht mehr die greifbaren Erscheinungen der Welt, sondern deren Substrate. Bei den Antwortmaschinen und Miniaturwelten bezeichnet jedes Zeichen ein Konkretum. Dies erlaubt spezifische Antworten. Bei den Weltencodes hingegen steht jedes Symbol für ein Abstraktum. Erst durch die Kombination dieser Abstrakta entsteht die Mannigfaltigkeit der konkreten Erscheinungswelt. Dies erlaubt universelle Antworten, welche erst auf den spezifischen Fall heruntergebrochen werden müssen. Der Weg von der Antwortmaschine zum Weltencode ist somit ein Weg vom Spezifischen zum Universellen, vom Konkretum zum Abstraktum.

Entscheidungsmaschinen
- Lose, Wurforakel, Orakelstäbchen
- Teigkugeln, Rosenkranz und Stiefelschlaufen in Tibet
- Rotationsorakel, Reiborakel, Balanceorakel

Miniaturwelten
- Werfen von Kaurischnecken an der Elfenbeinküste
- Korborakel in Afrika
- Chuvaanak-Orakel der südsibirischen Tyva
- Ifa-Orakel der Yoruba

Weltencodes
- Das chinesische I-Ging
- Numerologie und Zahlenmystik
- Germanische Runen und Keltische Ogham-Schrift
- Buchstaben und Zahlen in der jüdischen Kaballa
- Tarotkarten

Die Komplexität magischer Prognosemethoden mit künstlichen Zeichen, Beispiele

05. Prognosesysteme und Weltmodelle der Moderne

Die Suche nach dem Weltencode hat eine lange Tradition. Auch die modernen Naturwissenschaften forschen nach derartigen Codes, suchen abstrakte Formeln und Naturgesetze, extrahieren elementare Bausteine und bringen diese in systematische Ordnungen. Eine der Galionsfiguren dieser Bemühungen ist das Periodensystem, welches 1869 von Dimitri Mendelejew (1834 – 1907) und Lothar Meyer (1830 – 1895) unabhängig voneinander aufgestellt worden ist. Es brachte die kleinsten, nicht weiter zerlegbaren Bausteine der Natur, die chemischen Elemente, in eine systematische Ordnung, in ein übergeordnetes Gesamtmodell. Damit wurde es möglich, die Mannigfaltigkeit der stofflichen Erscheinungen aus den fortschreitenden Kombinationen und Verbindungen von Urmustern zu errechnen.

Auch in der Physik ist es gelungen, die Mannigfaltigkeit der Naturgesetze und der verschiedenen physikalischen Kräfte auf vier Fundamentalkräfte zurückzuführen, auf die Gravitation, die elektromagnetische Kraft, die starke Kraft und die schwache Kraft. Und man forscht weiter, um hinter diesen vier Elementarkräften eine gemeinsame Urkraft zu finden und alle verschiedenen Naturgesetze in einer „Great Unified Theory" zu vereinen. Schließlich ist es auch in der Biologie gelungen, mit den Genen Primärmuster zu entdecken, welche auf eine Entschlüsselung mancher Lebensprozesse hoffen lassen. Das Ziel, welches bereits magische Weltencodes wie I-Ging oder die Kabbala über Jahrtausende hinweg angestrebt haben, konnte also auf einigen Teilgebieten der modernen Wissenschaften erreicht werden.

Mode-Modelle und Theoritis

Anders sieht es in den Sozial- und Wirtschaftswissenschaften aus. Trotz der Bemühungen zweier Jahrhunderte ist es diesen bis heute nicht gelungen, solche Grundelemente, Naturgesetze oder Fundamentalkräfte des Sozialen zu entdecken. Keine der ebenso zahllosen wie zahnlosen Theorien vermochte bislang, soziale Prozesse einigermaßen befriedigend zu erklären, geschweige denn prognostizierbar zu machen. In den Sozialwissenschaften gilt die Formel Modell = Mode. Ihre Modelle sind ein Produkt stetig wandelnder Geschmäcker, Launen und Spekulationen. Kurze Zeit sind sie „in“. Jeder läuft mit ihnen herum. Doch bald schon sind sie wieder „out“ und man lacht darüber, während man bereits einem neuen Modell, einer neuen Mode nachrennt. Die Halbwertzeit sozialwissenschaftlicher Modelle ist verschwindend gering. Nur die wenigsten schaffen es, sich als Zeitgeisterscheinung zu etablieren. Diese Modelle modern modern. Bald sorgen sie in modernen Zeitgeistmasken für Furore. Bald modern sie im Sumpf der Vergessenheit. Das ist wohl auch der Grund, warum es so viele davon geben muss, warum ihr Umfang einem gigantischen Kostümladen gleicht, dessen Verkleidungen sich immerzu ändern.

Während die Naturwissenschaften bei der Suche nach Urmustern und Weltencodes so manche Erfolge vorweisen können, sind die Modelle und Theorien der Sozialwissenschaften kaum weniger spekulativ als I-Ging oder kabbalistische Sephiroth. Dennoch lehnen sie sich in ihrem Streben an die Formen der Physik und Chemie an, versuchen unvermindert, ihre pseudowissenschaftlichen Spekulationen als seriös und fundiert zu verkaufen. Dies gelingt ihnen immer nur kurze Zeit. Denn es dauert selten lange, bis die Attrappen ihrer scheinbaren Wissenschaftlichkeit wie ein Kartenhaus zusammenbrechen, die Maskerade enttarnt wird. Der Diskurs der BWL gibt davon beredetes Zeugnis ab. Ein Großteil der BWL-Literatur besteht aus der Kritik der BWL-Literatur und aus der Kritik der BWL-Kritik, aus dem Hinterfragen willkürlicher Annahmen, aus dem Zerpflücken seichter Modelle, aus dem Widerlegen dünner Theorien, aus dem Verjagen abstruser Hirngespinste. Die BWL ist ein hoffnungsloser Fall von Theoritis, in welcher der Kranke ohne seine Krankheit sofort zugrunde gehen würde.
Bei den modernen Modellen der Prognostik verhält es sich ähnlich. Während die Naturwissenschaften in einigen Gebieten hochpräzise, zuverlässige Vorhersagen liefern können, sind die Prognosemodelle der Sozial- und Wirtschaftswissenschaften zumeist nichts anderes als systematisierte Schätzungen.

Abgrenzung zwischen magischen und modernen Weltmodellen

Dennoch bestehen zwei Unterschiede zu den magischen Orakeln. Der erste ist oberflächlicher Natur und betrifft die Spekulationsumhüllung.[379] Der Ausgangspunkt moderner Ansätze sind nicht mehr personifizierte Wesenheiten wie Götter, Geister, Dämonen oder verstorbene Ahnen. Vielmehr werden diese durch abstrakte Wesenheiten ersetzt. In Physik und Chemie sind es Energien, Kräfte und Naturgesetze. In den Sozialwissenschaften sind es Wirkzusammenhänge, Kausalketten, Markt- und Verhaltensmechanismen. Diese abstrakten Wesenheiten sind jedoch nicht realer oder unspekulativer als die Götter und Geister der magischen Welt. Sie sind ebenso gesetzte Annahmen am Anfang und am Ende jeder Kausalkette, dort, wo die Gründe nicht mehr weiter begründet werden können, wo der unerforschte Raum beginnt. Im Grunde sind die Kräfte und Energien der Physik, geschweige denn die Kästchen, Pfeile und Kurven der BWL-Modelle, nicht weniger mystisch als Tao und Yin-Yang der chinesischen Kosmologie oder der Lebensbaum der Kabbalisten. Dennoch wird das Merkmal des „mystischen Weltbildes" häufig genannt, um sich von den „abergläubischen" Versuchen früherer Zeiten abzugrenzen.

Der zweite Unterschied ist grundlegend. Bei den magischen Methoden läßt sich meist eine Grenze ziehen zwischen der Deutung kultivierter und der Deutung künstlicher Zeichen. Die zahllosen Wurf- und Losorakel, egal ob als Antwortmaschine, Miniaturwelt oder Weltencode, lassen sich unter vollkommener Ausklammerung der Umwelt befragen. Der Fluß der Natur wird durch die Hand des Menschen ersetzt. Er spielt nur mehr insofern eine Rolle, als dass Zufall oder Schicksal die Wahl treffen zwischen verschiedenen Zeichen und Symbolen. Dem gegenüber gründet bei den modernen Ansätzen das künstliche Zeichen immer auf kultivierten Zeichen. Es entsteht aus starker Abstraktion, Verformelung und Modellierung von kultivierten Zeichen. Die modernen Prognosemethoden aus künstlichen Zeichen brauchen immer Daten, Zählungen und Messungen als Input. Würden sie wie die magischen Orakel gänzlich ohne derartigen Input aus der Umwelt operieren, so wären sie bloße Erklärung, blanke Theorie. Dann wären sie nicht mehr zur Berechnung der Zukunft instrumentalisierbar. Bei modernen Prognoseverfahren ist der Übergang von kultivierten zu künstlichen Zeichen also in hohem Ausmaß fließend.

Prognosesysteme im Controlling

In der BWL, insbesondere im Controlling, dienen vor allem ökonomische Kennzahlen als kultivierte Grundlage der Prognosemodelle künstlicher Zeichen. Der fließende Übergang von der Messung zur Kennzahl zum Kennzahlensystem wurde bereits im Abschnitt über „Ökonomische Kennzahlen und Wirtschaftsindikatoren"[380] eingehend erläutert. Während einfache Kennzahlen wie die Anzahl produzierter Einheiten noch zu den kultivierten Zeichen zählen, werden formelhafte Kennzahlen mit steigendem Aggregationsniveau immer mehr zu künstlichen Zeichen. Etwa der „Return on Sales" (Umsatzrentabilität) ist bereits eine derart verschlüsselte Kennzahl, dass ohne genaue Kenntnis ihrer Berechnungsgrundlagen kein konkreter Bezug zur Erscheinungswelt mehr ersichtlich ist. Selbiges gilt für die Leitkennzahlen verschiedener Kennzahlensysteme wie dem DuPont-Schema, ZVEI oder dem PuK-System.

Ein weiteres Beispiel für ein solches Prognosesystem ist die Gap-Analyse. Sie kann mit beliebigen Kennzahlen als Zielgröße durchgeführt werden, etwa mit dem ROI, mit Umsätzen, Deckungsbeiträgen oder Marktanteilen. In dieser Lückenanalyse werden zwei verschiedene Zukunftswerte dieser Kennzahl rechnerisch gegenübergestellt. Der eine ist seine erwartete Entwicklung, wenn das Unternehmen alles beim Alten läßt. Dazu werden die Werte der Vergangenheit in die Zukunft extrapoliert. Der zweite ist der gewünschte Zukunftswert, den man anstrebt. Dann wird die Lücke, welche zwischen diesen zwei Zukunftspfaden klafft, analysiert, um geeignete Strategien zur Schließung dieser Lücke zu entwerfen. Der Erfolg der Gap-Analyse hängt also im Wesentlichen von folgenden zwei Wertereihen ab:

- Die **Planwerte**, welche durch Extrapolation der vergangenen Werte in die Zukunft festgelegt werden. Hatte das Unternehmen jedoch in der Vergangenheit eine diskontinuierliche Entwicklung mit Trendbrüchen, so wird die „Berechnung" dieses Werts hochspekulativ.

- Die **Zielwerte**, welche durch normative Schätzung, durch eine Leitvision vorgegeben werden. Bei beiden Werten handelt es sich also um mathematisierte Schätzungen.[381]

Fundamentalanalyse

Auch in der Unternehmensbewertung und in der Wertpapieranalyse sind kultivierte Zeichen, sind ökonomische Kennzahlen, Messungen und Indikatoren stets die Grundlage der Berechnungen. Etwa bei der Fundamentalanalyse versucht man, den Zukunftserfolg des Unternehmens oder des Wertpapiers durch Analyse seiner Grundlagen zu prognostizieren. Untersucht werden sämtliche wertbestimmende Einflussfaktoren. Im Zentrum steht die Analyse des Unternehmens, seiner Marktanteile, Auftragslage, Produktionskosten, Vermögenswerte, operativen Stärken und Schwächen, seiner Strategien und ähnlicher Faktoren. Dazu zieht man kennzahlenbasierte Instrumente wie Deckungsbeitragsrechnung oder Break-Even-Analyse heran. Zum Fundament des Unternehmens zählt zudem die Umwelt, in welcher es operiert. Deshalb wird bei der Fundamentalanalyse auch die Branche untersucht, sowie die globale Situation, die Konjunktur, die Preise, die sozialen und politischen Rahmenbedingungen. Folgendes Diagramm zeigt die einzelnen Bausteine der Fundamentalanalyse:[382]

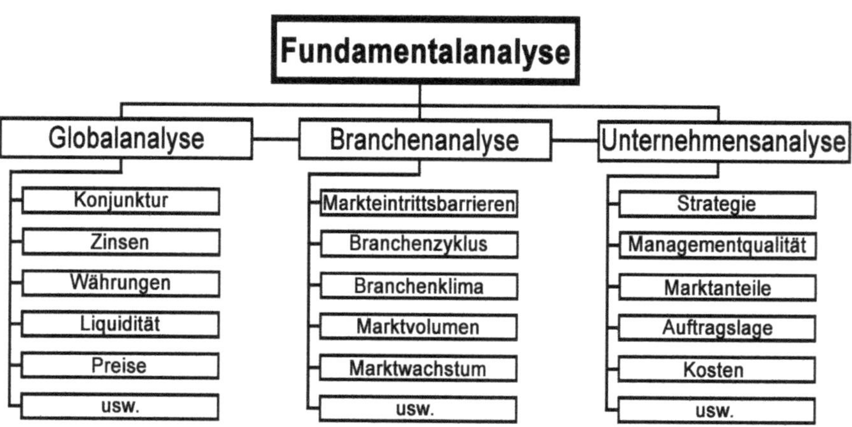

Häufig werden auch verschiedenste mathematische Formeln herangezogen, um die zukünftige Unternehmensentwicklung abzubilden. Eine derartige Formel für den Unternehmenserfolg kann beispielsweise folgendermaßen aussehen:[383]

$$UW_0 = \sum_{t=1}^{n} \frac{X_t}{(1+r)^t} + \frac{X_n(1+g)}{(r-g)(1+r)^n}$$

UW = Unternehmenswert r = Zinssatz
X = Zukunftserfolg n = Laufzeit
g = konstantes Wachstum

Auch wenn derartige Formeln auf den ersten Blick Assoziationen zu exakten naturwissenschaftlichen Berechnungen erwecken mögen, entpuppen sie sich bei genauerer Betrachtung lediglich als Veranschaulichungsinstrumente. Denn die meisten enthaltenen Variablen beruhen auf Schätzungen. So kann über den neuralgischen Wert des Zukunftserfolgs nur gemutmaßt werden, egal wie man die Formel auch dreht oder wendet. Ob man nun den Zukunftserfolg schätzt oder die Schätzung gleich direkt am Unternehmenswert vornimmt, bleibt im Grunde einerlei. Es handelt sich hier also lediglich um in Formeln gegossene Annahmen, um eine Mathematisierung von Schätzungen.

Technische Chartanalyse

Neben der Fundamentalanalyse ist die Chartanalyse[384] die zweite wichtige Technik der Börsenprognostik. Sie zählt vornehmlich zur zeitendeutenden Prognostik und wird deshalb im dritten Prognostik-Band ausführlicher behandelt werden, insbesondere die Theorie der Elliott-Waves. Die Chartformationen verdienen jedoch bereits im Rahmen der Deutung künstlicher Zeichen eine besondere Erwähnung. Denn hierbei handelt es sich um eine Variante der Zeichendeutung, welche den magischen Orakeln überaus ähnlich ist. Im Gegensatz zur Fundamentalanalyse hat die Chartanalyse kein Interesse an der realen Wertbasis einer Aktie. Vielmehr geht sie von der Prämisse aus, dass sämtliche relevanten Informationen zur Prognose von Aktienkursen bereits in deren Preis enthalten sind. Die Zukunftschancen einer Aktie sind also nicht vom fundamentalen, vom „tatsächlichen" Wert der Firma bestimmt, sondern vielmehr von den psychologischen Erwartungen der Anleger. Wenn genügend Investoren glauben, dass eine Aktie in Zukunft hohe Gewinne bringen wird, so wird sie auch dann steigen, wenn der reale Wert der Firma weit unter dem Aktienpreis liegt.
Um dieses Anlegerverhalten zu analysieren, betrachten die technischen Analysten vornehmlich die Kurscharts der Aktie. Alle anderen ökonomischen Kennzahlen sind nicht von Belang. Vielmehr werden die Muster analysiert, welche aus dem Auf und Ab der Börsenkurse entstehen. Es

gibt verschiedene Urmuster, welche jeweils auf verschiedene Kurszukünfte schließen lassen. Die Prognostik erfolgt durch Analyse dieser Urmuster. Die wichtigsten dieser Patterns und Chartformationen zeigt die folgende Abbildung:

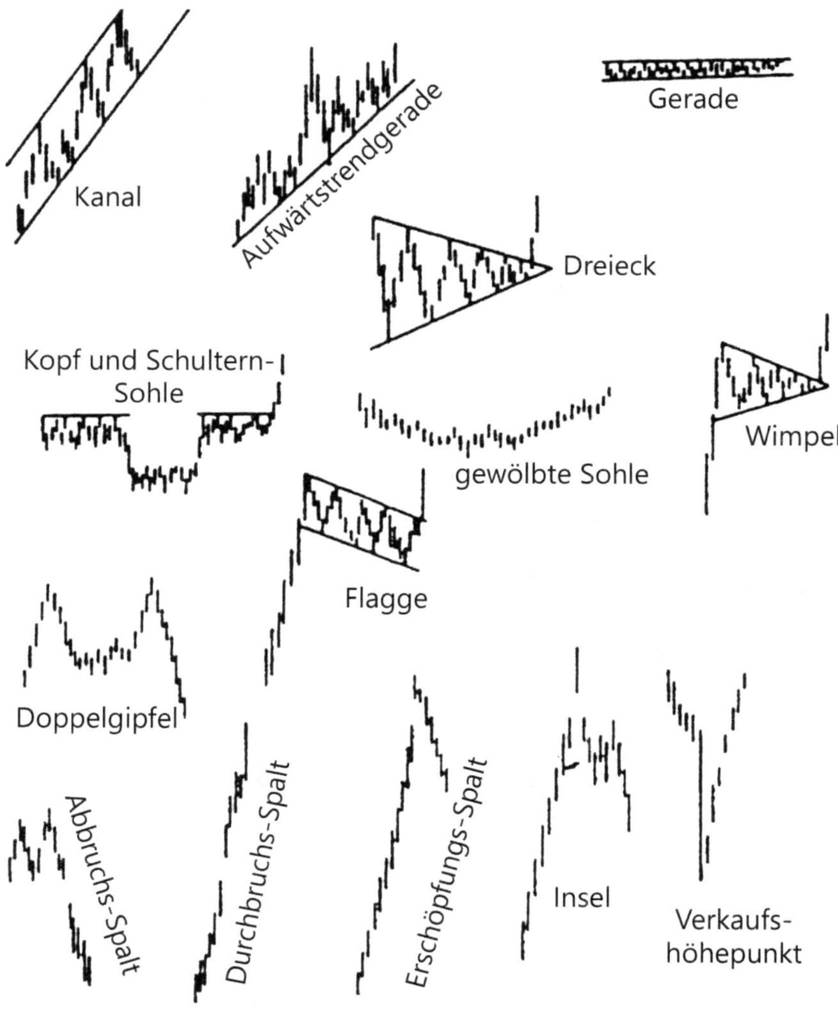

Formationen der Chartanalyse[385]

Wie die verschiedenen Sprünge in den Schildkrötenpanzern der Shang-Dynastie, wie die Male auf den Eingeweiden der Haruspizien, wie die verschiedenen Linien des I-Ging oder die Buchstabenformationen der Kabbala offenbaren solche Muster im fluktuativen Auf und Ab der Aktiencharts die Zukunft. Einst betrachteten die babylonischen Barû die Leber des Opferlamms und murmelten schicksalsschwanger: „Ein Loch im Palasttor!", „Eine Blase am Joch!" oder „Eine Keule am Färbbottich!" Heute sitzen die Chartanalysten vor den Diagrammen der Aktienkurse und suchen darin nach den rechten Orten, um ihre Trend- und Unterstützungslinien an die Kurswelle anzulegen. „Ein Kanal!", „Eine umgedrehte Kopf-Schulter-Formation!" oder „Ein Keil!" raunen sie ehrfürchtig dabei.

Die Chartformationen gründen auf dem Prinzip von Widerstand (Grenze der Kursfluktuationen nach oben) und Unterstützung (Grenze der Kursfluktuationen nach unten). Immer dann, wenn eine Widerstandslinie nach oben durchbrochen wird, ist dies ein Kaufsignal für den Analysten. Ein Durchbruch der Unterstützungslinie nach unten wird als Verkaufssignal gedeutet. Der bekannte Börsenmakler und „Mister DAX" Dirk Müller (*1968) nennt diesen Vorgang auch „Malen nach Zahlen für Erwachsene."[386] Wie einst die verschiedenen Male auf der Schafsleber, so werden heute die verschiedenen Signaturen der Kursdiagramme mit künftigen Geschicken in Analogie gesetzt. Jedes Muster steht für ein bestimmtes, charakteristisches Verhalten der Anleger. Hier drei Beispiele für typische Formationen und deren Deutung:[387]

> Die **Doppelgipfel-Formation** besteht aus zwei Kursspitzen, welche mindestens zwei Monate auseinanderliegen. Das Kurstal dazwischen muss mindestens einen Kursrückgang von 10 Prozent aufweisen. Dieses Muster wird folgendermaßen erklärt:
> Die erste Spitze stellt das Preisniveau dar, auf welchem das Angebot die Nachfrage gesättigt hat und diese übertrifft. Die Investoren beginnen zu verkaufen, um ihre Gewinne zu realisieren. Die dadurch ausgelöste Trendwende motiviert weitere Marktteilnehmer zum Verkauf und der Kurs rutscht nach unten. Die verbliebenen Investoren fürchten massive Verluste, wollen aber aufgrund des niedrigen Kurses nicht verkaufen. Sie entschließen sich, das Tal durchzustehen. Sobald der Kurs genügend gefallen ist, beginnen jene Spekulanten, welche am Gipfel verkauft haben, aufgrund der niedrigen Preise abermals zu investieren. Der Kurs steigt wieder und motiviert weitere Investoren zum Kauf.

An der zweiten Kursspitze wird das Niveau der ersten Spitze wieder erreicht. Nun sind jene Investoren, welche die Talfahrt haben durchstehen müssen, erleichtert und stoßen die Aktie zum hohen Preis ab. Denn sie glauben nicht, dass sie in der Lage ist, weit über das Niveau des ersten Gipfels zu steigen und befürchten abermalige Verluste. Dadurch fällt der Kurs der Aktie wieder. Sollte er unter das Niveau des ersten Tales fallen, so geht man davon aus, dass die Nachfrage nach der Aktie nachhaltig befriedigt ist. Dies gilt als Zeichen zu verkaufen. Es ist allerdings auch möglich, dass der Kurs vor Erreichen der Talsohle zum dritten Mal steigt. Dann wird das Muster zu einer anderen Formation, nämlich zum Dreifachgipfel.

Die **Flaggen- oder Wimpel-Formation** gilt als Zeichen der Trendfortsetzung. Es erfolgen immer wieder Gewinnmitnahmen, durch welche Konsolidierungszonen ausgebildet werden. Der Trend legt also kurzfristig eine Pause ein, um Kraft zu tanken. Solche Pausen dauern maximal ein Monat. Die grundsätzliche Investitionstendenz wird dadurch aber nicht in Frage gestellt.

Die **Insel- und Lücken-Formationen** sind drastische Sprünge und Ausreißer im Kurs. Sie kennzeichnen einen plötzlichen, radikalen Meinungsumschwung, meist ausgelöst durch ein Fundamentalereignis. Beispiele für solche Fundamentalereignisse sind Terroranschläge, Skandale, Naturkatastrophen oder auch die Verkündigung revolutionärer neuer Erfindungen. Manchmal entwickelt sich eine derartige Manie- oder Panikreaktion auch aus einer Eigendynamik heraus. Man unterscheidet unter anderem in Ausbruchslücken, Weglauflücken und Erschöpfungslücken.

Die bekannteste Darstellung des Kursverlaufs erfolgt mit Balkencharts oder Liniencharts. Daneben finden die japanischen Candle-Charts heute zunehmend Verbreitung. Eine weitere Möglichkeit der Veranschaulichung von Aktienkursen sind Point & Figure Charts. Diese kommen ohne Zeitachse aus und berücksichtigen lediglich die Kursrichtung. Jeder Aufwärtstrend wird mit einem „X" symbolisiert und jeder Abwärtstrend mit einer „0". Wenn der Kurs steigt, dann werden „X" übereinander gesetzt, bei fallenden Kursen „0" untereinander abgetragen. Dabei entspricht jedes Kästchen einer festgesetzten Einheit, die sich entweder in absoluten Geldwerten oder aus Kursprozenten bestimmt. Auch hier gibt es typische Formationen, welche als Kaufsignal (B - Buy) oder Verkaufssignal (S – Sell) ausgelegt werden. Hier ein paar typische Patterns in der P&F-Chartdarstellung:[388]

Die **Dreiecksformation** umfasst mindestens fünf Säulen. Sie spiegelt die Unsicherheit des Marktes wieder. Hier kann sich der Kurs nicht für eine Richtung entscheiden. Die Ausschläge werden immer geringer, bis eine Seite die Oberhand gewinnt. Solche Ausbrüche aus Dreiecken gelten als unsichere Signale:

	X							
	X	O			B			
	X	O	X		X			
	X	O	X	O	X			
	X	O	X	O	X			
	X	O	X	O				
	X	O	X					
	X	O						
	X							

Bullish Triangle

	O							
	O	X						
	O	X	O					
	O	X	O	X				
	O	X	O	X	O			
	O	X	O	X	O			
	O	X	O		O			
	O	X			S			
	O							

Bearish Triangle

Das **Katapult** gibt sein Investitionssignal durch einen Ausreißer:

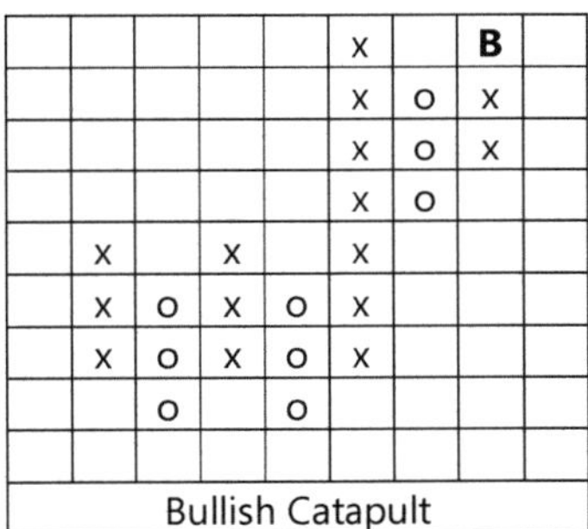

					X		B	
					X	O	X	
					X	O	X	
					X	O		
	X		X		X			
	X	O	X	O	X			
	X	O	X	O	X			
		O		O				

Bullish Catapult

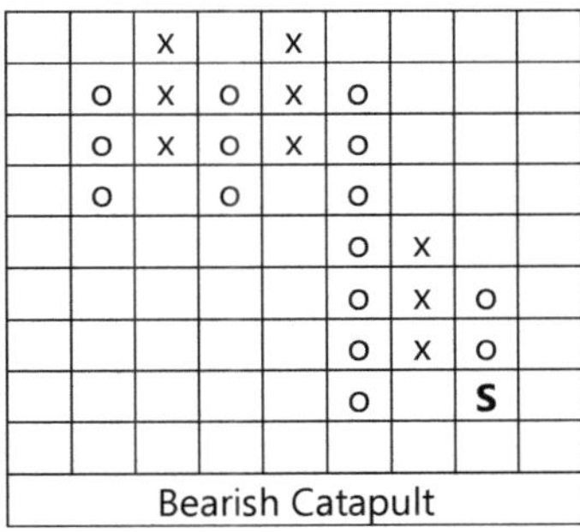

		X		X				
	O	X	O	X	O			
	O	X	O	X	O			
	O		O		O			
					O	X		
					O	X	O	
					O	X	O	
					O		S	

Bearish Catapult

Baisse- und Hausse-Umkehr sind die stärksten Trendwendesignale der Point & Figure Charttechnik. Hier entwickelt sich der Kurs entlang von gleichmäßigen Widerstands- bzw. Unterstützungslinien. Die Trendwende findet schließlich mit der siebten Säule statt. Diesem Muster wird eine besonders hohe Trefferquote zugeschrieben, wenngleich es auch sehr selten anzutreffen ist:

	X							
	X	O						
	X	O	X					
		O	X	O			B	
		O	X	O	X		X	
		O		O	X	O	X	
				O	X	O	X	
				O		O	X	
						O	X	
						O		

Baisse Umkehr

						X		
						X	O	
				X		X	O	
				X	O	X	O	
		X		X	O	X	O	
		X	O	X	O		O	
		X	O	X			S	
	O	X	O					
	O	X						
	O							

Hausse Umkehr

Die Chartanalyse hat ihren Ursprung in der Dow-Theorie, welche der Vater des Dow-Jones-Index, Charles Dow (1851 – 1902), ab 1884 in zahlreichen Artikeln publizierte. Als Standardwerk gilt bis heute das 1932 erschienene Buch „Technical Analysis and Stock Market Profits: A Course in Forecasting" von Richard Schabacker.[389] Darin wird bereits ein Großteil der heute verwendeten Chart-Formationen beschrieben. Durch die Entwicklungen auf dem Computersektor hat die technische Analyse seit den 1980er Jahren einen starken Boom erlebt. Denn seither ist es möglich, per Knopfdruck perfekt aufbereitete, stets aktuelle Charts erstellen zu lassen. Die Methode ist einfach und bequem. Im Gegensatz zur Fundamentalanalyse muss man sich kein umfassendes Wissen über Firmen und Märkte aneignen, nicht ständig sämtliche relevanten politischen, sozialen und technischen Entwicklungen beobachten. Es reicht, die Diagramme der Aktienkurse nach bekannten Mustern abzusuchen. Gerade wegen ihrer verlockenden Einfachheit ist die Chartanalyse so beliebt. Ihre Wirksamkeit ist jedoch stark umstritten.

Seit den 1990er Jahren hat es zwar zahlreiche empirische Studien über die Signifikanz von Chartformationen gegeben. Bislang konnte ihre Effektivität jedoch weder eindeutig bewiesen noch widerlegt werden. Sowohl Befürworter, als auch Gegner können auf Studien zurückgreifen, welche ihre Meinung bestätigen. So behauptet ein Stabsbericht der amerikanischen Federal Reserve Bank, dass die technische Analyse „nachweislich zu statistisch signifikanten Gewinnen" führt.[390] Dem gegenüber konnte eine Reihe von anderen Untersuchungen keine signifikanten Zusammenhänge zwischen Mustern und Aktientrends feststellen. Beispielsweise brachte eine Studie über die als besonders zuverlässig angesehenen Kopf-Schulter-Formationen sehr ernüchternde Ergebnisse. Als Grundlage wurde der Rohöl-Preis für Brent-Oil im Zeitraum von 1992 – 2005 verwendet. Darin konnte das 19-Tage-Muster 74 Mal in der Long-Ausprägung und 77 Mal in der Short-Ausprägung erkannt werden. Eine signifikante Reaktion des Kurses im Sinne der traditionellen Deutungsregel fand jedoch lediglich 9 von 77 Mal (Short Signal), beziehungsweise 23 von 74 Mal (Long Signal) statt. Diese Werte könnte man genauso mit dem Zufall erklären, insbesondere da sich unter den Short Signals ebenso viele drastische Fehlsignale befanden.[391]

Die Chartanalyse bleibt bis dato ein reines Glaubenssystem. Von den meisten Ökonomen wird sie als eine esoterische Heilslehre betrachtet. Fundamentalanalysten kritisieren, dass es sich bei den Chartsdiagrammen lediglich um eine Veranschaulichung des Preises handelt und dass der Preis lediglich ein Ausdruck des „wahren" Firmenwerts sei. Prognosen müssten also an den Grundlagen des Firmenwerts ansetzen und nicht an dessen bloßer Veranschaulichung. Für sie ist die Chartanalyse gleich absurd, als wollte man an Wetterdiagrammen, an Graphen für Temperatur, Niederschlag oder Luftdruck der vergangenen Monate Unterstützungslinien auftragen und damit das Wetter der nächsten Wochen berechnen.
Vertreter der Random-Walk-Theorie halten überhaupt jegliche Versuche der Börsenprognostik für spekulativ. Die Zukunft bringt stets was Neues und läßt sich nicht aus der Vergangenheit berechnen. Aufgrund der Zufallserwartung bringen willkürlich geworfene Wurfpfeile mindestens ebenso gute Ergebnisse wie Chart- oder Fundamentalanalyse. Die entsprechenden Experimente der „Dartisten" (ein Wortspiel in Anlehnung an die Chartisten) wurden bereits im Kapitel über Börsenindikatoren erwähnt.[392] Wichtig ist nur, dass man entsprechend dem Gesetz der großen Zahlen in möglichst viele verschiedene Aktien investiert, sein Portfolio möglichst breit anlegt, um das Risiko zu streuen. Da die Börse als Gesamtheit kontinuierlich wächst, werden somit automatisch die Gewinne wachsen. Es bringt also nicht nur die technische Analyse „nachweislich statistisch signifikante Gewinne", sondern jegliches breit genug gestreute Aktien-Portfolio, selbst wenn es vom Zufallsgenerator zusammengestellt wurde.
Auch manche Chartisten räumen ein, dass ihre Methoden weniger eine exakte Wissenschaft, als vielmehr eine Kunst seien. Schließlich kommen die Lehrbuch-Formationen in der Realität nur selten vor. Das Zickzack eines realen Börsenkurses läßt sich oft nur schwer in die Schemen der Idealmuster pressen. Die Kunst besteht darin, die richtigen Punkte eines solchen Charts mit den richtigen Linien zu verbinden, was häufig eine sehr subjektive Angelegenheit ist.

Obwohl die Prämissen der Chartanalyse in hohem Maß an esoterisch-magische Weltmodelle erinnern, wäre es dennoch verfehlt, ihr jegliche Wirkung abzusprechen. Denn bei einer derart beliebten und häufig angewandten Methode sollte man das Phänomen der selbsterfüllenden Prophezeiung nicht außer Acht lassen. Wenn nur genügend Trader nach

diesen Mustern kaufen und verkaufen, so werden tatsächlich Aktien mit positiven Chartformationen dazugewinnen und solche mit negativen Vorzeichen verlieren. Je bekannter ein Pattern ist und je mehr Investoren diesen berücksichtigen, desto mehr wird er auch tatsächlich das entsprechende Lehrbuchverhalten ankündigen, desto mehr wird er auch tatsächlich zur Prognostik geeignet sein.
Bei der Chartanalyse sind die magischen Wurzeln offensichtlich. Der Börsenkult lebt vom schillernden Flair des Abenteuers und der großen Träume. Ein Hauch von Mystik und Zauberei kommt diesem Klima durchaus entgegen. Und so operieren Börsenexperten und Finanzberater gerne mit magischen Chartformationen, Fibonacci-Reihen und zahlenmystischen Wellentheorien. Der sich nach Mythen und dem großen Glück sehnende Anleger dankt es ihnen.

Ökonometrische Modelle und Input-Ouput-Rechnung

Einen derartigen Geruch von Wildheit können sich die ehrwürdigen Ökonomen nicht leisten. In der Volkswirtschaftslehre geht es bodenständiger zu. Zur Prognostik werden unter anderem zahlreiche ökonometrische Simulationsmodelle konstruiert. Typisch für diese ist die Tatsache, dass sie immer mit empirischen Daten gefüttert werden müssen, damit man ein Ergebnis erhält. Konsumfunktionen oder die Phillips-Kurve, welche wir bereits im Kapitel über kultivierte Zeichen behandelt haben,[393] sind sehr einfache, lineare Beispiele dafür. Solche Modelle sollen ein vereinfachtes Abbild der ökonomischen Wirklichkeit liefern. Ihr Ziel und ihre Herangehensweise ist also jener der magischen Miniaturwelten sehr ähnlich. Das Wirtschaftsleben wird zerlegt in zahlreiche Grundfaktoren. Dann versucht man, diese Faktoren in Mehrgleichungssystemen miteinander zu verknüpfen, die Interdependenzen zwischen den einzelnen Größen zu modellieren. Die Miniaturwelten sollen dann möglichst präzise als Antwortmaschinen funktionieren. Wie ändert sich Wert X wenn man Wert Y um z erhöht? Wie werden Sektoren A und B davon beeinflusst? Solche Simulationsmodelle werden sehr häufig als Grundlage finanzpolitischer Entscheidungen herangezogen. Wie wird sich eine geplante Steuererhöhung, die Einführung von neuen Freibeträgen oder eine bestimmte staatliche Investition auf die Steuereinnahmen, auf die finanzielle Situation der

beteiligten Akteure oder auf die Konjunktur auswirken? Derartige Fragen versucht man, mit den ökonometrischen Modellen zu beantworten.
Früher wurden solche Mehrgleichungssysteme vor allem mittels Regressionsanalyse erstellt. Dank der Computerisierung zieht man heute auch wesentlich komplexere mathematische Modelle heran, etwa verschiedene Ansätze aus der Spieltheorie und der Chaostheorie, die Monte-Carlo-Simulation, zelluläre Automaten, nichtlineare, systemdynamische Ansätze, die Netzplantechnik oder neuronale Netze.

Ein umfassender Ansatz, um die kompletten Güter- und Einkommensströme eines Wirtschaftssystems zu erfassen, ist die Volkswirtschaftliche Gesamtrechnung. Eines ihrer wichtigsten Instrumente ist die Input-Output-Rechnung. Diese versucht, alle wesentlichen Strukturen und Prozesse einer Volkswirtschaft zu modellieren. Dazu werden die wirtschaftstreibenden Individuen, Firmen und Branchen in verschiedenen Sektoren zusammengefasst. Dann wird untersucht, welche Ströme zwischen den einzelnen Sektoren fließen, welche monetär quantifizierbaren Waren- und Geldflüsse in die jeweiligen Sektoren hineinfließen (Input) und welche aus diesen herausfließen (Output). Daraus wird der Bauplan der Volkswirtschaft, der Wirtschaftskreislauf eines Landes konstruiert.
Ein erster Vorläufer der Input-Output-Rechnung war das „Tableau économique" des französischen Physiokraten Francois Quesnay (1694 – 1774) aus dem Jahr 1758. Erst hundert Jahre später wurde die Idee einer quantitativen Erfassung der volkswirtschaftlichen Kreisläufe von Karl Marx (1818 – 1883) und Leon Walras (1834 – 1910) wieder aufgegriffen. Zum damaligen Zeitpunkt standen aber die notwendigen empirischen Daten noch nicht zur Verfügung. Die erste rudimentäre Input-Output-Tabelle war die planwirtschaftliche Volkswirtschaftsbilanz der UdSSR für das Jahr 1923/24. In dieser wurden zwar verschiedene Austauschbeziehungen und Güterströme berücksichtigt, doch war die Sektorengliederung noch sehr allgemein. Zudem wurden aufgrund der kommunistischen Rahmenbedingungen die Einkommen kaum berücksichtigt. Als Vater der modernen Input-Output-Rechnung gilt schließlich Wassily Leontief (1906 – 1999) mit seiner 1941 veröffentlichten Arbeit: „The Structure of American Economy 1919 – 1929: An Empirical Application of Equilibrium Analysis".[394]

INDUSTRY

INDUSTRY PRODUCING

		agriculture and fisheries	food and kindred products	textile mill products	apparel	lumber and wood products	furniture and fixtures	paper and allied products	printing and publishing
		1	2	3	4	5	6	7	8
agriculture and fisheries	1	10.86	15.70	2.16	0.02	0.19		0.01	
food and kindred products	2	2.38	5.75	0.06	0.01	•	•	0.03	•
textile mill products	3	0.06	•	1.30	3.88	•	0.29	0.04	0.03
apparel	4	0.04	0.20		1.96		0.01	0.02	
lumber and wood products	5	0.15	0.10	0.02	•	1.09	0.39	0.27	•
furniture and fixtures	6			0.01			0.01	0.01	
paper and allied products	7	•	0.52	0.08	0.02	•	0.02	2.60	1.08
printing and publishing	8		0.04	•					0.77
chemicals	9	0.83	1.48	0.80	0.14	0.03	0.06	0.18	0.10
products of petroleum and coal	10	0.46	0.06	0.03	•	0.07	•	0.06	•
rubber products	11	0.12	0.01	0.01	0.02	0.01	0.01	0.01	•
leather and leather products	12			•	0.05	•	0.01		•
stone, clay, and glass products	13	0.06	0.25	•	•	0.01	0.03	0.03	
primary metals	14	0.01	•		•	0.01	0.11		0.01
fabricated metal products	15	0.08	0.61	•	0.01	0.04	0.14	0.02	•
machinery (except electric)	16	0.06	0.01	0.04	0.02	0.01	0.01	0.01	0.04
electrical machinery	17								
motor vehicles	18	0.11	•			•			
other transportation equipment	19	0.01						•	
professional and scientific equipment	20						•	0.01	0.03
miscellaneous manufacturing industries	21	•	0.01	•	0.26	•	0.02	0.01	
coal, gas, and electric power	22	0.06	0.20	0.11	0.04	0.02	0.02	0.12	0.03
railroad transportation	23	0.44	0.57	0.09	0.06	0.14	0.05	0.22	0.07
ocean transportation	24	0.07	0.13	0.01	0.01	0.01	•	0.02	•
other transportation	25	0.55	0.38	0.08	0.03	0.14	0.04	0.12	0.03
trade	26	1.36	0.46	0.23	0.37	0.06	0.06	0.18	0.03
communications	27	•	0.04	0.01	0.02	0.01	0.01	0.01	0.04
finance and insurance	28	0.24	0.15	0.02	0.02	0.08	0.02	0.02	0.02
real estate and rentals	29	2.39	0.09	0.03	0.10	0.02	0.02	0.03	0.06
business services	30	0.01	0.63	0.07	0.10	0.02	0.06	0.02	0.06
personal and repair services	31	0.37	0.12	•	•	0.04	•	•	0.02
nonprofit organizations	32								
amusements	33								
scrap and miscellaneous industries	34			0.02				0.25	
eating and drinking places	35								•
new construction and maintenance	36	0.20	0.12	0.04	0.02	0.01	0.01	0.04	0.01
undistributed	37		1.87	0.30	1.08	0.73	0.27	0.17	0.50
inventory change (depletions)	38	2.66	0.40	0.12	0.19	•	0.01	0.09	0.03
foreign countries (imports from)	39	0.69	2.11	0.21	0.28	0.18	0.01	0.62	0.01
government	40	0.81	1.24	0.64	0.38	0.34	0.11	0.50	0.34
private capital formation (gross)	41	DEPRECIATION AND OTHER CAPITAL CONSUMPTION ALLOWANCES							
households	42	19.17	7.05	3.34	4.24	2.72	1.12	2.20	3.14
TOTAL GROSS OUTLAYS		44.26	40.30	9.84	13.32	6.00	2.89	7.90	6.45

Input-Output-Tabelle von Wassily Leontief
für Güter und Dienstleistungen der USA im Jahr 1947, 1. Teil
Zeilen: Produktion (Output) der 42 Sektoren
Spalten: Einkäufe (Input) von 22 der 42 Sektoren
Werte in Mrd. Dollar, * steht für Summen kleiner als 5 Mio. Dollar[395]

chemicals 9	products of petroleum and coal 10	rubber products 11	leather and leather products 12	stone, clay, and glass products 13	primary metals 14	fabricated metal products 15	machinery (except electric) 16	electrical machinery 17	motor vehicles 18	other transportation equipment 19	professional and scientific equipment 20	miscellaneous manufacturing industries 21	coal, gas, and electric power 22
1.21			0.05	•	0.01						•	•	
0.79	•		0.44	•	•	•	•	•			0.01	0.02	•
0.01	•	0.44	0.09	0.03		0.01	0.02	0.05	0.15	0.01	0.05	0.08	0.07
0.03			•	•		•	•	•	0.10	0.01	•	•	•
0.04	0.01		0.02	0.02	0.06	0.06	0.09	0.05	0.05	0.03	•	0.06	0.06
						•	0.01	0.10	0.03	0.02	•		•
0.33	0.11	0.02	0.05	0.18	•	0.09	0.04	0.07	0.03	0.02	0.08	0.07	•
0.02						0.01	0.01	0.01			•		•
2.58	0.21	0.60	0.13	0.12	0.18	0.13	0.08	0.20	0.11	0.02	0.05	0.17	0.06
0.32	4.83	0.01	•	0.05	0.90	0.02	0.04	0.02	0.03	0.01	•	0.01	0.47
•	•	0.04	0.05	0.01	•	0.01	0.13	0.03	0.50	0.01	•	0.04	•
			1.04			•	0.02	•	0.01	•	0.01	0.01	•
0.26	0.05	0.01	0.01	0.43	0.21	0.07	0.07	0.12	0.19	0.01	0.03	0.06	0.02
0.19	0.01	0.01	•	0.04	6.90	2.53	2.02	1.05	1.28	0.43	0.07	0.20	0.05
0.13	0.08	0.01	0.02	•	0.05	0.43	0.62	0.34	0.97	0.10	0.07	0.04	•
•	0.01			0.01	0.07	0.28	1.15	0.17	0.63	0.22	0.03	•	0.03
•				0.01	0.05	0.24	0.58	0.86	0.62	0.12	0.03	0.02	0.02
	•			•	•	0.03	0.03	0.01	4.40	•			0.01
•	•	•		•	•			•	0.01	0.30			•
0.01				•	•	0.04	0.04	0.01	0.07	0.02	0.18	0.02	•
0.03		•	0.02	0.01	•	0.02	0.05	0.11	0.02	•	0.03	0.16	•
0.19	0.56	0.04	0.02	0.20	0.35	0.08	0.10	0.05	0.06	0.03	0.01	0.03	1.27
0.29	0.27	0.04	0.04	0.15	0.52	0.13	0.16	0.07	0.23	0.04	0.01	0.03	0.15
0.04	0.09	•	•	0.01	0.08	•	•	•	•	•	•	0.01	•
0.10	0.47	0.01	0.02	0.07	0.16	0.03	0.04	0.03	0.07	0.01	0.01	0.01	0.03
0.17	0.02	0.05	0.06	0.05	0.36	0.20	0.26	0.14	0.06	0.07	0.04	0.05	0.05
0.02	0.01	0.01	•	0.01	0.02	0.02	0.03	0.02	0.02	0.01	0.01	0.01	0.02
0.02	0.13	0.01	0.01	0.05	0.06	0.04	0.05	0.04	0.02	0.02	0.01	0.02	0.05
0.03		0.01	0.02	0.02	0.06	0.03	0.04	0.03	0.02	0.02	0.01	0.03	0.05
0.42	0.04	0.02	0.05	0.01	0.03	0.05	0.09	0.06	0.08	0.01	0.05	0.06	0.01
0.01	0.01	•	•	0.03	0.01	0.01	0.01	•	•	•	•	•	0.02
0.01		0.01		0.01	1.11	0.02	0.05	•			•		
0.04	0.03	0.01	0.02	0.03	0.10	0.03	0.05	0.02	0.04	0.02	0.01	0.02	0.27
1.49	0.65	0.27	0.27	0.47	0.32	1.14	1.71	0.89	0.41	0.34	0.19	0.87	0.25
0.14	0.01	•	0.03	•	0.11	•	•	•	0.01	0.01	0.05	0.16	•
0.59	0.26	•	0.04	0.14	0.62	0.01	0.05	•	0.02	0.01	0.05	0.14	0.01
0.76	0.78	0.11	0.14	0.32	0.82	0.48	0.77	0.40	0.66	0.12	0.13	0.19	1.14
ARE INCLUDED IN HOUSEHOLD ROW													
3.75	5.04	1.08	1.20	2.35	5.35	4.14	6.80	3.41	3.39	1.95	0.90	2.17	5.11
14.05	13.67	2.82	3.81	4.84	18.69	10.40	15.22	8.38	14.27	4.00	2.12	4.76	9.21

Leontiefs Vorgehensweise ist gut aus dieser Tabelle ersichtlich. Sie zeigt die Transaktionen der amerikanischen Wirtschaft im Jahr 1947. Aus Platzgründen ist nur die erste Hälfte dieser Tabelle abgebildet. In dieser Input-Output-Matrix werden die Wirtschaftstreibenden in 42 Sektoren unterteilt. Aus den Zeilen ist der Output der Sektoren ersichtlich und in welche anderen Sektoren dieser einfließt. In den Spalten befinden sich die Input-Werte. Sie zeigen, aus welchen anderen Sektoren ein Sektor Güter und Dienstleistungen bezieht. Diese Input-Output-Tabelle ist noch relativ einfach. 1951 erarbeiteten Leontief und sein Team eine ähnliche Tabelle, welche bereits 500 verschiedene Sektoren umfasste und somit ein deutlich feineres Abbild des amerikanischen Wirtschaftskreislaufs lieferte.[396]

Derartige Tabellen sollen Struktur und Prozesse der Volkswirtschaft nicht nur abbilden, sondern auch simulieren. Sie sollen zeigen, welche Auswirkungen es hat, wenn verschiedene Input- und Outputwerte verändert werden. Insbesondere in wirtschaftspolitischen Fragen soll dies handfeste Entscheidungshilfe liefern. Die erste große derartige Anwendung wurde kurz vor Ende des Zweiten Weltkriegs von Präsident Roosevelt in Auftrag gegeben. Es sollte untersucht werden, welche Auswirkungen der Übergang vom Krieg in den Frieden auf die amerikanische Wirtschaft haben würde. Dazu wurde auf Basis empirischer Daten eine Input-Output-Tabelle für die aktuelle Kriegswirtschaft erstellt und diese dann mit den Veränderungswerten für den Friedensfall gefüttert – massiver Outputrückgang der Kriegsindustrie, Anstieg der Arbeitslosigkeit durch zurückkehrende Soldaten, Outputanstieg der Konsumgütersektoren und so weiter. Dieses Modell kam zu einigen überraschenden Ergebnissen. So wurde ursprünglich vermutet, dass ein Ende des Krieges zu starken Einbußen in der Stahlindustrie führen würde. Das Modell zeigte jedoch, dass der steigende Privatverbrauch den sinkenden Militärbedarf mehr als kompensieren würde und die Stahlindustrie durch den Frieden sogar einen Aufschwung erleben würde. Diese Prognose bestätigte sich dann auch.[397]

An diesem Beispiel sieht man, dass die Input-Output-Rechnung auch als Prognosemodell geeignet ist. Die Qualität der Prognose hängt dabei hauptsächlich von zwei Faktoren ab:[398] Der erste ist die Tabellenpräzision. Wie exakt wurde die Tabelle erhoben? Wie genau und treffend ist ihr Raster? Wie präzise sind die zugrundeliegenden empirischen Daten? Wurden die Sektoren sinnvoll aggregiert? Gibt die Aufgliederung ein re-

präsentatives Abbild der tatsächlichen Wirtschaftsstruktur? Natürlich kann die Sektorengliederung immer nur eine Vereinfachung sein. Denn anderenfalls müsste es so viele Sektoren geben wie es Wirtschaftstreibende gibt. Eine derart überpräzise Tabelle wäre vollkommen unbrauchbar. Andererseits sollten die Sektoren auch nicht zu allgemein gehalten werden, da ansonsten wichtige Interaktionen nicht mehr sichtbar wären. Es gibt hier kein Patentrezept für das richtige Maß. Vielmehr richtet sich die Tabellenpräzision nach der behandelten Fragestellung. So hängt ab vom Prognoseziel.
Die zweite Voraussetzung ist die Stabilität der Technologiematrix. Die Struktur der untersuchten Volkswirtschaft sollte zwischen Basisjahr und Prognosejahr so konstant wie möglich bleiben. Ansonsten würde eine Input-Output-Tabelle des Basisjahrs den Wirtschaftskreislauf des Prognosejahres nur noch ungenügend erfassen können. Beide wären nur noch bedingt vergleichbar. Als Leontief in der Mitte des 20. Jahrhunderts die Grundsteine der Input-Output-Rechnung legte, konnte er noch von einer „relativ stabilen Struktur des Güter- und Dienstleistungsflusses zwischen den Elementen des Wirtschaftslebens" ausgehen.[399] Heute ist eine solche Stabilität kaum noch gegeben. Nicht nur der beschleunigte technische Wandel macht die Wirtschaftsstrukturen immer schnelllebiger und flexibler. Auch die Globalisierung, die massive Zunahme des internationalen Warenverkehrs und der internationalen Verflechtungen bewirken eine ständige Veränderung der Technologiematrix. Das Erstellen von mittel- und langfristigen Prognosen mittels Input-Output-Rechnung wird dadurch enorm erschwert.

Manche Ökonomen behelfen sich damit, dass sie die Konstanzannahme aufgeben und stattdessen erforschen, ob sich die Koeffizienten im Zeitverlauf systematisch verändern. Aufgrund solcher Veränderungsmuster versuchen sie, die zukünftige Wirtschaftsstruktur zu prognostizieren und dann mit der prognostizierten Technologiematrix zu arbeiten.[400] Dadurch wird die Input-Output-Rechnung aber gleich doppelt spekulativ. Denn einerseits muss die künftige Wirtschaftsstruktur geschätzt werden, andererseits die Veränderungen der einzelnen Input- und Outputwerte, die künftigen Güter- und Dienstleistungsströme. Egal wie komplex man ein derartiges Modell auch aufzieht, egal wie viele Sektoren und Flüsse, Interdependenzen, Rückkoppelungen und multifaktorielle Wechselwirkungen man auch einbaut, im Vergleich zu den Millionen und Myriaden von

makroökonomischen Zusammenhängen kann es immer nur ein sehr unvollständiges Bild der Wirklichkeit abgeben.
Und selbst wenn das Wirtschaftsgeschehen tatsächlich in groben Zügen so aufgebaut wäre, wie es die Input-Output-Matrix modelliert, so bliebe immer noch das Problem, dass man die künftigen Veränderungsraten der einzelnen Inputs und Outputs schätzen muss. Man könnte dann zwar sagen, was sich verändern würde, wenn sich gewisse Werte ändern, aber man könnte immer noch nicht sagen, ob und in welchem Umfang sie dies auch tatsächlich tun werden. Im Grunde ist das prognostische Ergebnis der Input-Output-Rechnung also wieder eine mathematisierte Schätzung von gigantischem Aufwand.

Früher konnten solche aufwendigen ökonometrischen Modelle nur von großen Instituten realisiert werden und waren dementsprechend selten. Seit den 1980er Jahren ist jedoch ein massiver Anstieg derartiger empirischer Modelle bemerkbar. Dank moderner Computer sind die Kosten für ihre Erstellung drastisch gesunken. Enorme Datenmengen können leicht gesammelt, weitergegeben und ausgewertet werden. Nationale und internationale Statistik-Büros bieten umfassende Datensätze an, welche bequem in den Computer geladen und dort bearbeitet werden können. Das Problem ist jedoch, dass derartige vorgefertigte Datensätze selten den Eigenheiten des jeweiligen Modells genüge tun. Denn häufig handelt es sich, wie Hans-Werner Holub und Gottfried Tappeiner von der Universität Innsbruck kritisieren, bei den Daten selbst bereits um Modelle. Sie sind nicht nur bloße Messungen. Vielmehr werden sie auf Basis von Annahmen und Hypothesen, von Funktionen zwischen Variablen, von Modellen generiert. Durch eine derartige Datengenerierung werden die Daten vorformatiert. Sie werden zu künstlichen Zeichen gemacht, in welchen die zugrundeliegende Theorie bereits eingeschweißt, unausgesprochen impliziert ist. Viele Informationen, die außerhalb ihrer liegen, gehen verloren. Beispielsweise das „UN System of Integrated Environmental and Economic Accounting" (SEEA) enthält derartige hypothesengenerierte Daten in großem Ausmaß. Das kann bei inadäquater Verwendung in Modellen dazu führen, dass Fehler um mehrere hundert Prozent verstärkt werden. Solche „Modelle auf der Basis von Modellen" können keine sinnvollen Ergebnisse mehr bringen. Sie werden zu einer willkürlichen Zahlenspielerei.[401]

Volkswirtschaftler investieren in ökonometrische Modelle wie die Input-Output-Analyse einen gigantischen Aufwand. Sie sammeln Millionen von empirischen Daten. Sie zerlegen das Wirtschaftsleben in zahllose Faktoren, Ströme und Regelkreise, in Zahlen und Formeln. Dennoch bleiben ihre Prognosen aus den genannten Gründen immer Schätzungen, Spekulationen. Im Idealfall sollte das Modell die tatsächlichen Wirtschaftskreisläufe derart treffend nachbauen, dass man nur noch die aktuellen empirischen Daten hineinfließen lassen und auf den Knopf drücken muss, um die richtige Prognose zu erhalten. In diesem Sinne wären ökonometrische Modelle äußerst komplexe Antwortmaschinen. Von diesem Ideal ist man heute jedoch noch weiter entfernt als zu den Gründerzeiten der Ökonometrie in den 1930er Jahren.
So begnügt man sich mittlerweile damit, mit den Modellen verschiedene Zukünfte zu simulieren und verschiedene Szenarien durchzuspielen. Wie verändert sich der Staatshaushalt, wenn man die Umsatzsteuer um 2% erhöht? Welche Auswirkung hat das auf die Quote der Selbständigen oder auf die Umsätze im Einzelhandel? Wie sind die Effekte bei einer Senkung um 2%? Auch wenn es sich dabei um gigantische mathematisierte Schätzungen handelt und man nie weiß, ob das Formelwerk falsch, die Datenbasis ungenau ist oder einfach die Veränderung externer Faktoren dafür gesorgt hat, dass es dann ganz anders kam, liefern solche Modelle eine wichtige wirtschaftspolitische Entscheidungshilfe. Inwieweit diese „mathematisierte Szenario-Technik" für bessere Entscheidungen sorgt als das Schildkröten-Orakel der Shang-Dynastie oder die Auspizien im Alten Rom werden kommende Generationen beurteilen.

Global Modelling am Beispiel von World3

Einen ähnlichen Ansatz verfolgen die modernen Weltmodelle. Weltmodelle entstanden ab den späten 1960er Jahren, zur Hochphase der technokratischen Futurologie. Man wollte sich nicht mehr damit begnügen, einfach nur die Ökonomie eines Landes zu simulieren. Vielmehr machte man sich daran, mit komplexen Formelwerken die gesamte Weltwirtschaft nachzubauen. Das „Global Modelling" als eigener Zweig der Zukunftsforschung entstand. Eines der ersten Weltmodelle ist LINK. Es entstand im Jahr 1968 durch den Zusammenschluss von sieben nationalen Modellen. Anfang der 2000er Jahre arbeiteten bereits über 250 Teilneh-

mer kontinuierlich daran. 78 nationale Modelle sind ins Gesamtmodell integriert. LINK ist mit seinen mittlerweile über 20.000 Gleichungen wohl der umfassendste Versuch eines Weltmodells.[402]
Im Vergleich dazu wirkt das wohl bekannteste und einflussreichste Weltmodell geradezu mager. World3 entstand ebenfalls 1968 und hat einen Umfang von lediglich 150 Kilobyte. Dennoch war es für die damalige Zeit revolutionär, denn es war das erste dynamische Modell, welches versuchte, die komplexen Wechselwirkungen zwischen Wirtschaft, Umwelt und Bevölkerung zu simulieren. World3 lag der berühmten Studie des Club of Rome über „Die Grenzen des Wachstums" (1972) zugrunde, deren spektakuläre Prognosen wir bereits im ersten Prognostik-Band kennengelernt haben.[403] Als Urtyp eines Weltmodells wollen wir Aufbau und Funktionsweise von World3 kurz näher betrachten.

Das Modell basiert auf Jay Forresters „System Dynamics", einem an Netzplanung und Systemtheorie angelehnten Versuch, komplexe Systeme als mathematische Beziehungsgeflechte zu modellieren. Forrester simulierte mit dieser Technik unter anderem die Prozesse einer Großstadt, indem er diese in die drei Subsysteme Industrie, Gebäude und Einwohner, sowie in zahlreiche Subkategorien unterteilte und dann mathematisch verknüpfte.[404] World3 verwendet ebenfalls solche Bestandsgrößen, beispielsweise „Bevölkerung", „Industriekapital", „Umweltverschmutzung" oder „landwirtschaftlich genutzte Flächen". Diese Bestandsgrößen verändern sich kontinuierlich durch Zu- und Abflüsse. Die Bevölkerung ändert sich durch Geburten und Todesfälle, das Kapital durch Investitionen oder Kapitalabnutzung, die Umweltverschmutzung durch Schadstoffemission und Schadstoffabbau. Die Flüsse selbst entstehen ebenfalls aus zahlreichen Einflussgrößen. Etwa die Sterberate wird unter anderem durch die Nahrungsmittel pro Kopf beeinflusst. Die Nahrungsmittel selbst wiederum werden berechnet, indem die kultivierte Landfläche mit dem durchschnittlichen Ertrag pro Flächeneinheit multipliziert wird.
Viele dieser Kausalbeziehungen von World3 sind nichtlinear. So wird im Modell beispielsweise davon ausgegangen, dass sich Nahrung pro Kopf zwar positiv auf die Lebenserwartung auswirkt, aber nicht unbegrenzt. Bei unterernährten Menschen wird ein leichter Anstieg von Nahrung pro Kopf bereits eine große Verbesserung der Lebenserwartung bewirken, während bei gut ernährten Menschen eine weitere Steigerung der Nahrungsmenge die mittlere Lebensdauer nicht mehr zu verbessern vermag.

Die nichtlineare Gleichung für diesen Sachverhalt wird in World3 folgendermaßen graphisch veranschaulicht:[405]

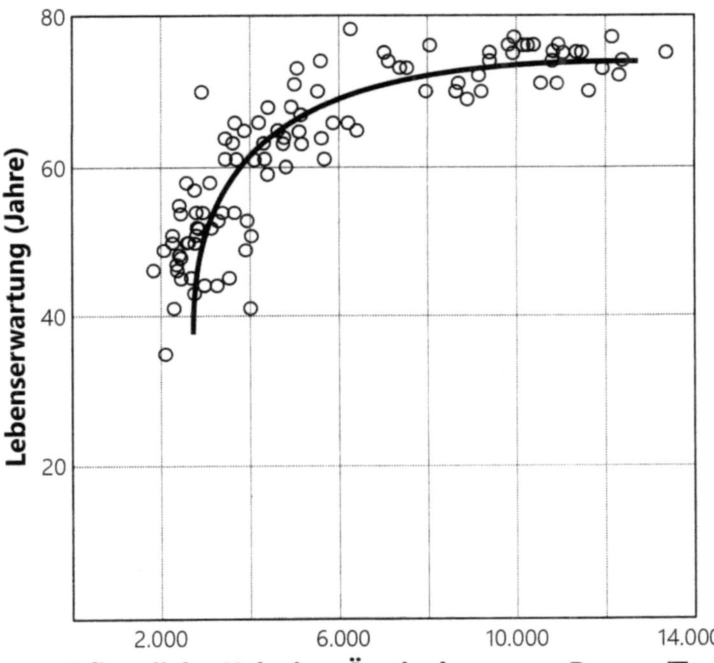

Ernährung und Lebenserwartung im erneuerten WORLD3-Modell[406]

Derartige Beziehungsgleichungen werden in zahlreichen Regelkreisen miteinander verknüpft. Eine schematische Darstellung eines solchen Regelkreises sehen wir auf folgender Abbildung. Daraus werden komplexe Formeln wie jene der Umweltlast gebildet: Umweltlast (I) = Bevölkerung (P) x Wohlstand (A) x Technologie (T), wobei P, A und T ihrerseits bereits Ergebnisse von umfassenden Formelwerken sind.[407] Für die einzelnen Faktoren gibt es zudem Verhaltensgleichungen. So finden Schätzungen über die Menge nicht-erneuerbarer Rohstoffe wie Metalle oder fossile Brennstoffe Eingang in das Verhalten der einzelnen Bestandsgrößen.

Aus all diesen Formeln und Gleichungen entsteht schließlich ein dynamisches Modell, an welchem man verschiedene hypothetische Zukünfte durchspielen kann. Dazu wird zuerst eine Zielvariable ausgewählt, deren künftige Entwicklung man untersuchen will. Man kann beispielsweise die Bevölkerungsanzahl als derartige Zielvariable festlegen. Dann werden für die restlichen Variablen verschiedene Szenarien geschätzt. Man nimmt beispielsweise eine hohe Umweltverschmutzung an, eine Verknappung der Ressourcen oder einen Anstieg der Nahrungsmittel. Das Modell rechnet dann durch, wie sich derartige Variationen auf die Zielvariable auswirken. So wurden in der Studie des Club of Rome über „die Grenzen des Wachstums" verschiedene Szenarien erstellt für den Zeitraum 1900 – 2100.

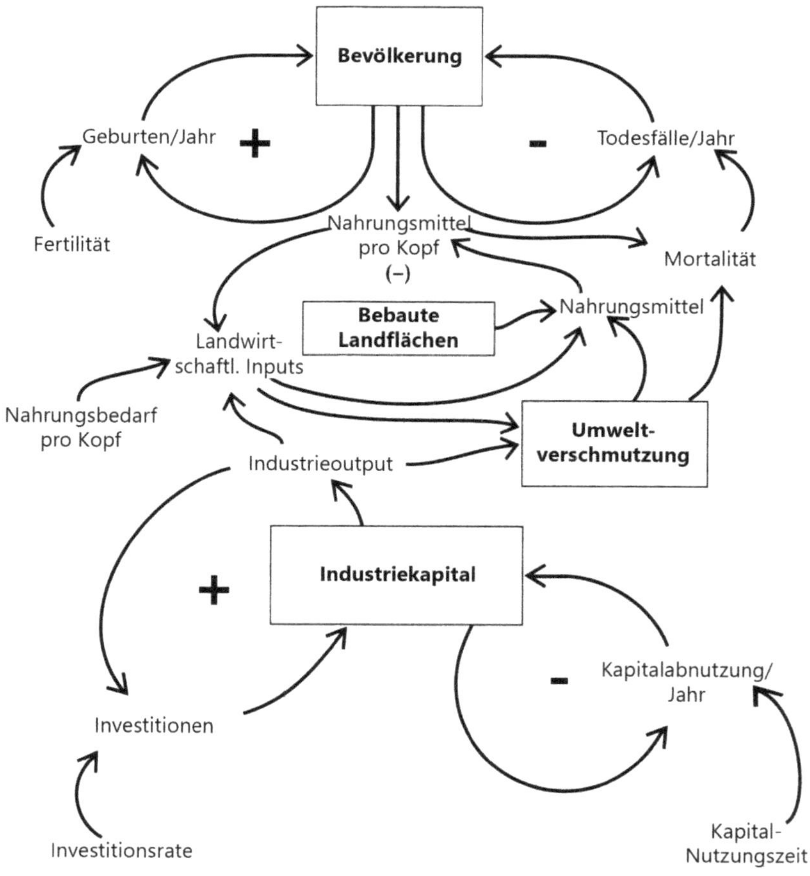

Rückkoppelungsschleifen im World3-Modell[408]

Wie bereits erwähnt kamen diese Berechnungen zum Ergebnis, dass ein Wachstum der Bevölkerung, des Energie- und Ressourcenverbrauchs, der Industrialisierung und der Umweltverschmutzung nicht unbegrenzt möglich ist. Vielmehr würde die Menschheit, wenn sie ihren Weg unvermindert weitergeht, im Laufe des 21. Jahrhunderts die Grenzen des Wachstums erreichen und dann kollabieren. Dieses Szenario wurde „Standard-Lauf" genannt (Szenario 1). Es zeigt die Zukunft der Menschheit, wenn sich diese weiterhin wie gewohnt verhält, solange es irgendwie möglich ist. Alles wächst wie bisher. Die Bevölkerung nimmt von 1,6 Milliarden im Jahr 1900 auf 6 Milliarden im Jahr 2000 zu. Zwischen 2010 und 2040 erschöpfen sich die natürlichen Ressourcen zunehmend. Die Umweltverschmutzung bewirkt eine massive Abnahme der Bodenfruchtbarkeit und Bodenerosion. Ein starker Rückgang der Nahrungsmittelproduktion und des industriellen Outputs ist die Folge. Dadurch wird auch zwangsläufig die Bevölkerungszahl dramatisch sinken, vermutlich in Verbindung mit Hungersnöten und Verteilungskriegen.

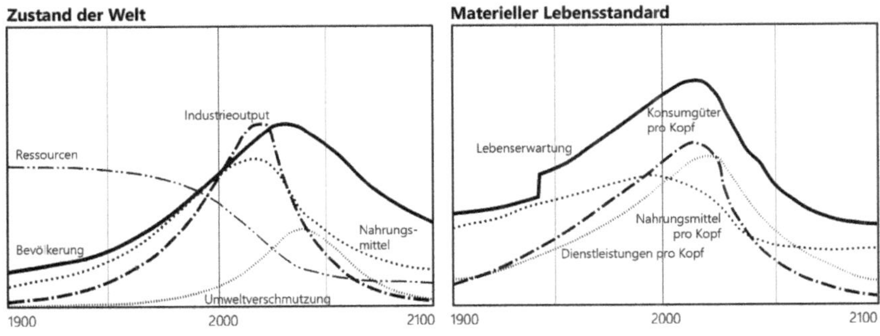

Szenario 1 von World3: Standardlauf – alles geht weiter wie bisher

Es wurden aber noch zahlreiche andere Szenarien durchgerechnet. Wenn man beispielsweise die Menge der nicht-erneuerbaren Ressourcen doppelt so hoch ansetzt wie im Standard-Lauf, so können Industrie und Bevölkerung 20 Jahre länger wachsen (Szenario 2). Dann wird die Bevölkerung erst im Jahr 2040 ihr Maximum erreichen mit 9,5 Milliarden. Dadurch fällt aber auch die Umweltverschmutzung viel stärker aus als in Szenario 1. Der Zusammenbruch kommt später, dafür aber umso drastischer. Egal wie hoch man in World3 die Ressourcen auch ansetzt, der wachstumsbedingte Kollaps ist unvermeidlich.[409]

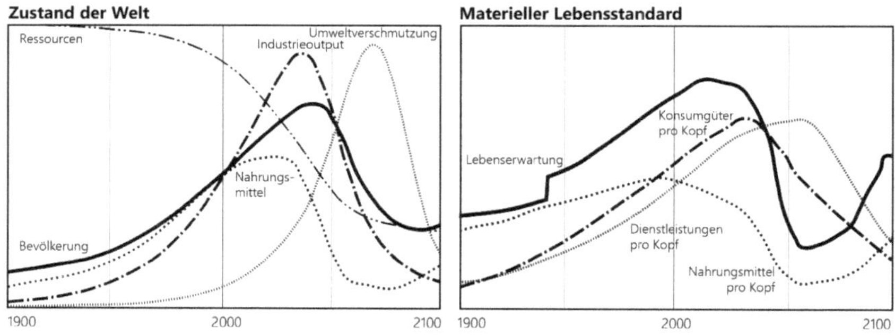

Szenario 2 von World3: Doppelte Ressourcen – alles geht weiter wie bisher

Deshalb muss man an anderen Hebeln ansetzen, um eine nachhaltige Entwicklung und einen dauerhaften Fortbestand der Menschheit zu gewährleisten. So wurden am Modell verschiedene, teilweise drastische Veränderungen des menschlichen Verhaltens durchgerechnet: wesentliche Verbesserungen im Umweltschutz, bessere Nutzung von Energie und Material durch neue Technologien, Begrenzung des Bevölkerungswachstums durch Geburtenkontrolle, Produktionsbeschränkungen oder Droselung des Wirtschaftswachstums bis hin zum Nullwachstum. Bei diesen Simulationen zeigte sich, dass nur eine konsequente Kombination all dieser Maßnahmen den drohenden Kollaps verhindern kann.[410]

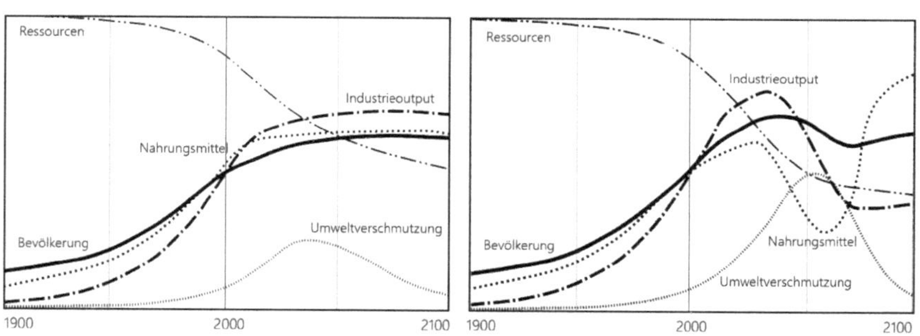

links: Szenario 10 – drastische Maßnahmen ab dem Jahr 1995
rechts: Szenario 12 – dieselben drastischen Maßnahmen erst ab dem Jahr 2015

Es zeigte sich zudem, dass die Zeit drängt. Denn mit jedem Jahrzehnt, das ohne diese Maßnahmen verstreicht, potenzieren sich die negativen Konsequenzen. In den folgenden Diagrammen sind die Entwicklungspfade veranschaulicht für den Fall, dass die Maßnahmen Geburtenbeschränkung, Produktionsbeschränkung und Technologien zur Emissionsbekämpfung, Erosionsverhütung und Ressourcenschonung gesetzt werden. In der linken Grafik (Szenario 10) geschieht dies bereits ab dem Jahr 1995, in der rechten Grafik (Szenario 12) erst ab dem Jahr 2015. Die Auswirkungen von zwanzig Jahren des Wartens erweisen sich als fatal. Jahrzehnte der Krise zur Mitte des 21. Jahrhunderts sind die Folge, aber schließlich auch ein langsamer Aufschwung nach dieser Krisenperiode.[411]

Derart dramatische Aussagen trafen die Wachstumsgesellschaft der frühen 1970er Jahre wie ein Schock. Wellen massiver Kritik waren die Folge. Unter anderem wurde bemängelt, dass das Modell viel zu einfach wäre, um künftige Entwicklungen simulieren zu können, dass viele seiner Prämissen unrealistisch wären, dass künftige Erfindungen und technische Innovationen zu wenig berücksichtigt wären, dass es die postulierten Grenzen des Wachstums in Wirklichkeit gar nicht gäbe. Die breiten Diskussionen, welche der Bericht des Club of Rome auslöste, zeigten jedenfalls, dass er einen empfindlichen Nerv getroffen hatte. Dass ein Jahr nach Veröffentlichung des Berichts die erste große Ölkrise der Wachstumsgesellschaft einen herben Dämpfer versetzte, zementierte schließlich den legendären Ruf von World3. Die Ära des „Global Modelling" begann. Bis heute gibt es etwa hundert derartige Weltmodelle, beispielsweise BARILOCHE (1976), welches spezielles Augenmerk auf Entwicklungsländer legte, das „Model for International Relations in Agriculture" (MOIRA), ebenfalls aus dem Jahr 1976, welches Mittel gegen den Welthunger sucht, SARU (1977) oder das „Future of Global Interdependence"-Modell FUGI (1977). Manche Weltmodelle wurden mit Hilfe von Input-Output-Matrizen erstellt, beispielsweise der UNO-Bericht „The Future of the World Economy" aus dem Jahr 1979. Dieser Bericht erläuterte, welche Bedingungen Entwicklungsländer erfüllen müssten, um im Pro-Kopf-Einkommen an die Erste Welt anzuschließen. Auch das in den 1980er Jahren entwickelte GLOBUS arbeitete mit der Input-Output-Analyse. Es modellierte die Wechselwirkungen zwischen 26 Ländern und dem Rest der Welt. Verwendet wurde eine Gliederung in sechs Gütersektoren. Das gesamte Modell besteht aus etwa 8.000 Gleichungen.[412]

Einer der neueren Versuche eines Weltmodells ist „International Futures" (IFs). Es wurde 1993 vorgestellt und seither kontinuierlich weiterentwickelt. IFs unterscheidet sich von den meisten anderen Ansätzen dadurch, dass seine Algorithmen nicht auf der Weltanschauung der Programmierer, sondern auf den Weltanschauungen der Benutzer aufbauen. Der Anwender kann die Prämissen im Rahmen des Modells selbst setzen. „International Futures" legt großen Wert auf ein ausgewogenes Verhältnis zwischen ökonomischen, politischen, ökologischen und technischen Faktoren. Das Programm benötigt etwa 2 GB Speicherplatz und steht im Internet unter www.ifsmodel.org zur freien Verfügung.[413] IFs zeigt, dass Weltmodelle im 21. Jahrhundert nicht mehr die trockenen Formelmonster einstiger Tage sind. Man muss kein Experte mehr sein, um sie zu bedienen. Die Zeiten, da sich nur Mathematiker, Ökonomen und sonstige Zahlenfreaks mit ihnen beschäftigten, sind vorbei. Stattdessen zeigen Simulationen wie Sim-City, Civilization, Farmerama oder Railroad-Tycoon, dass Miniaturwelten auch in der breiten Masse äußerst populär sind, dass es offensichtlich großen Spaß machen kann, die Welt als Formelwerk künstlicher Zeichen nachzubauen und damit Experimente anzustellen. Und es stellt sich stets die Frage, ob solche Weltmodelle tatsächlich zu brauchbaren Prognosen führen können, oder ob sie am Ende lediglich ein unterhaltsames, anregendes Spiel bleiben.

06. Big Data und Smart Data

Eine Tiefgarage in Santa Cruz, Kalifornien, 23 Uhr 35. Der Täter ist gerade dabei, die Tür eines Tesla Roadster zu knacken. Plötzlich heulen die Sirenen. Fünf bewaffnete Polizisten springen aus dem Dunkel hervor. Sekunden später liegt der Räuber in Handschellen auf der Kühlerhaube und bekommt seine Rechte verlesen. Die neue Software des Predictive Policing Departments hat ganze Arbeit geleistet. Aufgrund der Auswertung tausender Parameter und Millionen von Daten hat der allwissende Algorithmus nicht nur Ort und Zeit des Verbrechens exakt vorhergesagt. Sogar die Haarfarbe, Kleidung und Vorname stimmen präzise mit dem Täter überein. Bereits seit einem Jahr hatte die Polizei diesen Verbrechenstermin auf der Liste. Der Täter hingegen wußte erst seit wenigen Minuten Bescheid. Durch Zufall hatte er seine Frau dabei beobachtet, wie sie eng umschlungen mit diesem Typen aus dem Auto gestiegen war. Da wurde er vom spontanen Impuls übermannt, den Tesla aufzubrechen, um sich als Rache am Interior zu vergehen. Auch das hatte die Polizeisoftware exakt prognostiziert.

Der total vernetzte Mensch

Was wie die Einleitung eines zweitklassigen Internetromans klingt, ist Mitte der 2010er Jahre eine beliebte Story in den Medien. „Von Big Data zu Big Brother", „Data Mining – Das Gold des 21. Jahrhunderts" oder „Big Data Is Watching You" lauten die Schlagzeilen. Lange Zeit kannte man solche Szenarien nur aus Philip K. Dicks Science Fiction Klassiker „The Minority Report" aus dem Jahr 1956. In einer postapokalyptischen Welt sorgt eine Precrime Division dafür, dass Verbrecher verhaftet werden noch bevor sie ihre Verbrechen begehen. Die Prognosen werden von den Precogs erstellt, mutierten Menschen mit der Gabe der Präkognition. Doch im Lauf der Geschichte stellt sich heraus, dass auch diese nicht unfehlbar sind und in diesem zirkulär-selbstbestätigenden System zahlreiche Unschuldige zum Opfer werden.[414]

Als ich in den frühen 2000er Jahren die Arbeit an den Prognostik-Bänden begonnen habe, war der wissenschaftliche Zeitgeist geprägt von einer breiten Skepsis gegen derartige Größenphantasien der Vorhersagbarkeit.

Der Diskurs war dominiert von den Kindern des Paradigmenwechsels der 1960er Jahre, sozialisiert auf den grünen Wiesen der Nachkriegszeit. Sie hatten sich abgewandt vom stolzen Determinismus früherer Forschergenerationen, hin zum bescheidenen und relativierenden Indeterminismus aus Nichtlinearität und akausaler Komplexität. Der überraschende Zusammenbruch des Ostblocks, das plötzliche Platzen der New Economy Blase, der Schock durch die Terroransschläge vom 11.09.2001 schienen nachdrücklich zu bestätigen, dass die Zukunft des Menschen grundsätzlich nicht berechenbar ist.
Fünfzehn Jahre später geht diese Generation langsam in Rente und eine neue Generation, sozialisiert in den künstlichen Vorstellungswelten omnipräsenter Massenmedien und Myriaden von Fernsehprogrammen und Computerprogrammen, beginnt den Zeitgeist zu dominieren. Die Welt funktioniert auf Knopfdruck und gehorcht. Sie ist ein großes Programm. Alles folgt berechenbaren Algorithmen. Man muss nur all ihre Komponenten mit Sensoren ausstatten und sie allumfassend vermessen. Die natürlichen Erscheinungen werden zu Information. Und all diese Informationen werden in einen gigantischen Topf gesammelt: Big Data.

Die Menschheit befindet sich gerade in ihrer bislang epochalsten Phase der Zeichenkultivierung. Das freie Auge wird durch die Messung, die freie Natur durch das Modell ersetzt. Diese Aufgabe übernimmt nicht mehr wie früher der Mensch, sondern zunehmend sein gigantisches digitales Maschinenwerk. Diese Kultivierungsmaschinerie verwandelt unentwegt Natur in künstliche Zeichen, Welt in Information. Der Begriff „vernetzen" bezeichnet hierbei in seiner Mehrdeutigkeit auch den Prozess, die freien Erscheinungen des Lebens im Datennetz zu fangen, sie dadurch regierbar und beherrschbar zu machen. Aus dem Fluss der Natur wird der Fluss der Information.
In der ersten Phase der Digitalisierung und weltweiten Vernetzung wurden gigantische Datendepots aufgebaut. Die digitale Vermessung und Speicherung der Welt standen im Vordergrund. Dieser Prozess spannt sich von den ersten Kinderschritten des Arpanets ab den späten 1960er Jahren über den Siegeszug von Internet und Mobilfunkgeräten ab den 1990er Jahren bis zum „Internet der Dinge" der 2010er Jahre. Nicht nur der Computer und das Handy, sondern immer mehr Dinge des täglichen Lebens werden Teil des allumfassenden Netzes, vom Auto über Haushaltsgeräte bis hin zu Brillen oder Kleidungsstücken. Es entsteht der total

vernetzte Mensch, ein unaufhörlicher Produzent digitaler Information, welche vermessen, gespeichert und ausgewertet wird. In der zweiten Stufe geht es darum, in diesem monumentalen Arsenal an künstlichen Zeichen Urmuster und Weltencodes zu identifizieren. Im Neusprech der Digitalgesellschaft heisst das: von Big Data zu Smart Data.

Mustererkennung

Der Begriff Smart Data bezeichnet all jene Ansätze, welche dem weißen Rauschen der unendlichen Datenströme systematisch Muster abringen. Dabei geht es nicht nur darum, diese Datenmassen nach bestimmten Algorithmen auszuwerten. Vielmehr soll die Software selbst so intelligent werden, dass sie eigenständig Muster erkennt und aus diesen Mustern die passenden Algorithmen generiert. Die Algorithmen werden zu Algorithmenalgorithmen. Zu diesem Zweck wurden unter Schlagwörtern wie „Machine Learning", „Statistical Learning", „Predictive Analytics" oder „Data Mining" neue statistische Methoden entwickelt, welche eigenständig lernen, ihre Algorithmen laufend an neue Daten anzupassen.[415]
Das ist auch notwendig bei der enormen Masse an Daten, welche seit vielen Jahren exponentiell wächst. So geht man davon aus, dass der gesamte Datenbestand der Welt sich allein von 2010 bis 2020 vervierzigfacht auf über 40 Zettabyte. Nur etwa 3% dieser Daten sind verschlagwortet und damit systematisch analysierbar. Diese „Big-Data-Lücke" kann nur durch intelligente Wissenssysteme geschlossen werden.[416]

Die intelligente Analyse der Daten ist dabei die eine Herausforderung. Die andere Herausforderung ist die optische Aufbereitung der Analysen in einer Form, die für den Menschen verständlich ist. Erst dadurch können die Auswertungen beispielsweise von Managern als Grundlage für Entscheidungen herangezogen werden. Die altbewährten Tabellen, Charts und Zahlenkolonnen sind dazu kaum geeignet. Deshalb müssen ganz neue Darstellungsmethoden entwickelt werden, welche komplexe Muster intuitiv und anschaulich vermitteln.
Ein Vorreiter ist die Gapminder-Software des Medizinprofessors Hans Rosling (*1948), welche durch zahlreiche Online-Videos ab Mitte der 2000er Jahre für Furore sorgte. Dabei werden statistische Grafiken im Zeitverlauf animiert. Man sieht beispielsweise Kreise in einem Koordina-

tensystem herumwandern. Die X-Achse entspricht der Fruchtbarkeitsrate (Anzahl Kinder pro Frau), die Y-Achse der Lebenserwartung. Die verschiedenen Kreise entsprechen verschiedenen Ländern, wobei die Größe der Kreise das BIP pro Kopf zeigt. Nun wird diese Grafik animiert, sodass die Entwicklung im Zeitverlauf sichtbar wird. Die Kreise beginnen, im Koordinatensystem herumzuwandern und dabei ihre Größe zu verändern. Wie ein Lebewesen pulsiert die Grafik organisch durch die Jahrzehnte. Der Betrachter kann so sehr schnell und intuitiv die komplexen Zusammenhänge zwischen Wohlstand, Familiengröße und Lebenserwartung erfassen.[417]
Einen anderen spannenden Ansatz verfolgt die Software der US-Consultingfirma Quid. Diese verdichtet Nachrichten, Patentdaten und Unternehmensinformationen aus dem Internet zu dreidimensionalen Landkarten. Der Kunde muss nur noch die für ihn relevanten Stichworte definieren. Dann erstellt die Software ein Datennetz aus tausenden Knotenpunkten, welche zu zehn bis zwanzig relevanten Themenschwerpunkten verdichtet werden, wie etwa Konkurrenten oder Kundenpräferenzen. So beobachtet beispielsweise die NASA permanent alle Diskussionen über Luft- und Raumfahrt im Internet und entscheidet auf dieser Basis, für welche Themen sie in welchen Kanälen PR-Aktionen startet.[418] Bei Smart Data geht es also nicht nur um die Mustererkennung der Software in den Datenmengen, sondern vor allem auch um die Mustererkennung des Menschen in den Analysen.

Dem Kunden auf der Spur

Da der Aufbau solcher Systeme sehr teuer ist, werden diese vornehmlich dort implementiert, wo viel Geld auf dem Spiel steht: in Marktforschung und Marketing großer Unternehmen, bei der Wartung der teuren Maschinenparks von Industrie- und Energiekonzernen, zur Gewinnoptimierung an der Börse und im Versicherungswesen. Die ersten in der breiten Öffentlichkeit wahrgenommenen Ansätze waren Verkaufsempfehlungen im Internet. Große Onlinehändler wie Amazon kamen in den frühen 2000er Jahren auf die Idee, aus der großen Masse an Transaktionsdaten Kundenprofile zu erstellen und diese miteinander zu vernetzen. Und alsbald mussten erstaunte Althippies beim Kauf einer CD von Pink Floyd feststellen: „Kunden, die diesen Artikel gekauft haben, kauften auch..." CDs von King Crimson, Van der Graaf Generator und Amon Düül II. Doch

solche „Tipps unter Freunden", um den Shopumsatz ein wenig zu steigern, waren erst der Anfang.
Alsbald erkannten die großen Händler, dass sie mit ihren Millionen von Transaktionen weit bessere Marktdaten hatten als die Hersteller. Plötzlich waren sie die Branchenexperten und nicht mehr die Produzenten, welche die Märkte über Jahrzehnte aufgebaut hatten. Ihre Auswertungen zeigten ihnen nahezu in Echtzeit, wie der Kunde tickt, welche Präferenzen er hat und welche Trends sich entwickeln. Dadurch ließ sich alsbald recht gut prognostizieren, welche Produkte zu welchen Preispunkten die größten Erfolgschancen haben. So begannen die großen Online-Händler, gezielt die erfolgreichsten Produkte bei OEM-Herstellern in China klonen zu lassen. Da sie im Gegensatz zu den Herstellern keine teuren Produktentwicklungskosten und Handelsmargen zu bedienen hatten, konnten Branchengrößen wie Amazon oder Thomann ihre Eigenmarken zu weit günstigeren Preispunkten anbieten und schnell Marktanteile gewinnen.

Auch für die Vorhersage des Kaufverhaltens hat sich eine eigene Sparte der Unternehmensberatung entwickelt. So wertet die Consultingfirma Blue Yonder Datenströme von Supermarktkassen, Wetterdiensten, Ferienterminen oder Verkehrsberichten aus, um für Kunden wie die Otto-Gruppe oder die Drogeriemarktkette dm „präzise Prognosen" über den künftigen Absatz bestimmter Artikel zu liefern. Die Algorithmen entdeckten bislang verborgene Kausalbeziehungen wie etwa, dass der Umsatz von Schokoriegeln oder Äpfeln an jenen Tagen stark ansteigt, wenn in der Jugendherberge ums Eck neue Schulklassen ankommen. Durch die Aggregation zahlreicher solcher Muster lassen sich für die Supermärkte Warenlogistik und Personalbedarf besser planen. Die Firma verspricht, dass sich mit diesem Ansatz „die Qualität der Absatzprognose einzelner Artikel um 20 bis 40 Prozent erhöht."
Auf ähnliche Weise optimieren Streamingdienste wie Netflix das Angebot ihrer Filme und Serien. Durch die Fülle von Zugriffsdaten wissen sie tagesaktuell, welche Genres und Schauspieler besonders beliebt sind und welche Trends im Zuschauerverhalten sich gerade entwickeln. Die Einschaltrekorde von Serien wie „House Of Cards" werden nicht dem Zufall überlassen, sondern gezielt auf Basis solcher Analysen programmiert.[419]

Inwieweit solche Erfolgsgeschichten der Regelfall sind oder lediglich Journalisten aus Sensationslust die Werbemythen der Smart Data Bran-

che abschreiben, ist fraglich. Wie präzise und zielgenau die Analytics-Systeme tatsächlich funktionieren, kann jeder, der Mitte der 2010er Jahre ein wenig Zeit im Internet verbringt, selbst beurteilen. Kaum hat man ein paar Klicks auf der falschen Website getan, wird man tagelang von penetranten Werbebannern verfolgt, welche einem Produkte anpreisen, die man entweder schon längst gekauft hat oder die vollkommen uninteressant sind. Wie oft kommt es tatsächlich vor, dass man als potentieller Kunde auf einen dieser Banner klickt? So gut wie nie. Ein intelligentes Smart Data System mit hochpräzisem Targeting sieht anders aus.
Ähnlich geht es den Unternehmen. Zwar können sie bei den beiden Platzhirschen der Online-Werbung Google AdWords und Facebook Ads mittlerweile sehr genau ihre Zielgruppe definieren: Altersgruppe, Geschlecht, spezielle Interessen und Themen, Keywords bis hin zur Einkommensgruppe. Sie können noch so sehr festlegen, dass ihre Werbeanzeige allen Frauen zwischen 30 und 40 Jahren mit einem monatlichen Einkommen über 3.500 Euro angezeigt wird, welche sich für Bücher und Literatur, sowie italienische Weine, nicht aber für Naturwissenschaften interessieren. Dennoch wird die Werbung Hinz und Kunz angezeigt, wie man dann in einem versteckten Untermenü namens „Placements" erfahren muss. Lapidarer Kommentar von Google: die definierten Zielgruppen werden so mit verwandten Gruppen aggregiert, dass es zu möglichst häufigen Schaltungen kommt.[420] Es geht also gar nicht darum, das Versprechen einer präzisen Zielgruppenansprache einzulösen, sondern um die Maximierung des Profits mit Werbeanzeigen. Und so ist es auch nicht erstaunlich, dass das Wirtschaftsmagazin Brand Eins im Jahr 2015 tituliert: „20 Jahre Onlinewirtschaft – und die Unternehmen wissen immer noch nicht, wie ihre Kunden ticken".[421]

Von der Antwortmaschine zur Geldmaschine

Das Geschäft mit scheinbar zielgenauer Online-Werbung hat sich zu einem enormen Wachstumsmarkt entwickelt und Unternehmen wie Google oder Facebook einen Rang unter den wertvollsten Firmen der Welt beschert. Doch wann, wo und wie oft die milliardenschweren Werbungen tatsächlich geschaltet werden, kann niemand überprüfen. Das Geld fliesst aufgrund von Heilsversprechungen und der Angst vieler Unternehmen, den Zug in die Zukunft zu verpassen. Wie so oft in der Ge-

schichte wurde die Menschheit von einer Goldgräberstimmung erfasst. Daten werden bereits als das Gold oder das Öl des 21. Jahrhunderts bezeichnet. Begriffe wie „Data Mining" versprechen Berge voll mit Diamanten und Edelsteinen. In Fachartikeln und auf Kongressen zu Smart Data herrscht fast religiöse Begeisterung über den neuen Stein der Weisen. Es gibt kaum ein Problem der Menschheit, welches Smart Data nicht in absehbarer Zukunft lösen könnte.
Auch in der Finanzwelt entwickelte man alsbald enorme Anstrengungen, um sich entscheidende Informationsvorteile an der Börse zu verschaffen. Legendär wurde die Aussage des langjährigen Google-Topmanagers Eric Schmidt 2010, dass man mit dem Gedanken gespielt habe, mittels Analyse von Suchanfragen Börsenkurse vorherzusagen. Man sei dann aber zur Auffassung gelangt, dass dies illegal sei und habe die Idee verworfen. Viele sahen das als Bestätigung, dass solche Vorhersagen grundsätzlich möglich seien.[422] So heuerten zahlreiche Banken Experten für Predictive Analytics an mit dem Ziel, Börsenkurse zuverlässig zu prognostizieren. Doch die Ergebnisse sind bislang ernüchternd. Die Entwicklung der Kurse hängt von zu vielen Unbekannten ab und ist bislang nur dann vorhersehbar, solange nichts Ungewöhnliches passiert, was mittelfristig nie der Fall ist. Eines können die Algorithmen der Banken allerdings sehr gut: strukturelle Unschärfen im Handelsprocedere nutzen, um mit einer Unzahl von automatisierten Transaktionen jeweils kleine Gewinne zu realisieren, welche in der Summe dann doch wieder stattlich sind.[423] So wird die Antwortmaschine zur Geldmaschine. Das Algorithmenorakel sagt allerdings nicht die Zukunft voraus, sondern nutzt lediglich die Schwachstellen der vom Menschen geschaffenen Abläufe und Regeln des Börsenhandels.

Banken setzen Smart Data auch zur Evaluierung der Kreditwürdigkeit von Kunden ein. So hat der Hamburger Kreditvermittler Kreditech ein Social Scoring Verfahren entwickelt, welches auch ohne Schufa-Auskunft zuverlässig die Ausfallwahrscheinlichkeit von Krediten ermitteln soll. Der Kreditnehmer muss Zugang zu seinen Social Media Profilen gewähren. Neben den Ebay Bewertungsprofilen wird auch die Kongruenz von Facebook, Xing und Linkedin Profilen analysiert oder Bildungsabschluss und Firmenangehörigkeit von Freunden. Auch der Kreditantrag selbst wird untersucht: Wurde er mit einem teurem iPad erstellt oder mit einem billigem Discounter Computer? Wie lange dauerte das Ausfüllen des Fragebogens? Wie oft wurden Tippfehler korrigiert? Tausende Informationen wie diese werden zu einem Indikator für die Kreditwürdigkeit aggregiert. Ähnlich gehen die Banken im Bereich „Fraud Detection" vor, dem Aufspüren betrügerischer Aktivitäten. Hier wird in den Nutzungsdaten von Kreditkarten systematisch nach auffälligen Mustern gesucht. Werden beispielsweise ungewöhnlich große Beträge abgehoben an Orten weit außerhalb des gewöhnlichen Aktionsradius des Kunden, so wird dieser automatisch kontaktiert und seine Kreditkarte gesperrt. Kriminalität mit geklauten Kreditkartendaten kann dadurch mittlerweile sehr wirkungsvoll bekämpft werden.[424]

Verbrecher bevor man es tut

Das bringt uns zurück in die Tiefgarage in Santa Cruz. „56 Prozent mehr Festnahmen gelangen der Polizei durch den Einsatz von komplexen Datenkombinationen" tituliert die Wochenzeitschrift „Der Spiegel" im Sommer 2013.[425] Seit 2011 erhalten alle hundert Polizisten der Stadt täglich Auswertungen, in welchen Gegenden die Wahrscheinlichkeit für Verbrechen wie Einbruch, Raub oder Autodiebstahl am höchsten ist. Basis ist eine Predictive Policing Software, welche nicht nur mit den detaillierten Verbrechensstatistiken der vergangenen Jahre gefüttert wurde, sondern zudem zahllose andere Daten wie Wetter oder die Nähe der Orte zu Parks und Buslinien berücksichtigt. All diese Parameter werden miteinander verknüpft. Die 56 Prozent mehr Festnahmen sind beeindruckend, für Skeptiker allerdings in negativer Weise. Den ihnen stehen gerade einmal ein Rückgang der Einbrücke um elf Prozent und ein Rückgang der Autodiebstähle um acht Prozent gegenüber. Ein großer Teil der Festnahmen erfolgte somit an Unschuldigen.[426] Es reicht, zur falschen Zeit am falschen Ort zu sein, um als Verdächtiger polizeilich untersucht und erfasst zu werden. Die Anhänger von Predictive Policing verschweigen oder bagatellisieren dies gerne. Zum Wohl der Sicherheit müsse man das eben in Kauf nehmen. Wer nichts zu verbergen habe, der habe auch nichts zu befürchten. Die üblichen Immunisierungsphrasen der Überwachungsschergen haben Mitte der 2010er Jahre wieder Hochkonjunktur.

Auch die Anbieter von Predictive Policing Lösungen sind gefragt. In zahlreichen Großstädten rund um die Welt experimentiert man mit Softwares

wie „Precobs" oder „PredPol". Die großen IT-Player sind längst ins Geschäft eingestiegen. Die erste Verbrechensvorhersage-Software wurde 2006 von IBM eingeführt: „Blue Crush". Auch andere Branchengrößen wie Oracle oder Palantir bieten Lösungen an. Die Firmen werben mit kollossalen Statistiken. Verbrechen hätten nach Einführung der Softwares um dreißig Prozent und mehr abgenommen. Doch die Wirklichkeit sieht anders aus. So erklärt Joachim Eschemann, leitender Kriminaldirektor beim Landeskriminalamt NRW, in einem Interview mit „Zeit Online": „Predictive Policing ist bislang nirgendwo als wirksam evaluiert." Unabhängige Studien gibt es nicht. Vielmehr beruhen die Aussagen der Anbieter auf nicht zulässigen Kausalschlüssen. Doch auch wenn die Programme in der Praxis bislang nicht die versprochenen Quoten bringen, ist man in Polizeikreisen vom Potential des Ansatzes überzeugt.[427]
Das ist auch unabhängig vom Glauben an die Vorhersagbarkeit von Verbrechen nicht erstaunlich, könnten Predictive Policing Programme doch für Hardliner die Eintrittskarte zur lange ersehnten Welt der flächendeckenden Rasterfahndung inklusive Vorratsdatenspeicherung sein. Die umfassende Verknüpfung von Daten aus verschiedensten Quellen, derzeit in den meisten Ländern nur bei konkreten Gefahren für hochrangige Schutzgüter möglich, könnte dann nach dem Motto „Sicherheit vor Grundrecht" zu einer flächendeckenden Überwachung in Echtzeit führen: Infrastruktur, Einkommen, Wasser- und Stromverbrauch, Gesundheitsdaten, Mobilfunk- und E-Mailverkehr bis hin zu den Aktivitäten in sozialen Netzwerken. Im Extremfall könnten all diese Daten irgendwann in einem zentralen System miteinander vernetzt werden. Der gläserne Bürger in einer gläsernen Welt wäre dann nicht mehr fern.

Der gläserne Bürger in einer gläsernen Welt

Nicht nur die Polizei hat ein großes Interesse an einer derartigen Smart Data Überwachungsmaschinerie. Auch die Steuerfahndung arbeitet konsequent daran. So muss in Österreich seit 2016 jeder Unternehmer mit mehr als 7.500 € Barumsatz pro Jahr alle Umsätze über eine elektronische Registrierkasse abrechnen, welche in permanenter Verbindung mit dem Datensystem des Finanzamts steht. Ähnliche Systeme gibt es bereits in vielen anderen Ländern wie Argentinien oder Italien. Wenn schon die großen multinationalen Konzerne mit ihren ausgeklügelten Steuervermeidungssystemen kaum Abgaben bezahlen, dann sollen wenigstens die klein- und mittelständischen Unternehmer und Vereine auf den Cent genau ihren Beitrag leisten. Nicht von ungefähr wurde die Registrierkassenpflicht in Österreich als direkte Antwort auf ein milliardenschweres Budgetloch eingeführt, welches durch den Finanz- und Korruptionsskandal rund um die Hypo Alpe Adria in den Staatshaushalt gerissen wurde. „Denn die Großen lass ich laufen und die Kleinen sperr' ich ein!" sangen bereits Floh De Cologne auf ihrer Politrock-Version von Rotkäppchen.[428] Und dieser Unterschied zwischen den Großen und den Kleinen wird mit dem Fortschreiten der Smart Data Maschinerie massiv beflügelt. Je mehr die Gesellschaft von einem allumfassenden Datenmoloch geprägt wird, desto mehr Macht erhalten automatisch die großen Megastrukturen, die Konzerne und Bürokratien, welche die enormen Resourcen für eine solche Maschinerie überhaupt aufbringen können. Das kleine Individuum hat in einem solchen Szenario immer weniger zu melden und ist hilflos den zunehmenden Begehrlichkeiten an seinen Persönlichkeitsrechten ausgeliefert. So denken Mitte der 2010er Jahre die großen Versicherungen bereits laut darüber nach, die „Kooperationsbereitschaft der Versicherten" mit niedrigeren Beitragssätzen zu belohnen. Wer der Versicherung Zugriff auf persönliche Daten von Gesundheitsuntersuchungen oder Fitness-Apps gewährt und hier gute Werte aufweist, soll auch weniger Versicherungsbeiträge zahlen. In Wirklichkeit bedeutet dies, dass die Unwilligen mit höheren Beiträgen sanktioniert werden.

Ein anderer großer Traum der Smart Data Jünger ist die Abschaffung des Bargeldes, welche Mitte der 2010er Jahre ebenfalls intensiv diskutiert wird. Sämtliche Transaktionen des Warenverkehrs wären dann lückenlos transparent. Die Herrschaftsklasse des Datenadels hätte damit umfassende Kontrolle über das Weltwirtschaftssystem. So könnten beispielsweise neue Produkttrends sehr schnell identifiziert werden und die neuen Trendsetter aus den Wachstumsmärkten gedrängt werden noch bevor diese nennenswerte Marktmacht erreichen. Illegale Märkte wie Drogen oder Schwarzarbeit könnten trockengelegt werden. Aber auch viele legale Nischenmärkte wären davon betroffen. Alle Bereiche, die aufgrund gesellschaftlicher Tabus auf Diskretion bedacht sind, müssten mit massiven Einbußen rechnen. Denn wer möchte schon Rechnungen von Prostituierten, Selbsthilfegruppen oder subversiven Büchern in seinem allumfassenden Kundenprofil gespeichert haben? Schliesslich könnte das irgendwann irgendjemand gegen einen verwenden. Auch wenn im endlosen Datenozean möglicherweise niemals jemand nach diesen Informationen tauchen wird, übt man sich vorsichtshalber im vorauseilenden Gehorsam. Und so wird Smart Data Schritt für Schritt zum Daten-Panopticon.

Das Daten-Panopticon

Das Panopticon wurde Ende des 18. Jahrhunderts vom Philosophen und Sozialreformer Jeremy Bentham (1748 – 1832) entwickelt als moderne Form von Gefängnissen und Fabriken. Im Zentrum des Panopticons ist ein Wachturm so positioniert, dass man von diesem aus die gesamte Anstalt überblicken kann. Ein Wärter kann so jederzeit sämtliche Gänge und Zellen beobachten. Da die Gefangenen den Wärter in seinem Turm nicht sehen können, wissen sie nie, wohin er gerade blickt. Er könnte gerade die gegenüberliegende Seite inspizieren. Er könnte auch schlafen oder gar nicht da sein. Er könnte einen aber auch gerade in diesem Moment intensiv beobachten. Man weiss es nicht. Aber allein die Möglichkeit, dass der Wärter den Blick auf einen richten könnte, führt dazu, dass man sich zur Sicherheit regelkonform verhält. Die Insassen oder Arbeiter werden so auf erwünschtes Verhalten konditioniert. Irgendwann ist es irrelevant, ob im Wachturm jemals überhaupt ein Wächter war. Die Insassen haben sich selbst zur Konformität diszipliniert.

Der französische Philosoph Michel Foucault (1926 – 1984) analysiert in seinem Werk „Überwachen und Strafen"[429] die Entwicklung eines ausgeprägten Kontroll- und Disziplinierungssystems in der westlichen Gesellschaft, welche mit der Industrialisierung im 18. Jahrhundert einsetzte. Benthams Panopticon ist für ihn Sinnbild für die repressiven Machttechniken des Kapitalismus, welche die Konformität des Individuums sicherstellen sollen. Im Gegensatz zu früheren Machtsystemen wird im Panoptismus nicht mehr auf körperliche Gewalt oder Fremdzwang gesetzt. Denn diese sind leicht durchschaubar, unbeliebt und auch teuer in der Durchsetzung. Viel effektiver und kostengünstiger ist es, über normativen Druck einen Selbstzwang zur Selbstdisziplinierung aufzubauen. So wurde ein Netzwerk von Disziplinaranstalten über den Kontinent gezogen mit Schulen, Militäreinrichtungen, Behörden oder Krankenhäusern, welche den Einzelnen der permanenten Sichtbarkeit unterwerfen. Dieser ist dadurch gezwungen, die Normen und Werte der Gesellschaft jederzeit zu befolgen. Im Lauf der Zeit werden diese Regelwerke derart verinnerlicht, dass diese gar nicht mehr als Zwang bewußt sind. Vielmehr werden sie zum neuen Leitprogramm des Einzelnen, der dadurch für seine Mitmenschen vom Überwachten zum Wächter wird. Er wird zur Verlängerung des Überwachungs- und Disziplinarsystems. Die Smart Data Bewegung ist der bisherige Höhepunkt dieser Entwicklung. Das Panopticon wird zum Daten-Panopticon.

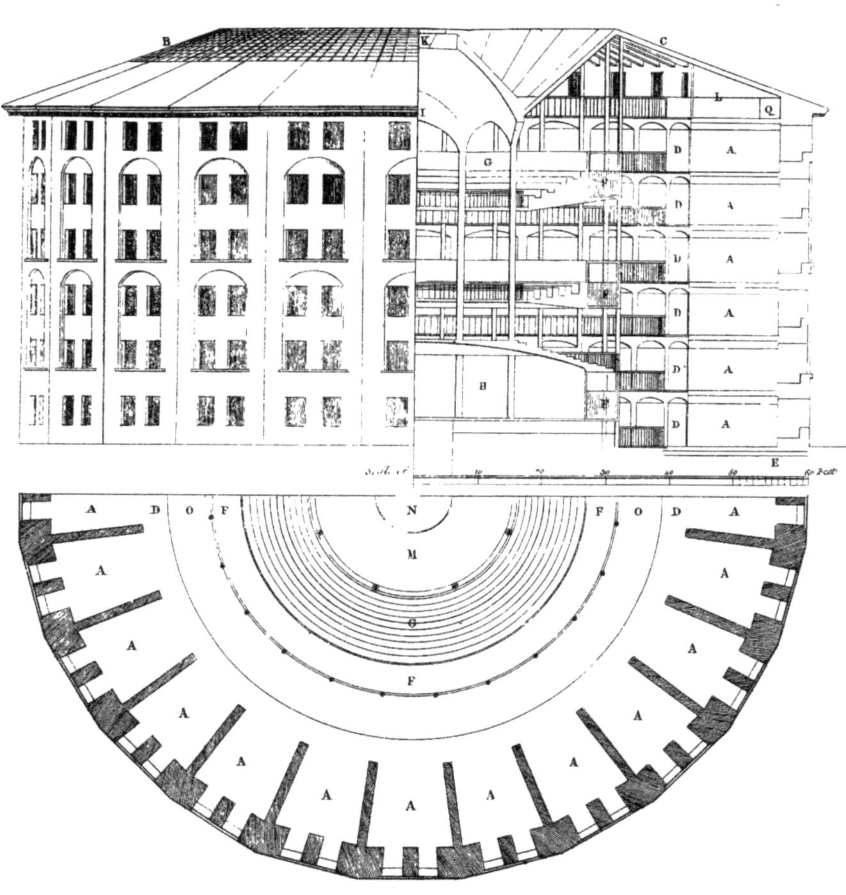

Plan des Panopticons von Jeremy Bentham, 1791

Der beobachtungsfreie Raum schrumpft kontinuierlich. Er wird im Daten-Panopticon von zwei Fronten aufgefressen. Die erste Front ist die Smart Data Zeichenkultivierungsmaschinerie. Immer mehr Lebensraum wird von Sensoren überwacht: Kameras in Straßen, Gebäuden und anderer Leute Handys, Satellitenbilder, Google Streets und Drohnen, die bis ins Rosenbeet hineinzoomen, Elektronik in Autos, Uhren, Staubsaugern und zahllosen anderen Alltagsgegenständen, die permanent online sind et cetera.
Die zweite Front ist die wuchernde Dominanz des virtuellen Raums. Der Mensch verbringt immer weniger Zeit in der Offline-Welt und immer mehr Zeit in der Online-Welt. Mitte der 2010er Jahre blickt man im Schnitt alle 18 Minuten auf sein Handy. Bei den unter 25-Jährigen ist der Wert noch viel höher.[430] Ein wesentlicher Teil der sozialen Kommunikation wird mittlerweile darüber abgewickelt. Weltweit beträgt die durchschnittliche tägliche Zeit im virtuellen Raum der Medien 492 Minuten. In Deutschland liegt der Wert noch höher: 557 Minuten pro Tag werden hier im Jahr 2015 durchschnittlich in der Medienwelt verbracht.[431] Das sind über neun Stunden, mehr als die Hälfte der Wachzeit. Die Tendenz ist weiterhin steigend. In dieser Zeit schlägt das Daten-Panopticon gleich doppelt zu. Erstens können die Online- und Medienaktivitäten lückenlos überwacht werden. Zweitens kann in dieser Zeit die Vorstellung des Nutzers intensiv mit Information gefüllt werden, mit Normen, Werten und Meinungen, die dieser derart verinnerlicht, dass er Fremdprogramme und eigene Gedanken nicht mehr unterscheiden kann. Der Überwachte wird zum Wächter.

Menschcomputer oder Computermensch?

Michel Foucault hat diesen Vorgang schon Jahrzehnte vor der Smart Data Welle sehr treffend beschrieben als Ineinandergreifen der Prozesse Objektivierung und Subjektivierung.[432] In der Phase der Objektivierung werden die Individuen vermessen und dokumentiert. Die Disziplinarmacht führt eine Bestandsaufnahme durch und wertet dann die gemessenen Merkmale in Bezug auf ein Ziel aus. Auf Basis dieser Messungen definiert sie Stellenwerte und deren Kriterien, beispielsweise Leistungsanforderungen, Kenntnisse oder Abschlüsse, welche Voraussetzung für bestimmte Positionen in der Gesellschaft sind. So wird beispielsweise für den Stellenwert eines Studenten ein erfolgreich bestandenes Abitur vorausge-

setzt, welches selbst wiederum nachgewiesene Kenntnisse in verschiedenen Wissensgebieten voraussetzt.
In der Phase der Subjektivierung bemühen sich nun Individuen, diesen definierten Anforderungen zu entsprechen und alle notwendigen Kriterien zu erfüllen. Sie machen sich zum Trägersubjekt des angestrebten Stellenwerts, indem sie ihre Persönlichkeit und ihr Verhalten entsprechend der vorgegebenen Normen und Werte disziplinieren. Dieses System funktioniert deshalb so effektiv, weil der Kreislauf des Selbstzwangs oberflächlich betrachtet wie Freiwilligkeit aussieht. Man meint, sich aus freien Stücken die Mützen und Masken der disziplinären Leitprogramme aufzusetzen. Die Subjektivierung ist also jener Prozess, in dem sich Individuen veranlasst sehen, ihre Eigenwerte nach den Leitbildern angestrebter Stellenwerte auszupegeln.

Ein gutes Beispiel sind die Google-Suchmaschinenergebnisse, welche seit einigen Jahren „personalisiert" werden. In der Phase der Objektivierung wird von Google das Onlineverhalten des Nutzers fortlaufend analysiert, um seine speziellen Interessen zu identifizieren. Auf Basis des so konstruierten Nutzerprofils erfolgt individuell eine Auswahl der Suchergebnisse. Es werden also nicht allen Menschen bei denselben Suchbegriffen dieselben Ergebnisse angezeigt. Vielmehr erhält jeder Nutzer jene Treffer, von denen Google glaubt, dass sie für ihn am interessantesten sind. In der Phase der Subjektivierung bekommt man diese individualisierten Ergebnisse nun angezeigt und wird so immer weiter in eine hermetische Interessensblase hineinmanövriert. Alte Gewohnheiten pflanzen sich fort und potenzieren sich, während sich das Überraschende, Exotische, Neuartige in den Suchergebnissen systematisch minimiert. Die Implikationen für die Smart Data Prognostik sind weitreichend. Der Informatiker Johannes Buchmann schreibt in einem Brand Eins Interview:

> „Lässt sich aus den Daten der Vergangenheit die Zukunft vorausberechnen? Das funktioniert nur dann ganz gut, wenn nichts Ungewöhnliches passiert. Es gibt natürlich Situationen, die wie erwartet eintreten. Dann können Computer das auch vorhersagen. Aus philosophischer Perspektive betrachtet, herrscht in Europa aber weitgehend Einigkeit darüber, dass unser Leben nicht vorherbestimmt ist. Weil der Mensch in seinen Entscheidungen so frei ist, dass immer wieder Ungewöhnliches und Überraschendes passiert. Daher stößt Prognostik immer an Grenzen. Da können die Big-Data-Fans behaupten, was sie wollen."[433]

Was aber passiert in einer Welt, in der ein Großteil der Menschen permanent einer umfassenden Subjektivierungsmaschinerie ausgesetzt ist? Wie spontan und überraschend können Individuen noch agieren, wenn sie den größten Teil ihres Wachbewußtseins damit verbringen, im virtuellen Raum den vorgefertigten Bahnen, Meinungen und Entscheidungswegen von Algorithmen und Programmen zu folgen, die in andauernden Zwangshandlungen immerzu dieselben Apps, Websites und Sendungen abrufen? Wie sehr werden derart sozialisierte Generationen in der Zukunft noch Willens oder in der Lage sein, diese metertiefen Trampelpfade der Massenhypnose zu verlassen und verblüffende neue Wege zu gehen, für Disruptionen im System zu sorgen? Werden diese künftigen Generationen im Smart Data Panopticon selbstbestimmte Spieler und Akteure sein oder lediglich die Spielfiguren, die Trägersubjekte der Algorithmen? Die Wahrscheinlichkeit ist gering, dass Computer in absehbarer Zeit derart intelligent werden, dass sie das Verhalten von Menschen zuverlässig simulieren und antizipieren können. Vielmehr besteht die Gefahr, dass die Menschen durch die exzessive Nutzung von Computern immer mehr Sklaven ihrer Routinen werden, immer weniger in der Lage sind, aus den selbsterfüllenden Prophezeiungen der Smart Data Programme auszuscheren. Nicht ein intelligenter Menschcomputer wäre dann Quelle zuverlässiger Smart Data Prognostik, sondern das berechenbare Verhalten von Computermenschen.

Schöne neue Welt

So erschreckend solche Zukunftsszenarien auch erscheinen, so beruhigend ist die historische Erfahrung, dass derartige Extrapolationen der Gegenwart in die Zukunft in der Regel der sicherste Weg zur Fehlprognose sind. Meist wendet sich der Zeitgeist einem neuen Hype zu noch lange bevor eine Modewelle wie Smart Data derart ausufern kann. Gerade wenn mit nahezu religiöser Begeisterung ein derartiger Trend propagiert wird, ist mit einer baldigen Ernüchterung zu rechnen. Im Zukunftsszenario der Smart Data Jünger werden Computer immer leistungsstärker. Laut Moores Gesetz verdoppelt sich die Rechnerleistung pro 1.000 US$ alle zwei Jahre und wächst somit seit fünfzig Jahren unvermindert exponentiell. Dies soll laut Forschern wie Raymond Kurzweil (*1948), dem Chefideologen des Silicon Valley, im Lauf der 2020er Jahre zur „Singularität" füh-

ren, jenem Punkt, an dem sich aus der enormen Rechnerleistung künstliche Intelligenz entwickelt. Ab diesem Zeitpunkt sollen Maschinen in der Lage sein, ihre eigene Entwicklung voranzutreiben und damit den technologischen Fortschritt extrem zu beschleunigen.[434]
Für Smart Data Skeptiker hingegen werden künftige Computer zwar zweifelsohne über enorme Rechnerleistung verfügen. Sie werden zahlreiche komplexe Aufgaben übernehmen, Menschen in Spielen wie Schach oder Go schlagen und auch anspruchsvolle Texte in verschiedenste Sprachen übersetzen. Sie werden aber nicht eigenständig nobelpreisträchtige Erfindungen und Entdeckungen machen, strategische Entscheidungen in Unternehmen treffen oder Menschen mit psychischen Problemen therapieren können. Wenngleich auf hohem Niveau, bleiben sie dennoch dumm wie Brot. Und so wird der Mensch immer Wege finden, auch das ausgeklügeltste Prognosesystem mit seinem unlogischen Verhalten zu überlisten.

Das Maskenspiel der Zeitgeister geht mit Smart Data in eine neue Runde. Das Heilsversprechen bedient die uralte Sehnsucht nach zuverlässigen Entscheidungsmaschinen in unsicheren Zeiten, nach neutralen Algorithmen, welche die Last der eigenen Verantwortung übernehmen, nach geregelter Ordnung in einer grundsätzlich chaotischen Welt. Im 19. Jahrhundert glaubten Psycho-Physiognomen wie Cesare Lombroso, endlich den Schlüssel zum geborenen Verbrecher in Körpermerkmalen gefunden zu haben. In den 1960er Jahren wurde das Verbrecher-Gen als objektive Ursache von Kriminalität proklamiert. Und in den 2010er Jahren suchen die Kriminalisten im Predictive Policing das Paradies einer reinen und sauberen Welt ohne Straftaten. Jedes Mal wurde die Illusion der Sicherheit mit großen Kollateralschäden an Unschuldigen bezahlt, ohne dass sich das Verbrechen davon hätte beeindrucken lassen. Und so werden wohl auch im Zeitalter von Smart Data Verbrecher und Steuersünder weiterhin Wege finden, um ungeschoren davon zu kommen, Konzerne weiterhin Produktflops entwickeln, Börsenblasen weiterhin überraschend platzen und Versicherungen weiterhin große Summen für unerwartete Schäden bereithalten müssen.
Auf der anderen Seite wird Smart Data sicherlich auch Fortschritte für Prognostik und Planung bringen gerade in jenen Bereichen, wo Regelmäßigkeit und Routine dominieren, sodass man zumindest phasenweise mit „überraschungsfreien Zukünften" rechnen kann. Die Megacities der

Zukunft mit ihren dutzenden Millionen von Einwohnern werden ganz neue Herausforderungen an die Logistik von Verkehr, Warenströmen und Energieversorgung stellen. Komplexe Planungs- und Steuerungssysteme auf Basis von Smart Data werden hier unabdingbar sein und dazu beitragen, dass die Versorgung auch bei solch enormen Anforderungen sichergestellt ist und schnell, effektiv und ressourcenschonend funktioniert. Auch wenn sowohl die Goldgräbereuphorie, als auch die Bedrohungsszenarien um Smart Data überzeichnet sind, wird dieser Bereich zweifelsohne einen wichtigen Beitrag für die Zukunft leisten.

Zusammenfassung

Die Deutung künstlicher Zeichen ist die Königsdisziplin der Zeichendeutung. Während natürliche und kultivierte Zeichen immer der Anschauung bedürfen, stets dem stofflichen Raum entstammen, werden künstliche Zeichen im geistigen Raum konstruiert. Sie ersetzen den Fluß des Lebens durch den Fluß der Vorstellung. Sie sind nicht aus Molekülen und Atomen erbaut, sondern aus Gedanken. Das künstliche Zeichen ist nur noch bloßes Sinnbild. Zwischen ihm und der Welt gibt es nur noch eine abstrakte, symbolische Beziehung.
In der schlichten Variante steht jedes Zeichen für eine konkrete Antwort, im einfachsten Fall für Ja oder Nein. Derartige Methoden haben wir in Form zahlreicher Los-, Wurf-, Rotations-, Reib- oder Balanceorakel kennengelernt. Solche trivialen Antwortmaschinen sind meist leicht zu bedienen und leicht zu deuten. Sie gleichen einem Funkgerät zu den Göttern. Man wählt kurz die Nummer und schon erhält man den göttlichen Willen kundgetan. Im Gegensatz zu den Omina und anderen natürlichen Zeichen, auch im Gegensatz zu den Wahrsageapparaten kultivierter Zeichen, muss man nicht lange warten, bis die Götter einen Boten schicken. Die Antwort erfolgt umgehend und automatisch.

Je komplexer solche Antwortmaschinen werden, je vielfältigere Möglichkeiten der Antwort sie erlauben, desto mehr werden sie schließlich zu Miniaturwelten. Die afrikanischen Korborakel sind ein Paradebeispiel für eine solche Miniaturwelt. Für jede Erscheinung des Makrokosmos, welche der Wahrsager als wichtig erachtet, gibt es ein eigenes Zeichen, welches diese im Mikrokosmos des Wahrsageapparates symbolisiert. Ein Antilopenhuf steht für Fortbewegung, eine kleine Holzfigur für den Fragesteller, ein Metallstück für die Ahnen und so fort. Andere Miniaturwelten funktionieren bereits abstrakter. Die Orakel aus Kaurimuscheln oder das Chuvaanak der südsibirischen Tyva bestehen aus einer Anzahl gleichartiger Elemente. Die Antwort ergibt sich aus den Mustern, aus den Codes, welche durch Ziehen oder Werfen dieser Elemente entstehen. Selbiges gilt für das Ifa-Orakel der Yoruba. Diese Miniaturwelten erlauben hunderte oder gar tausende verschiedene Antworten. Die Deutung der Zeichen erfordert bereits ausgesprochene Kunstfertigkeit.

Modell und Wirklichkeit

Solche Miniaturwelten finden wir auch in der Moderne. Auch hier versuchen Ökonomen und Futurologen, den Makrokosmos als Mikrokosmos nachzubauen. Für jede Erscheinung der Welt, welche dem Prognostiker bedeutsam scheint, gibt es ein eigenes Zeichen, eine eigene Formel, welche diese Erscheinung repräsentiert. Der Korb, in dem all diese Zeichen verrührt werden, ist in der modernen Zukunftsschau das Modell. Hier trifft die Auswahl nicht mehr das Los, der Wurf oder das Schütteln, sondern der Algorithmus, das Formelwerk, die Modellstruktur und die empirischen Daten, welche durch diese hindurchfließen. Doch egal, wie viele Messdaten und Kennzahlen auch zu komplexen Rechenformeln verknüpft werden, egal wie exakt man nichtlineare und multifaktorielle Beziehungen auch abbilden will, am Ende bleibt jedes Modell zwangsläufig unvollständig. Egal, wie viele Faktoren es auch erfasst, die Zahl bleibt verschwindend gering im Vergleich zu den nicht erfassten Faktoren der multidimensionalen Welt. All diese blinden Flecken des Modells müssen gefüllt und geglättet werden durch Festlegungen, Annahmen und Schätzungen. Mit diesen steht und fällt das komplette Ergebnis.

Die Autorität der mathematisierten Schätzung

Fundamentalanalyse, ökonometrische Modelle wie die Input-Output-Rechnung oder komplexe Weltmodelle wie Link oder World3 können immer nur einen verschwindend kleinen Ausschnitt des Weltwaltens fassen. Auch die gigantischen Datenmengen und Algorithmenalgorithmen von Smart Data werden immer zwangsläufig unvollständig bleiben. Und selbst in diesem kleinen Scheinbild der Wirklichkeit muss ein Großteil der Werte geschätzt werden, wenn man damit etwas über die Zukunft erfahren will. Ob man nun aber die Schätzung an diversen Input-Werten vornimmt und diese durch Rechenmodelle mit tausenden Gleichungen laufen läßt, oder ob man die Schätzung gleich direkt am Endergebnis vornimmt, bleibt im Grunde einerlei. Die gänzlich konträren Ergebnisse verschiedener Modelle mit verschiedenen Grundannahmen legen dafür ein deutliches Zeugnis ab. Das Modell, das Formelmonster hat lediglich die Funktion, der Schätzung seines Schöpfers Macht und Autorität zu verleihen, ihm Respekt und Anerkennung zu bringen. Ähnlich wie der magische Wahrsager seine Autorität aus dem göttlichen Ursprung der Orakelantwort bezieht, so bezieht der moderne Wahrsager seine Autorität aus dem wissenschaftlich-mathematischen Aussehen seines Prognosemodells. Beim einen ist der Zufall in Form von Losen, Ziehen, Werfen oder Schütteln Grundlage der Prognose. Beim anderen ist diese Grundlage die Schätzung, die Annahme, die Mutmaßung, die Festlegung. Beide stehen also mit wackeligen Beinen auf unsicherem Boden und wissen dabei niemals, ob sie all das nicht bloß träumen. Sie wissen nie, ob ihre Festlegungen und Annahmen gerechtfertigt oder lediglich blanke Spekulation und Hirngespinst sind.

Die Bausteine der Welt

Die höchste Stufe der Abstraktion sind schließlich jene Deutungsmodelle künstlicher Zeichen, welche die Mannigfaltigkeit der Erscheinungswelt auf erste und letzte Bausteine, auf Urmuster, auf Grundelemente zurückführen. Die scheinbar grenzenlose Vielheit der Natur entsteht durch fortlaufende Kombination dieser Grundbausteine. In der magischen Prognostik ist das chinesische I-Ging ein Paradebeispiel für einen derartigen Weltencode. Alle Dinge des Universums entstehen aus der fortlaufenden Zerlegung der Ureinheit, des Tao, in Yin und Yang, Dunkelheit und Licht, Passivität und Aktivität, Empfängnis und Zeugung. So entstehen die 64 Urmuster, die 64 Wandlungen, welche als Archetypen allen Vorgängen der Welt zugrunde liegen. Alles, was geschieht und was sein wird, erklärt sich aus den Kombinationen und Transmutationen dieser 64 Hexagramme. Einen ähnlich komplexen Weltencode bietet die jüdische Kabbala. Die 22 hebräischen Buchstaben und die 10 Sephiroth, die Zahlen von Eins bis Zehn, sind der Schlüssel zu sämtlichen Geheimnissen des Universums. Am Anfang war das Wort, und aus dem Wort entstand die Welt. So ist in der heiligen Sprache und in den heiligen Schriften der Schöpfungsplan verborgen. Er muss nur noch durch Entschlüsselungstechniken wie Notarikon, Gematria oder Temurah ergründet werden. Aus den Weltencodes der Buchstaben und Zahlen entsteht schließlich das allumfassende Weltmodell, der kabbalistische Lebensbaum. Sämtliches Geschehen in der Welt läßt sich aus dieser Struktur erklären.

Im Gegensatz zu Antwortmaschinen und Miniaturwelten simulieren Weltencodes und Urmuster nicht nur Teilbereiche des Weltwaltens. Viel-

mehr erheben sie den Anspruch, vollständige und allumfassende Erklärungen liefern zu können. Dieses Ziel streben auch die Naturwissenschaften bis zum heutigen Tag an. Wie einstmals die Kabbalisten, sind auch die modernen Physiker auf der Suche nach der Weltenformel, nach der „Theory of Everything", aus welcher sich all die verschiedenen Formeln und Kräfte der Physik herleiten lassen. Man vermutet, dass der Schlüssel zu dieser Weltenformel in der mathematischen Vereinigung von Relativitätstheorie und Quantenmechanik liegen könnte. Ob diese Suche jemals zum Ziel gelangen wird oder vergeblich bleiben wird wie die Suche der Kabbalisten nach dem 23. Buchstaben, werden die nächsten Jahrhunderte weisen.
Einstweilen müssen sich die Naturwissenschaften mit verschiedenen Urmustermodellen begnügen, welche jeweils Teilbereiche der Erscheinungswelt zu erklären vermögen. Etwa das chemische Periodensystem, Atome und Moleküle, die vier physikalischen Fundamentalkräfte und die daraus entstehenden Naturgesetze, sind derartige Systeme, welche komplexe Sachverhalte der Natur aus der Kombination einfacher Grundbausteine erklären und vor allen Dingen auch exakt prognostizieren können. Diese Modelle zeigen, dass das magische Konzept der Archetypen, der elementaren Urmuster, aus welchen die Vielfalt der Erscheinungswelt entsteht, keineswegs phantastisch und absurd ist. Die chemische Elemente und physikalischen Kräfte der Moderne sind vielmehr das Ergebnis einer Suche, welche vor Jahrtausenden mit I-Ging, Zahlenmystik und Kabbala begonnen hat. Und die Suche wird weitergehen...

Das Modell als Sinnbild auf Zeit

All diese Urmuster bleiben am Ende nur Sinnbilder, Symbole, Konstrukte. Was die Welt im Innersten zusammenhält, wird sich wohl niemals endgültig ergründen lassen. Selbst Atome, Moleküle und Naturgesetze sind nur Arbeitsthesen. Sie sind abstrakte Erklärungsversuche für unsichtbare Vorgänge, welche man hinter den Erscheinungen des Weltwaltens vermutet. In hunderten oder tausenden von Jahren werden sie dem zukünftigen Menschen wohl ebenso magisch und mystisch vorkommen wie dem modernen Menschen I-Ging-Hexagramme oder kabbalistische Symbole. So ist der Lauf der Geistesgeschichte, welcher nie zu einem Ende, nie zu einem letzten dauerhaften Schluss kommt, erst gar nicht dann, wenn er glaubt, kurz davor zu stehen. Modelle kommen und gehen im Fluß der Vorstellungsbilder, Theorien und Erklärungen. Sie sind leuchtende Leitbanner, welche der Menschheit so lange Orientierung geben, bis sie von einem neuen Leitbanner abgelöst und zur Fata Morgana gemacht werden. Das Modell ist dem Wesen der Dinge so nah und doch so fern. Denn der Geist ist Gedanke und Gespenst zugleich.

Quellen

Einleitung

[1] Bajalijewa (2002), S. 88
[2] Schilde (1940), S. 71
[3] Villingen (1995), S. 54
[4] Villingen (1995), S. 55ff
[5] Matthews (1991), S. 246f
[6] zu den Hilfsmitteln der Trance siehe Niederwieser (2015), S. 30f
[7] Agrippa (1510), S. 134f
[8] Die Wörter „verzeichent" bzw. „Verzeichenung" beschreiben den Vorgang, etwas zum Zeichen zu machen; nicht zu verwechseln mit den Begriffen „verzeichnet" und „Verzeichnung"
[9] Evans-Pritchard (1978), S. 181ff
[10] Homberger in Lutz (1999), S. 261f
[11] eine Sammlung von C.G. Jungs Artikeln über die Archetypenlehre bietet Jung (1990)
[12] Jung in Pauli (1961), S. 119ff
[13] Jung (1997), S. 51
[14] eine ausführliche Darstellung des Analogiedenkens und der Archetypen-Theorien findet sich in Niederwieser (2002), S. 62ff
[15] Glahn (1924), S. 174; Glahn (1935), S. 50ff
[16] Eco (1994), S. 128f
[17] Foucault (1971), S. 56f
[18] Fludd (1617) Titelseite
[19] nach Petschar (1987), S. 101f

I. NATÜRLICHE ZEICHEN

01. Omen und Wunderzeichen

[20] Zimmer (1998), S. 127
[21] Lippiello (2001), S. 25, 133ff, 29
[22] Koch (o.A.)
[23] Breuer (2003), S. 73; vgl. auch Niederwieser (2015), S. 73f
[24] Roettig (1999), S. 21ff
[25] Rochberg (2004), S. 68
[26] Pink (1993), S. 446f
[27] Pink (1993), S. 447f
[28] Kircher (1671), S. 548
[29] Pink (1993), S. 450f
[30] Rennstich (2004), S. 76
[31] Wales (1983), S. 78ff
[32] Wales (1983), S. 135
[33] Ritz (1988), S. 51ff
[34] Gonda (1978), S. 112
[35] Dammann (1963), S. 153
[36] Agrippa (1510), S. 122ff
[37] Roettig (1999), S. 24f
[38] Dietrich (1990), S. 93ff
[39] nach Rochberg (2004), S. 90f
[40] Gonda (1978), S. 18
[41] Dammann (1963), S. 74
[42] Sheldrake (2003), S. 224ff; auch Sheldrake (1988) und Sheldrake (2006)

02. Deutungssysteme natürlicher Zeichen

[43] nach Soldt (1995), S. 131f
[44] Wales (1983), S. 88, 134
[45] Agrippa (1510), S. 131; Thulin (1968), S. 22ff
[46] Lorsch (2000), S. 67ff; eine ausführliche Darstellung findet sich bei Thulin (1968)
[47] mehr zum Templum-Schema u.a. bei Heinz (2005), S. 85
[48] Kudlien (1991), S. 109
[49] siehe Niederwieser (2015), S. 83ff
[50] Potter (1994), S. 153f
[51] Cicero (44 v. Chr.), S. 31
[52] Cicero (44 v. Chr.), S. 118
[53] Tritheim (1995), S. 391f
[54] Smith (1991), S. 131ff, 143ff
[55] siehe S. 236ff
[56] Böhme (1996), S. 93f
[57] Niederwieser (2002), S. 99ff
[58] siehe S. 257ff, 189ff
[59] Adams (2002), S. 260ff
[60] Jamil (2001), S. 59
[61] Schubert (1991), S. 70f
[62] Schubert (1991), S. 58f
[63] Schubert (1991), S. 190f

03. Geschichte der Physiognomik

[64] Eysenck (1982), S. 40f
[65] Scholl (2002), S. 20
[66] Wilhelm (1994), S. 3
[67] Wilhelm (1994), S. 24f
[68] Böck (2000), S. 1f
[69] nach Rochberg (2004), S. 87f
[70] Borrmann (1994), S. 27
[71] Niederwieser (2002), S. 104f und Watson (2008), S. 355f
[72] siehe S. 189ff
[73] Borrmann (1994), S. 11f, 27f
[74] Jaggi (1973), S. 111ff
[75] Smith (1991), S. 22f
[76] Smith (1991), S. 188ff
[77] de Morant in Mangoldt (1989), S. 60f

[78] Manilius (1990), S. 141
[79] Cardanus in Roob (2002), S. 578
[80] ab Indagine in Mangoldt (1989), S. 105f
[81] ab Indagine in Mangoldt (1989), S. 102ff
[82] Cardanus in Roob (2002), S. 578
[83] Borrmann (1994), S. 59ff
[84] Lichtenberg in Goritschnig (2001), S. 13
[85] Lavater (1775), S. 45
[86] Lavater (1776), S. 90
[87] Lavater nach Goritschnig (2001), S. 37
[88] Lavater (1772), S. 11
[89] Lavater (1772), S. 68, 71, 74, 101
[90] Borrmann (1994), S. 121ff, Goritschnig (2001), S. 9ff
[91] Borrmann (1994), S. 155ff
[92] Borrmann (1994), S. 157ff
[93] Gould (1983), S. 94
[94] Galton (1878)
[95] Composite-Photographie von Henry Pickering Bowditch, 1892
[96] Lombroso in Gould (1983), S. 130f
[97] Lombroso (1894), S. 529f
[98] Lombroso in Gould (1983), S. 146
[99] Gould (1983), S. 135

04. Die Lehren von den drei Typen

[100] Huter (1904-06), S. 46ff; Kupfer (1964), S. 159
[101] Huter in Kupfer (1964), S. 25
[102] Kupfer (1964), S. 26ff, S. 33f
[103] Kupfer (1964), S. 112ff
[104] Kupfer (1964), S. 31f
[105] siehe Niederwieser (2015), S. 96ff und 106
[106] Kupfer (1964), S. 177
[107] Kupfer (1964), S. 192
[108] Kupfer (1964), S. 137
[109] aus Kupfer (1964), S. 192f
[110] In späteren Auflagen des Buches wird Huter zwar kurz erwähnt, allerdings nur um damit die „Organmythologie" Sheldons herunterzuspielen, Kretschmer (1977), S. 126
[111] Kretschmer (1977), S. 4
[112] Kretschmer (1977), S. 6f, 19ff, 117ff
[113] Kretschmer (1977), S. 34
[114] Kretschmer (1977), S. 118
[115] Kretschmer (1977), S. 130ff
[116] Kretschmer (1977), S. 151ff
[117] siehe Niederwieser (2015), S. 175
[118] Kretschmer (1977), S. 118f
[119] Kretschmer nach Gauquelin (1987), S. 34
[120] Kretschmer (1977), S. 20
[121] Rosenhan in Watzlawick (1981), S. 111ff
[122] Kretschmer (1977), S. 119
[123] Kretschmer (1977), S. 254
[124] siehe Sheldon (1954)
[125] Kupfer (1964), S. 116
[126] Aerni (1988), S. 150
[127] nach Reißer (1997), S. 319; vgl. auch Niederwieser (2002), S. 132ff
[128] Sheldon (1942) in Gauquelin (1987), S. 46
[129] Gauquelin (1987), S. 47
[130] Niederwieser (2002), S. 150

05. Die Körperdeutung der Moderne

[131] vgl. Niederwieser (2002), S. 114f
[132] Huter (1904-06), S. 530
[133] Kretschmer (1977), S. 322ff
[134] z.B. Aerni (1988), S. 16f, 245ff
[135] z.B. Cooper (2001)
[136] Rasch (1999), S. 137
[137] Jarvik (1973) in Gould (1983), S. 154
[138] Gould (1983), S. 153ff
[139] Rasch (1999), S. 137
[140] Breedlove (2000), S. 455
[141] Manning (1998), S. 3000ff
[142] Manning (2001), S. 160ff
[143] Hönekopp (2006), S. 30ff
[144] NewScientist.com – news service, 30. November 2005
[145] eigene Aussage in Issberner-Haldane (1984), S. 20; Hauptwerk Issberner-Haldane (1982)
[146] Raschig (1931)
[147] Wolff (1992)
[148] siehe S. 61ff
[149] siehe S. 74ff
[150] siehe S. 68ff
[151] Perrett (2004)
[152] Roberts (2004), S. 270ff
[153] Hamermesh (1994), S. 1174ff
[154] Kudlien (1991), S. 91ff; Papathomas in Cowey (2004), S. 18ff
[155] Agrippa (1510), S. 115
[156] Huter (1904-06), S. 536
[157] Morris (1977)
[158] übersetzt aus Brown (2007), S. 226f
[159] Navarro (2008), S. 25ff
[160] Ekman (2010), S. 19f
[161] Ekman (2010), S. 135
[162] Ekman (2011), S. 169ff
[163] siehe S. 70ff
[164] siehe u.a. Erickson (1979)
[165] McDermott (1999), S. 243, auch S. 192
[166] nach Grinder (1984), S. 314f
[167] McDermott (1999), S. 189ff
[168] McDermott (1999), S. 193
[169] McDermott (1999)
[170] vgl. Niederwieser (2015), S. 130
[171] Bliemeister (1988), S. 21ff
[172] http://www.gwup.org/themen/texte/nlp/
[173] Krell (2006), S. 45ff
[174] Wimmer (1998), S. 90f; zahlreiche erhellende Ausführungen zu diesem Thema finden sich auch bei Neuberger (1995), S. 61ff
[175] vgl. Watzlawick (1988), S. 42ff

II. KULTIVIERTE ZEICHEN

01. Orakel und Ordale in Afrika

[176] siehe S. 17ff
[177] Evans-Pritchard (1978), S. 232ff
[178] Fotografie von Evans-Pritchard ca. 1930
[179] Schott (1997), S. 33ff
[180] Lutz (1999), S. 228
[181] Lutz (1999), S. 254, 260
[182] Schilde (1940), S. 179ff
[183] Schilde (1940), S. 208ff
[184] Giesekke in Dammann (1963), S. 158
[185] Schilde (1940), S. 77ff
[186] Schilde (1940), S. 219ff

02. Knochenorakel und Eingeweideschau

[187] Gotshalk (1999), S. 3ff
[188] nach Keightley (2000), S. 135
[189] Peat (1989), S. 151f
[190] Keightley in Lutz (1999), S. 19
[191] Keightley (2000), S. viii ff
[192] Keightley in Lutz (1999), S. 29
[193] Keightley in Lutz (1999), S. 25ff; Chang (1970)
[194] Keightley in Lutz (1999), S. 18ff
[195] Tseten (1995)
[196] Oelschlägel (2004), S. 98, 107f, 111ff
[197] Dietrich (1990), S. 242ff
[198] Leiderer (1990), S. 15f
[199] Leiderer (1990), S. 16ff, 23
[200] Leiderer (1990), S. 148f
[201] Leiderer (1990), S. 30, 42, 75
[202] Cicero (44 v. Chr.), S. 108f
[203] Thulin (1968), II S. 8ff
[204] Thulin (1968), II S. 5
[205] Cicero (44 v. Chr.), S. 97
[206] Cicero (44 v. Chr.), S. 101f
[207] Plinius (1995), S. 84
[208] Villingen (1995), S. 54
[209] Ström (1975), S. 258
[210] Schilde (1940), S. 167f, 177

03. Weitere Divinationsmethoden mit kultivierten Zeichen

[211] Tacitus (98 n.Chr.), S. 9
[212] Rachet (1982), S. 65
[213] Rosenberger (2001), S. 44ff
[214] Tseten (1995)
[215] Schilde (1940), S. 179
[216] Höfer (1975), S. 160
[217] Esposito in Lutz (1999), S. 309
[218] Heinz (2005), S. 223f
[219] Niederwieser (2015), S. 31; Matthews (1991), S. 240
[220] vgl. Reichenbach (1854)
[221] Der Spiegel (Nr.10/1987), S. 237ff und Der Spiegel (Nr.38/1995), S. 238f
[222] Hawkins (2002), S. 50ff und S. 12
[223] Hawkins (2002), S. 58; die daraus entstandene „Karte des Bewußtseins" findet sich auf S. 62f
[224] Hawkins (2002), S. 267
[225] ausführlich hierzu Niederwieser (2002), S. 47ff und Zwingli-Häusermann in Gauquelin (1987), S. 102ff
[226] Schmölders (1995), S. 99f; Klages (1917)
[227] Heinze in Sarges (1995), S. 471
[228] vgl. Sarges (1995), S. 472ff; Seibt (1994)
[229] Heinze in Sarges (1995), S. 471
[230] Cauquelin (2004), S. 54f
[231] Nicoletti (2004), S. 114

04. Moderne Zeichenkultivierung: Messungen, Indikatoren, Statistiken

[232] Haustein (2001), S. 9
[233] Bonis (2002), S. 137ff; Black (2000), S. 18ff
[234] Schwenk (2003), S. 11ff
[235] Watson (2008), S. 288ff
[236] Schwenk (2003), S. 14ff
[237] Brockhaus (2004) unter „Meter" und „Sekunde"
[238] http://www.iso.org
[239] Jones (2000), S. 719ff
[240] vgl. Schnell (1999), S. 121ff; Kromrey (1994), S. 125ff
[241] vgl. Gould (1983), S. 259ff
[242] vgl. S. 20ff
[243] Kepler (1619), S. 268
[244] Leiderer (1990), S. 124
[245] Casti (1992), S. 330ff
[246] siehe Organski A.F.K. / Kugler, Jacek (1980)
[247] Casti (1992), S. 335ff
[248] weitere Informationen zu diesem wichtigen Phänomen wird der vierte PROGNOSTIK-Band geben
[249] näheres zu Analogieketten siehe Niederwieser (2002), S. 65ff, 158ff
[250] siehe S. 46ff
[251] siehe S. 48f

05. Ökonomische Kennzahlen und Wirtschaftsindikatoren

[252] vgl. Kappler (2006), S. 139ff, 92; Weber (1999), S. 217ff; Horváth (1996), S. 544ff
[253] Jaspersen (1999), S. 59
[254] vgl. Weber (1999), S. 218f
[255] Horváth (1996), S. 545
[256] Horváth (1996), S. 548ff, 605ff
[257] vgl. Kappler (2006), S. 149ff; Weber (1999), S. 223ff; Horváth (1996), S. 559ff
[258] Lem (1964), S. 288f
[259] vgl. Graf (1999), S. 265f

[260] Heine (1999), S. 270ff
[261] Begg (2000), S. 470f
[262] Begg (2000), S. 474
[263] Stiglitz (1999), S. 917ff
[264] Graf (1999), S. 224ff
[265] Berichte u.a. in Time Magazine von 27.9., 29.11. und 20.12.1948
[266] Casti (1992), S. 236
[267] Casti (1992), S. 276ff
[268] siehe S. 268ff
[269] Casti (1992), S. 241f, 249f

06. Quantitative Befragung

[270] Vogt (2002), S. 1ff
[271] vgl. Schnell (1999), S. 381ff
[272] siehe S. 291ff
[273] siehe Niederwieser (2015), S. 144ff
[274] z.B. Schnell (1999), S. 299ff oder Kromrey (1994), S. 267ff
[275] Morus (1958), S. 168ff
[276] Ulmer (2000), S. 8ff
[277] siehe S. 22f
[278] siehe S. 136
[279] siehe u.a. Asendorpf (2012), S. 107ff
[280] Niederwieser (2002), S. 117ff, S. 145
[281] zum Konzept der Zeitgeistmasken und der Spekulation-Umhüllungen siehe Niederwieser (2015), S. 135, 175
[282] Stock-Homburg (2010), S. 494ff; Gay (2004); Dauth (2012)
[283] Diese Fragen wurden verschiedenen DISG-basierten Tests entnommen.
[284] siehe u.a. Simon (2010)

07. Medizinische Indikatoren und Genetik

[285] D'Adamo (2004), S. 37
[286] Schaefer (2006)
[287] D'Adamo (1997), S. 23ff, 34, 339ff
[288] vgl. Niederwieser (2002), S. 104ff
[289] Morus (1958), S. 219
[290] Ruhland (2001), S. 144
[291] Hennen (2001), S. 138
[292] Hennen (2001), S. 73
[293] Hennen (2001), S. 71
[294] Freye (1990), S. 228ff
[295] Rheinberger in Honnefelder (2001), S. 119ff
[296] Labisch in Honnefelder (2001), S. 131
[297] Propping in Honnefelder (2001), S. 96ff
[298] Honnefelder (2001), S. 13
[299] Honnefelder (2001), S. 29ff, 47ff

III. KÜNSTLICHE ZEICHEN

01. Vom kultivierten zum künstlichen Zeichen

[300] Stolz (1988), S. 145f
[301] Rosenberger (2001), S. 44f
[302] Esposito in Lutz (1999), S. 310ff; Smith (1991), S. 225ff
[303] siehe S. 19
[304] siehe u.a. Briggs (1990)
[305] siehe u.a. Mainzer (2012)
[306] siehe Luhmann (1984)
[307] siehe Dawkins (1990)

02. Lose, Wurforakel und andere einfache Antwortmaschinen

[308] Morus (1958), S. 69
[309] nach Rosenberger (2001), S. 40ff
[310] Cicero (44 v. Chr.), S. 125f
[311] nach Rosenberger (2001), S. 43f
[312] Kudlien (1991), S. 110ff; Potter (1994), S. 24f
[313] Potter (1994), S. 27f
[314] vgl. Niederwieser (2015), S. 40
[315] Cryer (1994), S. 273ff
[316] Tseten (1995)
[317] Smith (1991), S. 234ff
[318] nach Minako in Lüscher (1996), S. 81ff
[319] Rosenberger (2001), S. 47f
[320] siehe S. 114ff, S. 219
[321] Schilde (1940), S. 88ff

03. Von der Antwortmaschine zur Miniaturwelt

[322] siehe S. 19
[323] Homberger in Lutz (1999), S. 261ff
[324] Oelschlägel (2004), S. 99ff
[325] Lutz (1999), S. 176f, 300ff
[326] Jungraithmayr (1998), S. 177, 187; Lucas (1948)
[327] Staewen (1982), S. 3f, 21, Iff
[328] Staewen (1982), S. 32f
[329] Abimbola (1977), S. 11ff
[330] Staewen (1982), S. 21
[331] Staewen (1982), S. 10ff
[332] Jungraithmayr (1998), S. 184

04. Urmuster und Weltencodes: Symbole, Zahlen, Buchstaben

[333] Eco (1994), S. 291
[334] Gotshalk (1999), S. 38ff
[335] Bauer (1998) in Wilhelm (1924), S. 15ff
[336] Wilhelm (1924), S. 23ff
[337] Wilhelm (1924), S. 306, 364

[338] nach Wilhelm (1924), S. 326
[339] Wilhelm (1924), S. 327, 379ff
[340] Wilhelm (1924), S. 163ff, 236ff
[341] Niederwieser (2015), S. 52ff
[342] nach Wilhelm (1924), S. 16
[343] Horn in Brockhaus (2004) unter „Pythagoreer: Askese, Zahlenphilosophie und Harmonielehre"
[344] Kudlien (1991), S. 130f
[345] siehe Niederwieser (2015), S. 54f
[346] Smith (1991), S. 61
[347] Crowley (1944), S. 24ff
[348] Kalweit (2001), S. 146
[349] Tacitus (98 n.Chr.), S. 9
[350] Ström (1975), S. 116
[351] Kalweit (2001), S. 150
[352] Ehrhardt in Brockhaus (2004) unter „Runen: Geheimnis und Geraune"
[353] nach Genzmer (1970), S. 108
[354] Ström (1975), S. 258
[355] nach Genzmer (1970), S. 109
[356] Ehrhardt in Brockhaus (2004) unter „Runen: Geheimnis und Geraune"
[357] Marby (1975), S. 255
[358] Thorson (1987), S. 88f
[359] Matthews (1991), S. 247ff
[360] Graves (1948)
[361] Gebelein (2000), S. 81
[362] Maier (1995), S. 38ff, 47ff
[363] siehe u.a. Newton (1733) und Guicciardini (1999)
[364] nach Papus (1903), S. 194
[365] Eco (1994), S. 38ff
[366] Benedikt (1996), S. 382f
[367] nach Papus (1903), S. 127
[368] Papus (1903), S. 14
[369] Eco (1994), S. 39
[370] Papus (1903), S. 99ff
[371] aus Papus (1903), S. 100
[372] siehe Niederwieser (2015), S. 40
[373] Papus (1903), S. 67f
[374] Crowley (1944), S. 16
[375] Langer in Lutz (1999), S. 345, 354ff; Jodorowsky (2008), S. 15ff
[376] Crowley (1944), S. 56ff
[377] Jodorowsky (2008), u.a. S. 44ff, 69ff und 109ff
[378] siehe u.a. Jodorowsky (2008), S. 553ff

05. Prognosesysteme und Weltmodelle der Moderne

[379] siehe Niederwieser (2015), S. 175
[380] siehe S. 166ff
[381] Weber (1999), S. 61ff; Horváth (1996), S. 371ff; Kappler (2006), S. 53ff
[382] nach Steiner (2002), S. 231
[383] Schultze (2003), S. 242f
[384] einen guten Überblick über die Methoden der Technischen Chartanalyse bietet Murphy (2004)
[385] nach Goldberg (1990)
[386] Müller (2012), S. 265
[387] Goldberg (1990), S. 106ff
[388] Wobbe in Schmielewski (1995), S. 32ff, 46ff
[389] Schabacker (1932)
[390] Murphy (1997), S. 93
[391] Pomeranz (2005), S. 3f
[392] siehe S. 180f
[393] siehe S. 171ff
[394] Holub (1994/1), S. 1ff, 29f
[395] Leontief (1986), S. 6f
[396] Leontief (1951) in Leontief (1986), S. 4ff
[397] Leontief (1986), S. 35
[398] Holub (1994/2), S. 331ff
[399] Leontief (1951) in Leontief (1986), S. 4
[400] Holub (1994/2), S. 341f
[401] Holub (1997), S. 505ff
[402] Graf (1999), S. 139
[403] siehe Niederwieser (2015), S. 131f; Meadows (1972); Peccei (1974)
[404] Bartow in Nussbaum (1973), S. 103
[405] Meadows (1992), S. 138ff
[406] nach Meadows (1992), S. 139
[407] Meadows (1992), S. 132f
[408] nach Meadows (1992), S. 146
[409] Darstellung der zwei Szenarios in Meadows (1992), S. 167ff
[410] Meadows (1992), S. 175f
[411] Meadows (1992), S. 238ff
[412] Graf (1999), S. 142f; Steinmüller (2000), S. 45
[413] www.ifsmodel.org

06. Big Data und Smart Data

[414] siehe Dick (2002)
[415] siehe u.a. Bishop (2011) oder Hastie (2013)
[416] Rohling (2014)
[417] Beispiele auf www.gapminder.org oder Youtube unter „Hans Rosling"
[418] Heuer (2014), S. 68ff
[419] Müller (2013), S. 67
[420] Persönliches Telefonat mit einer Mitarbeiterin von Google Adwords im Juni 2015
[421] Froitzheim (2015), S. 28
[422] Müller (2013), S. 74
[423] Persönliche Auskunft eines IT-Experten, der einige Jahre in der Predictive Analytics Abteilung einer großen Bank gearbeitet hat
[424] Müller (2013), S. 72, 66
[425] Müller (2013), S. 65
[426] Müller (2013), S. 70
[427] Biermann (2015), S. 4
[428] Floh de Cologne (1977) „Försterlied – Ich sitz auf meinem Hochstand"
[429] Foucault (1977)
[430] siehe Markowetz (2015)
[431] Austin (2015), S. 1, 78
[432] vgl. Foucault (1977), Laske / Weiskopf (1996), S. 319 oder Niederwieser (2002), S. 43f
[433] Ramge (2013), S. 35
[434] Kurzweil (2006), S. 126ff

Literatur

Abimbola, Wande (1977) *Ifa Divination Poetry*, New York: NOK Publishers Ltd

Adams, S. Marshall (2002) *Biological Indicators of Aquatic Ecosystem Stress*, Bethesda: American Fisheries Society

Aerni, Fritz (1988) *Lehrbuch der Menschenkenntnis – Einführung in die Hutersche Psychophysiognomik*, Zürich: Kalos Verlag

Agrippa Cornelius von Nettesheim (1510) *De Occulta Philosophia* in der deutschen Übersetzung „Die Magischen Werke" von 1995, Berlin: Verlag Richard Schikowski

Asendorpf, Jens / Neyer, Franz (2012) *Psychologie der Persönlichkeit*, Berlin: Springer Verlag

Austin, Anne / Barnard, Jonathan / Hutcheon, Nicola (2015) *Media Consumption Forecasts 2015*, London: ZenithOptimedia

Baljalijewa, Toktobjubju D. (2002) *Vorislamischer Glauben der Kirgisen*, Berlin: Schletzer Verlag

Begg, David / Fischer, Stanley / Dornbusch, Rudiger (2000) *Economics*, London: The McGraw-Hill Companies

Benedikt, Heinrich Elijah (1996) *Die Kabbala*, Freiburg im Breisgau: Verlag Hermann Bauer

Biermann, Kai (2015) *Predictive Policing: Noch hat niemand bewiesen, dass Data Mining der Polizei hilft* in Zeit Online: http://www.zeit.de/digital/datenschutz/2015-03/predictive-policing-software-polizei-precobs

Bishop, Christopher (2011) *Pattern Recognition and Machine Learning*, New York: Springer Science + Business Media

Black, Jeremy (2000) *DuMont Atlas der Weltgeschichte*, Köln: DuMont

Bliemeister, Joachim (1988) *Empirische Überprüfung zentraler theoretischer Konstrukte des Neurolinguistischen Programmierens (NLP)* in „Zeitschrift für Klinische Psychologie" Nr. 17, Göttingen: Hogrefe

Böck, Barbara (2000) *Die babylonisch-assyrische Morphoskopie*, Wien: Institut für Orientalistik der Universität Wien

Böhme, Gernot / Böhme, Hartmut (1996) *Feuer, Wasser, Erde, Luft: Eine Kulturgeschichte der Elemente*, München: Verlag C.H. Beck

Bonis, Louis de (2002) *Vom Affen zum Menschen – Evolution des Menschen*, Heidelberg: Spektrum der Wissenschaft

Borrmann, Norbert (1994) *Kunst und Physiognomik – Menschendeutung und Menschendarstellung im Abendland*, Köln: DuMont Buchverlag

Breedlove, Marc u.a. (2000) *Finger-length ratios and sexual orientation* in "Nature" Vol. 404, 30th March 2000, New York: Nature Publishing Group

Breuer, David / Geiger, Jürgen (2003) *Azteken*, Köln: DuMont

Briggs, John / Peat, David (1990) *Die Entdeckung des Chaos – Eine Reise durch die Chaostheorie*, München: dtv Deutscher Taschenbuch Verlag

Brockhaus (2004) Digitalversion, Mannheim: Brockhaus Verlag

Brown, Derren (2007) *Tricks of the Mind*, London: Transworld Publishers

Casti, John L. (1992) *Szenarien der Zukunft – Was Wissenschaftler über die Zukunft wissen können*, Stuttgart: Klett-Cotta

Cauquelin, Josiane (2004) *The Aborigines of Taiwan – The Puyuma: from Headhunting to the Modern World*, London: RoutledgeCurzon

Chang, Tsung-Tung (1970) *Der Kult der Shang-Dynastie im Spiegel der Orakelinschriften*, Wiesbaden: Otto Harrassowitz

Cicero, Marcus Tullius (44 v.Chr.) *De Divinatione*, in der deutschen Übersetzung von Raphael Kühner (o.A.), München: Wilhelm Goldmann Verlag

Cooper, Jay / Lance, Kathryn (2001) *Schnell zum Wunschgewicht – Das individuelle Diät-Programm für Ihren Körpertyp*, Köln: Naumann & Göbel

Cowey, James / Kramer, Bärbel u.a. (2004) *Paramone: Editionen und Aufsätze von Mitgliedern des Heidelberger Instituts für Papyrologie zwischen 1982 und 2004*, München: K.G. Saur Verlag

Crowley, Aleister (1944) *Das Buch Thoth – Eine kurze Abhandlung über den Tarot der Ägypter* in der Ausgabe von (1981), Neuhausen: Urania Verlag

Cryer, Frederick (1994) *Divination in Ancient Israel and its Near Eastern Environment*, Sheffield: Sheffield Academic Press Ltd

D'Adamo, Peter / Whitney, Catherine (1997) *4 Blutgruppen – 4 Strategien für ein gesundes Leben*, München: Piper Verlag

D'Adamo, Peter / Whitney, Catherine (2004) *4 Blutgruppen – Richtig leben*, München: Piper Verlag

Dammann, Ernst (1963) *Die Religionen Afrikas*, Stuttgart: W. Kohlhammer Verlag

Dauth, Georg (2012) *Führen mit dem DISG® Persönlichkeitsprofil*, Offenbach: GABAL Verlag

Dawkins, Richard (1990) *Der blinde Uhrmacher – Ein neues Plädoyer für den Darwinismus*, dtv Deutscher Taschenbuch Verlag

Der Spiegel (Nr.10/1987) *Übersinnliches Kribbeln: Mit 400 000 Mark finanzierte Minister Riesenhuber ein dubioses Forschungsprojekt: „Erdstrahlen" – gibt's die?*, Hamburg: Spiegel Verlag

Der Spiegel (Nr.38/1995) *Kurzes Glück - Ein US-Wissenschaftler widerlegte den „Wünschelruten-Report", für den Bonn fast eine halbe Million Mark springen ließ*, Hamburg: Spiegel Verlag

Dick, Philip K. (2002) *The Minority Report and Other Classic Short Stories*, New York: Citadel Press

Dietrich, Manfried / Loretz, Oswald (1990) *Mantik in Ugarit - Keilalphabetische Texte der Opferschau – Omensammlungen - Nekromantie*, Münster: Ugarit Verlag

Eco, Umberto (1994) *Die Suche nach der vollkommenen Sprache*, München: Verlag C.H. Beck

Ekman, Paul (2010) *Gefühle lesen – Wie Sie Emotionen erkennen und richtig interpretieren*, Heidelberg: Spektrum Akademischer Verlag

Ekman, Paul (2011) *Ich weiss, dass Du lügst – Was Gesichter verraten*, Hamburg: Rowohlt Verlag

Erickson, Milton (1979) *Hypnotherapy: An Exploratory Casebook*, New York: Irvington

Evans-Pritchard, Edward (1978) *Hexerei, Orakel und Magie bei den Zande*, Frankfurt: Suhrkamp Verlag

Eysenck, Hans Jürgen / Nias, David (1982) *Astrologie – Wissenschaft oder Aberglaube?*, München: dtv Deutscher Taschenbuch Verlag

Floh de Cologne (1977) *Rotkäppchen*, Dortmund: Verlag pläne

Fludd, Robert (1617) *Utriusque Cosmi Band I*, Oppenheim

Foucault, Michel (1971) *Die Ordnung der Dinge – Eine Archäologie der Humanwissenschaften*, Frankfurt am Main: Suhrkamp Verlag

Foucault, Michel (1977) *Überwachen und Strafen: Die Geburt des Gefängnisses*, Frankfurt: Surkamp Verlag

Freye, Hans-Albrecht (1990) *Humangenetik – Eine Einführung in die Erblehre des Menschen*, Stuttgart: Gustav Fischer Verlag

Froitzheim, Ulf (2015) *Ausforschen oder zuhören?* in Brand Eins Thema: Agenturen, Hamburg: Brand Eins Verlag

Galton, Francis (1878) *Composite Portraits*, London: Harrison and Sons

Gauquelin, Michel (1987) *ABC der Charakterkunde – Eine lebensnahe Einführung in praktische Psychologie und Charakterkunde*, Bindlach: Gondrom Verlag

Gay, Friedbert / Seiwert, Lothar (2004) *Das neue 1x1 der Persönlichkeit – Sich selbst und andere besser verstehen mit dem DISG-Modell*, München: Graefe und Unzer

Gebelein, Helmut (2000) *Alchemie*, Kreuzlingen: Hugendubel Verlag

Genzmer, Felix (1970) *Die Edda: Die wesentlichen Gesänge der altnordischen Götter- und Heldendichtung*, Stuttgart: Deutscher Bücherbund

Glahn, Frank (1924) *Erklärung und systematische Deutung des Geburtshoroskops*, Bad Oldesloe: Uranus Verlag

Glahn, Frank (1935) *Jedermanns Astrologie für das deutsche Volk*, Memmingen: Uranus Verlag

Goldberg, Joachim (1990) *Erfolgreiche Devisenkursprognose – Handbuch der klassischen technischen Analyse für Devisenhandel, Aktienmärkte und Futures-Börsen*, Frankfurt: Verlag Börsen-Zeitung

Gonda, Jan (1978) *Die Religionen Indiens – I. Veda und älterer Hinduismus*, Stuttgart: Verlag W. Kohlhammer

Goritschnig, Ingrid / Stephan, Erik u.a. (2001) *Johann Caspar Lavater – Die Signatur der Seele*, Jena: Städtische Museen

Gotshalk, Richard (1999) *Divination, Order, and the Zhouyi*, Lanham: University Press of America

Gould, Stephen Jay (1983) *Der falsch vermessene Mensch*, Basel: Birkhäuser Verlag

Graf, Hans Georg (1999) *Prognosen und Szenarien in der Wirtschaftspraxis*, Zürich: Verlag Neue Zürcher Zeitung

Graves, Robert (1948) *The White Goddess*, London: Faber & Faber

Grinder, John / Bandler, Richard (1984) *Therapie in Trance : Hypnose, Kommunikation mit dem Unbewußten*, Stuttgart: Klett-Cotta

Guicciardini, Niccolò (1999) *Newton – Ein Naturphilosoph und das System der Welten* in Spektrum der Wissenschaft Biographie 3/2001, Heidelberg

Hamermesh, Daniel S. / Biddle, Jeff E. (1994) *Beauty and the Labor Market* in „The American Economic Review", Vol. 84, Issue 5, Nashville: American Economic Association

Hastie, Trevor / Tibshirani, Robert / Friedman, Jerome (2013) *The Elements Of Statistical Learning – Data Mining, Inference, and Prediction*, New York: Springer Science + Business Media

Haustein, Heinz-Dieter (2001) *Weltchronik des Messens - Universalgeschichte von Maß und Zahl, Geld und Gewicht*, Berlin: Walter de Gruyter

Hawkins, David (2002) *Die Ebenen des Bewußtseins*, Kirchzarten bei Freiburg: VAK Verlags GmbH

Heine, Michael / Herr, Hansjörg (1999) *Volkswirtschaftslehre: paradigmenorientierte Einführung in die Mikro- und Makroökonomie*, München: Oldenbourg Verlag

Heinz, Annette von / Kur, Frieder (2005) *Das große Buch der Geheimwissenschaften – Propheten, Seher, Zukunftsforscher*, Wiesbaden: Marix Verlag

Hennen, Leonhard / Petermann, Thomas / Sauter, Arnold (2001) *Das genetische Orakel : Prognosen und Diagnosen durch Gentests – eine aktuelle Bilanz*, Berlin: edition sigma

Heuer, Stefan (2014) *Big Überblick* in Brand Eins Thema: Unternehmensberater, Hamburg: Brand Eins Verlag

Höfer, Andras / Prunner, Gernot u.a. (1975) *Die Religionen Südostasiens*, Stuttgart: Verlag W. Kohlhammer

Holub, Hans-Werner / Schnabl, Hermann (1994/1) *Input-Output-Rechnung: Input-Output-Tabellen*, München: Oldenbourg Verlag

Holub, Hans-Werner / Schnabl, Hermann (1994/2) *Input-Output-Rechnung: Input-Output-Analyse*, München: Oldenbourg Verlag

Holub, Hans-Werner / Tappeiner, Gottfried (1997) *Modeling on Basis of Models* in "Review of Income and Wealth" Series 43, Number 4, London: Blackwell Publishing

Hönekopp, Johannes / Voracek, Martin / Manning, John T. (2006) *2nd to 4th digit ratio (2D:4D) and number of sex partners: Evidence for effects of prenatal testosterone in men* in "Psychoneuroendocrinology" No. 31, Amsterdam: Elsevier Science

Honnefelder, Ludger / Propping, Peter u.a. (2001) *Was wissen wir, wenn wir das menschliche Genom kennen?*, Köln: DuMont Buchverlag

Horváth, Peter (1996) *Controlling*, München: Verlag Franz Vahlen

Huter, Carl (1904-06) *Menschenkenntnis durch Körper-, Lebens-, Seelen- und Gesichtsausdruckskunde auf neuen wissenschaftlichen Grundlagen* in der Ausgabe von (1988), Zürich: Kalos Verlag

Issberner-Haldane, Ernst (1982) *Die wissenschaftliche Handlesekunst – Chirosophie*, Freiburg im Breisgau: Verlag Hermann Bauer

Issberner-Haldane, Ernst (1984) *Die medizinische Hand- und Nagel-Diagnostik – Das Standardwerk der Chirologie*, Freiburg im Breisgau: Verlag Hermann Bauer

Jaggi, O.P. (1973) *Indian System of Medicine*, Delhi: Atma Ram & Sons

Jamil, Kaiser (2001) *Bioindicators and Biomarkers of Environmental Pollution and Risk Assessment*, Enfield: Science Publishers Inc.

Jaspersen, Thomas (1999) *Controlling – Betriebswirtschaftliche und technische Verfahren zur Unternehmensführung*, München: Oldenbourg Verlag

Jodorowksy, Alejandro / Costa, Marianne (2008) *Der Weg des Tarot*, Aitrang: Windpferd Verlagsgesellsschaft

Jones, Loretta / Atkins, Peter (2000) *Chemistry – Molecules, Matter, and Change*, New York: W.H. Freeman and Company

Jung, Carl Gustav (1990) *Archetypen*, München: dtv Deutscher Taschenbuch Verlag

Jung, Carl Gustav (1997) *Traum und Traumdeutung*, München: dtv Deutscher Taschenbuch Verlag

Jungraithmayr, Herrmann (1998) *Das Orakel von Ife – Reflexion über das verborgene Afrika*, Stuttgart: Franz Steiner Verlag

Kalweit, Holger (2001) *Das Totenbuch der Germanen*, Aarau: AT Verlag

Kappler, Ekkehard (2006) *Controlling – Eine Einführung für Bildungseinrichtungen und andere Dienstleistungsorganisationen*, Münster: Waxmann Verlag

Keightley, David (2000) *The Ancestral Landscape – Time, Space, and Community in Late Shang China (ca. 1200 – 1045 B.C.)*, Berkeley: University of California

Kepler, Johannes (1619) *Harmonice Mundi* in der deutschen Übersetzung von Max Caspar (1939) *Weltharmonik*, München-Berlin: Verlag R. Oldenbourg

Kircher, Athanasius (1671) *Ars Magna Lucis et Umbrae*, Rom: Sumptibus Hermanni Scheus

Klages, Ludwig (1917) *Handschrift und Charakter - Gemeinverständlicher Abriß der graphologischen Technik*, Leipzig: J.A. Barth

Koch, Dieter (o.A.) *Der Stern von Bethlehem*, http://www.astro.com/astrologie/xstar_g.htm

Krell, Gertraude / Weiskopf, Richard (2006) *Die Anordnung der Leidenschaften*, Wien: Passagen Verlag

Kretschmer, Ernst (1977) *Körperbau und Charakter – Untersuchungen zum Konstitutionsproblem und zur Lehre von den Temperamenten*, Berlin: Springer Verlag

Kromrey, Helmut (1994) *Empirische Sozialforschung*, Opladen: Leske + Budrich

Kudlien, Fridolf (1991) *Sklaven-Mentalität im Spiegel antiker Wahrsagerei*, Stuttgart: Franz Steiner Verlag

Kupfer, Amandus (1964) *Grundlagen der praktischen Menschenkenntnis - nach Carl Huters Psycho-Physiognomik, Erster Studienband: Naturell und Charakter*, Schwaig bei Nürnberg: Carl Huter Verlag

Kurzweil, Raymond (2006) *The Singularity Is Near: When Humans Transcend Biology*, London: Penguin Books

Laske, Stephan / Weiskopf, Richard (1996) *Personalauswahl – Was wird denn da gespielt?* in Zeitschrift für Personalforschung ZfP 10 (40), Mering: Rainer Hampp Verlag

Lavater, Johann Caspar (1772) *Von der Physiognomik* in der Ausgabe von (1991), Frankfurt: Insel Verlag

Lavater, Johann Caspar (1775) *Physiognomische Fragmente zur Beförderung der Menschenkenntnis und Menschenliebe, Band I* in der Faksimile-Ausgabe von (1968), Leipzig: Edition Leipzig

Lavater, Johann Caspar (1776) *Physiognomische Fragmente zur Beförderung der Menschenkenntnis und Menschenliebe, Band II* in der Faksimile-Ausgabe von (1968), Leipzig: Edition Leipzig

Leiderer, Rosmarie (1990) *Anatomie der Schafsleber im babylonischen Leberorakel – Eine makroskopisch-analytische Studie*, München: W. Zuckschwerdt Verlag

Lem, Stanislaw (1964) *Summa technologiae* in der deutschen Ausgabe von (1981), Frankfurt: Suhrkamp Verlag

Leontief, Wassily (1986) *Input-Output-Economics*, New York: Oxford University Press

Lippiello, Tiziana (2001) *Auspicious Omens and Miracles in Ancient China – Han, Three Kingdoms and Six Dynasties*, Nettetal: Steyler Verlag

Lombroso, Cesare (1894) *Der Verbrecher (Homo delinquens) in anthropologischer, ärztlicher und juristischer Beziehung*, Hamburg: Verlagsanstalt und Druckerei AG

Lorsch Wildfang, Robin / Isager, Jacob (2000) *Divination and Portents in the Roman World*, Odense: Odense University Press

Lucas, Olumide (1948) *The Religion of the Yorubas*, Lagos: C.M.S. Bookshop

Luhmann (1984) *Soziale Systeme – Grundriß einer allgemeinen Theorie*, Frankfurt: Suhrkamp Verlag

Lüscher, Ingeborg / Muschg, Adolf u.a. (1996) *Japanische Glückszettel*, Frankfurt: Insel Verlag

Lutz, Albert u.a. (1999) *Orakel – Der Blick in die Zukunft*, Zürich: Museum Rietberg

Maier, Johann (1995) *Die Kabbalah: Einführung – Klassische Texte - Erläuterungen*, München: Verlag C.H. Beck

Mainzer, Klaus / Chua, Leon (2012) *The Universe as Automaton. From Simplicity and Symmetry to Complexity*, Heidelberg: Springer Verlag

Mangoldt, Ursula von (1989) *Das große Buch der Handlesekunst - Charakterdeutung durch Linien und Formen der Hand – Geschichte und Grundlagen*, München: Orbis Verlag

Manilius, Marcus (1990) *Astronomica - Astrologie*, Stuttgart: Reclam Verlag

Manning, John T. u.a. (1998) *The ratio of 2nd to 4th digit length : a predictor of sperm numbers and levels of testosterone, LH and oestrogen* in "Human Reproduction" vol. 13 no. 11, Oxford: Oxford University Press

Manning, John T. u.a. (2001) *The 2nd to 4th digit ratio and autism* in "Developmental medicine and child neurology" No. 43, London: Mac Keith Press

Marby, Friedrich Bernhard (1975) *Sonne und Planeten im Tierkreis – Eine Studie über Wirken und Bedeutung aller 360 Grade*, Stuttgart: Rudolf Arnold Spieth Verlag

Markowetz, Alexander (2015) *Digitaler Burnout: Warum unsere permanente Smartphone-Nutzung gefährlich ist*, München: Droemer HC

Matthews, John (1991) *Keltischer Schamanismus: Rituale, Symbole, Traditionen*, München: Eugen Diederichs Verlag

McDermott, Ian / O'Connor, Joseph (1999) *NLP für die Management-Praxis*, Paderborn: Junfermann Verlag

Meadows, Dennis L. (1972) *Die Grenzen des Wachstums – Bericht des Club of Rome zur Lage der Menschheit* in der Ausgabe von (1994), Stuttgart: Deutsche Verlagsanstalt

Meadows, Donella und Dennis (1992) *Die neuen Grenzen des Wachstums – Die Lage der Menschheit: Bedrohung und Zukunftschancen*, Stuttgart: Deutsche Verlags-Anstalt

Morris, Desmond (1977) *Manwatching* in der deutschen Ausgabe von (1981) *Der Mensch, mit dem wir leben – Ein Handbuch unseres Verhaltens*, München: Droemer Knaur

Morus (1958) *Die Enthüllung der Zukunft: Prophetie – Prognose - Planung von Babylon bis Wall Street*, Hamburg: Rowohlt Verlag

Müller, Dirk (2012) *Cashkurs – So machen Sie das Beste aus Ihrem Geld: Aktien, Versicherungen, Immobilien*, München: Knaur Taschenbuch

Müller, Martin / Rosenbach, Marcel / Schulz, Thomas (2013) *Die gesteuerte Zukunft* in Spiegel 20/2013, Hamburg: Spiegel Verlag

Murphy, John (1997) *Visuelle Aktien-Analyse – Mit Charts Börsentrends frühzeitig erkennen*, Frankfurt: Campus Verlag

Murphy, John (2004) *Technische Analyse der Finanzmärkte: Grundlagen, Strategien, Methoden, Anwendungen*, München: FinanzBuch Verlag

Navarro, Joe (2008) *What Every Body is Saying – An Ex-FBI Agent's Guide to Speed-Reading People*, New York: Harper Collins

Neuberger, Oswald (1995) *Führen und geführt werden*, Stuttgart: Ferdinand Enke Verlag

Newton, Sir Isaac (1733) *Observations Upon The Prophecies Of Daniel, And The Apocalypse Of St. John*, London: J. Darby and T. Browne

Nicoletti, Martino (2004) *Shamanic Solitudes – Ecstasy, Madness and Spirit Possession in the Nepal Himalayas*, Jyatha: Varja Publications

Niederwieser, Christof (2002) *Über die magischen Praktiken des Managements – Persönlichkeitsmodelle des modernen Managements im kulturhistorischen Vergleich*, München: Rainer Hampp Verlag

Niederwieser, Christof (2015) *Prognostik 01: Zukunftsvisionen*, Norderstedt: BoD

Nussbaum, Henrich von (1973) *Die Zukunft des Wachstums – Kritische Antworten zum Bericht des Club of Rome*, Düsseldorf: Bertelsmann Universitätsverlag

Oelschlägel, Anett (2004) *Der Weiße Weg – Naturreligion und Divination bei den West-Tyva im Süden Sibiriens*, Leipzig: Leipziger Universitätsverlag

Organski A.F.K. / Kugler, Jacek (1980) *The War Ledger*, Chicago: The University of Chicago Press

Papus (1903) *Kabbala* in der Ausgabe von (1998), Wiesbaden: Fourier Verlag

Pauli, Wolfgang (1961) *Physik und Erkenntnistheorie*, Braunschweig: Verlag Friedr. Vieweg & Sohn

Peat, David F. (1989) *Synchronizität*, Bern: Scherz Verlag

Peccei, Aurelio / Siebker, Manfred (1974) *Die Grenzen des Wachstums – Fazit und Folgestudien*, Reinbek bei Hamburg: Rowohlt Taschenbuch Verlag

Perrett, David / Moore, Fhionna (2004) *Face Values* in "New Scientist" Issue 2467, London: New Science Publications

Petschar, Peter (1987) *Magie und Wissenschaft im 16. Jahrhundert*, Wien: Österreichische Nationalbibliothek

Pink, Peter Wilhelm (1993) *Wariga – Beiträge zur balinesischen Divinationsliteratur*, Berlin: Dietrich Reimer Verlag

Plinius Secundus (1995) *Das 30. Buch der Naturgeschichte* in Agrippa von Nettesheim *Die Magischen Werke IV - V*, Berlin: Verlag Richard Schikowski

Pomeranz, Eduard (2005) *Chartanalyse: Esoterik, Kunst oder Wissenschaft* in FTC Medienservice – Hintergrundwissen für Journalisten & Finanzprofis 11/05, Wien: FTC GmbH

Potter, David (1994) *Prophets and Emperors – Human and Divine Authority from Augustus to Theodosius*, Cambridge: Harvard University Press

Rachet, Guy (1982) *Delphi – Das Heiligtum der Griechen*, Freiburg: Herder Verlag

Ramge, Thomas (2013) *Big Data, Big Picture, Big Brother?* in Brand Eins 08/13, Hamburg: Brand Eins Verlag

Rasch, Wilfried (1999) *Forensische Psychiatrie*, Stuttgart: Verlag W. Kohlhammer

Raschig, Marianne (1931) *Hand und Persönlichkeit – Einführung in das System der Handlehre*, Hamburg: Gebrüder Enoch Verlag

Reichenbach, Carl von (1854) *Der sensitive Mensch und sein Verhalten zum Ode*, Stuttgart und Tübingen: J.G. Cotta'scher Verlag

Reißer, Ulrich (1997) *Physiognomik und Ausdruckstheorie der Renaissance*, München: scaneg Verlag

Rennstich, Karl Wilhelm (2004) *Schamanismus – Die Religion der Rungus-Dusun in Malaysia*, Münster: Lit Verlag

Ritz, Ute (1988) *Das Bedeutsame in den Erscheinungen : Divinationspraktiken in traditionalen Gesellschaften*, Frankfurt: Campus Verlag

Roberts, Craig u.a. (2004) *Female facial attractiveness increases during the fertile phase of the menstrual cycle* in "Biology Letters" Vol. 271, London: The Royal Society Publishing

Rochberg, Francesca (2004) *The Heavenly Writing – Divination, Horoscopy, and Astronomy in Mesopotamian Culture*, Cambridge: Cambridge University Press

Roettig, Petra (1999) *Zeichen und Wunder – Weissagungen um 1500*, Hamburg: Hamburger Kunsthalle

Rohling, Gitta (2014) *Fakten und Prognosen: Smarte Digitalisierung* in Siemens - Pictures Of The Future: https://www.siemens.com/innovation/de/home/pictures-of-the-future/digitalisierung-und-software/von-big-data-zu-smart-data-fakten-und-prognosen.html

Roob, Alexander (2002) *Das Hermetische Museum: Alchemie & Mystik*, Köln: Taschen GmbH.

Rosenberger, Veit (2001) *Griechische Orakel – Eine Kulturgeschichte*, Darmstadt: Wissenschaftliche Buchgesellschaft

Ruhland, Frank u.a. (2001) *Isoliertes Auftreten von Softmarkern im Fehlbildungsscreening – ist eine Karyotypisierung in low-risk-Kollektiven gerechtfertigt?* in „Ultraschall in Med." Nr. 22, Stuttgart: Georg Thieme Verlag

Sarges, Werner (1995) *Management-Diagnostik*, Göttingen, Hogrefe Verlag

Schabacker, Richard (1932) in der Version von (1998) *Technical Analysis and Stock Market Profits: A Course in Forecasting*, Upper Saddle River: Financial Times Prentice Hall

Schaefer, Mike (2006) *Bestimmt die Blutgruppe den Charakter?*, Dokumentation in „Q21 – Das Wissensmagazin" vom 02.05.2006 auf WDR

Schilde, Willy (1940) *Orakel und Gottesurteile in Afrika*, Leipzig: R. Voigtländers Verlag

Schmielewski, Frank u.a. (1995) *Am Puls der Märkte – Moderne und bewährte Methoden der Kursdiagnostik*, Frankfurt: Campus Verlag

Schmölders, Claudia (1995) *Das Vorurteil im Leibe – Einführung in die Physiognomik*, Berlin: Akademie Verlag

Schnell, Rainer u.a. (1999) *Methoden der empirischen Sozialforschung*, München: Oldenbourg Verlag

Scholl, Reinhold (2002) *Der Papyrus Ebers – Die größte Buchrolle zur Heilkunde Altägyptens*, Leipzig: Universitätsbibliothek Leipzig

Schott, Rüdiger (1997) *Orakel und Opferkulte bei Völkern der westafrikanischen Savanne*, Opladen: Westdeutscher Verlag

Schubert, Rudolf (1991) *Bioindikation in terrestrischen Ökosystemen*, Jena: Gustav Fischer Verlag

Schultze, Wolfgang (2003) *Methoden der Unternehmensbewertung – Gemeinsamkeiten, Unterschiede, Perspektiven*, Düsseldorf: IDW-Verlag

Schwenk, Ernst (2003) *Maßmenschen – Von Ampère und Becquerel bis Watt und Weber – Wer den Maßeinheiten den Namen gab*, Zürich: Kontrapunkt/Oesch Verlag

Seibt, Angelika (1994) *Schriftpsychologie – Theorien, Forschungsergebnisse, Wissenschaftliche Grundlagen*, München: Profil Verlag

Sheldon, William H. (1954) *Atlas of Men – A Guide for somatotyping the Adult Male at all Ages*, New York: Harper & Brothers

Sheldrake, Rupert (1988) *Das Gedächtnis der Natur – Das Geheimnis der Entstehung der Formen der Natur*, Bern: Scherz Verlag

Sheldrake, Rupert (2003) *The Sense of being Stared at – and other Aspects of the extended Mind*, London: Hutchinson

Sheldrake, Rupert (2006) *Der Siebte Sinn des Menschen – Gedankenübertragung, Vorahnungen und andere unerklärliche Fähigkeiten*, Frankfurt: Fischer Taschenbuch Verlag

Simon, Walter (2010) *Der große Methodenkoffer: Persönlichkeitsentwicklung*, Offenbach: GABAL Verlag

Smith, Richard J. (1991) *Fortune-tellers and Philosophers – Divination in Traditional Chinese Society*, Boulder: Westview Press

Soldt, Wilfred H. Van (1995) *Solar Omens of Enuma Anu Enlil: Tablets 23 (24) – 29 (30)*, Leiden: Nederlands Instituut voor het Nabije Oosten

Staewen, Christoph / Schönberg, Friderun (1982) *Ifa – Das Wort der Götter – Orakeltexte der Yoruba in Nigeria*, Wiesbaden: Franz Steiner Verlag

Steiner, Manfred / Bruns, Christoph (2002) *Wertpapiermanagement - Professionelle Wertpapieranalyse und Portfoliostrukturierung*, Stuttgart: Schäffer-Poeschel Verlag

Steinmüller, Karlheinz u.a. (2000) *Zukunftsforschung in Europa – Ergebnisse und Perspektiven*, Baden-Baden: Nomos Verlagsgesellschaft

Stiglitz, Joseph (1999) *Volkswirtschaftslehre*, München: Oldenbourg Verlag

Stock-Homburg, Ruth (2010) *Personalmanagement: Theorien - Konzepte - Instrumente*, Wiesbaden: Gabler Verlag

Stolz, Alfred (1988) *Schamanen: Ekstase und Jenseitssymbolik*, Köln: DuMont Buchverlag

Ström, Ake / Biezais, Haralds (1975) *Germanische und Baltische Religion*, Stuttgart: Verlag W. Kohlhammer

Tacitus (98 n.Chr.) in der Ausgabe von (1971) *Germania*, Stuttgart: Reclam Verlag

Thorsson, Edred (1987) *Handbuch der Runen-Magie*, Neuhausen: Urania Verlag

Thulin, C. O. (1968) *Die Etruskische Disciplin*, Darmstadt: Wissenschaftliche Buchgesellschaft

Tritheim, Johannes (1995) *Die verschiedenen Wahrsagungsarten* in Agrippa von Nettesheim *Die Magischen Werke IV - V*, Berlin: Verlag Richard Schikowski

Tseten, Dorjee (1995) *Tibetan Art of Divination*, http://www.tibet.com/ Buddhism/divination.html

Ulmer, Fritz (2000) *Wahlprognosen sind Täuschung* in Schleswig-Holsteinische Landeszeitung vom 26. Februar 2000, S. 8, Flensburg: sh:z Zeitungsverlag

Villingen, Georg Pictorius (1995) *Von den Gattungen der zeremoniellen Magie, welche man Goetie nennt* in Agrippa von Nettesheim *Die Magischen Werke IV - V*, Berlin: Verlag Richard Schikowski

Vogt, Edda (2002) *Sentiment-Indikatoren – Lackmus-Test für die Anlegerlaune*, http://deutsche-boerse.com

Wales, Quaritch (1983) *Divination in Thailand*, London: Curzon Press

Watson, Peter (2008) *Ideen – Eine Kulturgeschichte von der Entdeckung des Feuers bis zur Moderne*, München: Goldmann Verlag

Watzlawick, Paul (1981) *Die erfundene Wirklichkeit – Wie wissen wir, was wir zu wissen glauben? – Beiträge zum Konstruktivismus*, München: Serie Piper

Watzlawick, Paul (1988) *Münchhausens Zopf – oder Psychotherapie und „Wirklichkeit“*, München: Serie Piper

Weber, Jürgen (1999) *Einführung in das Controlling (8. Auflage)*, Stuttgart: Schäffer-Poeschel Verlag

Wilhelm, Gernot (1994) *Medizinische Omina aus Hattusa in akkadischer Sprache*, Wiesbaden: Harrassowitz Verlag

Wilhelm, Richard (1924) *I Ging – Text und Materialien* in der Ausgabe von (1998), München: Wilhelm Heyne Verlag

Wimmer, Peter / Neuberger, Oswald (1998) *Personalwesen 2 - Personalplanung, Beschäftigungssysteme, Personalkosten, Personalcontrolling*, Stuttgart: Enke Verlag

Wolff, Charlotte (1992) *Die Hand als Spiegel der Psyche – Wissenschaftliche Handdeutung*, München: Otto Wilhelm Barth Verlag

Zimmer, Heinrich (1998) *Philosophie und Religion Indiens*, Frankfurt: Suhrkamp Verlag

Themenregister

Personenregister

Christof Niederwieser
PROGNOSTIK 01: Zukunftsvisionen

204 Seiten
34 Abbildungen und Tabellen

ISBN 9-783738-628456

BoD – Books On Demand
Norderstedt

Der Blick in die Zukunft hat eine lange Geschichte. Orakelpriester, Propheten und Visionäre prägten mit ihren Vorhersagen die Geschicke ganzer Völker und Kulturen. Und auch heute sind Wettervorhersagen, Konjunkturprognosen, Börsenzyklen und Megatrends allgegenwärtig.

Der erste Band der PROGNOSTIK-Reihe stellt jene Arten der Zukunftsschau vor, die auf Intuition und Inspiration gründen: Trance und Besessenheit, Wahrträume, Präkognition, religiöse Zukunftsmythen, Utopien, Gesellschaftsvisionen und Science Fiction bis hin zu den qualitativen Methoden der aktuellen Trend- und Zukunftsforschung. Und nicht selten findet sich Modernes in den magischen Methoden und Magisches in den Modellen unserer Zeit.

Infos & Leseproben:
www.prognostik.com

Christof Niederwieser

ÜBER DIE MAGISCHEN PRAKTIKEN DES MANAGEMENTS

Schriftenreihe ORGANISATION & PERSONAL
Herausgegeben von Oswald Neuberger

183 Seiten
50 Abbildungen und Tabellen

ISBN 3-87988-638-5

Rainer Hampp Verlag
München und Mering

Den wahren Charakter von Menschen anhand einfacher Schablonen zu analysieren und daraus die Eignung als Mitarbeiter abzuleiten, das ist erklärtes Ziel der Management-Diagnostik. Dabei beruft man sich gerne auf neueste Erkenntnisse der Wissenschaft.

Über die magischen Praktiken des Managements blickt hinter die Fassade der Fortschrittlichkeit moderner Managementforschung. Auf einer Reise in die magischen Denkwelten unserer Vorfahren werden historische Persönlichkeitsmodelle und Verhaltenstypologien mit den Methoden der aktuellen Betriebswirtschaftslehre verglichen. Vielgelehrte Theorien wie die Managertypen von Maccoby, die Menschenbilder von Schein oder die Führungsstile im 3D-Modell von Reddin weisen dabei erstaunliche Parallelen auf.

Infos & Leseproben:
www.magie-management.com